BLUE BOOK OF CREDIT

信用蓝皮书

社会信用体系建设年度报告

2021—2022

厦门国信信用大数据创新研究院　编著

·北京·

图书在版编目（CIP）数据

信用蓝皮书：社会信用体系建设年度报告. 2021—2022 / 厦门国信信用大数据创新研究院编著. —北京：中国市场出版社有限公司，2022.12

ISBN 978-7-5092-2340-6

Ⅰ.①信… Ⅱ.①厦… Ⅲ.①信用制度-建设-规划-中国-2021-2022 Ⅳ.①F832.4

中国版本图书馆 CIP 数据核字（2022）第 236479 号

信用蓝皮书：社会信用体系建设年度报告（2021—2022）

XINYONG LANPISHU：SHEHUI XINYONG TIXI JIANSHE NIANDU BAOGAO（2021—2022）

编　　著：厦门国信信用大数据创新研究院

责任编辑：钱　伟

出版发行：中国市场出版社

社　　址：北京市西城区月坛北小街 2 号院 3 号楼（100837）

电　　话：（010）68034118/68021338

网　　址：http：//www.scpress.cn

印　　刷：河北鑫兆源印刷有限公司

规　　格：170mm×240mm　1/16

印　　张：24.5　　**字　　数：**360 千字

版　　次：2022 年 12 月第 1 版　　**印　　次：**2022 年 12 月第 1 次印刷

书　　号：ISBN 978-7-5092-2340-6

定　　价：78.00 元

《信用蓝皮书：社会信用体系建设年度报告（2021—2022）》

编委会

序

PREFACE

加快完善社会信用体系 全面服务高质量发展

社会信用体系建设是加快完善社会主义市场经济体制的重要基础，是提升社会治理能力和治理体系现代化水平的重要手段，是提升监管效能、维护公平竞争、降低市场交易成本的关键方式，是推动经济和社会高质量发展的基本保障。党中央、国务院高度重视社会信用体系建设。习近平总书记指出：“要完善社会信用体系，建立健全以信用为基础的新型监管机制”“完善守法诚信褒奖机制和违法失信行为惩戒机制”“倡导遵纪守法、诚实守信的社会风尚”。李克强总理多次在国务院常务会议和全国深化“放管服”电视电话会议上强调，要通过推进社会信用体系建设，营造公平诚信的市场环境和社会环境。这些为加快社会信用体系建设提供了重要遵循。

2021—2022 年是“十四五”开局之年，是全面建设社会主义现代化国家、全面开启社会信用体系建设新征程之年。2022 年 3 月，中共中央办公厅、国务院办公厅联合印发《关于推进社会信用体系建设高质量发展促进形成新发展格局的意见》，基于国内大循环、国内国际双循环新发展格局，坚持全局意识和系统思维，坚持问题、目标和结果导向，紧扣当前经济社会发展各领域各环节的难点、痛点、堵点，从信用理念、信用制度、信用手段等方面全面系统地提出了高质量推进社会信用体系建设的具体措施和实施路径。同年 4 月，中共中央、国务院印发的《关于加快建设全国统一大市场的意见》明确了社会信用制度是市场的重要基础制度和规则，要求加快推进社会信用立法，形成覆盖全部信用主体、所有信用信息类别、全国所有区域的信用信息网络，建立健全以信用为基础的新型监管机制。

近年来，各地区、各部门严格落实党中央、国务院的决策部署，勇于开拓、推陈出新，从强化顶层设计、夯实数据基础、优化信用监管、助力企业融资、创新信用服务等方面，努力推进社会信用体系法治化、规范化、高质量发展，取得显著成效，促使信用成为政府开展市场监管的“内核”，成为企业发展壮大的“硬通货”，成为人民美好生活的“通行证”。

为更好服务经济社会发展，必须始终坚持与时俱进，守正创新。要以党的二十大精神为指引，坚持高站位、高标准，加快建设符合中国国情的、符合时代发展的社会信用体系。在建设过程中需要着力做好三个方面的工作：一是健全法律法规体系，加强信用上位法的立法研究，为下位法和地方立法提供基本法律支撑，确保社会信用体系建设的各个环节都于法有据。二是紧扣数字经济发展，将数据作为信用建设的基础，加强信用信息共享、融合、开放、流通，以数据支撑信用经济建设。三是提升社会信用感知。坚持信用监管和信用服务双轮驱动，以信用赋能消费主导型经济发展，赋能产业链和供应链安全管理及金融创新，拓展信用应用场景，推进信用理念与国民经济体系各方面各环节深度融合。

厦门国信信用大数据创新研究院以建设国内一流的社会信用体系高端智库为目标，充分发挥研究院“产、学、研、用、资”平台优势，深入开展信用基础理论研究、信用数据应用研究、研究成果转化、信用场景孵化等工作，建立起一套系统、科学，兼具前瞻性、理论性与实操性的研究服务体系。“信用蓝皮书”系列是国信研究院的重要图书产品，是国信研究院展现智库服务能力的重要渠道，2022 年已是连续第三次组织编辑和出版。这部图书作为全面展现我国社会信用体系建设成效和趋势的知识性普及读物，受到广大信用工作者的肯定和好评。2022 年此书主要以 2021—2022 年为时间节点，总结和回顾社会信用体系建设取得的新进展，分析研究当前社会信用体系建设存在的主要问题，提出未来一段时间内社会信用体系建设的趋势和重点工作。本书邀请到全国近50位信用领域知名专家和地方信用建设部门参与编写，分为总报告、理论篇、地方篇、行业篇、专题篇、创新篇六个篇章；同时，将信用建设典型创新案例和境外信用建设进展作为附录。全书内容全面、丰富，兼具理论高度和实践深度，较好展现了近两年社会信用体系建设的主要情况和基本内容。在新时代社会信用体系建设的新征程中，相信国信研究院将再接再厉，奋勇向前，坚持不懈地为全国信用建设单位和信用工作者提供更多更好更精准的智库服务。

在《信用蓝皮书：社会信用体系建设年度报告（2021—2022）》即将付梓之际，写了以上文字作为序，与大家分享交流。

国务院研究室原主任

厦门国信信用大数据创新研究院专家委主任

魏礼群

2022年11月

目录

CONTENTS

专题篇——201

创新篇——257

附　录——313

总报告

ZONGBAOGAO

2021—2022 年中国社会信用体系建设进展与趋势

2022 年以来，新一轮疫情和国际局势变化等超预期因素叠加，给恢复势头良好的我国经济带来不小冲击。需求收缩、供给冲击、预期转弱等因素成为当前影响新发展格局构建、高质量发展实现的突出问题。建立社会信用体系是建设全国统一大市场的核心制度安排，是优化营商环境，打破地方保护和市场分割，促进商品要素资源在更大范围内畅通流动的重要手段，是实现共同富裕，满足人民对美好生活的新期待的重要保障。党的十九届六中全会以来，党中央、国务院先后出台《加强信用信息共享应用促进中小微企业融资实施方案》《关于推进社会信用体系建设高质量发展促进形成新发展格局的意见》等一系列政策文件，为社会信用体系建设高质量发展擘画蓝图、谋定方向。当前，全国各地区、各部门认真贯彻落实党中央、国务院决策部署，围绕相关指导意见提出的社会信用体系建设任务，在一些重点领域和关键环节取得突出成效，实现了我国社会信用体系建设的跨越式发展和本土化创新，处处彰显信用建设的中国智慧。

一、社会信用体系建设取得积极成效

（一）信用体系顶层设计逐步完善

顶层设计在社会信用体系建设中起到指导性作用，意义重大，影响深远。党的十九届六中全会以来，党中央、国务院先后出台一系列政策性文件，展现了推进诚信建设、构建新发展格局的坚定决心和坚强意志。2021 年 12 月，国务院办公厅出台《关于印发加强信用信息共享应用促进中小微企业融资实施方案的通知》，明确提出要加快信用信息共享步伐，深化数据开发利用，建立缓解中小微企业融资难融资贵问题的长效机制。2022

年 3 月，中共中央办公厅、国务院办公厅印发《关于推进社会信用体系建设高质量发展促进形成新发展格局的意见》（以下简称《意见》），《意见》立足新发展阶段，贯彻新发展理念，对“十四五”时期社会信用体系建设高质量发展进行了顶层设计和统筹谋划。围绕以健全的信用机制畅通国内大循环、以良好的信用环境支撑国内国际双循环相互促进、以坚实的信用基础促进金融服务实体经济、以有效的信用监管和信用服务提升全社会诚信水平等方面提出了 23 项具体内容，明确了信用建设的具体目标、工作重点和实施路径。2022 年 4 月，中共中央、国务院出台《关于加快建设全国统一大市场的意见》明确要强化市场基础制度规则统一，健全统一的社会信用制度。提出要形成全国公共信用信息共享整合机制，建立健全以信用为基础的新型监管机制，健全守信激励和失信惩戒机制，完善信用修复机制和加快推进社会信用立法。

（二）信用体系法治水平逐步提升

信用法治化水平是社会信用体系发展的基石，信用立法能够使社会信用体系建设纳入法治化轨道，切实做到有法可依。据不完全统计，截至 2022 年 6 月，已有 50 部法律、59 部行政法规专门写入了信用条款。国家层面的“信用法”已形成初稿，围绕政务诚信建设、商务诚信建设、社会诚信建设、司法公信建设四大领域，以及信用信息、征信业、信用服务业、失信惩戒、权益保护等方面开展立法研究，巩固和提升长久以来社会信用体系建设取得的重要成果，加快解决当前面临的重大难题。2021 年 12 月，国家发展改革委与人民银行联合印发《全国公共信用信息基础目录（2021 年版）》（以下简称《目录》）和《全国失信惩戒措施基础清单（2021 年版）》（以下简称《清单》），《目录》明确了 11 项纳入的公共信用信息，以及公共信用信息采集的重点领域，《清单》界定了失信惩戒措施的种类及其适用对象，确保各种信用措施的使用依法合规。同时积极鼓励地方先行先试，探索信用立法。在地方层面，陕西、湖北、上海等 33 个省（自治区、直辖市）出台了社会信用地方性法规，为国家层面信用立法工作提供了地方实践经验。

（三）信用信息平台建设全面提升

自2015年“全国信用信息共享平台”（下称“共享平台”）上线运行以来，共归集各类信息约720亿条，其中含严重失信主体信息752万个、经营（活动）异常名录重点关注名单信息约1749万条、正向名单信息约825万条、登记注册信息1.67亿条、“双公示”信息约4.7亿条、国家医保局官方网站欺诈骗保案件信息402条、涉疫相关信息1.8万条；归集信用承诺书并报送“信用中国”网站30万份，提交异议申诉信用承诺书4477份，归集地方信用承诺及践诺情况信息3.7亿条。“共享平台”现已接入46个部委、32个省级平台，可共享全国各地方“双公示”、企业经营异常名录及相关归集信息，同时，向“信用中国”网站全量更新企业法人基础信息、经营异常名录1亿条。“信用中国”网站作为政府褒扬诚信、惩戒失信的“总窗口”，自2015年上线以来，努力打造“一网一端一微”的立体传播格局，紧密围绕信用宣传、信息公示、信用服务等工作，持续将各级政府可公开信息进行集中展示，实现信用信息“一站式”查询；不断提高服务能力和质量，在政策宣传方面累计发布文章数十万篇，网站公共信用信息报告日均下载量达到6万余次，全口径日均访问量突破2亿次，网站社会影响力持续提升。[1]

（四）“信易贷”融资规模显著提升

2021年12月，国务院办公厅印发《加强信用信息共享应用促进中小微企业融资实施方案的通知》，要求构建全国一体化融资信用服务平台，加强市场主体登记注册、纳税、社会保险费和住房公积金缴纳、水电气费等信息归集共享，提升银行等金融机构服务中小微企业能力，不断提高中小微企业贷款覆盖面、可得性和便利度。一是“信易贷”模式支持中小微企业融资取得积极进展。全国一体化融资信用服务平台网络加快形成，截至2022年7月末，除西藏自治区外，其他31个省份均已完成全国融资信

[1] 数据统计截至2022年6月。

用服务平台省级节点建设，与辖区内融资信用服务平台联通，并机制化向金融机构提供服务；全国融资信用服务平台已通过省级节点联通地方各级融资信用服务平台126个。信用信息共享服务水平不断提升，截至7月末，全国融资信用服务平台已共享市场主体登记信息、司法信息、海关信用等级信息、企业专利信息等共计21项信用信息，信息查询服务量不断上升。服务中小微企业融资成效显著，截至7月末，通过全国一体化融资信用服务平台网络累计发放贷款9.9万亿元，其中信用贷款达到2.4万亿元。二是行业“信易贷”模式得到快速发展。以“易工程”服务平台为例，该平台以自身掌握的工程领域信用大数据为依据，联合金融机构开发了金融授信评价模式，金融机构根据平台提供的评价结果直接授予企业信用贷款额度。截至2022年7月，已有邮储银行、厦门国际银行、福建海峡银行、华融湘江银行推出“工程行业信易贷”产品，累计查询企业数262.99万户、授信企业数16815户、授信金额265.15亿元、用信笔数24715笔、用信金额137.44亿元。创造性发挥信用建设对稳经济的积极作用，加大涉企信用信息归集力度，加快融资信用服务平台网络建设，促进中小微企业融资便利，对于保市场主体、稳定就业、稳住经济大盘具有重要意义。

（五）信用新型监管机制逐步完善

随着全国各地区、各部门在各行业领域信用监管机制建设上的持续发力，贯穿事前、事中、事后全链条环节的信用监管“一张网”格局已初步形成，并在监管理念、监管制度和监管方式方面加强创新，进一步提升监管能力和水平。一是广泛开展信用承诺工作。国务院办公厅印发《关于全面推行证明事项和涉企经营许可事项告知承诺制的指导意见》，明确实行告知承诺制的证明事项、涉企经营许可事项范围、适用对象、工作流程等。二是在多领域开展精细化分级分类监管。市场监管总局印发《关于推进企业信用风险分类管理进一步提升监管效能的意见》，明确建立通用型企业信用风险分类管理工作机制。国家发展改革委、工信部、公安部、住建部等13个部门印发《关于严格执行招标投标法规制度进一步规范招标投标主体行为的若干意见》，提出加快推进招标投标领域信用体系建设，构建以信用为基础、衔接标前标中标后各环节的新型监管机制。国务院印发《“十四五”现代综合交通运输体系发展规划》，建立以信用为基础的新型监管机制，加强信用信息共享公开、风险监测和安全管理，推进事前信用承诺、事中信用评价和分级分类监管、事后奖惩和信用修复，探索建立交通运输创新发展容错制度。三是进一步完善信用修复机制。国家发展改革委起草了《信用修复管理办法（试行）（征求意见稿）》，在现有实践基础上，对信用修复制度进行了完善和创新；市场监管总局出台《市场监督管理信用修复管理办法》，通过健全完善信用修复管理制度机制，推动解决信息公示期限较长、信用修复机制不健全等问题，构建放管结合、宽严相济、进退有序的信用监管新格局。

（六）行业信用体系实现全面发展

建立行业信用体系是社会信用体系建设的重要组成部分。《意见》指出，要立足经济社会发展全局，整体布局、突出重点，有序推进各地区各行业各领域信用建设。国家税务总局周期性开展全国纳税信用评价工作，税务部门每年依据采集到的企业日常税收遵从记录，通过诚信意识、遵从能力、实际结果和失信程度 4 个维度、近 100 项评价指标，对企业上一年度纳税信用状况进行评价，评价结果分为 A、B、M、C、D 五级。2021 年度共对 3300 多万户企业开展纳税信用评价，评价结果显示，企业纳税信用整体状况稳中向好，广大纳税人依法诚信纳税的意识、能力增强，纳税信用管理在社会信用体系建设方面的作用越来越突出。国家能源局已部署在全国范围内开展电煤中长期合同履约监管工作，督促煤炭企业提高电煤中长期合同履约兑现率，严格执行国家政策，提高电煤稳定供应水平。“信用就医”模式持续创新，在上海、杭州、大连、厦门等地推行“先诊疗后付费”的“信用就医”服务，有效缩短了患者等待时间。总体来看，交通、工程、医疗、生态、文旅、流通等行业的信用体系建设，基本形成制度化、规范化、长效化发展态势，为行业高质量发展夯实了基础。

（七）信用服务市场发展势头良好

截至 2022 年 6 月，国家发展改革委和人民银行累计公布或备案信用服务机构 304 家次，其中含备案企业征信机构 137 家、经人民银行备案开展信用评级业务的机构 55 家。从分布情况来看，北京市、上海市数量最多，沿海地区居多。随着我国社会信用体系建设迈入高质量发展阶段，大数据、人工智能、区块链、云计算等新兴技术在信用服务中得到广泛应用，促使信用服务业边界外延大大扩展，也涌现出了企查查、天眼查、启信宝等一批与数字经济融合发展的第三方信用大数据服务机构，为深化"放管服"改革、推动经济高质量发展、营商环境优化和创新社会治理提供了有力支撑。

（八）区域信用合作逐步建立实施

长三角地区作为国家发展改革委批复的全国首个区域信用合作示范区，积极寻求创新思路、探索实践路径。2022 年，国家发展改革委印发《关于推动长江三角洲区域公共资源交易一体化发展的意见》，提出制定长三角区域公共资源交易领域信用管理办法和信用评价标准，加快实现长三角区域内市场主体信用信息交换共享。4 月，国家发展改革委印发《北部湾城市群建设"十四五"实施方案》，明确以西部陆海新通道为依托，深度对接长江经济带发展、粤港澳大湾区建设等区域重大战略，协同推进海南自由贸易港建设，融入共建"一带一路"，积极拓展全方位开放合作，全面建成具有区域性国际影响力的品质一流的蓝色海湾城市群。2020 年 9 月 21 日国务院颁布的《中国（北京）自由贸易试验区总体方案》，提出探索京津冀协同发展新路径。探索建立北京、天津、河北自贸试验区联合授信机制，健全完善京津冀一体化征信体系。2020 年 11 月 12 日《京津冀全国守信联合激励试点建设方案（2020—2024 年）》印发，提出北京市、天津市、河北省将共同开展京津冀守信联合激励示范区建设，以进一步优化区域营商环境，打造"首善京津冀"品牌。此外，京津冀晋四地在国家公共信用信息中心指导下，共同制定《京津冀晋企业公共信用综合评价等级标准》，规定了企业公共信用综合评价的评价原则、评价主体、评价对象、评价内容、等级标准、评价结果共享等，实现了企业公共信用评价结果在京津冀晋区域共享互认。

（九）信用赋能社会治理成效显著

各社会信用体系建设示范城市（区）在社区治理和乡村建设上积极探索使用信用手段，实现信用与社会治理融合共建，营造共享共治的社会氛围。一是在信用+社区治理上，荣成市积极推动“党建+信用+志愿服务”基层治理模式，以党建引领抓关键少数，以信用应用抓人心聚合，以志愿服务助推文明实践；杭州市构建“1+N+X”智慧平台，以信用打造智慧社区模式，打通治理和服务扎根基层一线的“最后一公里”。二是在“信用+乡村治理”上，衢州等地积极打造乡村信用积分，以信用推动乡规民约等非正式化制度落地实施；潍坊建立“信用+网格”农村社区社会治理新模式，创新网格化服务管理；荣成探索建立“信用+志愿”乡村信用治理，将志愿服务与诚信积分有机结合，提升群众参与公共事务和志愿服务的积极性；安徽等地积极开展“党建引领信用村建设”工作，充分发挥基层党组织和农村党员干部在推进农村信用体系建设中的示范引领作用，动员各方积极参与信用体系建设。依托地方探索，形成了诸多可复制、可推广的实践经验，为我国在“十四五”时期在全国范围内积极推广“信用+社会治理”模式提供了可选路径。

（十）信用数据开发利用成效显著

以《中华人民共和国数据安全法》《中华人民共和国个人信息保护法》等法律法规为指导，发布企业数据项规范、公共信用信息等多项信用数据相关国家标准，建立统一的信用数据标准规范、安全保障体系和管理制度，实现信用数据跨部门、跨地区互联互通、共享共用。基于信用数据，深入行政审批、金融服务、房屋租赁、招投标、跨境贸易等领域，并结合地方个人信用分，推出地方特色信用场景。据不完全统计，已有48个城市推出个人城市信用积分，杭州、宁波、厦门、衢州等地已实现个人城市信用积分互认。

二、社会信用体系建设发展趋势

（一）由政府主导向政府引导转变

随着我国经济社会逐步转向高质量发展阶段，市场在优化资源配置方面的作用逐渐凸显，如何处理好政府与市场关系，成为下一步社会信用体系建设高质量发展的关键问题。社会主义市场经济既是法治经济，也是信用经济。2022 年 3 月 25 日，中共中央、国务院出台《关于加快建设全国统一大市场的意见》，再次要求充分发挥市场在资源配置中的决定性作用，进一步印证了市场决定资源配置是市场经济的一般规律，社会信用体系建设不可能背离这一基本规律。因此，随着社会信用体系建设步入高质量发展阶段，应当逐步转变政府职能，注重发挥“政府+市场”双轮驱动作用，调动行业协会商会、第三方服务机构、市场机构、社会力量广泛参与、协同推进，实现全面均衡发展，形成社会信用体系建设合力。一是引导信用服务机构探索出符合市场需求的信用产品与服务，为政府履行行政管理职责、完善市场监管发挥作用。二是引导金融机构创新“信易贷”产品，有效缓解小微企业融资难融资贵，让企业感受到信用的价值。三是充分调动多元化社会主体协同力量和专业优势，创新“信易+”应用场景，让更多的便民惠企措施落实落地，切实提升信用主体对社会信用体系建设的获得感、幸福感、安全感。

（二）由企业信用向个人信用延伸

社会信用体系建设是增强社会诚信、促进社会互信、减少社会矛盾的有效手段，需要全体人民共同努力参与建设。2016 年，国务院办公厅印发的《关于加强个人诚信体系建设的指导意见》明确提出，要弘扬诚信传统美德，增强社会成员诚信意识，加强个人诚信体系建设，褒扬诚信，惩戒失信，提高全社会信用水平，营造优良信用环境。2022 年，《意见》再次强调要依法推进个人诚信建设。随着社会信用体系建设向纵深推进，健全个人信用体系，形成基本完善的个人公共信用信息数据库时机已逐步成熟。现阶段个人信用体系建设主要聚焦于普通人群与重点职业人群两大方面。在普通人群方面，部分地市以社会信用体系建设为抓手，探索实施城市个人信用积分模式，并将积分运用于公共交通、医疗卫生、文化旅游等多行业、多领域；在重点职业人群方面，部分地市或行业主管部门聚焦行业特性，建立重点职业人群诚信档案，如公务员、企业高管、司法从业人员、建筑工程执业人员、家政从业人员、快递从业人员等，并探索实施个人信用评价机制，将评价运用于重点职业人群监管等方面。因此，在未来一段时间内，社会信用体系建设将更加突出共建共享，深入探索个人诚信体系的建设。一是全面加强个人诚信教育，广泛开展诚信宣传和信用教育培训，积极推介诚信典型，持续强化校园诚信教育，将诚信教育贯穿公民道德建设和精神文明创建全过程。二是依托个人城市信用积分模式，积极拓展旅游、医疗保障、教育、金融服务、文化娱乐、公共交通、行政服务等领域应用场景，让老百姓的生活更加便利。

（三）由数据归集向数据应用延伸

自2015年国家发展改革委启动搭建完成了包括“一库、一平台、两网站、四系统”（即一个国家信用信息基础数据库，一个全国信用信息共享平台，全国信用信息共享平台网站和“信用中国”网站，以及信用目录、信用查询、联合惩戒、守信激励四系统）在内的全国信用信息共享平台先导工程，我国社会信用信息基础建设走上了快车道。目前，全国信用信息共享平台与各级信用信息共享平台、“信用中国”网站与各级信用门户网站建设均取得显著成效，为我国培育数据要素市场，持续优化营商环境提供了强大数据支撑。2022年3月25日，中共中央、国务院出台《关于加快建设全国统一大市场的意见》，再次要求加快培育数据要素市场，为进一步推动数据要素市场化建设，促进信用大数据资源充分开发利用提供了强有力支撑。因此，随着我国逐渐步入数字经济时代，应当充分发挥数据作为数字经济时代重要的新型生产要素，兼具基础资源和创新引擎作用，激活数据要素潜能、释放数据要素价值，为推动数字经济高速发展提供重要保障。一是响应市场需求，加大公共数据和社会数据开放力度，结合数据具体的使用场景、使用过程的参与者等因素，本着能够更好地体现公平公正以及尽可能大地实现数据价值的原则来确定数据产权。二是培育产业生态，应用“可用不可见、可控可计量”的新型数据交易范式，在金融、医疗、商业等应用场景实现数据价值安全流动，保护个人敏感信息和企业商业秘密。三是创新监管方式，完善数据流通共享机制，统一制定相应的数据标准，加强数据安全的管理和建设，搭建国产化“监管沙盒”环境，支持信用大数据有条件开放。

（四）由信用基础设施建设向信用治理发展

历经多年发展，我国社会信用体系已建设形成以政务诚信、商务诚信、社会诚信、司法公信为核心的体系框架。随着全国所有地区社会信用体系基础设施网络基本建成，“十四五”时期，信用将作为社会治理的创新举措在各领域发挥更大作用。《意见》明确提出，要运用信用理念和方式解决制约经济社会运行的难点、堵点、痛点问题，为信用赋能社会治理创新提供了重要参考依据。一是日渐完善的信用制度体系为推动要素资源高效配置、市场环境改善和质量提升提供助力，为社会治理创新提供强有力的支撑和保障。二是以信用为基础的新型监管机制在多部门协同监管方面发挥更加突出的作用，促使政府监管方式朝着权责明晰更加明确的方向发展，满足“数字政府”改革的需求。三是信用建设促进社会治理向多元共治方向转变。信用手段在社会治理领域应用力度不断加大，应用领域不断扩展。作为自治、法治、德治共融共建的重要内容，在社区治理、乡村治理领域发挥越来越重要的作用，在地方实践中形成“信用+志愿服务”“信用+网格管理”等一系列有效举措。

三、社会信用体系建设展望

（一）全力推进社会信用法治化建设

信用建设是推动国家治理体系和治理能力现代化的重要内容和重要环

节。为推进社会信用体系建设高质量发展，中共中央办公厅、国务院办公厅出台了《意见》，这是对社会信用体系建设进行全面系统安排的又一份重要政策性文件。目前，不少地方出台社会信用建设的地方性法规，创设一系列重要的制度规则，为国家层面立法积累了实践经验。《法治中国建设规划（2020—2025年）》《法治社会建设实施纲要（2020—2025年）》等文件也明确提出"加快推进社会信用立法"。因此，建议国家层面全力推进社会信用法治化建设。一是加快推进《社会信用法》出台进程，从国家层面出台社会信用方面的综合性、基础性法律，并鼓励地方根据立法权限制定地方性法规；二是全面规范社会信用体系建设各环节，建立健全信用承诺、信用评价、信用分级分类监管、信用激励惩戒、信用修复等相关配套制度；三是全面开展地方信用立法成效评估，加强对社会信用地方先行立法执行情况的审查评估，对地方立法执行过程中的合法性障碍作出回应与纠正。

（二）重点加强社会信用标准化建设

信用标准化是社会信用体系建设的基础设施和保障措施，是高质量开展社会信用体系建设的重要支撑，是创建社会信用体系特色的重要方法。目前，我国社会信用国家标准体系已经在一定程序上解决了部分通用类信用信息、信用管理、信用服务的标准化问题，但从信用监管的应用场景来看，还需要聚焦当前信用监管的工作实际和业务需求，进一步校准信用监管的信息范围、应用措施和管理方式。因此，还需要围绕信用监管的作用过程、标准化对象和重点内容，搭建涵盖各方参与主体、贯穿事前事中事后全过程、面向具体应用场景需求的标准体系架构。一是统一数据标准规范，逐步建立数据交换共享、技术对接、信息安全、评价体系等标准规范；二是完善信用监管标准体系，建立信用承诺、综合评价、分级分类监管、守信激励和失信惩戒、信用修复等标准规范；三是完善信用服务标准体系，推动产品质量信用标准、国际流通信用标准、信用档案标准等细分领域标准建设。

（三）深入推进信用平台一体化建设

社会信用体系“基础设施”建设是提升社会信用水平的前提。目前，全国信用信息共享平台汇集了全国各部门、各地方提供的信用信息共享目录和信用信息，基本实现跨部门、跨地区、跨层级的信息交换和共享。但是，目前我国公共信用信息平台一体化水平仍然有较大提升空间，纵向深度与横向广度仍然有待加强。因此，还需要以信息为中心、以信用为主导、以网络为基础，有效合理地整合市、区的各类公共信息源，高效依规地归集、融合与社会主体相关的全域公共信用信息资源，构建便捷安全可控的信用网络信息环境。一是加快信用平台网站一体化进程，统筹推进公共信用信息系统建设，完善金融信用信息基础数据库，提高数据覆盖面和质量；二是提升公共信用信息共享水平，大力推进公共信用信息与市场信用信息融合应用，实现信用数据在跨地区、跨部门、跨层级业务系统间的按需共享；三是提升信用平台网站服务能力，不断提升信用平台数据处理能力，实现信用数据的自动化、批量化归集，以及数据的智能化、精准化比对、清洗和更新。

（四）探索试点数据要素市场化模式

市场经济就是信用经济，而实现市场化配置的高效途径就是使数据资本化。随着人工智能、大数据、区域链技术的广泛应用，我国信用信息共享平台与各级信用信息共享平台建设均取得显著成效，为我国培育数据要素市场，持续优化营商环境提供了强大数据支撑。但是，目前我国数据要素市场的整体交易行为并未得到相关配套政策的支持和保护，缺乏让数据真正发挥最大价值的配套制度。因此，有必要完善数据开放、共享、安全、定价、权益保护等制度体系，为现实数据要素全面市场化，提升数据在社会服务中的效率提供支撑。一是探索建立数据开放机制，推动公共信用信息开放与信用服务机构申报机制有机结合；加大数据开放力度，依法依规向征信、评级、担保、保理、信用管理咨询等市场化信用服务机构开放数据；二是打造公共信用信息使用可信环境，支持全国各省市依托各类高新技术园区打造信用大数据实验室、众创空间或孵化基地，以区块链技术构建数据使用可信环境；三是围绕数据开放加强信用主体权益保护的监管，确保公共信用信息使用全流程信用主体的知情权、异议权等权益得到保护。

（五）全面打造信用应用多元化场景

开展“信易+”工作是信用信息应用的重要内容，是“信用”服务社会、服务群众的重要举措，更是引导企业和个人守信践诺的重要方式。但是，目前我国“信易+”应用场景开发仍然与社会信用体系建设高质量发展有较大差距，信用主体对社会信用体系建设的获得感仍然有较大提升空间。因此，有必要从便民、惠企两方面入手，打造“信易+”应用多元化场景，建立包含市场补贴机制、风险共担机制、绩效考评机制在内的“信易+”创新应用制度体系，为“信易+”的落实提供机制保障。一是创新公共信用产品，积极推动信用报告查询应用，试点推广以信用报告代替行政合规、无违法违规等证明，全面提升政府服务效能；二是创新应用场景，不断丰富信用惠民便企措施，深入实施“信易+”创新应用，推进个人诚信建设，加强定向医学生、师范生等就业履约管理。

（六）推动信用服务市场规范化发展

信用服务市场是社会信用体系建设的“助推器”，是实现信用惠企便民的重要抓手。伴随着大数据时代的到来，信用服务市场飞速发展，信用服务业态不断拓展、信用服务机构种类不断增加、信用服务的内涵及外延逐步深化，信用服务在数字经济与实体经济实现深度融合过程中发挥越来越重要的作用。但是，目前我国信用服务产业发展相对滞后，缺少对信用产业的扶持政策和监管措施，信用服务市场不发达，服务体系不成熟，服务行为不规范。因此，一是推进分类立法，针对不同类型的机构采取分散立法方式，分类规制不同机构，为信用服务业健康发展提供严密的立法体系保障；二是完善信用服务机构监管措施，明确信用服务机构主要监管主体和权责范围并落实到位，构建分类监管格局，针对征信机构、信用评级机构、其他类型信用服务机构采取差异化监管措施；三是探索构建信用服务市场统计制度，明确信用服务产业统计指标和分类标准，以政府部门或委托第三方服务机构为主体，定期编制全国信用服务产业统计年鉴或发展报告，作为各级主管部门实施行业监管、了解市场规模、推动市场发展的科学参考依据。

（作者：杨柳，国家公共信用信息中心综合规划处处长，副研究员；曾光辉，厦门国信信用大数据创新研究院院长，高级经济师）

理论篇

LILUN PIAN

第一节 “十四五”时期社会信用体系建设重点领域展望

2021年3月发布的《中华人民共和国国民经济和社会发展第十四个五年规划和2035年远景目标纲要》（以下简称“十四五”规划）对我国今后一段时期的社会信用建设任务作出了安排和部署，是未来开展社会信用建设工作的重要依据。立足于新时代的发展要求，在“十四五”时期，我国社会信用建设将迎来高质量发展的新阶段。笔者结合“十四五”规划对社会信用建设工作所作的相关部署及我国社会信用体系建设的发展方向，从经济、社会、政治、法治、文化等多个层面，对“十四五”时期我国社会信用体系建设的重点领域进行了展望。

一、在经济层面：通过信用赋能，促进经济发展

市场经济就是信用经济。履约守信是贯穿市场经济发展始终的基本逻辑，也是市场经济运行的基本伦理。“十四五”规划将诚信守法确立为高标准市场体系建设的基本原则，体现出加强信用建设在市场经济治理中的重要作用。“十四五”规划提出，“实施高标准市场体系建设行动，健全市场体系基础制度，坚持平等准入、公正监管、开放有序、诚信守法，形成高效规范、公平竞争的国内统一市场”。同时，要求强化信用信息归集、共享、公开和应用机制，优化信用产品和服务的质量并扩大其应用范围，建立公共信用信息和金融信息的共享整合机制，建立高水平的征信机构和信用评级机构，强化征信监管，培育健康的信用服务市场。在“十四五”时期，通过信用赋能，促进信用在经济领域的广泛应用，加快发展信用经济，更好发挥信用服务功能，推动经济高质量发展，是信用建设的重中之重。

一是发挥信用建设在不同经济形态中的作用。经济形态包括实体经

济、虚拟经济和网络经济等，不同的经济形态虽然具有不同的特征，但本质上都是市场经济，需要遵循市场经济的内在规律，以信用作为支撑。“十四五”时期应借助信息技术的发展，加强社会信用基础设施建设，进一步提升市场信用机制在不同经济形态中的运用水平，通过信用赋能，促进各种经济形态的蓬勃发展。

二是全面加强不同商务领域的信用建设。根据不同商务领域的特点进行有针对性的社会信用建设，全面提升商务诚信水平。商务领域涵盖生产、流通、金融、税务、价格、工程建设、政府采购等领域，“十四五”时期应当健全不同商务领域的信用机制，营造和谐的商务关系，全面优化营商环境。应当充分利用信用信息传递机制，在相关领域建立健全信用档案、信用评价、信用承诺等制度，在此基础上大力实施信用监管，惩戒违法失信行为。

三是发展信用经济。为了使市场活力充分迸发，建立更加自由、有序的市场经济体系，应当发展信用经济，进一步拓宽信用融资渠道，提高信用融资比例，进一步提高经济的信用化程度。推动市场信用信息和公共信用信息共享应用，借助多维度的数据资源发展信用贷款、赊销和分期付款等信用融资方式，为信用状况良好的企业（尤其是中小微企业）的融资创造条件。完善以“信易贷”为典范的信用贷款机制，推进普惠金融的发展，有效解决企业融资难、融资贵的问题，最大限度地激发市场主体活力以及经济内生动力。在条件成熟的地方，开展信用经济示范区的创建，创新社会信用建设机制，推动市场经济高质量发展。信用经济示范区要发挥信用引领作用，重在深化要素市场化配置改革，健全市场竞争机制，探索信用监管机制的创新路径和作用领域，形成政府、市场、社会协同发挥作用的信用建设格局。

四是进一步培育信用服务市场。与我国庞大的市场规模相比，信用服务业的发展还刚刚起步，远远不能适应经济社会发展需要。“十四五”时期，我国要借鉴域外经验，在征信、评级、担保、保理、信用保险等细分领域建立和完善信用中介机制，推动信用服务业的繁荣发展，充分运用市场的力量丰富信用信息的共享应用实践，从而增强市场主体的守信意识，使信用经济运转更加顺畅。按照公共服务市场化的理念，发挥市场化信用机制的功能，鼓励和支持信用中介机构参与信用监管、监督检查等工作。

二、在社会层面：建设诚信社会，营造守信氛围

社会诚信是诚信中国建设的基石，社会成员普遍诚信，将为诚信社会建设奠定良好的社会基础。“十四五”规划明确提出要“弘扬诚信文化，建设诚信社会”。诚信社会建设的重点包括：

一是加强重点民生领域信用建设，发挥信用的民生保障作用。医药卫生、社会保障、劳动用工等涉及民生的重点领域，关乎人民群众的生命健康权益以及基本生活水平，需要通过信用建设营造良好的业务作风、惩戒违法失信行为，为人民群众在社会生活中提供基本的安全感。应当建立健全相关领域的诚信制度，引导诚信经营服务，加强信用信息数据库建设，完善信用信息记录和信用评级等制度。

二是加大信用惠民力度。进一步开发“信易+”等信用产品，将相关信用产品应用于更加广阔的社会领域，拓展守信激励应用场景，让守信者在金融、消费、交通、旅游、行政审批、医疗卫生、家政养老、图书借阅等生活的方方面面切实享受到便利或优惠，使守信的无形价值变成有形价值，实现诚信对美好生活的助推作用。通过信用便民机制，切实增进人民群众的福祉，让人民群众真正感受到“诚信可贵”，从而在全社会营造浓厚的守信氛围。

三是加强行业诚信建设。鼓励和支持行业协会（商会）探索信用在各行业领域的应用。强化对社会组织的信用监管，根据社会组织的信用状况精准实施失信惩戒和守信激励措施。社会组织对内应当加强诚信自律，将诚实守信作为基本的行为准则纳入组织章程，建立并完善内部信用管理体系；对外应当秉持诚实守信原则，鼓励和支持行业组织公开作出信用承诺，接受政府部门、新闻媒体和社会公众的监督。行业协会（商会）根据行业领域的特点开展专业、科学的标准建设，建立健全信用等级评价机制，加强企业信用档案建设，对诚信企业家等诚信个人进行褒奖，对失信企业家等失信个人进行惩戒。制定行业诚信自律公约和职业道德准则，并

对会员单位的不诚信行为采取诸如公开谴责、公开失信信息等行业惩戒措施。

三、在政治层面：强化公权诚信，提升治理效能

中国历来就有“民以吏为师”的传统，国家机关及其工作人员应当是诚实守信的表率和模范。同时，在现代社会，政府、司法等公权力机关作为社会公共利益的代表，承担着宏观调控、市场监管、环境保护、公共服务、维护社会公平正义等重要职能。在实现中华民族伟大复兴的征程中，政府、司法等国家机关及其工作人员肩负着重大的职责和使命，诚实守信、依法行权，是建设法治中国的内在要求。“十四五”规划高度重视相关公权力部门的诚信建设，明确提出建立健全政府失信责任追究制度。“十四五”时期，要将公权力主体的信用建设与法治国家、法治政府、法治社会的建设结合起来，充分发挥信用建设的引领和指导作用，为推进国家治理能力和治理体系现代化提供保障。

在政务诚信建设方面。在现代诚信观念中，政府诚信被称为是“第一诚信”。依法行权、政务公开、勤政高效、守信践诺等，都是对政府诚信建设的重要要求。早在2016年国务院发布的《关于加强政务诚信建设的指导意见》中，就对加强政务诚信建设的总体目标、基本原则和具体路径作出了安排和部署。当前，我们要按照该指导意见的要求，加快构建更加完善的政务诚信专项督导机制、横向政务诚信监督机制等政务诚信监督体系，建立健全包括公务员诚信教育等在内的政务信用管理体系，进一步推进行政审批制度改革，加快建立政府信用评价机制和政务失信信息记录机制。着重加强政府采购、政府和社会资本合作、招标投标、招商引资等重点领域的政务诚信建设，提高政府对整个经济社会的治理能力和水平。推动政府依法行使权力，树立政府在人民群众心目中的良好形象，塑造良好的官民关系，为和谐社会的构建打下坚实基础。健全政府失信责任追究机制，确保政府公权力在法治的轨道上有序运行，防止对公民的私权利造成侵害。抓住领导干部这个“关键少数”，对领导干部群体加强诚信教育，发挥领导干部在诚实守信方面的模范带头作用。

在司法公信建设方面。司法权的行使关乎人民群众的切身利益，司法公信的建设对维护社会公平正义至关重要。有学者指出，“一个国家或地区司法公信力的高低，是衡量其司法文明程度乃至法治文明程度的重要标尺”[1]。当前，我国司法责任制改革持续深入，“谁办案谁负责”司法理念的贯彻落实对促进司法机关依法办案起到了重要作用，司法助力社会信用体系建设已经取得了显著成效。“十四五”时期需要继续加大司法改革力度，完善司法人员失信惩戒机制和守信激励机制。按照“努力让人民群众在每一个司法案件中感受到公平正义”的司法理念，坚守人民情怀，对司法权力的行使进行更加有力的监督，保障当事人及社会公众对案件审理工作的知情权、参与权和监督权。加强司法领域专门信用建设机制，将律师、公证、鉴定、会计、审计、资产评估等机构及人员纳入诚信建设范畴，构建专门的诚信机制，建立诚信档案。加大市场信用信息、公共信用信息和司法领域信用信息的共享和应用力度。强化失信被执行人名单制度，加大限制高消费等信用惩戒措施的实施力度，为基本解决“执行难”奠定更加扎实的制度基础。构建虚假诉讼“黑名单”制度，惩治严重违法失信行为，提升司法公信力。

四、在法治层面：加强信用法治，构建法治体系

习近平法治思想是法治中国建设的指导思想。习近平法治思想的核心要义是“十一个坚持”。其中，在法治轨道上推进国家治理体系和治理能力现代化等重要思想，都是信用法治建设的思想和行动指南。“十四五”规划第二十章第四节“健全社会信用体系”就信用法律法规和标准体系的完善、公共信用信息目录和失信惩戒措施清单的制定、失信主体信用修复机制的健全、信用承诺制度等重大问题进行了部署。“十四五”时期，社会信用建设要进一步加强立法、执法、司法、守法等方面的工作，构建完善的信用法治体系，推进诚信建设长效机制的构建。

一是进一步加强社会信用立法工作。社会信用立法需要根据信用建设的

[1] 孟祥沛．司法公信力的本质属性及其对评估指标的影响［J］．政治与法律，2021（12）：82.

实践探索和现实需求进行法律制度的设计，走中国道路，提出中国方案，形成科学有效的“良法”，为最终实现信用建设领域的“良法善治”夯实立法基础。[1] 当前，社会信用法已经列入十三届全国人大常委会立法规划，未来需进一步深入论证，加快社会信用基本法立法进程。社会信用法应当定位于信用领域的基本法，旨在构建社会信用的基本法律框架，从而重构社会信任，实现国家治理体系和治理能力现代化。我们认为，未来的社会信用立法体系应以私权利主体的经济信用和公共信用为立法调整重点，适度衔接公权力主体信用建设问题，从而在法治理想和实用主义立法观之间寻求最大限度的均衡。[2] 根据我国社会信用建设实践，在探索制定社会信用基本法的同时，需要进一步加强社会信用专项立法，针对公共信用和经济信用建设中遇到的问题分别进行立法规制，使社会信用法律体系更加细致、全面。加强地方层面的信用综合立法及专门立法，推动信用法治助推诚信社会建设，为社会信用基本法的制定积累经验。在不断完善社会信用立法体系的同时，也要在全社会层面对社会信用法律体系进行普及宣传，丰富、深化广大人民群众对社会信用法律体系的认识，促进信用守法普遍化。

二是进一步提升信用监管的法治化水平。当前，信用监管已经成为一项重要的经济社会治理手段，在推进国家治理体系和治理能力现代化中发挥着重要作用。“十四五”规划提出，要“健全以‘双随机、一公开’监管和‘互联网+监管’为基本手段、以重点监管为补充、以信用监管为基础的新型监管机制，推进线上线下一体化监管”。当前，将信用监管纳入法治轨道，是建设法治政府的必然要求。因此，信用监管应当遵循相应领域的法律制度，严格依据相关领域的执法权限、执法程序进行，同时，也必须遵循其所涉的社会信用规范的规定。[3] 针对过去社会信用体系建设过程中的“泛信用化”等问题，要在公共信用信息的纳入、信用监管、失信惩戒、信用修复等方面严格法治，构建法治化的信用监管机制。第一，

[1] 王伟．论社会信用法的立法模式选择［J］．中国法学，2021（1）：228-247.

[2] 王伟．社会信用法论纲——基于立法专家建议稿的观察与思考［J］．中国法律评论，2021（1）：113-124.

[3] 顾敏康．社会信用法概论［M］．北京：中国计划出版社，2021：198.

要通过公共信用信息目录、失信惩戒措施清单等制度，明确信用监管权行使的具体内容、方式和边界。2020 年《国务院办公厅关于进一步完善失信约束制度 构建诚信建设长效机制的指导意见》提出要“明确界定公共信用信息范围”，对公共信用信息“实行目录制管理”；“依法依规确定失信惩戒措施”，对失信惩戒“实行清单制管理”。在推进全面依法治国的背景下，要实现信用监管的法治化，必须实现公共信用信息纳入、失信惩戒等重点领域的法治化。立足于中国社会信用建设的现实场景，依法构建相应的失信惩戒机制，是实现信用监管法治化的重要环节。[1] 第二，加强重点领域信用监管，通过信用建设提升重点领域监管效能。对直接涉及公共安全和人民群众生命健康等重点领域，加大对违法失信企业的惩戒力度和社会监督力度，构建重点领域严重违法失信名单制度，守住经济社会发展的底线，维护社会公平正义。第三，在信用信息应用方面，加强公共信用信息和市场信用信息的共享融合，并在此基础上强化信用信息的归集、共享、公开和应用机制，打破“信息孤岛”，进一步解决市场主体之间、监管部门和市场主体之间以及社会公众、行业协会等社会主体与市场主体之间的信息不对称问题，在全社会范围内形成对市场主体的监督合力。第四，完善信用主体权益救济机制，维护信用主体的知情权、异议权、更正权等基本权利，健全失信惩戒救济机制，建立更加合理的侵害信用权益相关案件的裁判标准。构建合理的信用修复机制，给予失信主体改正失信行为的机会，使其能够在满足法定修复条件的情况下，尽快重塑信用。在构建更加完善的信用信息传递机制的同时，要加强信用信息的安全管理，防止信用信息的滥用和国家机密、商业秘密、个人隐私等信息的不当泄露。

五、在文化层面：塑造诚信文化，净化信用环境

诚信是中华民族的传统美德，在中华文明的历史长河中源远流长，也是社会主义核心价值观的重要内容。社会信用建设的目标不仅在于强化经济治理能力，也在于培育整个社会的诚信意识。“十四五”规划基于提高

[1] 王伟．失信惩戒的类型化规制研究——兼论社会信用法的规则设计［J］．中州学刊，2019（5）：44.

社会文明程度和持续提升公民文明素养的目标追求，提出“弘扬诚信文化，建设诚信社会”。这就要求我们在推动社会信用体系建设过程中，进一步强化文化引领，塑造社会成员的诚信价值观，把诚信文化建设作为弘扬和践行社会主义核心价值观的重要载体，为社会信用体系建设奠定更加扎实的观念和社会基础。

（1）注重从中外文明的优秀文化成果中发掘诚信伦理的价值内涵，发挥信用伦理的引领和指导作用，大力弘扬诚信观念，营造“守信光荣，失信可耻”的道德氛围，实现伦理信用和制度信用的相互促进、高度融合。进一步发掘传统信用文化与现代契约精神之间的共通之处，为我国社会信用体系建设提供精神资源。通过对中国诚信文化的研究，讲好中国诚信故事，树立诚信大国的形象。

（2）加强社会公德、职业道德和家庭美德中的诚信建设。将诚信道德的建设纳入推进社会主义精神文明建设的重要内容。在不同领域建立诚信道德规范，着重塑造企业与消费者之间的信任关系以及政府和公民之间的信任关系，推动形成普遍信任的社会关系，为和谐社会建设提供道德基础。鼓励行业协会（商会）通过开展诚信倡议和信用培训等活动，加强行业的道德自律。在社会各领域大力开展诚实守信道德模范评选活动，树立新时代诚信典范，引领全社会诚信道德建设。

（3）开展诚信价值的宣传教育活动。全面普及信用知识，传播信用理念，破除片面追究经济发展导致的思想观念上的障碍，提升全民信用意识，让广大人民群众真正将诚信价值内化于心、外化于行，在投资、交易、交往等活动中自觉遵从诚实守信的基本原则，提高整体社会信任度。各类高校、科研机构等可针对信用治理开设专门学科，对信用建设中存在的问题进行更深入的研究和论证，为信用建设提供理论上的支撑，进一步丰富诚信文化的内容，净化信用建设环境，引导诚实守信风尚。

［作者：王伟，中共中央党校（国家行政学院）政法部民商经济法室主任、教授、博士生导师；欧阳捷，中共中央党校（国家行政学院）经济法学博士研究生］

第二节　社会信用立法的模式与趋势研究

我国在社会信用体系建设过程中，在传统经济信用制度的基础上，创新了公共信用制度。由此，信用制度既是经济治理的重要制度，也具有促进社会治理的重要功能。社会信用立法作为具有公私融合特征的专门信用立法，旨在通过将信用与法治相结合，以达到促进社会经济发展、提升治理水平的目的。社会信用立法模式的选择对我国社会信用体系建设工作有着举足轻重的影响。笔者通过对我国近年来信用立法的梳理，探究我国信用立法的方向和趋势，并提出相应的立法建议。

一、社会信用体系法治建设任重道远

完善的社会信用体系有助于优化市场要素和资源的配置，改善营商环境，促进市场经济的发展与繁荣。国务院办公厅 2019 年 10 月 8 日发布的《优化营商环境条例》提出要加快打造市场化、法治化、国际化营商环境，加强社会信用体系建设。中共中央 2020 年 12 月 7 日印发《法治社会建设实施纲要（2020—2025 年）》，指出要加快推进社会信用体系建设，推动出台信用方面的法律。2021 年 3 月 11 日，十三届全国人大四次会议通过了“十四五规划”，从信用法律法规和标准体系建设等方面勾勒了社会信用体系建设高质量发展的蓝图。中共中央办公厅、国务院办公厅 2022 年 3 月 29 日印发《关于推进社会信用体系建设高质量发展促进形成新发展格局的意见》（以下简称《意见》），指出要立足经济社会发展全局，推动社会信用体系建设全面纳入法治轨道。

世界银行 2019 年发布的《2020 年营商环境报告》显示，中国的总体排名位列 31，是自世界银行发布营商环境报告以来中国名次最好的一次。而中国贸促会营商环境评价指标体系中，将“社会信用环境”作为一项重要的一级指标，重点考察了中国加强社会信用建设尤其是失信惩戒、守信

奖励机制建设、社会信用度以及征信体系建设等方面的情况。《2021 中国营商环境报告》显示，我国的社会信用环境建设相较于以往评价有所提升，在 12 个一级指标中排名并列第二；子指标中社会信用度评价最高，而失信惩戒、守信奖励机制评价得分最低。[1] 企查查数据研究院 2022 年 3 月 23 日发布的《2021 年失信被执行人风险数据报告》显示，2021 年全国新增失信被执行人 134. 12 万人次，同比下降 46. 3%（见图 2-1）。

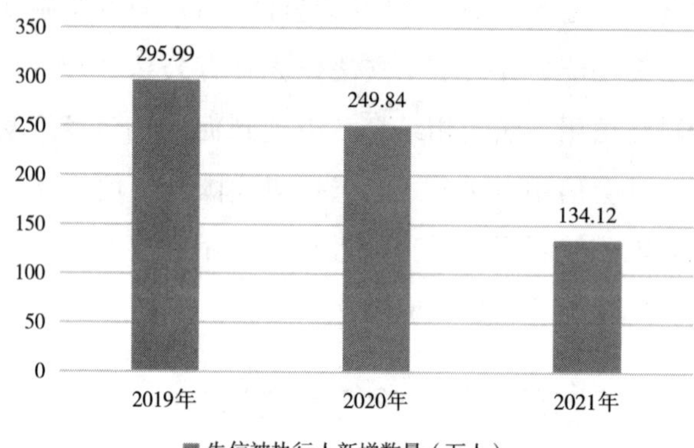

图 2-1　2019—2021 年失信被执行人（个人）新增数量

数据来源：企查查数据研究院。

营商环境指标的提升、社会信用环境评价的提高、失信主体数量的同比大幅下降，表明我国的社会信用体系建设卓有成效。但不可否认的是，我国失信问题高发频发的态势仍然有待遏制，各类主体失信问题高发、频发、复发增加了经济社会的发展和运行成本，社会信用治理任重道远。同时，近年来由于受到新冠肺炎疫情带来的冲击，经济出现下行，信用治理问题凸显，国家治理现代化的要求对政府的信用治理水平提出了极大的挑战。作为社会治理的重要工具，信用对于我们营造良好的发展环境发挥着更加重要的作用。信用建设归根到底要依靠法治，信用立法是信用法治化的基础，是规范信用秩序、优化营商环境的重要制度基础，是社会信用体系建设的基石，是推动经济和社会治理的重要保障。

[1] 中国国际贸易促进委员会贸易投资促进部，中国国际贸易促进委员会研究院. 2021 年度中国营商环境研究报告［OL］. https：//www. ccpit. org/a/20220506/20220506qcfn. html.

二、我国社会信用立法的若干特点及问题反思

信用是一种重要的治理手段。信用治理，既可以是指“对社会主体信用的治理”，也可以是指“以信用为手段对社会主体进行治理”。毫无疑问，社会信用体系建设的最终目的是提升市场乃至社会整体信用水平。近年来中央和地方的信用立法，以法律法规为准绳，以制度化建设推进社会信用治理的规范化，夯实了信用治理的法治基础，有效遏制了信用治理泛化等问题，提升了执法和司法的权威性、严肃性、公信力。信用立法作为社会信用建设体系中的重要一环，是社会信用体系建设的基础，更是社会信用政策落地和实践的重要制度保障。当前，在全面依法治国的背景下，我国也在不断加强社会信用立法。总体来看，我国社会信用立法成效显著，特色鲜明，但也存在一些缺陷和不足，信用法治化水平有待进一步提升。

（一）社会信用立法的基本特点

1. 自上而下与自下而上立法相结合

社会信用体系建设是一个综合性的制度建设过程，覆盖公共信用和市场信用两个层面，包含政务诚信、商务诚信、社会诚信、司法公信等多个领域。社会信用法跨越公私两域，立法上具有一定的技术难度。[1] 从全局来看，我国信用建设具有较强的“政策推动”特征，诸多信用政策的出台，极大地推动了我国信用立法的进程。总体来看，我国信用立法呈现自上而下与自下而上立法有机结合的特点。截至 2022 年 6 月，在国家层面上已有 50 部法律、59 部行政法规规定了专门的信用条款；地方层面上，地方性信用法规已达 33 部（包含通过但未生效），其中省级地方性法规为 22 部，市级地方性法规为 11 部，最早的是 2011 年的《陕西省公共信用信息条例》。地方信用立法在 2021 年呈井喷之势（见图 2-2），这为地方信用法治建设提供了重要的法规基础和制度保障。

［1］ 罗培新．善治须用良法：社会信用立法论略［J］．法学，2016（12）：104-113.

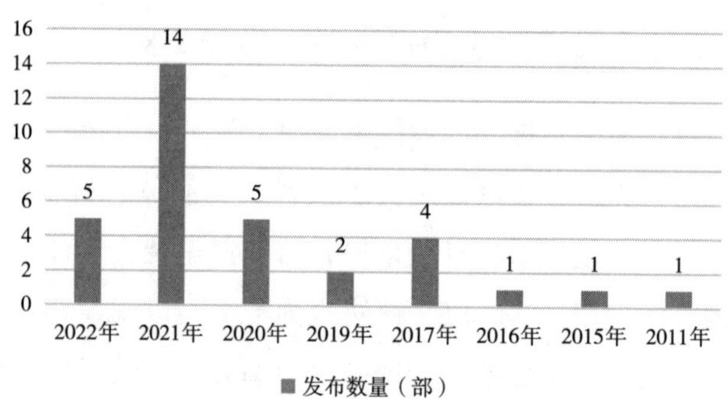

图 2-2　2011—2022 年地方信用立法情况

数据来源：北大法宝法律数据库：https：//www. pkulaw. com/，以及地方立法主体的政府官网，最后访问日期为 2022 年 6 月 18 日。

自下而上的立法是指以点带面，地方法规先行，后转换为高位阶的法规；自上而下则是指先有一个高位阶的法规，然后在地方实施并进一步完善和创新。例如，在《征信业管理条例》《企业信息公示暂行条例》等重要法规的制定过程中，地方立法为上位法的制定提供了重要的经验和借鉴。又如，2014 年国务院出台《社会信用体系建设规划纲要（2014—2020 年）》，2016 年先后印发《关于建立完善守信联合激励和失信联合惩戒制度加快推进社会诚信建设的指导意见》和《关于加强政务诚信建设的指导意见》，这些重要的社会信用建设政策，涵盖政务诚信、商务诚信、社会诚信、司法公信等多个领域，包含了守信激励、失信惩戒等多种机制。以信用政策为引领，中央相关部门出台了较多的信用规章和规范性文件。地方则与时俱进地制定信用法规，在失信惩戒、守信激励、政务诚信等信用政策的指导下开展地方立法创新。

2. 信用政策与信用立法相辅相成

随着社会信用体系建设的深入发展，党中央、国务院出台了一系列社会信用政策，对社会信用建设发挥了重要指引作用，也为信用立法提供了重要的政策依据。中央及地方不断地将信用政策转化为法规，为政策与法律的融合提供了实践经验。

将社会信用建设领域的政策转化为法规，我国已有较为丰富的实践。

例如，2019年7月，国务院办公厅印发《关于加快推进社会信用体系建设构建以信用为基础的新型监管机制的指导意见》，2020年5月，中共中央办公厅、国务院办公厅发布《关于新时代加快完善社会主义市场经济体制的意见》，提出要健全以信用监管为基础的新型监管机制，强调了进一步完善诚信建设长效机制这一政策目标。2021年，市场监督管理总局接连出台了《市场监督管理严重违法失信名单管理办法》《市场监督管理行政处罚信息公示规定》《市场监督管理信用修复管理办法》三个部门规章和规范性文件，为失信惩戒与信用修复提供了相应的立法支持。此外，文化和旅游部、人力资源和社会保障部等多个部委也出台了相关规章，为信用监管、失信惩戒提供了重要依据。信用立法的日益完善，为发挥信用治理对经济社会发展的促进作用，推进社会信用体系建设的法治化起到了积极作用。2021年9月，中国人民银行发布《征信业务管理办法》，明确了信用信息的内涵与外延，并对信用信息的采集流程进行了规范，进一步提升了征信的法治化水平。

3. 从单项立法向综合性立法转变

目前，地方社会信用立法采取了不同的模式，立法模式多样化特征明显。地方信用立法的主要模式包括：公共信用信息立法模式、社会信用信息立法模式、综合信用立法模式以及特色信用立法等。例如，湖北、河北等地采取的是社会信用信息立法模式，浙江、陕西则采取公共信用信息立法模式；上海是全国范围内第一个社会信用综合立法的城市，陕西省则分别制定了《陕西省公共信用信息条例》和《陕西省社会信用条例》；还有的地方采取特色立法模式，如浙江台州，制定了《台州市企业信用促进条例》。[1]

地方的信用立法正在从单项立法转向综合性立法，调整领域更加广泛，治理效能更加显著。在2017年之前，地方关于信用建设的立法多偏向于单项立法，如《浙江省企业信用信息征集和发布管理办法》、《江苏省个

[1] 地方立法模式的类型化是以地方法律规范的名称以及规范内容为标准进行划分。例如，《湖北省社会信用信息管理条例》《浙江省公共信用信息管理条例》《上海市社会信用条例》。

人信用征信管理暂行办法》等。自 2017 年我国第一部地方信用综合法规《上海市社会信用条例》出台之后，因其对社会信用的综合管理和调整更加符合社会信用建设的全方位需要，“综合立法”的模式被全国各地竞相采纳，成为一种较为普遍的地方立法模式。2021 年出台的 14 部地方信用法规中，综合性信用法规多达 13 部。近年来制定的地方信用法规把信用服务机构、社会信用环境建设等方面的内容纳入其中，不断扩大信用立法规制范围。地方信用立法创新是信用理念在经济和社会领域的具体实践和运用，对于提升社会信用建设法治水平发挥了重要作用。

（二）问题与反思

目前我国尚未制定全国性的统一信用立法，未能为信用法治提供足够的法律支持，信用法治建设仍然存在一些问题和不足，任重而道远。

1. 缺少统一的上位法

我国目前没有专门的社会信用法，上位法的缺失使得很多基础性的法律原则和规则没有得到统一。法律是社会主流价值观的体现，法制是社会统一治理的基础。[1] 高位阶信用法律的缺失，导致信用立法标准不统一、信用信息流动不畅、惩戒与奖惩标准执法不统一等问题。当前，社会信用建设亟待实现法制统一，最终实现法治统一。

2. 地方立法内容同质化

近年来，信用建设延伸到了很多领域，教育、科研、电子商务、文旅、家政、交通等多个主管部门纷纷出台了相关的信用政策和法规。但是，地方信用立法仍然存在内容同质化、立法体例“求大求全”等问题。从立法内容来看，虽然都包含了信用信息管理、失信惩戒与守信激励、信用主体权益保护等内容，但核心的信用治理机制和措施过于抽象、原则和概括，部分信用立法未能充分反映地方的特色和实际。[2]

[1] 史际春，胡丽文．政策作为法的渊源及其法治价值［J］．兰州大学学报（社会科学版），2018（4）：160.

[2] 封丽霞．地方立法的形式主义困境与出路［J］．地方立法研究，2021（6）：64-65.

3. 立法内容失衡

立法内容失衡集中体现在对社会领域的信用建设用力较多，但信用在经济领域的应用明显不足，即立法在如何促进信用经济发展、提高经济信用水平等方面的力度不够。2022 年 3 月 29 日，中共中央办公厅、国务院办公厅印发了《意见》，把信用体系置于经济全局来考虑，强调社会信用体系建设要重视信用经济方面的工作，对信用建设工作提出了崭新的要求，必将进一步推动信用在经济和金融领域的应用，助推经济增长。随着我国经济信用化程度的提高，信用立法要促进信用消费市场的规范和稳定发展，顺应生产经营活动以及商业贸易的数字化、信用化趋势，保障信用经济体的权益，促进双循环新发展格局的形成。

三、关于社会信用法立法体系的若干建议

信用的价值在于稳定社会预期，约束人们按照契约要求进行相关行为从而维护社会秩序。可以说，信用是一切规则得以实现的保障机制，是构成社会稳定秩序的基础规则。对信用进行管理和建设是国家治理体系和治理能力现代化的重要内容，制定社会信用法则是国家信用建设和信用治理法治化的重要制度基础。[1] 近年来，我国信用法治理论取得了长足进步，但对于很多重大现实问题的讨论仍然有待深化。

（一）社会信用立法是信用建设的必然要求

社会信用体系建设旨在通过制度化的信用建设来倡导和保障社会信用。制度，就是一系列被制定出来的规则、守法程序和行为的伦理道德规范，旨在约束追求主体福利或效用最大化的个体行为。[2] 从历史的角度来看，社会秩序经历了道德秩序向契约秩序的转变，信用则从道德范畴逐渐走进了法律范畴，开始了其法律化的进程。

---

［1］ 王伟．社会信用法论纲：基于立法专家建议稿的观察与思考［J］．中国法律评论，2021（1）：114.

［2］〔美〕道格拉斯·C. 诺斯．经济史中的结构与变迁［M］．陈郁，罗华平，译．上海：上海三联书店，2003：225-226.

古人云，“法者，治之端也”。在新时代背景下，构建统一的社会信用立法是社会信用体系建设的重要发展趋势。[1] 加快统一社会信用立法能够有效解决现行立法中存在的突出问题，实现规则统一，有助于推动我国信用体系的法治化建设。

社会信用立法旨在超越目前“政策推动、行政主导、地方试验”的信用建设实践[2]，是营造良好信用秩序，塑造诚信环境，确立社会信用建设合法性的重要保障。因此，社会信用统一立法有其必要性和正当性。我们应当以社会主义核心价值观为标尺，吸收各地信用立法的成熟经验，基于有利于人民利益、有益于市场经济发展和有助于诚信社会建设的立法要求，制定一部具有时代特色的社会信用法。

（二）关于制定社会信用法的相关建议

1. 社会信用法宜采取整体调整的立法模式

社会信用法是一部综合性法律，调整范围较宽，调整的法律关系较多。这部法律的制定应当以党中央、国务院的信用政策为引领，有效维护信用主体的合法权益，充分吸收信用实践经验，注重法律文本结构的逻辑性以及保证法制统一的协调性。

社会信用法应确立保护私益和遏制公权的原则，平衡私权益保护和公权力规范。“信用”既是治理手段，也是规制对象，信用治理的核心是运用失信惩戒和守信激励机制对社会主体的信用行为进行约束和引导。社会信用法要强调对信用主体信用权益的保护，包括隐私和信息权益保护[3]、信用异议与修复等。社会信用法作为一部为促进社会信用建设而制定的专门法律，要重视对公权力信用管理权的规范，加强对私权利主体信用权益的保护。

[1] 戴昕．理解社会信用体系建设的整体视角：法制分散、德治集中与规制强化［J］．中外法学，2019（6）：1469-1491.

[2] 王伟．论社会信用法的立法模式选择［J］．中国法学，2021（1）：228-230.

[3] 齐爱民．社会诚信建设与个人权利维护之衡平——论征信体系建设中的个人信息保护［J］．现代法学，2007（5）：160-167. 该文将信用信息权利分解为：个人信息的决定权、保密权、查询权、封锁权、更正权和删除权。

社会信用法应当采用“整体调整”的立法模式，构建“广义信用”建设格局。[1] 当前，公共信用和市场信用制度应当齐头并进，共同发展。立法要重视信用的社会治理功能和经济促进功能，规范公共信用管理，鼓励经济信用制度创新。基于信用在公共领域和经济领域的应用逻辑，社会信用法应构建完善的社会信用制度体系，涵盖信用信息传递、失信惩戒、守信激励、社会共治与信用责任等各项制度内容。

2. 构建以社会信用法为基本法的信用法律体系

构建社会信用立法体系，是顺应社会信用体系发展要求的系统工程。我们应当采用基本法与专门法相结合、立法与修法相结合的方式，构建以社会信用法为核心的信用法律体系。其中，社会信用法作为信用建设的基本法，应当起到总体调整、原则引导、制度建设的指导性作用。在此基础上，应当针对不同类型的信用制度进行分别法律设计，适应不同领域信用建设的需要，制定专门信用法律。例如，针对当前企业信用监管的需要，可以制定《企业信用监督管理条例》《企业信用修复管理规定》等专门针对企业的信用法规。

同时，社会信用立法的推进还应当注重立法与修法相结合。我国在社会信用立法方面已经有了充分的探索和实验，地方立法在综合信用立法和法律实施效果方面具有丰富的经验。国家层面的信用法制建设中，应当立法与修法相结合。在加速社会信用法制定的同时，加快修订《企业信息公示暂行条例》《征信业管理条例》等法规，充分吸收信用治理的先进经验，与时俱进地反映信用制度的发展情况。

3. 强化信用政策、信用立法之间的协调统一

社会信用立法体系的构建要注重促进政策、立法之间的内在和谐，提高立法能力和立法质量，实现信用法律与信用的政策有效衔接。

一是注重信用立法与信用政策的有机衔接。法的政策化和政策法治化

[1] 王伟. 论社会信用法的立法模式选择［J］. 中国法学，2021（1）：231-232.

是现代法治的客观要求和重要特征。[1] 政策是对法律规则制定的重要指导，法律规则是政策落实的重要方式之一。社会信用法应当强化政策与法律的转化与衔接，在信用立法中充分体现信用政策的主旨精神，将成熟的制度上升为法规。一方面要实现立法对政策精神的及时落实，降低立法滞后性的影响；另一方面在政策统一指导下的立法，才能实现信用法制体系、中央和地方信用法律规范之间的整体协调。

二是注重信用立法与其他相关立法的有机衔接。信用立法要以法治的原则和精神为引领，注重法治逻辑，促进不同法律制度之间的有机衔接，尤其要严格遵守《中华人民共和国立法法》的相关规定，实现科学立法、民主立法、依法立法，不断提高立法质量。注重强化信用立法与行政许可、行政处罚、行政强制、政府信息公开、政府采购等方面法律法规的协调与衔接。

4. 构建以奖惩制度为核心的信用制度体系

社会信用法治体系是一套包括基础制度、核心制度和保障制度在内的严密制度体系。社会信用立法应当构建以信用信息制度为基础，以奖惩制度为核心的制度体系，为社会信用治理提供重要的制度支撑。

信用信息管理是信用治理的基础。相关制度设计要注重规范信用信息的采集、归集、共享、使用和管理等权力行使，提升信用数据传递、共享效率，平衡好数据使用与保护个人信息和隐私、企业商业秘密之间的关系。

失信惩戒和守信激励是信用治理的核心。立法应当重视奖惩的合法性、正当性和适当性，采取类型化的法治思维，进一步整合联合惩戒与激励的措施、资源，强化信息流通，保障和提高信用治理效果。

5. 强化目录清单制度对公权力的约束功能

社会信用立法重在对公权力的行使进行监督和约束，不断提升公权力机关权力行使的规范化。当前，目录制、清单制是社会信用管理中行之有

[1] 史际春，胡丽文．政策作为法的渊源及其法治价值［J］．兰州大学学报（社会科学版），2018（4）：160.

效的权力约束机制，对于贯彻依法行政原则，推动法治政府建设，具有重要作用。通过目录、清单等方式制定科学简明的管理实施规范，可以有效强化职权法定要求，廓清公私之间的边界，规范权力行使、防止权力缺位越位。在中央层面，制定并动态更新《全国公共信用信息基础目录》《全国失信惩戒措施基础清单》；在地方层面，要注重结合地方实际，完善公共信用信息补充目录和失信惩戒措施补充清单。创新制定信用信息归集清单、守信激励措施清单等，对信用监管措施、适用对象、适用范围、适用情形、信用修复等机制予以明确并对社会公示。

6. 建立健全信用主体权益保护机制

如前所述，信用主体权益保护是信用治理的重要内容，体现在社会信用治理的全流程中。社会信用立法应强化和凸显各环节中信用主体的权益保护，并通过规范公权力的行使，保障私主体的合法权益，推动社会信用建设在法治轨道上运行。

建立健全信用信息异议投诉制度。对信用主体提出异议的信息，要求信息提供和采集单位尽快核实并反馈结果，对核实有误的信息及时予以更正或撤销。

重视信用修复制度，为失信主体提供规范和有效的修复流程，强化信用修复在信用治理中的地位和作用。强化权责统一原则，在责任划分和承担方面，因错误认定失信联合惩戒对象名单、错误采取失信联合惩戒措施损害市场主体合法权益的，要求有关部门和单位承担相应责任、积极采取措施消除不良影响等。

7. 注重加强社会信用环境建设

社会信用法除了规定相关的信用治理机制外，还应当重视社会信用环境的整体建设以及诚信文化和诚信观念的引导。有学者指出，社会诚信体系的内在范畴是引领社会成员产生对诚信道德规范的高度认同，外在范畴则是保障社会诚信实现的各种路径。[1] 良好的社会信用环境对社会诚信

[1] 类延村．超越法治：社会诚信体系的规则治理［J］．中南大学学报（社会科学版），2014（4）：66-67.

水平的提高具有极大的促进作用。对于一个理想社会而言，只有法治是远远不够的，还应该注重德性建设。鉴于立法对社会行为有极大的引导和示范效应，社会信用立法必须重视社会信用环境的建设，教育、引导社会主体的诚信意识，提高全民素养。

“法者，国家所以布大信于天下。”社会信用是社会正常运行的基础，信用治理要通过法律化、制度化的机制对社会主体的行为进行约束和引导。法律是现代社会重要的社会治理手段，法治是诚信的重要制度保障，立法则是诚信法治的基础。社会信用治理是信用治理和法律治理双管齐下，社会信用立法需完善信用治理机制间的衔接，必须平衡好工具诚信和价值诚信的关系，规范和监督公权力的运行，保障信用主体的合法权益，推动社会信用体系建设法治化，实现有效的社会信用治理。

［作者：杨慧鑫，中央党校（国家行政学院）政法部博士研究生；王伟，中共中央党校（国家行政学院）政法部民商经济法室主任、教授、博士生导师］

第三节　社会信用体系建设服务新发展格局研究

2020 年 10 月，“十四五”规划提出要加快构建以国内大循环为主体、国内国际双循环相互促进的新发展格局，这是党中央面对国内国外新环境所作出的重大战略决策。社会信用体系在构建新发展格局中具有重要地位，能够提升社会主义市场经济总体效能、构建新型监管机制、打造诚信政府形象、构建诚信和谐社会。具体来说，社会信用体系建设通过服务于全国统一大市场、供需良性互动、社会治理、绿色发展和风险防范等路径来促进形成新发展格局。未来，亟待建立信用保障市场畅通机制，加快推进信用立法，推动信用信息整合共享，健全以信用为基础的新型监管机制，提升信用服务实体经济能力，进一步发挥社会信用体系对新发展格局的促进作用。

一、社会信用体系在新发展格局中的地位

2022 年 3 月 29 日，中共中央办公厅、国务院办公厅印发了《意见》，指出完善的社会信用体系是供需有效衔接的重要保障，是资源优化配置的坚实基础，是良好营商环境的重要组成部分，对促进国民经济循环高效畅通、构建新发展格局具有重要意义。

（一）社会信用体系是提升社会主义市场经济总体效能、促进形成新发展格局的关键支撑

在新发展格局下，完善的社会信用体系不仅是基本经济关系和基本道德准则的基石，而且是联结市场交易关系中不同经济主体之间的关键纽带，在畅通国内国际双循环、降低经济社会运行成本等方面发挥着重要作用。

1. 社会信用体系是国民经济稳中求进、持续增长的重要基础

建设完善社会信用体系，有助于降低交易活动成本，提高资源配置效率；有助于扩大信用交易规模，提升企业信用管理专业程度；有助于提升经济活力，促进经济高质量发展，为市场提供一种可信赖的“软环境”。从维系社会经济秩序正常运转的角度看，社会信用体系能够降低市场交易所需要的禀赋成本，使得市场机制更好地发挥基础性的资源配置作用。金融是经济的核心，基于防范化解重大金融风险的角度，社会信用体系能够提升受信主体的契约执行效率，减少金融信用违约事件的发生，改善金融生态环境。

2. 社会信用体系是推动优化营商环境、加速国内大循环的重要基础

习近平总书记指出，构建新发展格局的关键在于经济循环的畅通无阻。市场经济是信用经济，信任是畅通经济循环的基础，这个信任是相互的，包括交易对手或合作伙伴之间的信任、管理者与被管理者之间的信任、日常社交双方之间的信任等，而经济循环中的很多堵点在很大程度上

是由于不信任和不诚信造成的。供需的有效衔接建立在互信的基础上，但信任不是凭空的，信任关系的建立离不开信用信息的获取。

人们在社会交往和经济交易中建立信用、积累信用资本，供需双方需要不断认识对方是否有信用资本、信用资本价值有多大、应该与其交易或交往到什么程度等，在这一认识过程中，需要大量的信用信息。供需的有效衔接也离不开良好的市场秩序，市场上彼此相连、互为制约的信用关系促成并支撑着市场秩序，信用信息使得信用关系进一步得到记录和量化，有利于市场秩序的进一步规范。

3. 社会信用体系是参与全球化事务、畅通国内国际双循环的重要基础

从“走出去”的角度看，征信、信用评价、信用报告有利于企业在国际市场上树立良好信用形象，质量信用体系的建立有利于产品获得国际认可，AEO 高级认证、出口信用保险等有助于企业开展出口贸易，引导外贸企业深耕国际市场。

从“引进来”的角度看，社会信用体系建设是完善营商环境的关键内容，在参与全球化事务中具有重要作用。一个国家社会信用体系的建设状况往往和市场经济的发达程度高度相关，因此是外资考量的重要标准。国家间的信用信息互通共享有助于经济往来，增强国内外投资者信心，推动多区域合作，全面提高开放型经济水平。健全完善社会信用体系，有利于优化对外开放的良好环境，降低商务成本，提高办事效率，对扩大招商引资和吸引国内外创新人才都具有重要意义。

（二）社会信用体系是提升治理能力、构建新型监管机制的必然前提

加速健全完善社会信用体系，构建新型信用监管机制，是提升现代化治理能力和治理水平的重要手段，是完善社会主义市场经济体制的关键环节，是“放管服”改革以及营商环境优化的保障。在数字经济和共享经济持续发展以及联合奖惩机制不断落实完善的背景下，信用在各类主体的社会活动中扮演着越来越重要的角色，正逐渐成为优化社会资源配置的新

要素。

信用监管适应了数字经济时代的发展需要，是将大数据分析等现代信息技术应用与信用管理理念相互结合而成的新型监管模式，是依据交易市场中的经济主体信用状况所采取的监管方法。“事前承诺、事中监管、事后修复”，市场主体生命周期的信用监管体系有利于优化市场信用环境，通过对恪守诚信的经济主体予以奖励，对违背诚信的经济主体予以惩罚，促进信用监管效率的有效提高，推动社会治理能力以及管理水平进一步的发展；通过强化创新监管理念、制度以及方式，完善健全贯穿市场主体全生命周期、衔接全流程的新型信用监管机制，有助于提高监管效率，在维系公平竞争的前提下有效减少市场交易所需的成本。

（三）社会信用体系是转变政府职能、打造诚信政府形象的高效手段

《国务院关于加强政务诚信建设的指导意见》指出，加强政务诚信建设是落实“四个全面”战略布局的关键环节，是深化简政放权、放管结合、优化服务改革和加快转变政府职能、提高政府效能的必然要求，是社会信用体系建设的重要组成部分，对于进一步提升政府公信力、引领其他领域信用建设、弘扬诚信文化、培育诚信社会具有重要而紧迫的现实意义。

现代信用理论认为，政务诚信是党和政府及其职能部门获得社会公众信任的资本。政务诚信表现在三个方面：政府的基本诚信素质、在社会管理活动中自身的信用水平以及在经济活动中自身履约践诺的能力与结果。政务诚信具有示范效应和效率功能。党和政府及其职能部门只有言必信、行必果，才会具有公信力，方能政令易通，从而提升政府行政权力行使的效率。

深入开展政务诚信建设，有利于建立健全以信用为基础的新型监管机制，推进供给侧结构性改革；有利于建立一支守法守信、高效廉洁的公务员队伍，树立政府公开、公正、诚信、清廉的良好形象；有利于营造风清气正的社会风气，培育良好经济社会发展环境。

（四）社会信用体系是推进文明建设、构建诚信和谐社会的迫切要求

诚信是中华民族的传统美德，是现代文明社会建设的重要标准之一，是社会主义核心价值观的基本构成内容。对于个人而言，诚信是为人处世的立身之本，是必须恪守的美好品德，“人而无信，不知其可”；对于企业而言，诚信是企业做大做强的立业之本，是值得推崇的核心竞争力，“市有信则立，无信则废”；对于国家而言，诚信是有为政府施政之本，是文化软实力的重要体现，“国无信，民散离”。诚实守信，是人际关系和谐和睦、团结互助的基础。

良好的社会信用体系有助于构建社会主义和谐社会。诚实守信能够行之有效地缓和减少社会冲突与矛盾，降低社会运行过程中因失信产生的各类成本。加强社会信用体系建设，提高社会诚信度，符合社会主义核心价值体系建设的要求，有助于培养诚实守信的品德，从而建立良好的社会关系，提升全社会的凝聚力。

二、社会信用体系服务新发展格局的路径

（一）社会信用体系建设服务于全国统一大市场

建设全国统一大市场是构建新发展格局的基础支撑和内在要求。一方面，国内大循环意味着生产、流通、分配、消费各个环节的顺畅运行，畅通是国内大循环的基础要求，任何壁垒（如区域壁垒、数据壁垒等）的存在都会影响经济循环畅通；另一方面，新发展格局是以国内大循环为主体，国内外循环有机互促，国外循环在国内循环的基础上发展，全国统一大市场为国外循环提供了起点。开放经济中，商品服务和要素资源需要在更大市场范围内流动和配置。

新发展格局下全国统一大市场的最大特点是“规范统一”。当前经济体系堵点多由数据壁垒以及信息不透明造成，因此全国统一大市场应当具

备数据“一个库”的形态，将全国的数据格式、口径、目录、接口等有机统一起来，使食品追踪、药品溯源、文化旅游、交通运输、生态环境、社会信用等数据更全面和丰富，达到联通效果。全国统一的公共信用信息基础目录和信用信息报告标准是实现公共信用信息共享共用的重要前提，有利于各级信用平台发挥效用。信用报告实现异地互联互通，有利于降低市场主体交易成本，推动国家与地方之间资源共享、业务协同。

新发展格局下全国统一大市场的要求是实现“公平竞争”，建立全国统一大市场，需要扫清制约经济循环的障碍，促进商品要素资源在更大范围内畅通流动。建设公平竞争的全国统一大市场关键在于优化营商环境，《中共中央 国务院关于加快建设全国统一大市场的意见》将“加快营造稳定公平透明可预期的营商环境”作为全国统一大市场建设的主要目标之一。一方面，市场监管部门将在公平竞争等领域严重侵害消费者权益的市场主体列入严重违法失信名单向社会公示，曝光典型案例，通过震慑不法行为，营造良好营商环境；另一方面价格领域信用承诺制度下，要求企业按照价格法、反垄断法等法律法规守法诚信经营并出具信用承诺书，破除不正当竞争行为，维护市场价格秩序。这有利于打造公平竞争的营商环境，保护国家利益以及经营者和消费者的合法权益，促进商品要素资源畅通流动，为建设全国统一大市场、构建新发展格局提供支撑。

新发展格局下全国统一大市场的另一个特征是开放性。建设统一大市场并不意味着要忽略国际市场，而是以国内大循环支撑国际大循环，发挥国内超大规模市场优势，为全球经济发展贡献中国力量，提升我国对世界经济的贡献率。统一大市场实际上是我国参与国际竞争的依托。国际贸易和投资已成为全球化经济发展的主要动力之一，完善的社会信用体系有利于推动国际贸易和投资持续健康发展。从“引进来”的角度看，充分开放的统一大市场要求社会信用体系打造贸易和投资诚信环境，社会信用体系从政务诚信、商务诚信、社会诚信、司法公信四个方面发力，优化营商环境；从“走出去”的角度看，我国企业开拓国际市场、开展跨国经营离不开社会信用体系，社会信用体系包括现代信用服务体系，信用评级等机构发布的国别贸易投资信用风险预警，有助于企业及时规避潜在的国际经营风险和地缘政治风险，有利于实现更安全的开放经济。

（二）社会信用体系建设服务于供需良性互动

新发展格局要求实现供需良性互动，形成需求牵引供给、供给创造需求的更高水平动态平衡。

现代市场经济是信用经济，信用经济的主要特征是在经济的运行过程中，生产、交换、分配、消费等活动主要以信用交易方式进行，经济主体之间形成广泛的债权债务关系，信用成为社会关系、经济运行、管理制度的核心要素之一。信用交易是明显的经济发展新动力，因此扩大信用消费规模是疫情下拉动内需的有效举措之一。以信用为基础的新型监管机制，对供需双方的行为建立信用约束，降低失信行为发生率，使工商企业更有动力去扩大信用销售，金融机构也更有动力去提供信用贷款。另外，信用保险、商业保理、信用担保、履约担保等信用产品和服务能促进资金融通，打通资金堵点。以履约担保为例，担保公司承诺，一旦该项担保的受保人如约履行合同义务，保证人将保证购销合同中的结算条款或违约金支付条款得到执行，进而有效地避免或降低供需双方的经济损失，维护债权人的合法权益。这些做法可以在一定程度上缓解或者规避风险，促进生产、分配、流通、消费等环节高效流转。

信用是获得信任的资本，刻画了主体之间互信关系的价值。从微观角度看，商业信用是企业融资和增长的重要来源，商业信用取决于市场对企业的信任和企业在市场上的声誉，因此信用在决定市场主体融资成功与否以及融资规模方面发挥着举足轻重的作用。社会信用体系中的公共信用信息同金融信用信息共享整合机制将信用主体的公共信用信息和金融信用信息整合为一体并依法共享给金融机构，打破部门间的信息壁垒，降低金融机构信息收集成本，解决金融机构和融资主体的信息不对称问题。“信易贷”模式有效推动“政、银、企”信息共享，结合大数据、智能风控等金融科技手段，服务小微企业信用融资，信用成为资金和企业之间的传导介质，引导资金精准流向中小微实体企业，促进产业结构转型升级。总结而言，社会信用体系是一个联动的、有机的系统，能够减少信息壁垒，降低市场交易成本，促进供需有效衔接和良性互动。

（三）社会信用体系建设服务于社会治理

构建新发展格局，同国家治理体系和治理能力现代化密切相关。新发展格局下发展是高质量的发展，除了经济体制改革外，社会治理理应达到更高治理水平，而信用作为一种治理方式，是社会多元主体共同参与的治理，社会信用体系下以信用为基础的新型监管体制是一种实现路径，能有效提升监管的针对性和有效性，有利于提升全社会的诚信意识和水平。

信用监管是我国深化“放管服”改革的重要举措，是优化营商环境和规范市场秩序的重要保障。信用监管嵌入市场经济的各个环节，是减少经济层面的行政干预、使市场资源得到有效配置的手段。信用监管构建起清晰明确的社会运行信用规则，按照这些规则，培育信用主体的信用意识，规范信用主体的信用行为。信用监管以信用信息的记录和归集共享为基础，可以把事前审批、事中检查、事后处罚等管理通过信息化和数据化方式、以固定的信用管理流程记录下来，实现从对监管对象具体行为的监管转向对该主体诚信度、合规度、践约度的综合监管。

信用监管中，诚信度监管主要涉及道德、文化、心理范畴，借助表彰、通报等手段对不同信用主体进行奖惩分明的管理，在社会上树立“诚信本身也是一种价值”的理念，使社会主体都珍惜诚信、培育诚信、提高自身的诚信度，营造良好的诚信环境。合规度监管主要涉及政策、准则、制度范畴，政府部门通过各类法律法规、部门规章、行业规则等，对遵守规定的企业给予政务便利、政策支持或资金支持，对违规的企业予以约束或惩戒。在这个过程中，政府以信用作为监管基础，做到有据可依，保证监管的公平性，是政府部门行政能力提高的证明。践约度监管主要涉及经济交易范畴，表现为政府部门和行业协会等自律组织对恶性竞争、合同违约等行为进行约束。践约度监管是为市场经济服务的，是降低信息不对称、防范信用交易风险、提高交易效率、节约交易成本的重要保障。

信用监管的优势在于电子化、数据化、流程化，可以分类、预警、有的放矢，更加客观、公正、有效率，是我国行政管理水平的一项重大的创新安排与突破，与新发展格局更高治理水平的要求相适应。

传统监管以事前审批为主，主要弊病就是注重事前审批、不注重日常监控和跟踪。同时，大量的现场检查需求与监管力量不足的矛盾长期存在，致使监管经常出现漏洞和覆盖不到的地方，“头痛医头、脚痛医脚”，监管成本很高但效果不尽如人意，与新发展格局更高治理水平的要求不相适应。

以信用为基础的新型监管机制贯穿市场主体事前、事中、事后全生命周期：在事前监管环节，通过要求市场主体做出信用承诺、提供信用报告等方式提高其规范经营的意识；在事中监管环节，通过建立市场主体信用记录和信用分级分类监管，实现对市场主体的差异化监管，把监管资源配置在低信用领域、低信用环节、低信用市场主体，提高监管效率、维护公平竞争、降低市场交易成本；在事后监管环节，利用失信联合惩戒制度提升监管效能。综合来讲，信用监管已成为提升社会治理能力和水平的重要手段。

（四）社会信用体系建设服务于绿色发展

实现绿色发展，是我国进入新发展阶段、贯彻新发展理念、构建新发展格局的重大任务，也是促进经济社会高质量发展的必然要求。党的十八大以来，生态文明理念日益深入人心，习近平总书记提出：“绿水青山就是金山银山”。在双循环格局下，生态文明建设是良性循环的内在要求，也是我国参与国际绿色治理体系的基础要求。

首先，社会信用体系通过生态环保信用制度构建生态文明建设的制度基础，其中包括环境信用评价制度，将重点排污单位、纳入排污许可管理的单位、列入污染源日常监管的单位以及产生环境行为信息的有关单位纳入企事业环保信用评价范围。环境信用评价制度按照环保诚信、良好、警示、不良企业进行分类管理。企业“漂绿”是严重弄虚作假行为，社会信用体系通过失信惩戒机制，对此类企业给予相应的惩罚，树立社会“绿色”诚信意识。同时，环境信用信息成为投资者识别上市公司“绿色”程度的工具，促使金融机构和企业提高环境治理水平，勇担社会责任。

其次，社会信用体系是实现碳达峰碳中和目标的重要支撑。碳交易是实现碳达峰碳中和目标的核心政策工具之一。社会信用体系聚焦实现碳达峰碳中和要求，为全国碳排放权交易市场服务，实行登记、交易、结算、核查等环节信用强监管。碳交易市场体系中最为关键一环是碳排放分配额。碳交易机制处于建设起步阶段，碳排放数据存在弄虚作假的可能。信用强监管维护碳交易过程中的信用秩序，防范碳交易市场信用交易风险，改善碳交易市场信用环境。

最后，社会信用体系通过支持绿色金融服务新发展格局下的绿色发展。第一，社会信用体系能提供环境信息依法披露制度和环境信息共享机制。社会信用体系推动企业环境信用信息依法纳入信用信息共享平台，并与金融信用信息基础数据库依法共享，实现环境信息在部门间、地区间联通共享，能够帮助金融机构化解绿色金融风险识别难题，缓解金融市场中的信息不对称。第二，征信系统和征信机构纳入绿色信用信息，在信用风险、信用评级模型中引入绿色因素，运用大数据征信的优势，协同开展绿色信贷监测分析，为金融机构对不良绿色信贷进行提前处置提供支持。第三，在信用信息服务方面，评级机构等信用信息服务机构也会将绿色信用因素纳入评级模型，出具绿色债券等绿色金融产品的信用评级，引导资金流向绿色信用等级较高的企业，绿色信用成为影响资源配置的关键要素。

（五）社会信用体系建设服务于风险防范

2021 年 8 月 17 日习近平总书记主持召开中央财经委员会第十次会议，会议强调，要深化信用体系建设，发挥信用在金融风险识别、监测、管理、处置等环节的基础作用。中共中央办公厅、国务院办公厅印发的《意见》要求进一步发挥信用对防范化解风险的重要作用。

信用风险是经济社会活动中的主要风险之一，甚至可以说是最基础的风险。信用风险的防范化解为经济循环的畅通无阻保驾护航。信用资本由诚信度、合规度、践约度三个维度构成，这三个维度对应的失信、违规、违约行为均会带来风险、引发矛盾、形成经济社会运行的不稳定因素，例如故意隐瞒行程导致疫情散发、不遵守相关规定规范导致安全生产事故、不按时偿还贷款导致银行出现兑付困难甚至引发重大金融风险等。理论和实践表明，信用宣传教育、信用核查、信用分级分类、信用监测预警、失信惩戒、信用担保、信用保险等手段可以有效防范化解信用风险。

社会信用体系建设坚持统筹发展和安全。信用是虚拟的、高风险的，在实践中是“双刃剑”，信用的应用有利于激发市场主体活力，但也不可避免地产生风险。社会信用体系建设需要在运用信用手段释放发展潜力的同时，注重风险防范和化解。例如，全面建立企业信用状况综合评价体系，以信用风险为导向优化配置监管资源；发挥信用在金融风险识别、监测、管理、处置等环节的作用，建立健全“早发现、早预警、早处置”的风险防范化解机制；支持金融机构和征信、评级等机构运用大数据等技术加强跟踪监测预警，健全市场化的风险分担、缓释、补偿机制等。

三、新发展格局下建设社会信用体系的政策建议

（一）建立信用保障市场畅通机制

第一，加强生产环节信用建设。建议设立生产企业信用监管平台，根据生产企业的信用等级实施分级分类监管，严厉打击安全生产违法行为，有效遏制重特大安全生产事故。健全产品质量信用体系，提升食品药品的全链条信用保障质量安全水平。重要工业产品需要进行全流程信用监管，构建不合格商品召回管理体系，健全质量不良信息共享机制，加大对产品质量失信企业的惩戒力度。

第二，加快流通环节信用建设。开展道路危险货物运输、超限运输等重点领域失信问题治理。加强对寄递物流企业及其从业人员的信用管理，提高仓储、运输、分拨配送等物流环节周转效率。

第三，完善分配环节信用建设。健全纳税信用管理制度，完善纳税信用评价体系，建立纳税信用申报信用承诺制。依法打击骗取最低生活保障金、社会保险待遇、保障性住房等行为，依法建立社会保险领域严重失信主体名单制度，并推动住建、公安、民政等部门之间的信用信息数据共享互认。依法惩戒拖欠农民工工资等失信行为，依据人力资源社会保障部出

台的《拖欠农民工工资失信联合惩戒对象名单管理暂行办法》，将拖欠农民工工资失信主体列入失信联合惩戒名单，按照规定公开并共享至同级信用信息共享平台。

第四，拓展消费环节信用建设。聚焦常规消费热点和新消费领域，对其产生的新模式和新业态实施信用管理，研究建立市场化信用信息归集、信用评价、信用应用机制。建立完善电子商务信用评价机制，依法推动、支持行业组织开展信用评价，依法打击虚假宣传、侵权假冒，惩戒恶意刷单、恶意评价等不符合诚信要求的行为。建立健全消费者信息保护制度，积极拓宽消费者诉求渠道，强化对消费者合法权益的保护。

（二）加快推进信用立法

党的十九届四中全会审议通过的《中共中央关于坚持和完善中国特色社会主义制度 推进国家治理体系和治理能力现代化若干重大问题的决定》提出，完善诚信建设长效机制，健全覆盖全社会的征信体系，加强失信惩戒。法治化发展是我国社会信用体系建设的必然方向，因此要加强信用立法，发挥法治的引领、规范和保障作用，增强经济发展的软实力，促进经济高质量发展，以法治思维破解国内大循环、国内国外双循环过程中的堵点、难点、痛点，推进国家治理体系和治理能力现代化。因此，对于我国信用立法除已有的研究内容之外，还应涵盖以下两方面的信用法内容：

第一，加快建立完善全民正义诚信法，对全民正义诚信规定明确的法律界限与具体内容。全民正义诚信法至少对三个方面有明确的法律作用：为执法提供法律支撑；震慑潜在的非正义诚信主体和行为；为正义善良的人们提供法律支持。全民正义诚信法要求人们提高在科研、纳税、消费、投资等领域的诚信意识，并打击对做出侵害知识产权、侵害消费者权益等行为的信用主体，以法治为信用机制畅通国内大循环提供保障。从信用管理角度看，此类法律法规的内容主要应包括：明确界定失信行为，确定接受举报的部门或机构并建立快速接收有关失信行为举报信息的机制，确立合理的惩戒尺度对不同程度的失信行为施以相应的处罚，明确被惩罚人申诉的范围、期限和方式，规定诬告、诽谤他人的行为以及应承担的法律责任和处罚措施等。

第二，加快建立完善统一的征信与信用评价法律。社会各界都需要有关信用信息的法律支撑，比如政府需要依法归集、共享和向社会公开信用信息，同时需要依法监管；提供征信、信用评价及信用调查与咨询管理等的信用服务机构需要依法经营；企业与个人需要明确法律界限，在依法维护自身信用、保护自身隐私的同时，要依法向社会提供必须共享的信用信息。我们急需这样一部有共同底线与原则及明确规定的法律，强制包括政府在内的社会各界都必须遵守，公开、公平、公正的社会统一的征信与信用评价法。征信与信用评价法应适用于整个现代信用服务业，覆盖金融、商务、行政管理与公共服务全领域，涉及网络、投资、消费等各种场景下的传统征信与大数据征信等全部征信与信用评价活动。这样一部法律为统一大市场信用信息共享应用提供基础法律保障。

（三）推动信用信息整合共享

建设全国统一大市场需要建立统一的社会信用制度，其中推动信用信息整合共享是重要一环。信用是畅通循环的关键要素，信用信息共享能加速推动各行各业更好联动，进一步发挥信用对提高资源配置效率、降低制度性交易成本的作用，有利于构建新发展格局。

第一，要拓宽信用信息共享的广度。在依法依规、确保信息安全的情况下，逐步将不动产、知识产权、科技研发、环境信息等纳入共享范围，完善跨部门、跨区域、跨领域信用信息数据收集整合工作，并推动形成联合共享机制。除政府部门之外，金融机构在发展过程中也要实现多维度信用信息引入，形成公共信用信息和金融信用信息共享整合。强化数据对接是拓宽信息共享广度的手段之一。比如说，尽管全国中小企业融资综合信用服务平台已经归集整合了多维信用信息，但是商业银行为了解决银企信息不对称的难题，仍需进一步加大信用信息的引入力度，拓宽数据维度，与多个第三方机构合作获取数据，更好地绘制客户画像。

第二，要加大信用信息共享的深度。接入“信易贷”省级节点的地方平台要依法依规向金融机构充分开放信用信息，各级平台可以通过联合建模和隐私计算等方式加大与金融机构的合作深度，更好服务于金融机构信用产品开发、信用风险评估等。相应地，金融机构也要积极开展与地方金融综合服务平台的对接和交流，加大合作深度，充分利用信用信息资源和银行内部金融数据，深度挖掘信用信息数据，利用金融科技手段明晰客户的画像，提高信用贷款的占比，发挥信用在资源配置中的作用。

第三，统筹推进信用信息基础设施体系建设，不断完善各领域信用信息共享平台数据归集、共享、分析功能，推进信用信息共享平台与其他领域已有监管平台的信用数据统筹，逐步形成标准统一、互通共享的信用信息共享系统。完善已有平台的信用管理功能，规范信用信息的认定、修复和应用，持续提高数据质量，进一步夯实信用信息基础，完善信用信息的归集、公开和共享机制，以更好的信用服务推动信用建设和社会诚信水平的提高。

（四）健全以信用为基础的新型监管机制

健全以信用为基础的新型监管机制，以有效的监管提升全社会诚信水平，优化营商环境，推进社会信用体系建设高质量发展，促进形成新发展格局。对此提出以下建议：

第一，加快拓展信用监管应用场景。各地各部门应挖掘需求，创新“信用+监管”，在民生、政务等多个方面积极探索信用监管应用场景，充分将产权、环保、进出口、消费等应用场景纳入信用监管，以信用手段再造监管流程，提升监管效能，以期达到新发展格局的要求。

第二，完善信用承诺制。事前阶段，政府部门与市场主体应该建立起相互信任的关系，政府部门和企业要做到诚实守信，企业要树立起合规经营的理念；事中阶段，政府应将市场主体承诺事项纳入日常监管范围，将抽查结果与事先承诺事项进行对比得出主体是否守信，并将检查结果记入诚信档案；事后阶段，相关部门要对遵守信用承诺的市场主体实施守信激励，对违背信用承诺的市场主体实施失信惩戒。同时，这种惩戒应该做到以法律法规为依据，依法依规公示失信行为，发挥事后监管作用。

第三，推动建立基于信用的分级分类监管机制。建立市场主体信用评价指标体系和信用风险分级分类标准，对市场主体实施基于信用的差异化监管措施，提升监管效能。

第四，使用科技手段提高智慧监管能力。积极利用“互联网+”、区块链、大数据、人工智能等技术实现监管全过程的数字化、精准化，升级监管理念，深入开展智慧监管，不断提升监管能力和水平。

（五）提升信用服务实体经济能力

一是加强信用融资服务和产品推广应用。用好用足普惠小微信用贷款支持政策，扩大信用贷款规模，不断提高小微企业和个体工商户贷款覆盖率、可得性和便利度。深化“信易贷”平台建设，加强纳税、生态环境、不动产、行政强制、水电气费缴纳、科技研发等信息归集共享，支持金融机构创新信用融资产品和服务，建立中小微企业信用贷款市场化风险分担补偿机制。加大信用融资政策宣传解读力度，通过举办融资对接会、惠企政策培训等活动搭建政银企沟通桥梁。加强对动产融资统一登记公示系统和中征应收账款融资服务平台的推广应用，做好线上线下宣传和对接辅导工作。

二是推动园区实施信用惠企。推动各产业园区将信用理念和方式用于园区管理和服务，加强园区信用管理制度和信用信息系统建设，将信用信息应用嵌入企业入驻筛选、评估考核、服务对接等各环节，建立完善入驻企业信用档案，引入信用服务机构综合应用公共和市场信用信息对入驻企业开展信用评价，在园区政务服务、商务服务、政策扶持、资源匹配、场地和设备租赁等方面创新信用应用场景，为信用状况良好的企业提供“信易办”“信易融”“信易租”等优惠便利服务。选择条件相对成熟的园区率先启动信用园区建设，按照“试点先行，逐步推开”的原则逐步扩大园区范围，联合金融机构为信用园区量身打造实惠便捷的金融产品和服务，探索推广园区“信用管家”服务。

三是构建人才信用管理与服务体系。深化重点职业人群信用体系建设，对企业法定代表人、律师、教师、会计审计税务人员、金融从业人员、涉税专业服务人员等重点职业人群加强信用信息归集，完善个人信用记录形成机制，规范有序推进信息共享和公示。推动人才信用管理平台与数据体系建设，加强与个人征信机构合作，以数字经济、现代医药、装备制造、新能源等领域为重点建立健全人才信用档案，在人才引进认定、创业扶持、求职招聘、专业技术职务评聘、评先评优等方面推广使用人才信用报告。探索人才信用价值资本化模式，推动政府部门、投资机构、合作机构、银行、保险等多方联动，创新建立人才信用价值融资和入股等机制，为人才就业、创业、立业提供支持。

四是提高信用风险防范化解能力。深化信用体系建设，发挥信用在金融风险识别、监测、管理、处置等环节的基础作用。在推进简政放权和信用监管中加强失信风险事件实时预警，通过大数据智能分析与可视化呈现等方式研判企业信用风险分布特征，提升对风险主体和事项的识别能力，及早发现化解跨行业、跨区域信用风险，及时采取风险控制措施。创新“信用+”基层治理，构建网格化信用管理模式，加强对日常巡查、矛盾纠纷调解、群众举报等信息的记录和归集，通过建立信用分析模型实现对重点人群、重点区域、重点行业的问题隐患和潜在风险早预防、早发现、早处置，进一步在源头上防范化解重大社会风险。

（作者：吴晶妹，中国人民大学财金学院教授；齐歆怡，中国人民大学财金学院研究生；林珊，中国人民大学财金学院研究生；崔智斌，中国人民大学财金学院博士生；卢彤莹，中国人民大学财金学院研究生）

【参考文献】

韩家平，2021. 信用监管的演进、界定、主要挑战及政策建议［J］. 征信，39（5）：1-8.

何玲，2019. 信用监管将为“放管服”改革注入最直接最有力最有效动力——访国家发展改革委财政金融和信用建设司司长陈洪宛［J］. 中国信用（8）：14-15.

连维良，2019. 积极作为 大胆创新 扎实推进新型信用监管落地见效［J］. 中国信用，（8）：8-13.

刘志彪，孔令池，2021. 从分割走向整合：推进国内统一大市场建设的阻力与对策

[J]. 中国工业经济，(8)：20-36.

文秋霞，杨姝影，夏扬，李萱，2020. 企业环保信用评价政策实施研究 [J]. 中国环境管理，12 (4)：96-103.

吴晶妹，2009. 现代信用学 [M]. 北京：中国人民大学出版社.

吴晶妹，2016. 三维信用论 [M]. 北京：清华大学出版社.

吴晶妹，2020. 社会信用体系建设要更上一层楼 [J]. 征信，38 (4)：1-5.

吴晶妹，2021. 建设高质量征信体系需实现三大突破 [J]. 征信，39 (8)：7-9.

吴晶妹，2022. 信用立法思考：我国未来三大信用法 [J]. 法学杂志，43 (3)：85-98.

吴晶妹. 国家社科基金项目“政府公信力的影响机制、评价维度及提升对策研究”(18BGL056) 研究报告.

张远，2021. 社会治理视角下的社会信用体系建设问题探讨 [J]. 征信，39 (11)：46-50.

赵中星，2018. 公共信用信息资源共享开放机制初探 [J]. 中国集体经济 (7)：162-163.

黑龙江省人民政府，2022. 黑龙江省人民政府办公厅关于推进社会信用体系建设高质量发展促进形成新发展格局的实施意见 [EB/OL]. [2022-05-24]. https：//zwgk.hlj.gov.cn/zwgk/publicInfo/detail？id=450978.

辽宁省人民政府，2022. 辽宁省人民政府办公厅关于印发辽宁省“十四五”社会信用体系建设规划的通知 [EB/OL]. [2022-01-03]. http：//www.ln.gov.cn/zwgkx/zfwj/szfbgtwj/zfwj2011_ 153687/202201/t20220120_ 4494382.html.

泸州市人民政府. 泸州市“十四五”社会信用体系建设高质量发展规划 [EB/OL]. [2022-06-30]. http：//fgw.luzhou.gov.cn/tzgg/tz/content_ 880210.

浙江省人民政府，2021. 浙江省人民政府办公厅关于印发浙江省社会信用体系建设“十四五”规划的通知 [EB/OL]. [2021-06-02]. http：//www.zj.gov.cn/art/2021/6/2/art_ 1229019365_ 2300473.html.

中国政府网. 国务院印发《社会信用体系建设规划纲要（2014—2020 年）》[EB/OL]. [2014-06-27]. http：//www.gov.cn/xinwen/2014-06/27/content_ 2708964.htm.

中国政府网. 中共中央印发《社会主义核心价值观融入法治建设立法修法规划》[EB/OL]. [2018-05-07]. http：//www.gov.cn/xinwen/2018-05/07/content_ 5288843.htm.

中国政府网. 国务院办公厅关于进一步完善失信约束制度 构建诚信建设长效机制的指导意见 [EB/OL]. [2020-12-07] http：//www.gov.cn/zhengce/content/2020-12/

18/content_ 5570954. htm.

中国政府网.《全面深化前海深港现代服务业合作区改革开放方案》发布 [EB/OL]. [2021-09-06] http://www. gov. cn/xinwen/2021-09/06/content_ 5635729. htm.

中华人民共和国国家发展和改革委员会. 关于印发《全国公共信用信息基础目录(2021 年版)》和《全国失信惩戒措施基础清单(2021 年版)》的通知 [EB/OL]. [2021-12-16]. https://www. ndrc. gov. cn/xwdt/tzgg/202112/t20211231_ 1311145. html? code=&state=123.

中国政府网. 国务院办公厅关于印发加强信用信息共享应用促进中小微企业融资实施方案的通知 [EB/OL]. [2021-12-22]. http://www. gov. cn/gongbao/content/2022/content_ 5669422. htm.

中国政府网. 中共中央办公厅 国务院办公厅印发《关于推进社会信用体系建设高质量发展促进形成新发展格局的意见》[EB/OL]. [2022-03-29]. http://www. gov. cn/zhengce/2022-03/29/content_ 5682283. htm.

中国政府网.《中共中央 国务院关于加快建设全国统一大市场的意见》发布 [EB/OL]. [2022-04-10]. http://www. gov. cn/xinwen/2022-04/10/content_ 5684388. htm.

2019. 中共中央关于坚持和完善中国特色社会主义制度推进国家治理体系和治理能力现代化若干重大问题的决定 [J]. 中国民政(21):6-16.

2022. 住房和城乡建设部 2022 年信用体系建设工作要点 [J]. 建设科技,(8):6-7.

第四节 社会信用体系建设服务共同富裕目标研究

社会信用体系建设与共同富裕目标高度匹配。社会信用体系服务于共同富裕目标的路径包括:解放和发展生产力方面,信用交易推动经济增长,信用信息共享助力金融服务实体经济,信用监管优化市场营商环境;保障分配公平方面,基于信用资本优化资源分配机制,基于信用监管约束分配环节失信行为;精神富裕方面,通过城市信用建设、信用宣传教育、信用监管机制在全社会营造守信氛围,培育诚信文化。为使社会信用体系更好地服务于共同富裕目标，建议完善信用基础设施，提供更高质量的信用产品；发挥政务诚信和商务诚信的导向与规范作用，以更有效的信用监管保障分配公平，以民生领域信用建设满足人民的美好生活需要；弘扬诚信文化，强化社会主义核心价值观的引领作用。

一、社会信用体系在共同富裕目标中的地位

（一）社会信用体系的建设方向高度匹配发展生产力的工作要求

生产力的发展是实现共同富裕的前提，建立健全社会信用体系为解放和发展生产力提供保障与支撑。

1. 社会信用体系是市场经济运行的重要保障

市场经济是建立在等价交换基础上的商品经济，而信用是交易能够顺利进行的基本保证。习近平总书记指出，社会主义市场经济是信用经济、法治经济，法治意识、契约精神、守约观念是现代经济活动的重要意识规范，也是信用经济、法治经济的重要要求。市场经济得以健康发展的关键在于：市场主体在各种经济活动中履行契约规定，遵循诚实守信的基本行为规范；完善保障市场经济健康发展的信用制度，治理市场经济运作中的诚信缺失等问题，防范化解信用风险。

当前市场经济秩序仍然比较混乱，最为根本的原因在于市场主体对于信用的内涵、功效理解不到位，重视程度不足。这样的状况不仅危及经济和社会发展，而且还有损社会公正和群众利益，有损中国特色社会主义的发展，不利于共同富裕目标的实现。健全的社会信用体系已成为完善高标准市场体系的必要条件，成为规范市场经济秩序的治本之策，成为完善社会主义市场经济体制的重要举措。

2. 社会信用体系是促进生产力发展的有效支撑

社会信用体系从根本上说是把市场主体培养成真正有信用的市场主体，把市场主体拥有的信用资本真正变为同实物资本一样具有现实生产力的资本，推动经济的持续发展。随着我国经济社会的发展，信用交易开始

普及和规范。企业和个人在经济活动中的信用不仅仅是商业道德的表现，也逐渐成为生产经营活动中的生产要素。信用已成为一种被广泛认可的资本，市场主体可以利用这种资本，更好地开展信用交易、从事经济活动、谋取经济利益。

建立健全社会信用体系，正是在信用经济条件下助推企业和个人建立好信用、经营好信用、管理好信用的重要制度安排；正是在信用经济条件下最大限度地运用企业和个人拥有的信用资本，实现信用资本价值的重要举措。社会信用体系建设有助于充分调动广大市场主体的积极性，促进市场主体更好地将信用资本投放于经济活动，进一步激发市场主体生产经营活力，进一步解放和发展生产力，为经济社会持续快速健康发展提供新的动力源泉。

（二）社会信用体系建设有助于优化财富分配结构

共同富裕体现了社会主义社会公平与效率的有机统一，解决好财富分配问题是实现共同富裕的必由之路；社会信用体系在完善分配格局中发挥着重要作用，是正确处理公平与效率关系的制度性手段。

1. 实现共同富裕需要兼顾效率和公平的财富分配体系

为实现共同富裕，在将社会总财富这个“蛋糕”做大做好的基础上，还需要通过合理的制度安排把“蛋糕”切好分好。为了实现这一目标，需要构建初次分配、再分配、三次分配协调配套的基础性制度安排，使收入分配不仅能够反映效率，还能够促进公平。共同富裕强调优化社会财富分配体系，兼顾效率和公平，努力缩小收入差距，使广大人民能够公平地分享经济发展成果；增加社会保障投入，提高社会保障的有效性和准确性。2022 年政府工作报告中“大力抓好农业生产，促进乡村全面振兴”“切实保障和改善民生，加强和创新社会治理”“坚定实施扩大内需战略，推进区域协调发展和新型城镇化”等话语，处处体现出对共同富裕目标的追求。

2. 社会信用体系建设有助于优化财富分配结构

中共中央办公厅、国务院办公厅《关于推进社会信用体系建设高质量发展促进形成新发展格局的意见》明确要求进一步发挥信用对提高资源配置效率的重要作用。社会信用体系的建立健全使得信用资本作为实物资本的补充参与资源分配，拓宽了分配制度的层次，切中了共同富裕的题中之义。社会信用体系是以信用为基础进行社会资源配置的创新制度安排。在尚未发展成熟的市场经济中，主要按照真实资本配置资源，而当市场经济进一步发展和成熟后，社会将更多地按照信用这种虚拟人文资本优化资源配置。社会信用体系建设给各个社会主体以公平发展的机会，这是人类社会管理的进步，是社会治理水平的提升，最根本的是解决社会发展的公平问题。

信用资本由市场上各个主体平等地积累与使用，每个主体都能通过诚信行为积累和提升信用资本，从而参与市场资源的分配。这使得全体人民拥有平等参与财富创造的机会，平等分享财富创造的成果，与共同富裕内涵相契合。以信用建设为抓手，更好地发挥信用资本在资源分配中的作用，有助于支持中小企业发展，扩大中等收入群体规模；推动构建社会信用体系有助于为社会公平的实现提供保障，使全体人民共享经济社会发展成果，推动实现共同富裕目标。

（三）社会信用体系有助于实现精神层面的共同富裕

共同富裕不仅要实现物质层面的共同富裕，而且要实现精神层面的全面发展。习近平总书记指出，我国的现代化“是全体人民共同富裕的现代化，是物质文明和精神文明相协调的现代化”。

1. 实现精神层面的富裕是共同富裕的工作要求

实现精神层面的共同富裕能够满足人民日益增长的美好生活需要。当前我国人民的生活水平不断提高，人民比以往任何时候都更向往高质量的精神文化生活；同时，多样化、多层次、多方面的精神生活也能够促进人的全面发展，激发社会创造力和活力。实现精神层面的共同富裕是建设社会主义现代化强国的重要事业，为社会主义现代化建设提供了价值指引力、文化凝聚力和精神推动力。精神生活的共同富裕是增强国家文化软实力的重要支撑，将推动中华文明以更加自信的姿态走向世界，向世界展示中国精神和中国文化的巨大吸引力。

2. 社会信用体系建设有助于形成良好的社会文化环境

精神层面的共同富裕要求强化社会主义核心价值观的引领作用，而社会信用体系建设处处体现着“诚信”这一社会主义核心价值观。事无信不成，人无信不立，社会信用体系建设推动在全社会形成守信环境，培育诚信文化。建立健全社会信用体系与诚信文化教育相辅相成。社会信用体系建设通过积极推进信用核心法律法规的制定、信用信息的公示共享等，创设不敢失信、不能失信、不愿失信的社会环境，有助于诚信文化的培育；而诚信文化的培育又能进一步推进社会信用体系建设。

我国在加快社会信用体系建设步伐的同时，既发挥外在约束对人的行为的规制与矫正作用，也重视诚信文化对人心的善化作用，通过信用教育、思想道德教育和社会舆论宣传培育社会成员“有耻且格”的诚信品行。社会信用体系建设为守信主体提供了制度保障，为实现精神共同富裕提供了实践引导，营造了良好的社会文化环境。

二、社会信用体系服务共同富裕目标的路径

社会信用体系能够充分发挥政府机制、市场机制、社会机制的作用服务于共同富裕目标，推动解放和发展生产力，完善分配格局，助力精神文明建设。相对于静态、强制性、见效速度快的管制手段和动态、选择性、见效速度慢的经济手段，社会信用体系具有动态、权衡性、见效速度较快的典型特征，能够为推动实现共同富裕目标发挥重要作用。

（一）社会信用体系建设服务经济增长，助力“做大蛋糕”

1. 信用交易的扩张是推动经济增长的直接途径

李克强总理在 2020 年 11 月 25 日的国务院常务会议上明确指出：“市场经济首先是信用经济，信用经济必须是法治经济”。信用经济的主要特征是：在经济运行中生产、交换、分配、消费等活动主要以信用交易方式

进行；经济主体之间广泛形成债权债务关系；信用成为社会关系、经济运行、管理制度的核心枢纽之一。发展信用经济可以扩大并创造市场需求、保持市场繁荣、促进经济持续增长，是市场经济健康、有序发展的制度性安排与保障。

信用交易涉及商业信用和金融信用的大规模的、公平的投放，信用交易规模与结构跟经济增长密切相关。经济信用化率可以由信用总规模相对于经济规模的倍数测算得出；该比率越高，经济信用化程度越高，信用活动越活跃。研究表明，经济信用化率与一国经济发展程度呈现明显正相关关系。

以经济中最为活跃的价值创造主体——实体企业为例，企业利用商业信用或银行信用等形式可以促进扩大再生产。企业利用信用融通资金，得以突破现有资金规模的局限，参与原材料采购、机器设备购买等生产活动，成功扩大再生产。此外，企业通过信用融资获取充足资金用于研发活动，能够促进企业创新，以创新带动企业发展。企业的信用水平与企业经营业绩相互促进，将信用维持在良好水平可推动企业发展行稳致远。同时，企业的良性发展进一步推动相关产业链优化升级，提升产业链整体水平，推动经济增长。

2. 信用信息助力金融服务实体经济，推动中小微企业发展

信用信息作为一种特殊的资源，有助于降低交易、借贷双方之间的信息不对称，进而降低交易成本，提高市场运行效率。市场经济中广泛存在着信息的不完全和不对称，经济主体需要收集、识别、处理各种信息，以防范化解交易中的潜在风险。如果相关工作由经济主体自发运作和完成，将直接提高其交易成本，降低市场运行效率，并且可能难以有效甄别风险。社会信用体系作为一种信息共享机制和有效社会机制，通过对信用信息的记录、公示和预警，能够帮助解决上述问题。

金融信用信息方面，中国人民银行于 2006 年正式建成全国联网运行的企业信用信息基础数据库，至今已基本完善，由其归集并提供的信用信息成为银行等金融机构放贷的重要信息参考。

公共信用信息是由政府行政管理机关以及依据法律法规负有公共事务职能的组织在其履行职责过程中产生或者掌握的可表达各类市场主体信用状况的数据、记录和资料。在互联网、大数据时代，公共信用信息正在逐渐成为评价市场主体信用状况的重要参考依据。然而，行政管理机关或具有类似职能的组织面临的市场主体众多、行业广、内容繁杂，与此同时，与企业生产经营密切相关的合规信息分散在多个不同的政府部门，增加了公共信用信息归集共享的难度。此外，受到信息安全、隐私保护等问题的阻碍，公共信用信息的开放共享尚不能满足金融机构需求。

为推动共同富裕的实现，应基于多维度信用信息提供普惠金融服务，推动金融更好地服务于实体经济，促进市场主体公平竞争，激发经济发展活力。2021 年 12 月 29 日发布的《加强信用信息共享应用促进中小微企业融资实施方案》明确提出，加强信用信息共享整合，逐步将中小微企业融资业务所急需的 14 大类、37 项信息纳入共享范围；构建全国一体化融资信用服务平台网络，按照公益性原则提供信息查询等服务。由该方案推动构建的全国一体化融资信用服务平台网络将为普惠金融服务贡献积极力量，而这一平台网络及相关的规则、机制将成为中国特色普惠金融基础设施的重要组成部分。

3. 信用监管营造良好信用环境，激发守信主体活力

传统监管以事前审批为主，主要弊病就是注重事前审批、不注重日常监控和跟踪。同时，大量的现场检查需求与监管力量不足的矛盾长期存在，致使监管经常出现漏洞和覆盖不到的地方，“头痛医头、脚痛医脚”，监管成本很高但效果不尽如人意。信用监管以信用信息的记录和归集共享为基础，可以把事前审批、事中检查、事后处罚等管理通过信息化和数据化方式、以固定的信用管理流程记录下来，由对监管对象具体行为的监管转向对该主体诚信度、合规度、践约度的综合监管。信用监管的优势在于电子化、数据化、流程化，可以分类、预警、有的放矢，更加客观、公正、有效率，是我国行政管理水平的一次集中提升。

信用分级分类监管使守信者一路畅通，失信者寸步难行。信用主体分类系统在监管数据库整合的基础上，建立监管信用评价体系，对监管对象实行信用等级的分类和评定，揭示被评价对象的信用风险大小，对不同信用级别的被监管对象规定不同的监管措施和力度。不同信用风险水平的经济社会主体受到不同程度的监管，既有助于对失信行为形成震慑，提高失信者的失信成本，又能够为守信企业提供多种优惠与便利，提高守信企业的经营效率。

基于信用风险的分级分类监管可以助力实现有效监管、公正监管，营造诚实守信、公平竞争的市场环境，充分激发市场主体活力和创造力。市场监管、税务、海关等政府部门已经启动信用分类监管措施，并且结合自身行政职能给予监管对象相应奖惩。

以市场监管部门的信用分类监管为例，市场监管总局于 2022 年 1 月印发《关于推进企业信用风险分类管理进一步提升监管效能的意见》，要求各级市场监管部门根据企业违法失信风险高低评定信用风险等级，实施分级分类监管。在 2022 年 2 月 15 日国务院新闻办召开的国务院政策例行吹风会上，市场监管总局副局长蒲淳指出，近年来，“双随机、一公开”监管方式取得明显成效，但也存在问题发现率不高、监管针对性不强等问题。实践证明，实施信用分类监管提高了监管的精准性和有效性。例如，浙江省企业信用风险监测预警模型迭代优化至 3.0 版本之后，对中高风险企业问题发现率提高了 87.6%；福建省实施信用风险分类管理后，监督抽查问题发现率提高了 57.1%。实施企业信用风险分类管理，以信用赋能市场监管，有助于推动我国经济发展迈上更高质量、更有效率、更加公平的新征程。

（二）社会信用体系建设服务资源分配，助力“分好蛋糕”

1. 基于信用资本配置社会资源，使资源分配更加公平

导致贫富差距产生的社会治理根源就是以实物资本配置资源。原因在于，实物资本雄厚的主体拥有更多的发展机会，可以利用其实物资本进行再生产或再投资，并获取更加丰厚的收益。当前，我国经济结构中存在大

量的创新创业企业、高新技术企业等轻资产的小微企业，有较高比例的普通工薪阶层和中低收入人群。在以实物资本为核心配置资源的传统经济体系下，这些小微企业、中低收入人群很难获得信贷、商务贸易合作、政府项目机会等。这些群体与大型企业、高收入人群之间既存在社会资源分配结果上的不平等，也存在发展机会上的不平等。

现代信用经济是以信用为本、以人为本、不以物取人的新的经济发展阶段。在现代信用经济中，信用已然成为一种生产生活要素，与房子、劳动力、土地、资金、技术等共同参与社会资源配置；社会与市场既按传统的真实资本配置资源，又按信用资本配置资源。

信用是获得信任的资本，信用资本由诚信度、合规度、践约度三个维度构成。社会信用体系建立起一套引导与培育、记录与评价、应用与监督、奖惩与服务的信用资本管理体系。人们凭借自身积累的信用资本，也可以完成借贷融资、生产销售等经济活动，获取相应利润。每一个企业都能积累和提升自己的信用资本，并且以此公开、公平、公正地参与社会资源分配。信用作为新的资源配置要素，使社会资源配置更加优化与普惠，有助于实现社会公平。

各项“信易+”工程的开展，都是根据信用价值公平配置社会资源的实践形式。“信易贷”是基于信用资本配置资金、助力中小微企业融资的重要应用场景，自开展以来取得了一定成果。2018 年 4 月，国家发展改革委办公厅发布《关于探索开展信易贷工作的通知》，首次提出“信易贷”概念。“信易贷”工作主要是指通过信用信息共享平台汇集与融资授信相关的信用信息，并实现与金融机构的信息共享共用，以此向符合授信支持条件且信用状况良好的守信主体提供融资便利和优惠。2021 年 11 月 3 日，在全国信用信息共享平台、信用门户网站和全国中小企业融资综合信用服务平台建设现场观摩视频会上，国家发展改革委副主任连维良指出，全国信用贷款余额突破 33 万亿元，其中通过各级“信易贷”平台发放 5.3 万亿元。数据表明，按照信用资本配置信贷资金已具备一定规模。

2. 信用监管保障公平分配，使人民群众劳有所得

税收分配方面，国家税务总局利用守信激励与失信惩戒机制引导企业减少避税行为，更好地发挥税收的调节作用。2014 年 7 月，国家税务总局发布《纳税信用管理办法（试行）》，并于同年 8 月公布《纳税人信用评价指标体系及评分细则》，为纳税信用管理工作的开展提供规范和依据。2014 年 12 月，国家发展改革委、税务总局联合 21 个部委签署并发布《关于对重大税收违法案件当事人实施联合惩戒措施的合作备忘录》；2016 年 7 月，国家发展改革委、税务总局联合 29 个部委共同签署并发布《关于对纳税信用 A 级纳税人实施联合激励措施的合作备忘录》，提出多项措施激励纳税信用优良的企业。纳税信用评价及其对应的联合奖惩机制有助于引导企业依法依规纳税，实现税收公平，保障税收更好地发挥在国民收入中的分配作用。

薪酬分配方面，人力资源和社会保障部通过失信惩戒制度严惩拖欠工资行为，保障人民劳有所得。2021 年 11 月 10 日，人力资源和社会保障部发布《拖欠农民工工资失信联合惩戒对象名单管理暂行办法》，严惩用人单位拖欠农民工工资行为。该办法明确要求有关部门按照规定将失信联合惩戒名单信息共享至同级信用信息共享平台；若当事人被列入失信联合惩戒名单，相关部门将在政府资金支持、招投标、市场准入等诸多方面依法依规限制其行为。失信联合惩戒机制极大地提高了失信主体的失信成本，有助于对潜在的工资拖欠行为形成威慑，保障劳动人民，特别是农民工等低收入弱势群体公平地获得薪酬分配的权利。

（三）社会信用体系建设推动实现精神层面的共同富裕

1. 城市信用建设营造守信氛围，提升人民诚信意识

习近平总书记从治国理政的高度深刻指出，要不断增强人民群众获得感、幸福感、安全感，让人民群众真真切切感受到共同富裕不仅仅是一个口号，而是看得见、摸得着、真实可感的事实。

在城市信用建设进程中，政府提供的信用惠民服务是广大人民群众最直接可感知到的。目前，厦门、宿迁、苏州、杭州、福州等城市已经针对市民开展个人信用分的评定与应用工作。个人信用分的应用场景逐渐多元化，覆盖行政服务、医疗教育、文化娱乐等诸多领域，为人民群众的日常生活提供

了便利。这些城市基于个人信用分为信用良好的居民提供各项信用便民服务，应用场景广泛，如公共图书馆免押金借书、公共交通扫码乘车信用付、政务优先办理等。通过城市信用建设，人民群众能够最直接地感受到信用为生活带来的便利，有助于在全社会形成守信氛围，培育诚信文化。

城市信用建设能够引导群众主动守诚信，使人民群众从守信行为中受益，使诚信文化逐渐深入人心；另外，城市信用建设有助于构建全面互信的社会关系，在一个互信的社会中增强群众的获得感、幸福感、安全感，推动实现精神层面的共同富裕。

2. 社会舆论宣传推动诚实守信成为共同价值追求

社会信用体系建设过程中，应充分利用新闻媒体的力量，利用报刊、广播、电视、网络等形式开展宣传教育，倡导诚实守信的道德观念。社会信用体系的舆论宣传既继承与发扬了崇尚诚信的中华民族传统文化，又在现代市场经济中推动了契约精神的普及。舆论报道曝光不讲诚信、不讲道德、不讲规则的现象，使失信者受到全社会的谴责，让人们意识到失信事件造成的恶劣后果，从而树立诚信意识。同时，舆论宣传也能使得诚实守信的企业和个人获得社会尊重，例如表彰社会守信典范。自2007年以来，中央宣传部、中央文明办等部门每两年评选一批全国道德模范，并通过中国文明网公示。“诚实守信”是道德模范的五大类之一。通过深入开展此类诚信主题活动，表彰社会守信典范，进一步推动人民群众认识到信用的重要性并且主动追求信用，使诚实守信成为全社会共同的价值追求和行为准则。

3. 社会信用体系建设继承发展了诚信“因果观”，使信用成为一种信仰

“因果观”是中国传统文化中的重要思想，被人们所津津乐道的“善有善报、恶有恶报”便是“因果观”的体现。孔子曰：“信则人任焉”，即诚实守信是获得任用的前提，体现了一种诚信“因果观”，诚信为因，任职为果。诚信“因果观”在社会经济生活中被不断印证，作为一种诚信文化得到传承和发展。在信用经济下，这种诚信“因果观”有了新的表现形式，即“信用是获得信任的资本”，社会信用体系建设强化了这一观念。通过信用信息公示共享、信用分级分类监管、部门联合奖惩等信用监管机制和手段，社会信用体系建设推动形成“守信者一路绿灯、失信者处处受限”的社会氛围和制度环境，使得信用逐渐成为广大人民群众的一种思想信仰，实现精神层面的共同富裕。

三、社会信用体系服务共同富裕目标的政策建议

（一）健全信用基础设施，让信用信息更好地服务于共同富裕目标

为发挥征信的基础作用，保障国民经济安全与社会环境健康，更好地实现共同富裕目标，建议有效市场与有为政府并重，激发机构活力与加强监管并举，依法依规、尊重规律，实施分类，建立多元化、多层次、迸发生机的高质量征信体系。

1. 完善征信体系建设的法律框架与统筹机构

征信系统是经济社会发展的重要基础设施，覆盖社会全部主体，涉及所有行业领域。随着征信维度的增加、征信应用范畴的拓展、征信对象的扩大、征信内容的丰富，建议出台能够促进平等准入、公正监管与公平竞争的《征信法》，将金融征信、公共征信和市场征信平等纳入，将保护主体权益、规范机构与业务、促进市场发展三者并重，保障整个社会的全部征信活动在《征信法》的统一框架下公开、公平、公正地运行。

由于公共征信和市场征信涉及各个职能部门，我国征信体系的建设可参考社会信用体系建设的部际联席会议制度，或由国家成立“信用监督管理委员会”进行统筹。建议由国家发展改革委和人民银行牵头筹备成立“国家信用监督管理委员会”，按征信业务活动范围与规律对三大征信实行分业经营、分业监管。

2. 进一步推动多维度信用信息的整合共享

数据归集方面，建议编制出台全国公共信用信息基础目录，完善信用信息标准；进一步整合公共信用信息，在依法依规、确保信息安全的前提下，逐步将纳税信息等公共信用信息纳入共享范围；鼓励企业通过自愿申

请等方式补充自身信息，并通过信用承诺制度约束信息提供行为，保障信息真实性。通过以上途径，拓展公共信用信息的整合共享维度，以更好地服务于中小微企业、个体工商户融资需求。

信息载体方面，建议各地高标准完善地方融资信用服务平台，并且实现与全国中小企业融资综合信用服务平台的纵向对接，构建全国一体化融资信用服务平台网络，打破数据壁垒，推动信用信息的共享整合。在此基础上，充分利用征信平台和征信机构，探索建立公共信用信息与金融信用信息共享整合机制，形成全覆盖的信用信息网络，成为经济增长与社会治理的重要基础设施。

3. 充分发挥市场机制作用，提供更高质量的信用产品

推动政府数据有序开放共享，允许有需求的银行、保险等外部机构依法依规接入地方融资服务信用平台，查询或使用平台汇总的信用信息。鼓励接入机构充分利用内外部信用信息资源，完善信用评价模型，提高企业信用评价结果的准确性。实现市场与政府部门的信息共享与良性互动，使研发出的信用产品更贴合企业融资需求。

激发信用服务机构活力，以尊重市场、促进机构发展、提升机构活力为政策导向，在满足公众期盼与市场需求的基础上，鼓励信用服务机构的创新设立，鼓励产品和服务的创新研发。积极建立专业化、高水准的公共征信机构与信用评级机构，提供基础性的公共征信与信用评级产品和服务，更好地服务于市场主体多元化的信用需求，引导整个市场征信与信用评级活动健康、平稳、规范发展。

更多地发挥市场化信用服务机构的力量，协助政府提供公共信用服务，推动形成公共信用服务机构和市场化信用服务机构相互补充、信用信息基础服务与增值服务相辅相成的信用服务体系。培养具有竞争力的市场化信用服务机构，以更加精准的信用评价模型揭示中小微企业的真实信用情况；政府部门、金融机构等可以根据信用服务机构提供的信用评价结果研发出与主体需求相匹配的信用产品，更好地服务于经济增长和社会治理，推动共同富裕目标的实现。

（二）重点推动政务诚信和商务诚信建设，提高各行为主体诚信水平，在全社会树立诚信意识

1. 提升政府公信力，发挥政府诚信建设的示范作用

政务诚信是商务诚信和社会诚信的表率，是确立现代社会诚信的基石。《社会信用体系建设规划纲要（2014—2020年）》将政务诚信摆在我国四大领域诚信建设的首要位置，明确指出政务诚信的表率和导向作用。

为更有效、更直接地回应人民群众关切，建议有条件的地方成立“政务诚信监督调查委员会”，由纪委或监察部门指导，由有公信力的地方行业组织与当地知名学者、企业家、社交媒体公众人物等广泛参与并具体运行。“政务诚信监督调查委员会”为非政府组织，主要任务是作为地方政务诚信建设的外部监督约束机构，接受、整理及调查群众反映的政务诚信问题，以促进党政和人民群众结合，增加团结和谐共建的渠道，推动国家治理体系和治理能力现代化。

同时，建议由国家层面组织创建政务诚信建设试点示范城市，支持地方政府创新能有效维护和提高政府公信力的新制度和新措施。目前经国家发展改革委办公厅、人民银行办公厅发布的我国社会信用体系建设示范城市已有三批共62个城市（区），建议这些城市（区）积极开展政务诚信建设试点示范创建工作。政府官员应树立正确的政绩观和为人民服务的意识，在政务活动中培养和强化诚信观念，减少劳民伤财的“政绩工程”“形象工程”，着力打造诚信政府、服务型政府，提升政府的公信力，真正做到取信于民，以政府的诚信施政带动全社会诚信意识的树立和诚信水平的提高。

2. 加强商务诚信建设，提升市场主体诚信水平

为加强商务诚信建设，应推进信用立法，建立健全商务信用法律法规体系，研究制订和完善与商务诚信发展有关的法律、法规和规章，推进商务领域的信用立法工作，尽快实现各个行业、各类企业的公平、平等。

建议建立企业信用销售支付结算监控系统，动态监测信用交易规模，

更好地防范化解信用风险。建立规模以上民营企业和大型国有企业定期申报信用销售支付和结算系统制度，政府监管部门经过调研和专业数据鉴定设定监管预警指标。具体做法包括：一是定期对企业的信用销售进行监控，并对不合格企业给予预警或批评；二是对企业的应收账款进行监控，以掌握规模以上民营企业和大型国有企业的应收账款状况。

建议完善经营者信用档案。指导企业开展商务诚信的信息服务，推动行业内设立信用管理平台，对客户资信、销售合同、员工信用档案等进行管理；加强企业信用管理知识培训，提升企业经营管理水平和经济效益。加快政府及职能部门建立企业经营者诚信档案的步伐。逐步建立行政许可、市场监管、政府采购、财政贴息、招投标等事项的信用记录预审制度。

建议加大对失信主体的处罚力度。严厉整治打击专项整治中出现的严重违法失信主体，依法加大处罚力度，将违法违规案件进行公示，提高违法违规成本。建议凝聚执法合力，建立跨部门跨区域执法协作联动机制，推动专项整治与日常监管相结合，将工作落实落细。

（三）以更有效的信用监管解决信用乱象、完善分配格局，以更多元的“信用+”工程保障民生

1. 以更精准有效的信用监管解决重点领域信用乱象

加快健全以信用为基础的新型监管机制，解决重点领域信用乱象。建议以信用风险为导向，基于更加完善的企业信用状况综合评价体系进一步实现监管资源的优化配置。在食品药品、工程建设、招投标等重点领域实行信用分级分类监管，提升重点领域监管的有效性和精准性。深入开展专项治理，着力解决群众反映强烈的重点领域诚信缺失问题，维护市场经济秩序，为实现共同富裕目标营造更好的信用环境。

2. 进一步完善流通分配等环节信用制度，完善分配格局，推动实现共同富裕

完善覆盖事前、事中、事后的全流程信用监管，维护分配的公平性。

建议实行纳税申报信用承诺制度，增强纳税主体依法依规纳税的自觉性，提升纳税人诚信意识。通过失信联合惩戒加大对企业拖欠工资等严重失信行为的惩戒力度，维护广大劳动者分享经济发展成果的合法权益。建立社会保险领域严重失信主体名单制度，严厉打击骗取最低生活保障金、骗取保障性住房等社保领域重大失信行为。推进慈善组织信息公开，建立慈善组织活动异常名录，防治诈捐、骗捐，提升慈善组织公信力，更好地发挥第三次分配在分配格局中的作用。

3. 推动民生领域信用建设，满足人民对美好生活的需要

为满足人民对美好生活的需要，解决人民所关切的问题，鼓励探索运用信用手段，发挥信用建设在民生保障和改善方面的重要作用。建议在医疗、养老、家政、旅游、购物等涉及民生的重要领域实施“信用+”工程，以信用建设为依托改善人民生活水平。消费环境方面，对侵害消费者权益的行为依法进行失信联合惩戒乃至实施市场禁入，依法打击企业虚假宣传、制假售假等失信行为，加强预付费消费监管，优化市场信用环境。

（四）发挥信用文化的作用，推动实现精神层面的共同富裕

为推动实现精神层面的共同富裕，需要重视诚信思想道德教育，重视社会舆论的宣传、引导与监督，在全社会营造诚信文化氛围。

1. 强化诚信相关的思想道德教育，培育诚实守信的良好社会风气

当前我国公民所接受的思想道德教育大多停留在学校教育阶段，走进社会后所接受的道德教育是少之又少。思想道德教育的薄弱与缺失，加大了社会成员失信的可能性。建议充分发挥小到家庭，大到学校、企业等各类主体的作用，鼓励具备相应能力与影响力的主体积极承担思想道德教育的责任，开展诚信道德教育和诚信文化建设，从而在全社会营造“守信光荣、失信可耻”的良好氛围，使诚信真正渗透到每个人生活的方方面面，实现诚信的自律化。

对于社会主体而言，应该将信用教育纳入公民道德教育的各个方面，

如个人品德修养、职业道德和社会公德教育。在公民教育的各个环节，无论是学校教育、公司培训还是社区讲座，都应该大力普及信用教育，以社会主义核心价值观为引领，倡导“爱国、敬业、诚信、友善”的价值理念和道德规范。在全社会加强信用文化的宣传与建设，为公民营造守信重诺的良好信用氛围，引导人们诚实守信，摒弃失信行为。

对于市场主体而言，建议充分利用政务服务窗口，广泛开展守法诚信教育。在经营者获得市场准入之前的注册、审批、备案等环节设置规范而便捷的法律和信用知识教育，提升经营者的依法诚信经营意识。

2. 发挥社会舆论的宣传引导作用，使诚实守信成为全社会共同的价值追求

诚信建设需要正确的舆论引导，以增强社会公众对诚信重要性的认识。为更好地开展诚信宣传教育，扩大舆论影响力，需要充分利用多样化的宣传渠道，既要借助电视、广播、报刊等传统媒体的力量，又要发挥网络等新型媒体的作用。此外，需要丰富宣传形式和内容，用人民群众喜闻乐见的形式普及诚信文化，强调契约精神。

通过舆论报道，使守信者获得社会的尊重与赞赏，使失信者受到社会公众的批评与监督。加大对不讲诚信、不讲道德、不讲规则等行为的曝光力度，让人们普遍意识到失信事件造成的后果，感受到失信问题的严重性、改善失信状况的紧迫性以及诚实守信的重要性。深入开展系列诚信主题活动，公开表彰守信主体，使信用的重要性深入人心，并鼓励社会大众主动遵守诚信原则，最终使诚实守信成为全社会共同的价值追求和行为准则。

（作者：吴晶妹，中国人民大学财金学院教授；侯羿玮，中国人民大学财金学院硕士生；郭雅文，中国人民大学财金学院硕士生；陈静远，中国人民大学财金学院硕士生；杨雨欣，中国人民大学财金学院硕士生；韩彦覃，中国人民大学财金学院硕士生）

【参考文献】

关伟，翟丽芳，吴晶妹，2021. 信用要素促进经济循环的影响机制［J］. 郑州大学学报（哲学社会科学版），54（2）：49-54.

刘东超，2022. 精神生活共同富裕是共同富裕的重要内容［J］. 党建（2）：35-37.

吴晶妹，2016. 三维信用论［M］. 北京：清华大学出版社，7.

吴晶妹，2020. 社会信用体系建设要更上一层楼［J］. 征信，38（4）：1-5.

吴晶妹，2021. 展望“十四五”：征信建设需要“征信法”［J］. 征信（1）：1-9.

吴晶妹，2021. 建设高质量征信体系需实现三大突破［J］. 征信，39（8）：7-9.

习近平，2021. 把握新发展阶段，贯彻新发展理念，构建新发展格局［J］. 求是（9）：4-18.

朱浩，黄险峰，陈彦舟，2019. 国内城市个人信用评分指标体系和应用场景研究［J］. 征信，37（4）：9-15.

国家发展改革委，2022. 推动信用信息共享应用 提升金融服务实体经济能力［EB/OL］.［2022-01-14］. https：//baijiahao. baidu. com/s？ id = 1721879252911823250&wfr = spider&for =pc.

国务院新闻办公室，2022. 国务院政策例行吹风会［EB/OL］.［2022-02-15］. http：//www. gov. cn/xinwen/2022zccfh/5/index. htm.

人民资讯，2021. 连维良：着力“八个全面提升”推动社会信用体系建设高质量发展［EB/OL］.［2021-11-03］. https：//baijiahao. baidu. com/s？ id = 1715421405812365130&wfr = spider&for =pc.

吴教授信用管理工作室，2022. 吴晶妹：建设高质量的征信体系［EB/OL］.［2022-02-25］. https：//mp. weixin. qq. com/s/ES_ O0SImHr495N1ztNomXQ.

新华信用，2019. 吴晶妹教授：建议探索信用监管“三维联动”模式［EB/OL］.［2019-06-14］. http：//www. shanxiwutaishan. com/article/show/id/2228. html.

新浪财经，2021. 吴晶妹：推进社会信用体系高质量发展 实现企业信用建设提质增效［EB/OL］.［2021-01-16］. https：//baijiahao. baidu. com/s？ id = 1689038035694263644&wfr = spider&for =pc.

中国政府网，2020. 李克强市场经济首先是信用经济，信用经济必须是法治经济［EB/OL］.［2020-11-27］. http：//www. gov. cn/xinwen/2020-11/27/content_ 5565353. htm.

第五节　信用监管的本质特征与实现路径研究

我国信用建设真正进入快车道是在《社会信用体系建设规划纲要（2014—2020年）》（以下简称《规划纲要》）发布实施以后，尤其是2015年以后，国家将信用建设与“放管服”改革和优化营商环境的实践充分结合，并逐步探索建立以信用为基础的新型监管机制（以下简称信用监管），才使得信用建设找到了最重要的应用场景和不断自我完善的土壤。

一、信用监管的提出与演进

我国信用监管机制的提出和演进依循以下两条主线：一是随着社会信用体系建设不断推进而进行的制度集成创新；二是随着“放管服”改革和优化营商环境的实践不断深化而产生的监管方式创新。信用体系是市场经济的基础制度，“放管服”改革和优化营商环境是重要的社会治理变革实践，这二者之间是相互促进、互为支撑的关系，其交集的部分就是信用监管。近年来，信用监管已成为我国深化“放管服”改革和优化营商环境的重要支撑，“放管服”改革和优化营商环境的实践也为信用监管提供了最重要的应用场景和不断自我完善的土壤。

（一）社会信用体系建设重要的制度集成创新

信用监管机制的演进过程可以分为以下三个阶段。

一是提出和探索阶段（2015—2017年）。2015年，针对简政放权、放宽市场准入的新形势，围绕如何加强事中事后监管，国务院提出要建立以信用为核心的新型市场监管机制，并在后来的“放管服”改革中不断深化。2016年5月，国务院印发了《关于建立完善守信联合激励和失信联合惩戒制度加快推进社会诚信建设的指导意见》，将守信联合激励和失信联合惩戒引入信用监管，并加以规范，这标志着信用监管手段进一步丰富和完善。

二是深化和完善阶段（2018—2019 年）。2018 年以后，国家关于信用监管的提法有所变化，从“以信用为核心的新型监管机制”改为“以信用为基础的新型监管机制”，对信用在新型监管机制中的地位和作用进行了更加精准的定位。2019 年，信用监管首次进入当年的政府工作报告。2019 年 7 月，国务院办公厅印发《关于加快推进社会信用体系建设构建以信用为基础的新型监管机制的指导意见》（以下简称《指导意见》），提出要建立健全贯穿市场主体全生命周期，衔接事前、事中、事后全监管环节的新型监管机制，不断提升监管能力和水平，进一步规范市场秩序，优化营商环境，推动高质量发展。这是继《规划纲要》之后，我国社会信用体系建设进程中的又一个重要文件，标志着到目前为止我国社会信用体系建设最重要的制度集成创新成果——信用监管机制顶层设计的完成。2019 年 10 月，党的十九届四中全会提出“完善诚信建设长效机制，健全覆盖全社会的征信体系，加强失信惩戒”，为进一步完善包括信用监管在内的社会信用体系建设指明了方向。

三是法治化、规范化新阶段（2020 年至今）。2020 年 9 月，中央财经委员会第八次会议提出，要完善社会信用体系，加快建设重要产品追溯体系，建立健全以信用为基础的新型监管机制。2020 年 12 月，国务院办公厅印发了《关于进一步完善失信约束制度构建诚信建设长效机制的指导意见》，明确了“依法合规、保护权益、审慎适度、清单管理”的总体思路。这个文件被认为是我国社会信用体系建设进程中带有重要转折意义的文件，标志着信用监管和社会信用体系建设进入了法治化、规范化和高质量发展新阶段。

2022 年 3 月，中共中央办公厅、国务院办公厅印发《关于推进社会信用体系建设高质量发展促进形成新发展格局的意见》，进一步把社会信用体系建设置于经济社会发展全局来考虑，强调信用要与国民经济体系各方面各环节深度融合，发挥信用在畅通国民经济循环、构建新发展格局中的基础和保障作用。4 月，中共中央、国务院印发《关于加快建设全国统一大市场的意见》，把信用制度作为市场基础制度规则之一纳入其中，进一步明确了信用制度在经济社会治理中的重要作用。这两份重要文件再次明确“建立健全以信用为基础的新型监管机制”，为下一步信用监管机制建设指明了方向。

（二）深化“放管服”改革和优化营商环境的重要支撑

党的十八大以来，以习近平同志为核心的党中央对深化行政管理体制改革提出明确要求。党的十八届二中全会要求将改革工商登记制度作为转变政府职能、减少行政审批的“先手棋”和“突破口”。党的十八届三中全会决定对商事登记制度进行改革，由注册资本实缴登记制改为注册资本认缴登记制，取消了原有对公司注册资本、出资方式、出资额、出资时间等硬性规定，取消了经营范围的登记和审批，从以往的“重审批轻监管”转变为“轻审批重监管”。为了适应改革新形势，我国市场监管部门大力改革创新，把更多行政资源从事前审批转到加强事中事后监管上来。通过年检改年报、信息公示、“双随机”抽查、经营异常名录和“黑名单”制度、协同监管与联合惩戒、社会共治等措施，健全以“双随机、一公开”监管为基本手段，以重点监管为补充、以信用监管为基础的新型监管机制。

商事制度改革以来，我国市场主体数量呈现出井喷式增长。截至2022年6月，我国市场主体数量已超过1.6亿户（较2012年底增长了1.9倍）。与此同时，随着数字经济的发展，新业态、新模式、新经济不断涌现。“一人生病全家吃药”“撒胡椒面”“平均用力”等传统监管方式已难以应对经济发展过程中出现的新情况、新挑战和新问题，迫切需要进行监管方式改革。

2020年9月，国务院办公厅印发《关于深化商事制度改革进一步为企业松绑减负激发企业活力的通知》，明确提出4个方面12项改革举措。强调要加强企业信息公示，健全失信惩戒机制，推进实施智慧监管，进一步完善以“双随机、一公开”监管为基本手段、以重点监管为补充、以信用监管为基础的新型监管机制。

2020年12月，中共中央印发《法治社会建设实施纲要（2020—2025

年）》，要求“加快建立健全社会领域法律制度，完善多层次多领域社会规范，强化道德规范建设，深入推进诚信建设制度化”。中共中央印发的《法治中国建设规划（2020—2025年）》提出，要加强和创新事中事后监管，推进“双随机、一公开”跨部门联合监管，强化重点领域重点监管，探索信用监管、大数据监管、包容审慎监管等新型监管方式，努力形成全覆盖、零容忍、更透明、重实效、保安全的事中事后监管体系。

2022年4月，国家市场监管总局发布了《关于推进企业信用风险管理进一步提升监管效能的意见》，提炼和总结了市场监管部门开展信用风险分级分类监管的实践经验，集中体现了以信用监管为基础的新型监管机制的重要精神和要求，构建了全面系统的企业信用风险分类管理体系，进一步推动企业信用监管创新。

综上所述，虽然社会信用体系建设和“放管服”改革、优化营商环境是并行的两条线，但都对信用监管的探索和完善发挥了重要的推动作用。信用监管正是伴随着社会信用体系建设、“放管服”改革和优化营商环境实践的深化而不断完善和发展的。

二、信用监管的界定、主要特点及实现路径

尽管信用监管机制的提出已有7年的时间，但由于信用监管本身还处在探索起步阶段，从法律法规到政策文件、从学术界到实践部门都还没有形成统一的关于信用监管的定义，因此关于信用监管主要特点和实现路径的研究也不多见。

（一）信用监管的界定

综合我国社会信用体系建设、“放管服”改革、优化营商环境的政策法规和各地的实践经验，笔者提出如下定义：信用监管是指以现代社会治理和信用管理理论为指导，以法律法规标准规范为依据、以信息（数据）为基础、以数字技术为支撑，以信息共享、分级分类和精准智能监管为手段，由多元主体参与的社会协同共治制度。

首先，信用监管的理论基础是现代社会治理理论和信用管理理论。党

的十九届四中全会指出“坚持和完善共建共治共享的社会治理制度”，这一论述准确地揭示了新时代社会治理的运行特点和规律。现代社会治理制度的主要特点是其公共性、多元性和共同性，在社会治理境界方面，要求“建设人人有责、人人尽责、人人享有的社会治理共同体”。信用监管本身是社会治理的重要组成部分，也应遵循社会治理的一般规律，因此我们说信用监管本质上是一种由多元主体参与的社会共治制度。信用管理理论则认为，信用风险可能发生在市场主体全生命周期内参与的任何信用交易活动当中，而信用交易活动可以分为事前、事中和事后三个阶段。要防范化解信用风险，必须针对信用交易前、交易中和交易后三个阶段进行全程信用风险管理，并以信息归集、共享、评价、分级分类监管和信用修复等为主要手段。

与此同时，在法治社会，作为政府等公共部门参与的行政管理行为，信用监管必须以法律法规标准规范为依据，这是毋庸置疑的。此外，在数字经济时代，数据是重要的生产要素，也是社会治理的重要基础，因此，信用监管也必须以信息（数据）为基础，充分运用数字技术建立监管平台，只有这样才能实现对市场主体的精准监管、智能监管。

从本质上讲，信用监管是根据市场主体信用状况实施的差异化监管手段，实现对守信者“无事不扰”，对失信者“利剑高悬”，从而提高监管效率，提升社会治理能力和水平。在信息高度透明的互联网时代，基于大数据技术的信用监管是未来政府监管的重要趋势。

（二）信用监管的主要特点

为了更清晰地凸显信用监管机制的特点，我们首先分析一下传统监管机制的不足。一般认为，传统监管机制以事前审批为主，通常存在以下问题：一是容易形成过高的市场准入门槛，审批效率、监管效率比较低，监管效果比较差，制约了市场主体的活力。二是存在权力寻租空间，容易滋生腐败。三是在一定意义上存在资源分配不公平的问题。部门之间监管难以形成合力，存在部门分割的状况，更谈不上对社会资源的有效利用。

根据相关理论和实践进行综合分析，信用监管机制具有六大特点：一是突出了“信息”和“信用”在监管中的基础性作用。从信息角度看，信用监管的过程就是信用信息产生、归集、共享、公开、评价、应用和修复的过程，突出强调了公共信用信息共享和公开的作用；从信用角度看，信用监管是充分运用征信、评信、用信等信用管理方法和工具的过程，是通过区别不同主体信用状况进行的分类监管。二是贯穿市场主体全生命周期，衔接事前、事中、事后全监管环节的全程信用监管。三是大幅提升失信成本，让监管“长出牙齿”。例如，《指导意见》首次提出对食品药品、生态环境等与人民生命财产安全直接相关的领域内出现严重失信行为的市场主体及相关责任人，在一定期限内实施市场和行业禁入措施。四是充分运用大数据等现代信息技术，实现“互联网+监管”和精准监管、智能监管。五是更加注重法治化、标准化、规范化和信用主体权益保护。六是多部门联动的协同监管，社会力量共同参与的综合监管等。

（三）信用监管机制的实现路径

监督管理是政府等公共部门依法行使行政管理职责的重要内容，但建立与高质量发展要求相适应的信用监管机制是一个新生事物，而且国际上也没有多少先例可以借鉴。与此同时，信用监管涉及法规标准、信息数据、信用评价、共享应用、分级分类、技术平台和多元共治等要素，要顺利实施信用监管本身难度就很大，的确是一个复杂的系统工程。

根据信用监管的定义和特点，笔者认为，信用监管的具体实现路径包括以下五个方面：一是完善信用法规标准规范，尤其是信用约束和失信惩戒制度，将信用机制嵌入所有经济社会管理规则；二是健全以数字技术为支撑的信用监管平台，不断完善信用信息的采集、共享和应用；三是拓展信用监管的应用场景，将信用监管与各种应用场景有机融合，形成管理闭环；四是充分发挥行业组织、第三方信用服务机构和市场主体的作用，建立由多元主体参与的社会协同共治制度；五是协调推动公共信用机制和市场信用机制建设，充分发挥市场信用机制在资源配置中的决定性作用，同时更好发挥政府的作用。

目前信用监管主要在一些垂直管理领域（如市场监管、海关、税收等）和交通、建设等领域进行了应用，形成了一些制度性成果和典型应用场景，取得了良好的效果。但总体来讲，信用监管机制建设尚处在起步阶段，仍需进一步完善。在加快构建新发展格局的“十四五”时期，完善的社会信用体系、科学的信用监管必将对我国深化“放管服“改革、提高监管效能和进一步优化营商环境继续发挥重要的支撑作用，从而进一步降低经济社会运行成本，畅通国民经济循环，提高经济社会治理水平，建设高标准的市场经济体系，推动经济社会高质量发展。

（作者：韩家平，商务部国际贸易经济合作研究院信用研究所所长、研究员）

第六节　信用惩戒相关理论问题研究

学界对于信用惩戒（或“失信惩戒”）的理论讨论主要集中于其功能、法律定性及合法性控制三个方面。现有研究指出，信用惩戒具有监管效能提升、治理部门和治理工具整合、声誉规制、推动行政方式转换等多重功能。研究者将信用惩戒区分为公法信用惩戒和私法信用惩戒，二者各自具有不同的法律性质。同时，现有研究大多从信用惩戒设定和信用惩戒实施两个维度着手，探讨对信用惩戒施加合法性约束和控制的必要性与制度方案。信用惩戒理论研究下一阶段的重点，应当是对我国运用信用惩戒的制度实践经验进行深入挖掘，从中归纳提炼出具有一般意义的学理问题，在此基础上形成有助于认识深化和实践推进的理论见地。

一、研究背景及意义

从“一处失信，处处受限”到“坚持依法合规、保护权益、审慎适度、清单管理，规范和完善失信约束制度”[1]，信用惩戒一直是社会信用系统建设的重要组成部分。实践中，信用惩戒已成为各部门解决遗留执法痛点、提升自身执法能力的关键举措。例如法院系统通过失信被执行人名单助力“切实解决执行难”[2]，人力资源社会保障部出台《拖欠农民工工资失信联合惩治对象名单管理暂行办法》，各地方对严重环保违法失信企业实行市场禁入制度[3]等，均体现出相关权威部门在其自身管辖领域内寻求运用失信惩戒手段应对治理顽疾的思路。

信用惩戒虽然已显现出其重要规制效能，但也引发了各界对于行政管制权力扩张甚至滥用的担忧：既有的法治框架能否有效约束信用惩戒，以确保其在合法正当的界限内有效运行？在这一背景下，法学界展开了有关信用惩戒问题的研究，试图分析信用惩戒的制度功能，明确其法律定性，并就其应遵循的合法性控制框架展开讨论。针对上述重大理论问题进行深入研究，不但有助于实现对信用惩戒制度的准确理解，而且有助于决策者更加科学合理地建构信用惩戒制度，避免信用惩戒制度的建立和运行与全面依法治国之间出现不必要的张力。同时，对法学研究自身而言，这一研究也有助于学界对若干传统法学理论和理念实现反思、发展乃至重构。

下文展开前，首先需对本章所使用的“信用惩戒”概念作必要交待。正如有研究者所指出的，“信用惩戒”并不是一个严格意义上的法律概念。[4]当前，这一术语被一般性地用于指称社会信用体系建设语境中存在的各类对失信者人身、财产、行为能力、声誉等方面施加不利影响的措施。[5]本章以下也将在这一宽泛意义上使用信用惩戒的概念，其外延包括列入“黑名单”、加强监管、裁量不利、资质限制、行为限制等一系列措施。

---

[1] 李克强主持召开国务院常务会议，确定完善失信约束制度健全社会信用体系的措施等[OL]. http://www.gov.cn/premier/2020-11/26/content_5565216.htm.

[2] 切实解决执行难：“看，失信‘黑名单’!”[OL]. https://m.thepaper.cn/newsDetail_forward_11309748.

[3] 山西将对严重环保违法失信企业实行市场禁入制度[OL]. https://baijiahao.baidu.com/s?id=1605045057883915240&wfr=spider&for=pc.

[4] 王伟. 失信惩戒的类型化规制研究——兼论社会信用法的规则设计[J]. 中州学刊，2019(5)：43.

[5] 沈岿. 社会信用惩戒的禁止不当联结[J]. 暨南学报（哲学社会科学版），2021(11)：2.

二、研究内容

（一）信用惩戒的功能

1. 监管效能提升

现有研究指出，信用惩戒的实施依托于信用管理机关在界定与归集特定失信信息的基础上，对失信主体进行信用评价。与原有执法机制相比，基于信用信息实施惩戒具有更高的执法精准度、更低的执法成本。此外，信用惩戒措施大多在作用时间和范围上都具有扩张态势，因而进一步增强了执法威慑力。[1] 基于上述原理，信用惩戒具有提升现有监管效能的功能。在推进国家治理体系和治理能力现代化的背景下，信用惩戒的这一功能尤其受到监管和执法机关的重视。

2. 治理部门与治理工具整合

信用惩戒作为一段时间内我国社会信用体系建设的核心抓手，还承担着整合多元治理部门与多元治理工具的功能。[2] 这一功能系统性地改变了我国社会治理的格局以及政府在社会治理格局中的角色。在政府内部，信用惩戒对多部门信息共享、执法协作机制的推动，也在一定程度上重塑了各领域监管执法机关之间的结构性关系。

3. 声誉规制

列入“黑名单”、公示失信信息是信用惩戒的常见手段。现有研究指出，这些手段都具有释放信息影响社会和市场主体声誉的功能。[3] 规制对象对自身声誉及对应社会市场待遇的关注，则会促使其主动调整行为，寻求合规，避免信用惩戒可能带来的负面声誉后果。因此，信用惩戒丰富了政府规制的工具库，政府可以更加有效地运用信息释放手段进行社会

---

[1] 孔祥稳．作为新型监管机制的信用监管：效能提升与合法性控制［J］．中共中央党校（国家行政学院）学报，2022（1）：144-145.

[2] 王瑞雪．政府规制中的信用工具研究［J］．中国法学，2017（4）：163-164.

[3] 戴昕．理解社会信用体系建设的整体视角：法治分散、德治集中与规制强化［J］．中外法学，2019（6）：1472.

治理。

4. 推动行政方式转换

从更宏观的视野来看，信用惩戒制度建设的推进，还具有转换行政机关行使行政权力方式的功能。事实上，为了实施信用惩戒，政府部门归集信息、处理信息的能力得到了系统性增强。现有研究指出，“量化型”失信评价依赖特定算法对不同类型的违法失信行为进行量化统计，其本质是一种“数字治理”，也即通过数字量化的方法对传统行政规制工具进行优化改进，以应对复杂的市场现象和不断变化的社会现实。[1]

（二）信用惩戒的法律定性

尽管信用惩戒具有积极治理功能，但是一旦超出法治约束范围，也可能对相对人权益造成超过责任比例的损害。故而，在法治原则约束下建设和运行信用惩戒制度，是我国社会信用体系建设法治化的题中之义。要施加对于信用惩戒的法治约束，传统法学方法认为需要先解决信用惩戒的法律定性问题。根据实施主体和领域的差异，信用惩戒一般可以被区分为公法信用惩戒和私法信用惩戒[2]。“公法信用惩戒”，一般指政府机关在公共领域所采取的信用惩戒。“私法信用惩戒”，一般指由市场主体在非公共管理领域尤其是市场交易领域发起的信用惩戒。

就公法信用惩戒措施的法律定性而言，学界和实务界探讨较多并存在争论的一个核心问题，是公共机关实施的信用惩戒是否构成行政处罚。截至 2022 年，行政法学研究者围绕这一问题，已经形成了“行政处罚说”“间接强制执行说或担保的行政处罚说”“综合或独立的法律责任说”“政府管制手段说”“类型化说”等学说。[3] 之所以学界持续就这一问题展开论争，一方面是因为如何回答该问题将直接影响我国行政法学理论中的行政处罚概念的内涵和外延，另一方面是因为在我国尚无行政程序法典或行

[1] 王锡锌，黄智杰．论失信约束制度的法治约束［J］．中国法律评论，2021（1）：101.

[2] 陈国栋．私法信用惩戒的法理及其启示［J］．暨南学报（哲学社会科学版），2021（11）：23.

[3] 门中敬．失信联合惩戒措施的类型及行为属性［J］山东大学学报（哲学和会科学版），2021（6）：76.

政基础法典的情况下，信用惩戒是否构成行政处罚，将直接影响其是否受到狭义法律的约束。

然而，信用惩戒涵盖的行政行为种类繁多，其中任何一类具体行为（例如列入“失信黑名单”）也包含不同的形态，甚至具体行为还往往包括多个行为阶段[1]，因此要借用一个概念对所有行为加以框定，或用行政处罚法的一套合法性控制框架对所有行为进行规范，是极为困难的。因此，尽管信用惩戒在总体意义上是否具有行政处罚的性质，在学理上或许是个值得持续探究的问题，但这一问题的现实制度意义预计会随着行政基本法典及规范各具体信用惩戒行为的法规规章的颁布而不断降低。

除了公法信用惩戒外，实践中还存在大量的私法信用惩戒，例如金融机构对拖欠债务的企业和个人在贷款额度和利率条件方面给予限制，对逃避金融债务的企业和个人不予贷款支持等。[2] 近期，陈国栋对私法信用惩戒的法律定性问题进行了研究。同公法信用惩戒概念一样，私法信用惩戒也不是一个严谨的法律概念，在法律定性上也存在争论。但与公法信用惩戒法律定性争议不同的是，对私法信用惩戒在法律加以定性的目的，主要是让落入此概念范畴内的相关信用惩戒措施可不受或少受法律的约束，以此保障私法信用惩戒能够以私法自治为基础，以信用信息系统为核心进行建构。[3]

（三）公法信用惩戒的合法性控制

学界目前积累了最多研究成果的领域当属公法信用惩戒的合法性控制。总体来看，现有研究主要在公法信用惩戒的设定和实施两个维度上就这一议题展开讨论。

1. 公法信用惩戒设定的法治约束

在设定维度，现有研究充分结合形式法治与实质法治规范要求，寻求

[1] 贾茵．失信联合惩戒制度的法理分析与合宪性建议［J］．行政法学研究，2020（3）：101.

[2] 王富全，许长新．征信体系建设中的失信惩戒机制分析［J］．金融研究，2008（5）：187.

[3] 陈国栋．私法信用惩戒的法理及其启示［J］．暨南学报（哲学社会科学版），2021（11）：32-33.

对公法信用惩戒的设定施加严格规范约束。

在形式法治层面，现有研究指出公权力实施信用惩戒应当符合惩戒标准法定、惩戒对象法定、惩戒主体法定、惩戒措施法定、惩戒程序法定、惩戒期限法定、救济机制法定等一系列法定性要求。[1] 王瑞雪从组织法的角度指出，各部门合作实施“联合惩戒”时，应以职权法定为基本原则，不得超越职权、滥用职权。[2] 谭冰霖对信用惩戒进行了行政行为理论角度的微观分析，指出现有规定中信用惩戒在形式处罚法定层面存在诸多含混之处，不符合明确性要求。[3]39-40 袁文瀚从正当法律程序要求出发，认为应当设定公开释明、先行告知、异议期间暂停执行、失信信息保留期限等制度，以防范信用惩戒侵害相对人权益的风险。[4]

在实质法治层面，现有研究指出信用惩戒应当遵从比例原则、禁止不当联结原则、平等原则等法治原则。[5] 这一类的研究同时也对“失信”定性本身进行了反思。谭冰霖从实质处罚法定视角，指出用“违法”定义“失信”既存在悖论也有失偏颇。[3] 40 沈岿通过对失信设定模式及失信与惩戒联结模式的类型化研究，进一步指出“单类行为界定+列举式”的失信设定模式及“单项特定惩戒与不特定失信联结”的失信与惩戒联结模式具有较大的不当联结风险；“多项多类行为列举式”的失信设定模式，及“单项或单类特定失信与不特定惩戒联结”或“不特定失信与不特定惩戒联结”的失信与惩戒联结模式，则具有最大的不当联结风险。[6]

2. 公法信用惩戒实施的法治约束

在实施维度，现有研究一方面检讨了传统行政救济手段（如行政诉讼）存在的不足并尝试提出补救方案，另一方面探讨了信用修复等新型信用权益救济方式可能具有的意义和问题。

---

[1] 王伟．失信惩戒的类型化规制研究——兼论社会信用法的规则设计［J］．中州学刊，2019（5）：43.

[2] 王瑞雪．公法视野下的信用联合奖惩措施［J］．行政法学研究，2020（3）：89.

[3] 谭冰霖．处罚法定视野下失信惩戒的规范进路［J］．法学，2022（1）．

[4] 袁文瀚．信用监管的行政法解读［J］．行政法学研究，2019（1）：28-29.

[5] 沈岿．社会信用体系建设的法治之道［J］．中国法学，2019（5）：25.

[6] 沈岿．社会信用惩戒的禁止不当联结［J］．暨南学报（哲学社会科学版），2021（11）：14，16.

传统行政诉讼制度主要以行政机关做出的单一侵害行为作为审查对象。信用惩戒措施实施主体多、行为阶段多，行政诉讼对其加以审查、对相关损害提供救济的能力存在严重局限。例如，法院会将实施惩戒的企事业单位认定为不适格被告，还会将信用惩戒的若干阶段行为排除出可诉范围。[1] 彭錞指出，要走出信用惩戒“人人参与”但“人人卸责”甚至“人人无责”的困境，应当将失信惩戒的各个阶段行为均认定属于对相对人产生实际影响的行政处理行为，并通过“违法性继承”等合法性评价技术，解决行政诉讼救济渠道不畅的问题。[2]

另一方面，即便信用惩戒的适用是正确的，也不意味着失信主体再无“重新来过”的机会。社会信用制度运行的最终目的，是使社会和市场主体尽可能保持或回归守信状态。正是在这个意义上，信用修复制度为信用惩戒制度提供了退出机制，使信用惩戒制度得以实现程序正义。[3] 信用修复制度所具有的高效性与便捷性，使其成为符合失信主体需要的首选补救方式。然而，研究者在肯定信用修复制度可以对失信者产生正向激励作用的同时，也关注到该制度可能削弱未被认定为失信者的守信激励，引发道德风险。[4] 实践中存在的对信用修复制度的误解，还可能使得该制度对失信者的正向激励作用也不复存在，并造成信用惩戒效果的弱化。[5]

三、结语

学界对于信用惩戒理论问题的研究已经积累了丰硕成果。不过，受制于信用惩戒实践的成熟度，已有研究对于信用惩戒实践经验的关注与挖掘尚有不足。已有部分研究者关注到了这一问题，并开始尝试借助总结、提炼信用惩戒实践经验提出有新意的思考。例如张平淡、弓丽栋基于实证研

---

[1] 参见贾某某与中国铁路总公司案［（2019）京01行终643号］，魏某某等与内蒙古自治区锡林浩特市市场监督管理局案（（2019）内行申695号）。

[2] 彭錞．失信联合惩戒行政诉讼救济困境及出路［J］．东方法学，2021（3）：185.

[3] 解志勇，王晓淑．正当程序视阈下信用修复机制研究［J］．中国海商法研究，2021（9）：4.

[4] 戴昕．声誉如何修复［J］．中国法律评论，2021（1）：137.

[5] 卢护锋．信用修复的实践误区及其立法应对［J］．广东社会科学，2020（6）：228.

究指出，官员更替会提升对企业的失信惩戒，但其作用机制尚待进一步研究。[1] 又如，陈柏峰基于田野调查指出，基层治理中信用惩戒并不需要都由法律直接调整，而可以由社会自治规范、道德规范、政策规范来调整。[2] 再如，彭錞基于41份中央级失信惩戒备忘录的分析，认为信用惩戒所面临的合法性困境并非缺乏法律依据、“德法混同”、违反比例原则或不当联结禁止原则，而是在形式合法性层面违法建立了双惩制、以行政权力为民事违约兜底和增设行政许可，在整体正当性层面冲击法人独立人格、突破公法与私法之区隔、削弱行政裁量的法律约束。[3] 信用惩戒理论研究下一阶段的重点，应当是对实践经验做进一步深入挖掘，从中归纳提炼出具有一般意义的学理问题，在此基础上形成有助于认识深化和实践推进的理论见地。

（作者：戴昕，北京大学法学院副教授；李昊林，北京大学法学院博士研究生）

[1] 张平淡，弓丽栋．官员更替、失信惩戒与环境质量［J］．厦门大学学报（哲学社会科学版），2022（2）：42.

[2] 陈柏峰．社会诚信机制基层运用的实践逻辑［J］．中国法学，2022（3）：203.

[3] 彭錞．失信联合惩戒制度的法治困境及出路［J］．法商研究，2021（5）：47.

地方篇

DIFANG PIAN

第一节 信用平台网站建设

河南：强化信用平台支撑，高质量推进“信用河南”建设

近年来，河南省坚持“数据为基，应用为本，创新为魂”的理念，强化河南省信用信息平台（以下简称省信用平台）基础支撑能力建设，推进社会信用体系与经济社会融合发展，“信用河南”建设取得显著成效，在服务河南经济社会高质量发展、实现中原更加出彩中的地位和作用更加凸显。

一、建设成效

（一）法规制度体系更加健全

1. 加强组织领导

建立了由省委常委、常务副省长任组长的“信用河南”工作专班及河南省社会信用体系建设厅际联席会议机制，统筹推进社会信用体系建设。

2. 完善顶层设计

搭建“规划+立法+配套制度”的四梁八柱，编制深度融合的《河南省“十四五”营商环境和社会信用体系发展规划》，出台全国第二部省级社会信用综合性地方法规《河南省社会信用条例》，围绕该条例配套制定了信用信息归集共享、联合惩戒等关键环节和政务、商务、社会、司法等重点领域诚信建设的50余项配套制度规范。

（二）基础支撑体系更加坚实

1. 持续推进“一体化”平台网站建设

已建成覆盖18个省辖市、73个县（市、区）地方信用平台和20个省直部门信用信息系统的全省“一体化”平台网站体系，提供全省统一的“一站式”信用查询、协同联动的异议投诉和信用修复等应用服务，信用河南网站群影响力不断增强。

2. 打造“1+3+X”智慧信用服务体系

持续完善资源目录系统的管理、分析等功能，提升信用查询、联合奖惩、“信易+”等数据接口服务能力，打造具有毫秒级可信认证服务的“豫信链”，实现与50多个单位的行政审批、政务服务、公共资源交易等120多个业务系统全流程嵌入，建成了全省“1”个智慧中枢，形成智慧共享、智慧监管、智慧应用“3”大服务体系，支撑金融、交通、物流、生态环境、跨境贸易等“X”个重点领域落地更多智慧应用。

3. 建立常态化数据治理管控体系

编制省市县三级统一的公共信用信息目录，制定省信用平台数据结构规范，对原始数据和成品数据统一管理，持续提升数据质量，做到数据全生命周期可视、可溯、可控。开展“双公示”专项提升行动，将行政许可、行政处罚“双公示”拓展至“十公示”。优化数据共享方式，扩大信息共享范围，提升数据服务接口性能，促进数据依法开放共享。截至2022年3月底，省信用平台累计归集各类信用信息126亿条，覆盖社保、税务、水电气等50多个领域，数据门类超过300个；数据质量合格率达到99.6%，“双公示”数据合规率达到100%；累计向政府部门、金融机构等共享数据突破30亿条，“信用中国（河南）”累计公开信用信息3.8亿条，“一站式”信用查询累计突破5亿次。[1]

[1] 数据来源：河南省信用信息平台。

（三）信用赋能增效更加有力

1. 打造闭环信用监管，助力“放管服”改革深化

整合省信用平台的信用承诺、公共信用评价和联合奖惩功能，率先建成全省一体化信用监管系统，全流程嵌入各级各部门148个业务系统，实现信用自动核查、承诺践诺自动推送、信用评价自动更新、奖惩结果自动反馈等闭环应用。聚焦企业和群众办事创业的“堵点”“痛点”，推行审批告知、证明事项告知、容缺受理等信用承诺制，大幅降低企业制度性交易成本，累计归集信用承诺及践诺信息2600多万条，并关联到主体名下，在“信用中国（河南）”网站上公示。持续优化公共信用综合评价指标，完成250多万家市场主体的公共信用综合评价，并将评价结果及时共享至各级各部门，支撑监管部门以公共信用综合评价结果、行业信用评价结果等为依据对监管对象进行分级分类并采取差异化监管措施，使监管力量“好钢用在刀刃上”。依法依规实施联合奖惩，累计实施信用核查4300万次，奖惩案例反馈20万个，守信者处处受益，失信者寸步难行大格局基本形成。

2. 塑造“信易贷”品牌，赋能实体经济发展

依托省信用平台，建成河南省中小企业融资综合信用服务平台，不断深化数据开发利用，持续完善中小微企业特点的信用评价体系，推广基于信息共享和大数据开发利用的“信易贷”模式，高标准打造“河南信易贷”融资服务品牌。完善省级节点功能，积极推进与市县、行业融资信用服务平台对接，构建全省一体化融资信用服务平台体系。健全企业“信易贷”“白名单”申报、审核、推荐、反馈全流程跟踪机制，及时将有信用、有融资需求、符合产业政策的企业推荐给金融机构，以更大力度支持中小微企业信用融资。截至2022年3月底，已联通各级各类融资信用服务平台22个，注册企业用户数突破10万家，发放贷款2000多亿元，向金融机构推荐“白名单”企业1.3万家，“白名单”企业获得授信181.3亿元。[1]

---

[1] 数据来源：河南省信用信息平台。

3. 深耕信用惠民便企，助推营商环境优化

依托全省一体化信用平台网站体系，在民生领域拓展实施社会化、市场化守信激励措施，推进“信易游”“信易行”“信易阅”“信易医”等应用场景走深走实，累计受益人数超千万，不断增进民生福祉、提升群众幸福感。通过系统嵌入和安装自助查询终端，实施全省一体化信用审查服务，为信用等次高的企业提供容缺受理、简化程序、优先办理等便利服务。截至 2022 年 3 月底，全省 6800 多个守信激励对象在项目审批、资质审核、招标投标、财政性资金安排等 1.4 万件事项办理过程中享受“信用有价”带来的改革红利，切实增强办事企业群众的获得感。接力开展“万人助万企 信用助发展”活动，通过主动告知信用修复、精准推送信用政策、主动提供公共信用产品三大惠企举措，累计帮助近 2 万家企业纠正失信行为，100 余家企业完成信用修复后顺利参加招投标活动，进一步激发了失信主体守信意愿，释放了市场主体活力。[1]。

（四）应用场景创新不断拓展

1. 创新“信用+区块链”应用

依托省信用平台，利用区块链技术构建“豫信链”，实现农产品溯源、电子报关单、中标结果等 200 多万条信息“上链”，提供毫秒级可信认证服务，支撑“信用+农产品安全”，将信用融入“从农田到餐桌”产品质量追溯管理全过程，实现“一码溯源”，对信用好的主体提供融资、担保等方面的便利，对出现严重产品质量安全问题主体实施惩戒，累计可追溯农产品 14 万批次，切实守护百姓“舌尖上的安全”。

2. 探索建立“信用+跨境电商”服务体系

将省信用平台各类信用服务嵌入河南国际贸易“单一窗口”平台，共享跨境电商领域企业公共信用综合评价结果，对信用等级高的跨境电商企业提供融资、物流、担保等 11 项便利化服务，提升河南口岸领域企业通

---

[1] 数据来源：河南省信用信息平台。

关、融资等服务便利化水平，推动河南“陆、海、空、网”四条“丝绸之路”协同发展。

3. 开展政务诚信监测

依托省信用平台，建设全省政务诚信监测系统，研究制定监测分析指标体系，围绕依法行政、政务公开、勤政高效、守信践诺、信用基础设施建设和应用、权益保护等，对各省辖市、直管县（市）政务诚信建设开展实时监测、分析和评估，累计编发政务诚信监测报告15期。

二、下阶段建设重点和方向

下一步，河南省将深入贯彻落实习近平总书记视察河南重要指示精神，按照党中央国务院关于社会信用体系建设的决策部署，锚定“两个确保”，服务“十大战略”，全面推进信用理念、信用制度、信用手段与经济社会各领域各环节深度融合，着力加强信用法治保障、平台支撑、数据共享、信用监管、融资服务和信用应用六大能力建设，促进经济循环更畅通、社会治理更高效、惠民便企更精细，高质量推进信用河南建设，为实现新时代中原更加出彩提供坚强信用保障。

（一）加强法规制度保障能力建设

全面落实《河南省社会信用条例》，制定出台条例相关行政处罚裁量标准、省信用信息平台数据共享办法、省公共信用综合评价管理办法等规范性文件，健全信用分级分类评价管理、守信激励和失信惩戒、信用主体权益保护、信用监督管理机制等配套制度，避免和纠正信用信息滥用与失信惩戒泛化。在市场监管、自然资源、生态环境、安全生产等重点行业领域地方性法规制定修订过程中增加信用条款，研究制定河南省公共信用综合评价标准、市场信用信息目录指引等地方信用标准。

（二）加强平台智慧化支撑能力建设

迭代升级各级信用信息平台和网站基础设施，进一步提升应用服务功能。推动省信用信息共享平台与省一体化政务服务平台、“互联网+监管”系统及行业部门信息系统互联互通和深度交换共享，实现信用信息自动归集、信用评价自动生成、监管措施自动匹配，推进跨地区、跨行业、跨层级业务协同。增强信用数据挖掘和多维关联分析能力，丰富主体场景化的信用报告模板、信用评价模型、信用分级分类标准、信用奖惩措施清单和信用预警规则，积极推进在行政管理、社会治理、公共服务、市场交易等领域提供信息查询、信用报告、信用评价等通用性和个性化相结合的场景化信用服务，支持行政管理精准化和资源配置高效化。依托省信用信息共享平台构建开放、自治、透明、公正的信用区块链可信体系，支撑“信易贷”、供应链金融、重要产品追溯等创新应用。

（三）加强信用信息归集共享能力建设

在全国公共信用信息基础目录基础上，结合实际，依法依规更新发布适用于河南的公共信用信息补充目录，对纳入公共信用信息目录范围内的信用信息全覆盖无遗漏归集，做到“依法依规归集，应归集尽归集”。按照国家统一部署，加快推进税务、公积金、社会保障、医疗卫生、不动产登记、司法判决、学历学籍、公共资源交易、水电气等重点领域信用信息归集共享。大力推进全省“双公示”工作全覆盖，力争到全省“双公示”数据迟报率、瞒报率降至零，数据质量合格率继续保持全国领先，并将“双公示”全面拓展至“十公示”。持续增强信用信息挖掘和二次加工能力，提供更多更好信用服务产品。

（四）加强全流程信用监管机制建设

实施重点行业信用监管提升专项工程，在直接关系人民群众生命财产安全和市场经济秩序的食品药品、公共卫生、安全生产、生态环保等重点领域，建立健全覆盖事前事中事后的全流程信用监管机制。全面推开信用承诺制，制定格式规范的信用承诺书，在省级开发区探索推广一般性企业投资项目实行“承诺制+标准地”模式。完善公共信用综合评价、行业信用评价体系，以评价结果为依据，对监管对象实施分级分类管理，强化信用等级在“双随机、一公开”监管抽查中的基础性支撑作用，提高信用关联率和监管抽查精准性，采取差异化监管措施。编制出台河南省失信惩戒措施地方补充清单，依法规范失信惩戒名单认定标准和程序，完善失信惩戒运行和反馈机制。建立健全各行业领域信用修复机制，明确修复方式和程序，进一步优化压减信用修复和异议处理办理时限。

（五）加强信用赋能实体经济能力建设

优化完善省融资信用服务平台功能，提升智慧化融资服务能力。积极推进行业领域融资信用服务平台与省融资信用服务平台互联互通，构建上接国家、贯通行业领域、下联市县的全省一体化融资信用服务平台体系，形成融资信用服务合力。健全风险缓释、监测治理、督导考核、政银企对接、企业融资“白名单”等支持保障政策机制。创新融资信用服务应用，开发招投标、政府采购、供应链、特色商圈等场景信贷产品，拓展能源、交通、物流、税收、贸易、电商、家政服务等行业信贷产品。围绕创新驱动、优势再造、数字转型、乡村振兴、绿色低碳等重大战略，设立企业（项目）专题库和专项“白名单”，确保民营企业、中小微企业贷款“量增、面扩、价降”。

（六）加强信用应用服务能力建设

完善“豫信链”支撑体系，加快推进“信用+区块链”在数据安全、重要产品追溯、合同履约监管、供应链信用管理等重点领域落地应用。加强重点民生领域信用激励场景建设，在政务服务、公共服务、社会生活中出台更多激励措施，让守信主体获得更优的便利与实惠。加强生产流通、投资消费、就业分配等领域信用体系建设，以健全的信用机制打通生产、分配、流通、消费等各环节经济运行堵点，助力畅通经济循环服务新发展格局。探索运用信用手段加强和改善社会治理创新，推广“党建+网格+信用治理”模式，广泛开展“信用+美丽乡村”“信用+示范社区”等特色应用，培育“信用街道”“信用村居”“信用超市”等信用服务新模式。

（作者：河南省营商环境和社会信用建设中心）

厦门：夯实信用信息基础设施，全面推动信用信息融合应用

作为全国首批社会信用体系建设示范城市，厦门市依托不断完善的网络基础设施和畅通的数据共享协调机制，建设了全市统一的公共信用信息平台，实现跨部门、跨层级的信用信息高效归集共享和融合创新应用。该平台已成为厦门市社会信用体系建设的重要基础设施和开展以信用为基础的新型监管机制的有效载体，为厦门市全面深化信用信息应用、推动社会信用体系建设高质量发展提供强有力支撑。

一、建设成效

（一）夯实信用信息基础保障

厦门市公共信用信息平台（以下简称市信用平台）于 2015 年 5 月上线运行，近年来，根据国家、福建省关于社会信用体系建设的工作要求和厦门经济社会发展的实际需要，不断进行完善升级，已完成四期建设，从推进信用数据归集共享的基础性服务逐步向强化信用大数据分析、深化信用融合应用、推进信用监管服务方向发展提升。

1. 体系化搭建信用平台总体框架

当前，已形成极具厦门特色的“一张表、一支撑、一保障、两网、两库、两窗口、市区两级、N 应用”的总体框架。一张表即制定统一数据标准体系，在全国率先实现“工商企业一张网”与信用信息数据标准格式的统一；一支撑即依托市区两级共享协同平台，实现多部门数据共享与业务协同；一保障即创新应用公安部实名认证安全系统，实现“实人+实名+实证”，通过信息安全等级保护三级，为平台提供安全保障；两网即政务网的“信用共享平台”和互联网的“信用中国（福建厦门）”网站；两库

即建成法人信用信息库和自然人信用信息库，实现与国家、省级公共信用信息平台的互联互通；两窗口即设立线上及线下信用服务窗口；市区两级即实现市级信用平台和六个行政区区级平台的全覆盖，并实现市区两级平台的互联互通；N 应用即建设 N 个支撑市级各部门、各区信用管理和服务的应用系统，包括信用公示、信用查询、信用报告、信用识别、信用奖惩、“信易+”、信用承诺、信用评价、信用异议、信用修复、信用监管等各类应用。

2. 全方位提升平台网站服务能力

截至 2022 年 6 月，“信用中国（福建厦门）”点击量超过 5871 万次，发布信用政策、宣传文章 2588 篇，为互联网公众提供查询量超 2523 万次（其中法人信息 2479 万次、自然人信息 44.93 万次），累计公示行政许可信息超 263 万条，行政处罚信息超 15.9 万条，信用承诺书数量超 131 万份。汇总公共信用报告应用事项及措施清单 456 条，包含政府采购、招标投标、行政审批等，为社会信用体系成员单位提供页面、接口等多种公共信用查询服务，信用报告页面查询量超过 193 万次，接口服务调用累计超 4600 万次。[1]

3. 多维度推动信用平台互联互通

在互联网端，通过信用厦门网站、微网站、便民自助终端（e 政务服务终端）、白鹭分微信公众号、i 厦门 App 等多个渠道建立面向公众的信用服务；在政务网端，建设全市统一信用信息共享平台，包括信用管理工作平台、联合惩戒管理平台、信用共享协同平台、城市信用监测平台、大数据可视化平台等；在部门端，实现六个区信用信息子平台全覆盖，与市发展改革委、财政局、市场监管局、公安局、工信局、人社局等 47 家单位 62 个业务系统实现对接，支持自贸区信用平台、商事主体信用公示平台、旅游信用信息平台、港航信用信息平台、规划信用信息平台、国土信用信息平台等一系列丰富的部门信用应用系统。

---

[1] 如无特别说明，本小节数据均为截至 2022 年 6 月的统计数据。

（二）推进信用数据归集开放

1. 全面提升信用数据归集共享数量和质量

截至2022年6月，市信用平台共归集市级信用信息目录9099项（涉及62家单位）、区级目录35175项；汇集公共信用信息15.21亿条（其中自然人信息12.42亿条、法人信息2.97亿条），其中落地数据1.57亿条，实现自然人、法人和其他组织百分百覆盖，“双公示”信息300万条（其中行政许可信息284万条、行政处罚信息16万条），信用承诺超145万条，各类红黑名单约200万条，回流国家“红黑名单”超2000万条；信用评价专题15个，评价主体超11万个；推进厦门市信易贷平台第一批目录数据归集工作，涉及11个部门23项数据，包括企业社医保、公积金、政府采购项目、水、电、燃气、海关信用、不动产、审判执行立结案等，归集数据超1.4亿条；累计向省、国家平台报送信用信息1.5亿条。

2. 积极推动信用数据有序开放

以数据开放为抓手，挖掘公共信用信息价值，提升信用惠民便企水平。一是助力信用大数据创新中心建设。建立市信用平台与信用大数据创新中心的数据共享开放机制，开放归集的全量企业公共信用信息超1.5亿条，为创新中心开展信用创新应用提供数据支持。二是创新公共信用信息“信易贷”数据开放模式。创新形成市信用平台的“信易贷”“安全屋”信用数据开放模式，助力“信易贷”平台在厦服务中小微企业，开放企业公共信用信息超1.4亿条。三是助力个人信用“白鹭分”推广。实现个人信用信息算分可用不可见，保障白鹭分算分平台可靠运行，使百姓更有获得感，支撑白鹭分调用信用数据超1000万次。四是开展信用数据安全监管。初步建立对创新中心、白鹭分平台、信易贷平台的信用数据应用安全检查机制，确保信用数据开放应用合法合规。

（三）拓展多元信用应用场景

1. 信用支撑依法审慎奖惩

建立全市统一的跨部门奖惩系统，以权责清单为依据，分解措施事项，导入国家下发的“红黑名单”，通过平台与部门业务系统对接，实现自动比对、自动拦截、及时反馈，市联合奖惩系统涉及行为清单 209 项，措施清单 659 项，收入失信被执行人总数 151 万，平台累计核查 2589 万次。

2. 信用支撑发展改革委项目审批

发展改革委在其 OA 系统中，嵌入调用企业、自然人信用基准报告，作为重大项目审批的重要参考依据，同时也将 OA 系统中产生的信用数据上报给信用平台。失信数据累计核查次数 691 次，累计比中次数 195 次；信用报告累计查询 5268 次。

3. 信用支撑财政局产业资金扶持

企业申请财政资金补助时，财政局在其产业扶持资金管理系统中，需调用企业信用数据和核查是否为失信被执行人，作为扶持资金发放的前置条件。2021 年财政一体化系统调用数据约 30 万条，涉及企业 6284 家、个人 7128 余人；财政产业扶持资金管理系统信用审查累计调用次数超 70 万次，“黑名单”拦截累计次数 240 次。

4. 信用支撑公积金贷款审批

公积金管理中心在公积金贷款等业务审批时，需核查自然人是否为失信被执行人，作为公积金贷款前置审批条件。市公积金中心失信数据累计核查次数 759278 次，累计比中次数 24922 次。

5. 信用支撑个人白鹭分

厦门市基于信用白鹭分，为厦门白鹭分较高的群众提供信易批、信易租、信易行等信用公共服务，个人信用白鹭分累计注册人数突破 211 万人，2022 年新上线应用场景 4 个，累计已上线 69 个，信用就医实现新突破累计开通用户超 2.4 万人，节约患者就医时长超 71 万分钟。

6. 信用支撑“信易贷”服务中小微企业

厦门市信易贷平台累计注册企业 5.85 万家，累计撮合贷款 7.16 万笔、金额 1007.04 亿元，平均授信时长 10.54 天；平均贷款利率 5.5%，入驻金融机构 44 家、累计发布产品 300 个，全市平均每月有 2000 多家中小微企业通过厦门市信易贷平台获得贷款。

7. 信用支撑市监局企业注册备案审核

市场监督管理局业务系统与市信用平台对接，将联动惩戒功能嵌入注册登记系统，受理企业登记备案时均比对人员身份是否属于法院失信被执行人，2021 年以来，查询超过 100 万次，对法院失信被执行人员实施登记备案业务限制超 6000 人次。

8. 信用支撑公安背景审查

市公安局为核验信用主体的背景资料，需要通过公共安全管理平台与市信用平台对接，查询信用主体的信用报告，作为背审参考依据，同时也将公安信用数据上报信用平台，累计核查超 3000 万次。

9. 信用支撑食品药品行业监管

市场监督管理局在对食品药品监管的过程中，基于信用平台的信用评价对食药品经营企业进行信用分类，利用信用分类开展精准、高效、全覆盖、动态、闭环的信用监管，助力食药安全。

二、下阶段建设重点和方向

厦门市将围绕社会信用体系建设工作重点，持续优化市公共信用信息平台功能，提升支撑服务能力，提升“双公示”等信用信息质量，依法依规扩大“信易贷”数据归集范围，提升平台网络安全、数据安全，推进平台网站一体化建设，优化“信用中国（福建厦门）”网站功能，进一步拓展信用创新应用更好服务于惠民便企。

（一）挖掘信用数据价值能力，提升信用风险预警能力

探索应用卓有成效的计算引擎、数据分析能力的建设，做好信用风险主体、信用风险行为的有效挖掘和管理，以风险预警的形式为行业监管、社会服务赋能。

（二）持续提升平台信用监管服务水平

拓展合同履约信息的归集和应用，完善从合同签署到合同履约情况的全过程信息的归集共享，在合同履约过程中及时开展信用预警和监管。

（三）强化信用承诺标准，巩固信用承诺工作闭环能力

基于市信用平台，进一步完善承诺书签署渠道的标准化，切实做到信用承诺的“模板统一、签署统一、管理统一、应用统一”，在确保信用承诺依法依规应用的前提下，深化信用承诺在信用监管领域的应用。

（四）优化信用厦门网站栏目功能，提升支撑服务能力

结合公共信用服务需求，丰富“信用厦门”门户网站栏目设置，提升信用厦门网站信用信息公示水平，力争各类主体信息应公示尽公示。完善网站功能，优化栏目设计，提升服务社会应用水平。推进信用监管、专项治理、惠民便企等主题板块功能在网站全面展示，打造城市信用应用共建的生态圈。

（作者：厦门市发展改革委社会信用推进处）

洛阳：一体化平台网站建设书新篇，“信用洛阳”开启新征程

洛阳市信用信息共享平台及“信用洛阳”网站于2016年建成上线，在确保信息安全的基础上，为信用数据归集、信用应用创新、服务重点民生、优化营商环境等工作提供了坚实的“一站式”基础支撑。2021年初，洛阳市信用平台及网站按照“一体化、标准化、智能化、安全化”目标完成二期迭代升级，以更加强大、完善的功能助力“信用洛阳”建设踏上新

征程。洛阳市信用平台网站于 2021 年 8 月获河南省“示范平台网站”称号，同年 11 月，获全国地市组“示范平台网站”称号。

一、建设成效

（一）“质量、数量”齐抓，筑牢信用工作基础桩

平台功能持续优化。洛阳市信用信息共享平台按照“1+1+4+N”架构建设，即“一张网”——平台、网站、公众号、App 高效联动的多维立体信用服务网络；“一平台”——全面覆盖、功能完善、支撑力强的信用信息管理平台；“四类库”——一体融合的基础数据库、主题数据库、应用数据库和专题数据库；“N 应用”——基于业务、管理、决策、服务开展的多场景、多方式、多领域信用应用，包含联合奖惩、信用评级、信用应用、“信易+”、信用监测预警等 60 余个功能模块，向上联通省信用信息共享平台及“信用河南”网站、横向对接 59 个市直部门及单位，向下覆盖 16 个县区，是全市社会信用体系建设工作的总枢纽。“信用洛阳”网站按照全国一体化要求建设，设置 12 个一级栏目和 62 个二级栏目，结合洛阳实际开设“11 · 22”诚信宣传等创新型公示和服务栏目 6 个，面向社会提供一站式、场景式、个性化的信用服务，网站日均访问量 2 万余次，已成为洛阳市褒扬诚信、惩戒失信的窗口。

制度保障不断完善。严格按照国家、省社会信用体系建设通用性标准规范，围绕《河南省社会信用条例》，印发《洛阳市公共信用信息目录》《洛阳市联合奖惩措施清单》《洛阳市信用信息共享交换平台区县对接方案与技术规范》《洛阳市创建国家社会信用体系建设示范城市工作行动方案》《洛阳市优化营商环境“信用环境”指标提升专项行动方案》《洛阳市加快推进“信易+”守信激励工作方案（试行）》等制度文件，全面保障平台网站依法依规依制运行。

数据归集更加高效。建立完善信用信息记录、归集、共享、审核、校验和安全管理机制，梳理 296 项标准目录规范，建立数据归集专员专岗制度，加强宣传、培训、督导及考核，全面保障信用数据及时高效归集共

享。加强与政务数据共享平台以及政务服务、公共资源交易等多个业务系统的智能化对接，建成覆盖各类市场主体近2亿条记录的多维信用数据库，夯实数据根基。开展“双公示”攻坚，截至2022年3月，累计归集行政许可和行政处罚等信用信息100.15万条，“双公示”数据合格率稳定保持在100%，7天及时率提升至95%以上。[1]

安全防护更有保障。洛阳市信用信息共享平台部署于洛阳市政务云平台，严格做好硬件环境安全防护。印发《洛阳市信用信息共享平台管理暂行办法》《信用洛阳网站管理制度》，细化安全管理措施，确保平台网站数据、信息安全。2021年9月，平台、网站系统均通过公安部门信息安全等级保护备案。

（二）“力度”“温度”兼顾，服务信用监管全流程

加大信用监管力度。依托信用平台网站，围绕事前、事中、事后全环节，探索“全流程、宽领域、有力度、有温度”的特色信用监管模式。一是事前信用承诺广泛开展。全市信用承诺信息一网归集，224项承诺制政务服务事项清单一网公示，简化办事流程、提升政务服务效率。截至2022年3月，洛阳市各领域共归集主动公示型、行业自律型、容缺受理型、证明事项告知型、信用修复型等全类别信用承诺书60余万份，践诺信息万余条，所有承诺践诺信息纳入市场主体信用档案，作为信用监管的重要参考。二是事中信用分级分类监管多领域实施。税务、住建、市场监管、生态环境等19个领域深入开展信用分级分类监管，根据监管对象信用状况实施不同模式的监管，对守信者无事不饶、对失信者利剑高悬，在信用分级评价的基础上，“双随机、一公开”抽检对象问题发现率较普通抽检明显提高。各领域分级分类监管制度措施及信用等级评定结果归集至市信用信息共享平台，并在“信用洛阳”公示。三是事后信用奖惩落细落实。市公共资源交易平台、政务服务平台全面接入信用联合奖惩系统，梳理涉信用联合奖惩政务服务事项清单2140项，截至2022年3月31日，全市通过联

[1] 数据通过洛阳市信用信息共享平台统计，“双公示”数据合格率、及时率统计时间为2021年3月至2022年3月。

合奖惩系统共查询信用信息 41 万次，产生奖惩案例 1.4 万个。[1]

提升信用监管温度。一是优化信用查询服务。将“信用查询”功能嵌入“信用洛阳”网站、公众号，以及“洛快办”、“掌上洛阳”App、“市民之家”自助查询机，为公众提供多维、便捷的信用服务。围绕各类资金申报、评优评先工作开展综合信用核查，为各行政管理部门把好“信用关”。二是加强权益保护，完善信用修复机制。网站设置“信用修复”专栏，持续优化信用修复流程、开展公益性信用修复培训、设立信用修复绿色通道、提升修复服务水平，行政处罚信用修复初审业务 1 个工作日办结，对受疫情影响产生一般失信信息的企业提供“T+0”修复政策，即当天申请、当天办结。截至 2022 年 3 月 31 日，洛阳市共办理“信用中国”网站信用修复业务 4194 件，帮助企业重塑信用、轻装上阵。[2]

（三）“重心、创新”并进，支撑信用服务社会发展新路径

全面推行守信激励。依托市信用平台，开展市场主体公共信用评级，为守信主体量身定制“一揽子”守信激励政策，推动“诚实守信”逐步成为洛阳市城市管理的风向标。洛阳市目前已实施“信易贷”“信易阅”“信易签”“信易批”等 13 个“信易+”应用场景，全方位、多角度制定守信激励政策，褒扬诚信主体，2021 年以来，全市“信易+”惠及守信主体已过万。

打造城市信用宣传品牌。诚信，是河洛文化的典型符号，围绕“诚信文化高地建设”目标，持续加强诚信宣传教育，提升社会信用水平，助力文明典范城市创建。洛阳市在全国较早设立“11·22”城市信用日，全面开展诚信宣传教育活动，至今已坚持 14 个年头。2021 年“11·22”诚信宣传日由市委宣传部、市发展改革委牵头，全市 16 个县区、30 余个部门和窗口单位参加，现场发布年度“红黑榜”，取得了良好的宣传效果。同时，结合“万人助人企”活动，通过在线直播、互动，为 16 个县区的千

[1] 数据通过河南省信用信息共享平台联合奖惩系统统计。
[2] 数据通过信用中国信用修复协同工作平台统计。

余家企业进行信用政策宣传，推动信用宣传向“移动端、视频化、交互性”延伸。

信用服务重点民生。充分发挥市信用平台、网站功能作用，积极融入“智慧洛阳”建设工程，推动信用平台与各业务系统融合对接，在医疗健康、家政服务、食品餐饮、劳动用工、公共交通等多个重点民生领域稳步推进社会信用体系建设，让“信用+民生”在越来越多的空间得到推广应用。例如，“信用+乡村治理”方面以栾川县为试点，依托农村信用信息管理系统，加强信息归集，依据187项指标对全县7万农户信用等级进行评定，创建信用村镇，开展守信激励，提升乡风文明，助力乡村治理。“信用+养老”方面，建立洛阳市智慧养老服务平台，对洛阳市社区养老服务品牌“乐养居”进行信用等级评定，并与市信用信息共享平台建立对接通道，加强信用信息归集公示，为公众提供更好的养老服务保障。“信用+食品安全”。以洛龙区为试点，为重点餐饮单位建立“移动信用档案库”、加强信息公示、强化分级监管、定期发布红黑榜，促进长效化信用监管落到实处。

二、下阶段建设重点和方向

当前，洛阳市信用信息共享平台网站一体化建设和社会信用体系建设各项重点工作取得了一定成效，洛阳市将以此为契机，以成功创建全国社会信用体系建设示范区为目标，再接再厉、持续发力，围绕国家社会信用体系建设部署和河南省人民政府2021年12月印发的《河南省“十四五”营商环境和社会信用体系发展规划》，进一步提升重点工作质效，推动全市社会信用体系建设高质量发展。

（一）持续完善基础设施建设

坚持数字化、智能化和智慧化发展方向，深化全市信用信息共享平台、网站一体化建设，实现数据、技术和应用融合。推进全市统一信用智慧中枢建设，与各行业部门数据平台系统实现互联互通，信用监测预警、挖掘分析、智能决策等智慧化服务能力大幅跃升，支撑金融、物流、能源、交通运输、生态环保、教育、文化、医疗、公共服务等重点领域信用智慧化应用场景建设。优化信用查询、信息公示、诚信宣传等功能，提升信用洛阳网站服务智能化、精准化水平。

（二）全面夯实信用信息根基

加强数据标准化建设，迭代更新洛阳市公共信用信息目录。畅通信息归集渠道，加快推进税务、公积金、社会保障、医疗卫生、不动产登记、司法判决、水电气暖等重点领域信用信息归集共享，实现洛阳市公共信用信息及时、完整、全量归集共享，夯实数据根基。鼓励市场主体以自主申报方式向市、县信用平台提供自身市场信用信息以及信用承诺信息。建立覆盖记录归集、治理分析、开放共享、查询使用等数据全生命周期的质量监控和数据治理体系，实现信用信息高质量供给。

（三）加快提升信用监管效能

加快建立以信用为基础的新型监管机制，事前信用承诺、事中分级分类、事后信用奖惩实现全过程闭环管理。持续完善包容审慎的信用修复机制，鼓励引导失信主体主动纠正失信行为，消除不良影响，修复自身信用。持续加强市信用信息共享平台与国家企业信用信息公示系统（河南）、“互联网+监管”系统、政务服务系统、公共资源交易系统的本地化、智能化对接，推动信用监管精准化、数字化、科学化水平不断提高。

（四）全面加强政务诚信建设

建设洛阳市政务诚信监测预警系统和合同履约管理系统，完善政务诚信监测机制，以“线上+线下”的方式采集政务信用信息，定期开展政务诚信监测，发布政务诚信监测报告，及时发现洛阳市政务诚信建设突出问题并解决。开展政府兑现承诺及拖欠账款专项治理活动，确保政府机构守信践诺，做社会诚信建设表率。依托洛阳市信用信息共享平台，探索建立公务员电子诚信档案，加强公职人员信用管理。

（五）大力发展地方信用经济

搭建洛阳市智慧金融服务平台，完善地方“信易贷”平台服务体系，为中小微企业提供更加便捷、及时、高效的信贷支持。深化拓展信用数据应用场景范围，推动数据要素市场化配置方式更加完善。深入推进“信易+”工程，立足洛阳特色，聚焦文化旅游、生态宜居、数字生活等场景，深入推进“信易游”“信易医”“信易租”“信易阅”“信易行”“信易家政”等“信易+”应用，构建多元化、多渠道的“信易+”长效发展机制，使市场主体和群众守信获得感明显增强。

（作者：洛阳市发展改革委）

第二节　“信易贷”平台建设

青岛：创新打造“以信促融，善融惠企”新模式

融资难是长期制约我国中小企业发展的主要因素和瓶颈之一。聚焦银企信息不对称这一关键堵点，在青岛市委、市政府统筹指导下，由青岛市发展改革委牵头，人民银行青岛市中心支行、青岛市大数据局、青岛银保监局、青岛市民营经济局等多部门协同，充分发挥各自职责和专长，以信用信息为核心，从政府端、数据端、需求端和银行端全面发力，合力打造了青岛市“信易贷”平台，形成了企业提需求、政府出政策、部门推名单、平台增信用、银行放贷款、多方担风险的全链条融资服务体系，获批“全国中小企业融资综合信用服务示范平台”。平台上线以来，累计助力中

小微企业获得融资超900亿元[1]，中小微企业融资环境获得明显改善。

一、建设成效

（一）搭建数据平台，以“信用画像”为企业融资“增量”

打造“信易贷”平台，归集涉企信用信息，分析企业所享优惠政策，监测企业隐性风险，全面、客观地构成一整套“企业生命体征指标”，让金融机构能够在贷前、贷中、贷后准确掌握企业经营风险，让金融机构“敢贷”。2021年，全市小微企业信用贷款余额同比增长30%。一是数据赋能。平台归集全市200万家市场主体，涉及60多个单位、4个维度、80余类、超过3500万条数据，可调用数据超30亿条。信息类型涵盖纳税、社保、水电气暖、公积金、财务报表、司法立案、裁判文书、财产保全、知识产权等，平台核心数据基本实现实时更新。二是政策赋能。与青岛“政策通”平台互联互通，通过大数据精准比对，明确各个企业所能享受到的惠企政策和风险缓释政策，记入企业信用报告。三是风险预警。借助动态跟踪、智能预警等功能，让金融机构可根据自身需要设置预警触发条件，获贷企业一旦触发金融机构设定的风险监测条件，平台即向金融机构发送预警信息，为金融机构贷后监控提供数据支持。

（二）畅通融资渠道，以贴心服务助企业融资“扩面”

线上线下相结合，助力银企精准对接，让金融机构“能贷”。截至2022年7月，平台累计入驻企业60098家，发布融资需求32192次，成功为13295余家企业提供融资支持，获贷率高达41.3%。一方面，打造方便快捷的线上服务。开发“信易贷”微信小程序，集成“乡村振兴金融宝”“融资通”“才赋金融平台”等由各行业主管单位开发的银企对接平台，实现全市融资需求统一管理。创新信贷供需双方“实时对接、双向选择、信用支持”服务模式，发布“税e贷”“惠农贷”等产品141个，部分产品

[1] 数据统计时间为2020年4月至2022年4月。

实现“秒批、秒贷”。另一方面，开展精准多样的线下服务。组织开展“普惠金融青岛行，我为企业办实事”专项银企对接活动，48 家金融机构现场宣讲特色产品和服务模式，175 家金融机构在活动现场布设金融服务展台，现场签订银企、政企合作协议 60 余个，千余家中小微企业参与现场对接交流。组建普惠金融专家宣讲团，围绕重点领域金融政策和服务模式，为小微企业和农业生产经营主体等进行系列宣讲。

（三）出台多元政策，以风险共担让企业融资“降价”

推动出台多元化融资担保和风险缓释政策，以风险共担方式解决金融机构后顾之忧，让金融机构“愿贷”。银行信贷风险显著降低，并直接反映在企业融资成本上。2021 年，青岛市发放的普惠小微企业贷款平均利率同比下降 0.18 个百分点。一是加强风险缓释。按金融机构上年度发放小微企业贷款按照净增量的 1%对金融机构进行风险补偿。设立风险补偿资金池，针对“人才贷”等产品的不良贷款损失补偿额达 80%，以增量补贴和风险补偿叠加方式大幅降低金融机构信贷风险。二是强化融资担保。对担保机构、再担保机构分别按照年担保额的 1.5%、0.5%给予补助。组建青岛融资再担保公司，利用财政资金为企业融资提供担保服务。对重点产业，按再担保代偿额 100%予以补偿，推动融资担保服务向重点产业倾斜。

（四）拓展服务模式，以技术创新推企业融资“提质”

充分运用新一代信息技术，保障数据安全，丰富信用信息应用场景，支撑企业快捷融资、多元融资和跨区域融资，让金融机构“会贷”。审批放款时间同比缩短 3~5 个工作日。一是数据直联提升信贷服务效能。青岛在国内率先实现政务外网、金融城域网和互联网三网数据融合，实现企业融资需求和信用报告一键直达 49 家金融机构、360 个银行网点、1250 多个银行客户经理的办公桌面，金融机构无须切换网络即可实时处理企业融资需求，服务效率大幅提升。二是平台互联拓宽多元融资渠道。平台连接青岛市新旧动能转换基金信用管理系统，将参股基金、基金管理企业及其从业人员纳入监控，开展“信易投”，实现投贷联动，双向赋能。平台助力项目投资629个，基金规模超1147亿元，推动9家企业登陆资本市场。三是区块链技术推动跨区域信息共享。创新应用区块链技术解决企业授权数据存证、城市间信用信息共享问题，初步实现了授权信息加密解密及胶东半岛经济圈城市间信息共享，为企业跨区域融资提供了有效支撑。四是大数据场景实验促进信用产品研发。依托平台信用信息资源，建立大数据场景实验室，以“可用不可见”模式向具有信用大数据应用需求的金融机构、市场主体安全共享数据资源，共同研发应用场景，目前已与17家金融机构建立了合作关系。

二、下阶段建设重点和方向

青岛将按照《国务院办公厅关于印发加强信用信息共享应用促进中小微企业融资实施方案的通知》（国办发〔2021〕52号）和《山东省人民政府办公厅关于印发山东省发挥信用信息应用价值助力中小微企业融资若干措施的通知》（鲁政办字〔2022〕10号）的部署要求，进一步加强信用信息归集、优化平台功能、推进应用服务，推动信用助力中小微企业融资工作再上新台阶。

（一）凝心聚力，构建良性生态圈

进一步统筹区域各类融资信用服务平台银企对接功能，争取建立青岛市统一的中小企业融资综合服务平台，为企业、金融机构提供一站式银企对接和信用支持服务。接入全国中小企业融资综合信用服务平台省级节点，融入全国融资服务平台网络。推进平台开放共享，吸纳各级政府部门、金融、担保、保险、创投风投、信用服务等机构及行业协会商会参与，构建“开放、兼容、共享、共赢”的信用经济大格局，撬动汇聚更多政策、资金和资源，助力守信企业获得更多优惠与便利。

（二）需求导向，拓展数据来源渠道

根据金融服务中小企业融资的实际需求，在依法依规、确保信息安全的前提下，更加精准、更加全面地归集涉企信用信息，扩大数据范围，拓展数据广度和深度，提高信用信息可用性。加强与国家平台省级节点对

接，推动国家、省级“总对总”共享数据在青岛落地应用。以需求为导向，深度对接各行业主管部门、行业协会和第三方合规信息平台，持续深挖，推进海关、运输、海洋、医保、旅游、供应链等重点行业领域数据归集。探索地方公共信用信息、市场信用信息和金融信息融合应用机制。

（三）场景驱动，强化数据挖掘应用

进一步完善企业信用评价指标体系，对中小微企业开展全覆盖信用评价，供金融机构参考使用。充分发挥信用大数据实验室作用，围绕绿色金融、乡村振兴、城市更新等领域，与金融机构深度合作，挖掘创新应用场景，共同研发园区贷、医保贷、自贸贷等信贷产品，推进基于平台数据的线上化全自动审批信贷产品落地，努力提高信易贷和首贷占比。探索信贷合同在线签署和区块链存证，解决信贷违约诉讼难问题。

（作者：青岛市发展改革委、青岛市工程咨询院）

合肥：大力推进“信易贷”工作，助力企业纾困解难

为进一步发挥信用信息应用价值，服务中小微企业便捷融资，助力实体经济纾困解难，合肥市发展改革委牵头建设合肥市“信易贷”平台。截至 2022 年 8 月 29 日，平台入驻企业 20.68 万家；入驻金融机构 58 家，发布金融产品 212 项；累计授信额破 839 亿元，成为推进全市社会信用体系建设的重要举措。

一、建设成效

（一）坚持科技助力，打造全方位、全周期服务平台

一是形成合肥特色融资服务体系。自 2020 年启动“信易贷”工作以

来，合肥市已完成平台建设、政务数据对接、金融机构洽谈、企业入驻等攻坚任务，开发了政信贷、政采贷、股权融资、电子保函、续贷过桥、科创金融专区、支农支小再贷款、碳减排项目融资等多种融资服务功能和支持工具，创新推出具有合肥特色的融资服务体系。

二是构建高效融资对接机制。“信易贷”平台设置金融产品、金融机构、特色专区等功能模块，形成品类丰富的金融超市，开展7×24小时融资对接服务，企业和金融机构可实时发布信息并实现及时对接。为优化企业入驻体验，平台推出电脑网页端、合肥通App、微信小程序、微信公众号“四位一体”服务，企业注册平均用时从2天缩减至10分钟。

三是有效降低企业融资成本。创新开发抢单模式，企业可同时向5家金融机构发布需求，对其推荐产品作出比较，优选目标产品。抢单模式的应用，有效提升了金融机构的服务质量，大幅降低企业融资成本，企业在市“信易贷”平台平均融资成本为4.6%，与传统融资6%的成本相比，可每年为企业节约成本近12亿元。[1]

（二）坚持数据赋能，提升服务深度及广度

一是加强数据归集共享。截至2022年8月，“信易贷”平台累计归集税务、社保、公积金、市场监管、水电气、公安、民政等16个部门数据34亿条，并及时对归集的数据清洗治理，提高数据质量，增强数据可利用价值，奠定平台数据赋能基础。

二是科学建模精准画像。成立合肥市征信有限公司，在获得授权的前提下，对公共信用信息进行授权采集、加工、建模，形成可应用于不同企业划型的信用评价体系“信泰分”，提供涵盖税务、资产、公积金、社保等金融机构重点关注数据的企业信用报告，对企业基本指数、经营指数、资产指数、司法风险指数、关联风险指数等进行回归验证，作为金融机构放贷和风控的重要参考，有效解决银行“不敢贷”、银企信息不对称问题。

三是释放信用数据价值。依托政务数据资源，与金融机构深度合作，

[1] 以合肥市“信易贷”平台平均每年实现企业融资840亿元计算。

创新开发“合肥快贷”“信e贷”“小微易贷”等纯信用创新金融产品。通过大数据技术实现线上审批，推动实现“1分钟申请、3分钟放款、0见面审批”的“130”融资模式。以“合肥快贷”为例，企业“有数据即可贷”，彻底改变了传统信贷业务依赖抵押担保的风控模式，小微企业获贷率较以往提高40%左右，放款时间由不少于10天缩减至不超过3分钟，截至2022年7月末累计授信额达93亿元。

四是差异化融资需求推荐。平台建立差异化融资需求推荐机制，如企业通过平台申请银行贷款因信用资质等问题被拒绝或额度不够的，平台主动提醒企业可尝试申请融资租赁、保理、小贷等风险较低的类金融产品，同时，将企业的融资需求智能筛选推送至租赁、保理、小贷等类金融公司，用差异化手段解决不同信用等级企业融资问题。

（三）坚持政策护航，形成合力共建模式

一是完善风险补偿机制。建立多方统筹协调机制，共同推进“信易贷”工作。上线财政政策性金融产品“政信贷”，充分发挥财政、金融政策协同效应，给予中小微企业担保代偿不超过70%、银行贷款本金不超过80%的风险补偿和担保机构1%保费补贴、贷款主体50%的利息补贴，引导金融机构向更多中小微企业提供贷款，促进金融服务实体经济。

二是设立首贷中心。联合人民银行合肥中心支行在“信易贷”平台设立“首贷中心”，针对“信用小白”企业弱信息、弱抵押担保的实际，引入人行支小、支农等金融政策工具，鼓励金融机构向首贷企业放贷。

三是定期推介信用“白名单”。通过主管部门推介、信用等级筛选等，形成有融资需求、信用状况良好的优质企业“白名单”，引导金融机构跟踪服务，加大融资支持力度。

（四）坚持服务至上理念，不断拓展平台功能及辐射范围

一是设立股权融资板块。与安徽省创新馆开展战略合作，依托其在科技成果转化、企业孵化、技术评价等方面优势，开设线上路演大厅，推动企业尤其是科创型企业与股权投资机构多渠道对接。

二是搭建“赋强通”平台。联合市中院、市司法局共建“赋强通”平台，2021 年 12 月 17 日正式上线，将公证环节嵌入贷款业务流程，实现信用在信贷流程的闭环管理，缩短金融机构信贷诉讼结案时间，降低损失追偿成本。

三是开创“信用+电子保函”模式。与市公管局共建“电子投标保函”系统，推动企业信用信息在公共资源交易领域应用，实现保函申请、缴费、出具、提交全流程线上办理。截至 2022 年 8 月，已开具保函 9.1 万份，替代保证金金额超 198 亿元。

二、下阶段建设重点和方向

下一步，合肥市将进一步集聚各方资源，形成工作合力，不断完善信易贷平台股权投资、赋强通、履约保函、供应链金融、首贷中心、碳减排等模块功能，努力打造成服务企业全生命周期融资需求的综合性融资服务平台，发挥“合肥征信”与“信易贷”平台的协同效应，力争授信金额突破 1000 亿元。

（一）强化数据共享应用

进一步推进行政强制、电力、亩均论英雄、信用商圈等特色数据归集，将不动产、知识产权等信息纳入共享范围，打破“数据壁垒”““信息孤岛”，不断提高数据准确性、完整性和及时性。推进合肥征信与金融机构开展联合建模等深入合作，开发更多纯信用、线上化产品，实现合肥“130”融资模式，推动部分产品实现平台全流程放款。

（二）强化政策资源集聚

与人民银行合肥中心支行及市财政、人社、商务等部门共建共享“信易贷”平台，有效发挥绿色信贷、支农支小及科技创新再贷款政策工具作用，嫁接市级产业链融资支持政策、创业担保贷等服务功能，整合各种资源、汇聚多方力量，共同打造定位明晰、功能强大、家喻户晓的企业综合信用融资服务平台。汇聚各级各部门力量，加大宣传力度，进一步提升平台知晓度，吸引企业入驻平台。

（三）强化应用场景创新

推进线上、线下信贷网上赋强公证业务常态化，将“赋强通“打造成金融机构参与信贷诉讼的有力工具。开展助企纾困行动，积极协调平台金融机构资源，为餐饮等困难行业客户引流。落实信用惠企专项行动，推进信用商圈、信用园区、信用楼宇建设试点，采用“自主申报+信用承诺”方式归集数据，重点解决小微企业和个体工商户银企信息不对称问题，降低市场主体获贷难度。

（作者：合肥市发展改革委）

第三节　“双公示”信息归集

广州：多措并举提升“双公示”数据质效

广州市认真落实国家关于行政许可、行政处罚等信用信息“双公示”（即行政许可和行政处罚信息公示）工作要求，聚焦关键环节，加强统筹协调，发挥工作合力，切实提升行政许可和行政处罚等信用信息归集共享的及时性、准确性、全面性，为推动社会信用体系建设高质量发展奠定坚实数据基础。

一、建设成效

（一）强化制度建设，夯实“双公示”工作基础

2015 年，广州市政府办公厅印发《广州市公共信用信息管理试行办法》，

初步建立公共信用信息采集、管理机制。2019 年正式实施的《广州市公共信用信息管理规定》，将国家“双公示”要求落实到地方规章中，全面梳理行政许可和行政处罚事项目录，将全市 2727 项行政许可事项，47433 项行政处罚事项纳入公共信用信息数据资源，基本做到“全覆盖、无遗漏”。通过信用工作会议、专题会，传达国家、省有关“双公示”政策要求，部署“双公示”工作措施。各区、各部门压实责任，指定专人专职负责“双公示”数据归集报送工作，优化完善工作机制和流程，确保数据及时准确全量归集。截至 2022 年 3 月，市公共信用信息管理系统累计归集 11 个区、37 个市级单位的行政许可、行政处罚“双公示”信用数据 3900 多万条。

（二）完善运行机制，强化“双公示”组织保障

2016 年，印发实施《广州市行政许可和行政处罚等信用信息公示工作方案》，实现全市具有行政许可、行政处罚职权的市区各级部门、具有公共管理职能的组织、在穗机构全量报送“双公示”信用信息，建立“双公示”工作长效机制。结合国家和省的“双公示”工作要求，制定实施相关工作方案，落实信用网站公示、数据标准、信用修复、“双公示”评估等工作任务。制定印发《广州市行政许可行政处罚“双公示”评估工作方案》，每季度通报“双公示”质量情况，并将评估结果纳入全市年度社会信用体系建设考核指标，促进“双公示”质量不断提升。

（三）加强平台建设，提升“双公示”技术支撑能力

针对“双公示”信息数据源不同、标准不统一的情况，以广州市公共信用信息管理系统为核心，建立数据归集和标准化处理机制。一是优化系统数据规范性校验和提醒功能，通过事前校验和清洗把控数据合格率，通过短信及时提醒部门对超期数据、不合规数据和问题数据进行整改确认，“双公示”数据时效性和规范性得到有效提升。二是针对国家、省直属系统或区域自建系统无法接入的问题，在公共信用信息平台开通在线填报功能，解决了“双公示”数据体外循环的问题。三是建立数据整改每日跟踪工作机制，每日通报数据合规性和及时性等存在问题，及时提出工作要

求，压实工作责任，有效提升数据合规性和及时性，确保数据治理落实到位。四是不定期组织“双公示”工作业务培训，详细解读“双公示”信息归集的政策文件要求、数据标准、校验规则，厘清“双公示”数据报送工作中存在的问题和模糊认识。

（四）健全信用修复机制，助力市场主体信用重塑

将行政处罚信息信用修复纳入市公共服务事项，印发《行政处罚信息修复指南》，建立完善工作机制，市区各部门积极组织公益性信用修复培训。完善行政处罚信息信用修复“一网通办”机制，实现市属企业行政处罚信息在“信用中国”网站与“国家企业信用信息公示系统”协同修复，提升信用修复的透明度、便利度。2020 年初，出台《信用助企打赢疫情防控阻击战的若干措施》，开辟行政处罚信息信用修复绿色通道，协助防疫重点企业加快信用修复。截至 2022 年 3 月 31 日，完成涉企行政处罚信息信用修复超 3.4 万条，有力支持市场主体信用重塑。

二、下阶段建设重点和方向

（一）加强和规范信用信息归集共享

加大“双公示”信息公示力度，确保公示信息及时、准确、全面。以国家和省“双公示”指标评估为导向，开展“双公示”数据质量情况“每日简报、每月对账、季度通报、年度评估”，力争实现上报率、合规率、及时率达到 100%。

（二）健全信息治理应用机制

进一步健全公共信用信息清洗、校核、入库、核查工作机制，常态化加强数据质量监管。积极开展信用广东平台区块链试点，完善数据对账机制。根据国家统一的数据标准，将行政强制、行政确认、行政裁决、行政奖励、行政监管检察等信息纳入归集范围，推动行政信息应归尽归。

（三）建立完善各领域信用修复机制

落实国家和省信用修复管理办法，建立完善多部门协同联动修复机制，探索细化明确行业领域行政处罚信息失信程度认定标准。健全企业破产重整期间信用修复机制。加强对市场主体的善意关怀，引导严重失信主体主动履行法定义务、消除不良影响，按照相关程序退出失信名单。

（作者：廖伟，广州市发展改革委信用建设协调处三级主任科员）

南京：法制化引领“双公示”工作规范推进，服务城市高质量发展

作为全国首批社会信用体系建设示范城市，南京市围绕市委市政府中心工作，支持“放管服”改革和优化营商环境，以信用为基础的监管手段，服务全市经济社会的高质量发展，以“双公示”工作为引领，夯实数据基础，拓展信息应用，更大惠及民生。作为在全国最早开展“双公示”工作的城市之一，南京坚持统筹推进、系统安排，法制化、规范化实施，提升“双公示”归集载体功能，提高“双公示”数据质量、扩大“双公示”信息公示和应用范围、实现数据归集、应用、异议处理、信用修复、安全管控等全流程、一体化“双公示”管理模式。

一、建设成效

（一）高度重视统筹推进，建立工作长效机制

南京市始终将“双公示”工作作为一项“硬任务”，高度重视，积极部署落实国家和省关于“双公示”工作要求，把“双公示”工作作为打造透明政府和公信政府的重要体现，作为深化“放管服”改革、转变政府职

能的有效手段，作为推进政府和社会信息资源开放共享、提高为市场主体服务与监管水平的一项重要基础性工作加以持续推进。按照国家发展改革委办公厅《关于进一步规范“信用中国”网站和地方信用门户网站行政处罚信息公示工作的通知》《关于进一步完善行政许可和行政处罚等信用信息公示工作的指导意见》《关于更新调整行政许可和行政处罚等信用信息数据归集公示标准的通知》等一系列“双公示”专项文件，南京市在《南京市社会信用条例》中专门明确了行政许可和行政处罚信息归集规范，先后出台了《关于进一步规范行政许可和行政处罚等信用信息公示工作的通知》《关于做好我市行政许可和行政处罚信息“双公示”有关工作的通知》等系列文件，推动具体工作有的放矢地开展。

（二）引领推进系统安排，确保工作落实到位

南京市“双公示”工作由南京市社会信用体系建设工作领导小组办公室牵头，江北新区、各区及市级各部门负责“双公示”信用信息的归集，市公共信用信息中心负责数据的加工、处理和传输，形成了协调一致、联合推进的工作机制。明确各单位职责分工，按照“责任到人、具体到事、安排到位”的原则，明确牵头处室和专门人员，负责本部门“双公示”信息报送和工作联络，建立起较为完善的“双公示”工作网络和动态管理机制，为“双公示”工作常态化、长效化提供了有力保障。

1. 强化“双公示”考核

自2015年起持续将“双公示”作为全市社会信用体系建设工作考核的重要内容，并随着“双公示”工作常态化推进和工作重点变化，权重不断加大。发挥示范城市创新引领，主动将数据报送考核拓展到“双公示”之外的行政事项数据，更广范围推动数据共享共用，以用促归。“双公示”工作同步列为全市依法治市工作重要考核项目和政务信息公开考核，形成了以考核为牵引，部门和区主动作为的良性工作局面。

2. 加强通报机制

自2017年起，南京市每月开展双公示信息内部通报，每季度通过办公

平台向各区各部门公开通报。自2019年起，在月度信息归集与服务情况报告、季度社会信用体系建设情况通报中，将“双公示”工作情况单列进行分析报告，定期通报各市级部门和辖区信息归集报送和公示情况，梳理存在问题并进行反馈，促进“双公示”信息量质并举，同时，转发城市信用监测月度报告，对照双公示数量与工商企业总数占比，督促各重点行业部门和辖区对双公示信息应归尽归。并根据省信用办委托第三方中介机构开展的城市“双公示”第三方测评报告，及时整改，对接反馈。

3. 提高专项培训

每年分四次召开由各区、各版块、市级各部门参加的“双公示”及信用信息归集应用专题大会。围绕各区、各部门“双公示”工作梳理总结存在问题和困难，一对一反馈“双公示”信息归集情况、信息入库情况、信息公示和上报情况。逐家逐项协调解决信息报送、信息公示、工作规范、技术支撑等问题并提出工作建议，有力推动“双公示”工作纵深开展。通过以上工作，进一步稳定全市“双公示”工作队伍，持续保证了“双公示”数据归集的质量和效果。

（三）规范实施清单管理，多措提升数据质量

1. 实施清单化动态管理

严格执行《南京市社会信用条例》相关条款要求，涉及“双公示”的市级部门和各区均按照法律、行政法规和部门规章，结合“权力清单”和“责任清单”，对行使的行政许可和行政处罚职权全面梳理，经合规性审查后，汇总形成行政许可和行政处罚事项目录，基本实现了“应归尽归”。对照实际报送情况，分析查找问题，约谈应归未归、漏归、迟归单位。同时，各区各部门还根据行政审批制度改革、相关法律法规变化，对事项目录及时进行调整和动态更新。所有部门事项目录均参照国家统一的目录模板完整编制，在各自门户网站、地方信用门户网站公示，并与“信用中国”网站公示保持同步。

2. 依托平台加强数据归集

南京市早在2014年就建成了全市“双公示”信用信息归集系统，2016年升级并运行了全市信用信息共享平台，开通了“信用南京”网站。近年来，南京市严格对照规范要求，推动“双公示”工作持续深入开展，已建成以公共信用信息共享平台为枢纽，行业信用信息系统为辅助的“1+N”信用信息归集和应用体系，数据库每天对接省信用平台、信用南京网站，实现数据及时归集和公示。截至2022年3月，全市信用信息共享平台已连通68个市级单位、11个区、江北新区和13家市场服务机构，成为全市信用信息共享的“总枢纽”，归集了包括行政许可、行政处罚等在内的全部市场主体的各类信用信息，为更加全面、精准、及时刻画企业信用状况奠定了数据基础。

3. 高水平建设网站和专栏

在“信用南京”网站首页开设了南京“双公示”专栏，保持每周动态更新，将经过处理和审核，剔除依据简易程序作出行政处罚的信息和涉及个人行政处罚信息以后的“双公示”信息进行公示。所有参与“双公示”的市级部门、11个区、江北新区均在其门户网站开设了“双公示”专栏。专栏还建立了在线异议申诉渠道，行政相对人如果认为“双公示”信息存在错误、遗漏、超期公示等情况，可依法依规、按流程在线向网站提出异议申请。信用南京专栏具备“双公示”信息查询、信息修复、撤回自动化等功能，全流程自动化归集“双公示”信息，自动向省和国家信用信息共享平台和“信用中国”网站报送“双公示”信息，信用南京网站“双公示”等栏目与信用中国网站一体化对接。

4. 多措提升信息质量

一是细化工作要求。采取日校对、周公示、月通报等举措，推动各区各部门信用信息应归尽归、应报尽报，市公共信用信息中心清晰比对后，7个工作日报送省平台。二是强化协作共享。加大与市政务办、市场监管局、市公安局、市卫健委等重点数据部门的数据对接，实现“双公示”数据的自动归集。加强省市、市级部门间信用信息数据共享，提升“双公示”工作和信用修复质量。三是建立工作长效机制。对“双公示”工作中的数据归集、异议处理、信用修复等作出具体的规定，按照“谁提供、谁负责”的要求，对数据质量存在问题、可能影响当事人利益的部门，要求及时处理异议。四是信息归集扩面提质。进一步优化“双公示”工作流程，理顺市区两级部门向市公共信用信息共享平台的数据报送路径，每天按时归集和上报“双公示”信息，确保数据时效性和覆盖面。通过采取前置数据报送质量控制等手段，提高数据质量。完善数据校验机制，对不符合标准的数据实行质量控制和上传限制，确保数据完整性和规范性。

（四）深化信用应用服务，推动信息广泛应用

1. 利用平台推进数据应用

打通向群众服务的“最后一公里”。通过“我的南京”App、“南京的我”微信小程序等，在全市12个辖区政务服务大厅以及栖霞区、建邺区街道设置公共信用信息自助服务终端，实现“我的信息我做主，我的信用早知道”。

2. 精准推送促进数据预警

将行政处罚超过三次的法人信息主动推送到相关单位，开展信用风险提示；对行政许可已经过期和即将到期信息推送到信用南京网站予以公示，引导行政相对人关注自身信用，强化对信用信息的监督，倒逼“双公示”数据产生部门依法依规作出相应决定。

3. 助力信用监管高效应用

在市场准入、行政审批、招标投标、政府采购、评优评先等行政管理中全面推行信用审查，将“双公示”信息作为信用审查的重要内容。审查结果作为行政事项办理的重要参考依据，实现了逢评必查、逢批必查和严重失信一票否决，充分发挥了“双公示”信息在支撑“放管服”改革和加强信用监管中的作用。将“双公示”信息作为事前事中事后监管的依据，将“双公示”数据作为综合公共信用评价的重要内容，为联动监管提供信息支撑。

（五）严格程序规范管理，强化主体权益保障

1. 规范信用修复和异议处理

严格落实国家发展改革委办公厅 2019 年印发的《关于进一步完善“信用中国”网站及地方信用门户网站行政处罚信息信用修复机制的通知》，为市场主体提供高效便捷的政务通达服务，按规定流程进行行政处罚信息信用修复的初审，及时处理公示的行政处罚信息存在的错误、遗漏、超期公示等情况，接受和处理行政相对人提出的异议申请和信用修复，及时核实、修改或撤下相关公示信息。

2. 注重加强个人隐私保护

严格按照国家规定的行政处罚信息公示期限和严重失信行为适用范围，完善行政处罚信息异议处理、信用修复机制，保障行政相对人权益。对涉个人行政许可和处罚信息按照“只归集、不公示”的原则进行处理。对于法定的个人信用信息公示，采取公示时部分隐去行政处罚信息中的公民身份证号码、地址、通讯方式等涉及个人隐私的信息的做法，妥善保护个人权益。

二、下阶段建设重点和方向

“双公示”工作对于推动政府构建以信用为基础的新型市场监管机制具有重要作用。“双公示”工作的持续开展，成为社会信用体系建设以公开促公平、促奖惩的有力手段。下阶段，南京市将主动落实国家关于“双公示”和其他行政行为信息“应公开尽公开”的要求，进一步建立定期通报制度，加大以用促建力度，进一步实现“双公示”政策目标，促进全市“双公示”工作高质量、全覆盖、无遗漏。

（一）切实强化质量管控

深化对部门和辖区报送中存在的问题逐一反馈的机制，对易漏填的行政编码等字段，在报送系统里自动设置，对统一社会信用代码等关键项进行自动比对、填充，持续创新，开发“双公示文号管理系统”。直面“双

公示”工作存在的主要问题，以技术为支撑，结合处罚文号格式、编号规则等特征，多维度比对信息的覆盖面和数据量，促进“应报尽报”，同时，平台增加数据自动带入功能，使数据归集更便捷、更智能。

（二）不断优化报送流程

激励有条件的部门和辖区采取数据库自动对接的方式进行数据报送。同时，在向国家和省报送数据的过程中，加强和上级部门的沟通协调和技术对接。做好对全市数据报送情况的实时监测，及时发现和解决相关问题。进一步优化定期通报制度，完善信用联合奖惩政策措施条目化和落实情况回馈统计制度。

（三）法制化引领“双公示”

以《南京市社会信用条例》为规范，明责、赋权，强力推进双公示信息归集。鼓励各单位在尊重当事人合法权益的情况下，广泛深入应用双公示数据实现精准监管、精准服务，开展信用修复工作，警示失信的同时引导当事人主动履责改错，疏堵结合，提高相关业务部门行政权威和执法效率，充分发挥双公示工作的积极意义。

（作者：刘凡华，南京市宏观经济研究中心综合经济研究所副所长；吴德沣，南京市信息中心信用信息处副处长）

第四节 信用建设支持“放管服”改革和优化营商环境实践

江苏：信用为基，支撑“放管服”改革和营商环境优化

2021—2022年，江苏省认真贯彻党中央、国务院和江苏省委、省政府新时期社会信用体系建设部署要求，加快健全完善社会信用制度，助推政府职能转变，促进有效市场和有为政府更好结合，持续优化市场化法治化国际化营商环境，建设人民满意的服务型政府。信用立法、平台网站建设、行业和地区示范创建、信用监管等工作取得新成效新突破，为谱写“强富美高”新江苏建设的现代化新篇章提供有力保障。

一、建设成效

（一）强化制度规范，注重规划引领，营造法治化信用软环境

*一是出台地方性信用法规。*2021年7月29日，江苏省人大常委会审议通过《江苏省社会信用条例》（以下简称《条例》），2022年1月1日起正式施行。2021年11月17日，江苏省社会信用体系建设领导小组配套印发《贯彻落实〈江苏省社会信用条例〉重点任务分工》《〈江苏省社会信用条例〉配套制度制定计划》，细化明确各地各部门40项重点任务分工、16项配套制度、8项政策性课题研究。南京、宿迁等市积极贯彻《条例》规定，修订已出台的地方性法规，实现全省信用法治建设协调一致。

*二是启动实施“十四五”发展规划。*2021年8月11日，江苏省政府办公厅印发《江苏省“十四五”社会信用体系建设规划》（以下简称《规划》），调动各方力量，共建社会信用体系高质量发展格局。《规划》立足

于“十三五”良好基础，总结取得的成绩，分析面临形势，明确了新时期社会信用建设高质量发展目标定位，加强四大领域诚信体系建设，部署九大重点任务和五项专项行动，注重信用赋能经济社会发展。省内13个设区市均印发了本地区“十四五”社会信用体系建设规划，上下协同全面布局“十四五”时期社会信用体系建设的工作方向和路径。

三是完善失信约束制度。为落实国务院办公厅《关于进一步完善失信约束制度构建诚信建设长效机制的指导意见》，2021年9月10日，江苏省政府办公厅出台《江苏省进一步完善失信约束制度构建诚信建设长效机制的实施方案》，明确失信行为认定，失信惩戒的原则和依据，保障信用主体合法权益。13个设区市均出台了本地实施方案，全面贯彻落实国家和省关于失信约束的部署要求。开展制度清理，全面梳理、审核全省涉及失信行为认定、记录、归集、共享、公开、惩戒和信用修复等措施的制度文件，对全省现行736个失信约束措施文件分类采取保留、修订和废止措施，截至2022年3月31日，已废止文件104个，明确保留文件271个。

（二）推行信用承诺，放宽市场准入，激发市场活力

一是实行证明事项和涉企经营许可事项告知承诺制。贯彻落实《关于全面推行证明事项告知承诺制实施方案的通知》，公布第一批62项告知承诺制证明事项清单，涉及教育、工信、民政等多部门，落实“减证便民”要求。明确实行告知承诺制的事项范围、适用对象、工作流程和监管措施等。在全省范围内推广9份信用承诺书示范性案例，推动信用承诺规范化、标准化建设，规范承诺书格式文本，健全配套制度。

二是加强信用承诺记录和公开。形成告知承诺信用信息记录、归集、推送工作机制，将承诺人履行承诺情况全面纳入信用记录，并通过省公共信用信息共享平台、省市场监管信息平台、省公共资源交易服务平台、省投资项目在线审批监管平台等在线平台以及“信用江苏”网站向社会公开。截至2022年3月31日，江苏省公共信用信息系统累计归集信用承诺信息2.17亿条。

三是加大违诺失信惩戒力度。建立承诺人虚假承诺、违背承诺的失信惩戒机制。行政机关经核查或事中事后监管发现承诺人隐瞒事实、提供虚

假承诺或违背承诺内容，依法撤销相关决定。因承诺不实被撤销许可的信息作为不良信息记入被许可人的信用档案，在该不良信息的保存和披露期限届满或者信用修复前，对该被许可人不再适用行政许可告知承诺制。

（三）强化信用管理，规范市场秩序，提升监管效能

一是深化“双随机、一公开”监管。建设通用型企业信用风险分类管理系统，推动“双随机、一公开”监管与企业信用风险分类管理等有效结合，合理确定抽查范围、抽查行业、抽查比例、抽查频次和被抽查概率，减少对守法诚信企业的检查次数，提升涉企监管精准度。

二是构建以信用为基础的新型监管机制。积极开展信用评价。14 个省级部门在 24 个领域探索制定了信用评价制度，不断完善信用评价标准。根据市场主体生产经营活动风险程度和信用评价结果优化配置监管资源，提高行政监管效率，为守信市场主体降低监管成本。探索风险监测预警。推动相关部门利用公共信用信息，结合部门行业管理数据，建立行业信用风险监测预警机制，为信用监管提供更精准的依据。

三是开展重点领域和重点人群信用监管。发挥信用管理在创新监管机制、提升监管效能方面的基础性作用。在工程建设、交通运输、安全生产、商贸流通、生态环境、医疗卫生、社会保障、文化旅游、养老服务等 20 个领域开展信用监管示范工程，提高行业信用监管的精准性、协同性和规范性。开展移动应用程序（App）违法违规收集使用个人信息专项治理。探索将医疗、教育、工程建设等重点领域从业人员的执业行为记入个人信用记录，对严重不良行为依法实行行业禁入等惩戒措施。加强部分重点领域数据汇集，进一步完善“互联网+监管”系统风险预警模型。

（四）优化信用服务，助力企业发展，便利群众办事

一是大力拓展信用信息应用范围。支持各地各部门在行政管理和公共服务中依法依规查询应用行政相对人信用信息。省市公共信用信息系统主动接入政务服务“一张网”，实现“信用江苏”网站和省政务服务网互联互通，线上线下融合服务，形成了信用监管、联合监管和惠民便企服务的

新格局。截至 2022 年 3 月 31 日，江苏省公共信用信息系统实现省、市、县三级信用信息归集全覆盖，涵盖全省 1460 万社会法人和 7900 万自然人，在库信息总量达 125.76 亿条。

二是培养信用示范企业。持续推进企业信用管理培训和示范创建。遴选 58 家信用服务机构参与 2021 年企业信用管理培训、市级示范评估、信用修复培训和示范企业复核评价等工作。2021 年累计面向 2819 家企业开展信用管理培训，认定信用管理省级示范企业 34 家、市级示范企业 283 家，提升企业内在信用管理水平，规避经营风险。

三是开展公益性信用修复培训。推动各部门健全行业信用修复制度，明确修复条件、流程等。在全省范围内组织开展企业信用修复培训班，2021 年面向 15437 家企业举办 170 场信用修复公益培训。将信用修复作为积极应对疫情影响助力企业纾困解难的重要措施，提升信用修复效率，实现信用修复一日办结，帮助企业尽快恢复生产经营，2021 全年累计完成信用修复 5.08 万件，比 2020 年增长 2.18 倍。

四是推进融资信用服务。加强“信易贷”平台建设，服务中小微企业融资。指导江苏联合征信公司按照移动化、智能化、定制化的要求，升级迭代平台功能，实现双向智能推送服务，向金融机构推送合适的优质企业，向中小企业推送合适的金融产品和个性化服务。加强信用信息共享，实现纳税、水电气等各类信用信息应归尽归、广泛共享，创新“信易贷”产品。创新开展“信易贷”全省行活动，推动银企对接，截至 2022 年 3 月 31 日，江苏省“信易贷”平台累计注册企业 96.1 万家，入驻金融机构 388 家，撮合完成授信 2.11 万亿元，授信支持企业 21.8 万家，其中首贷企业 7.6 万家，占比 34.9%；平台当年新增授信总额 1234.9 亿元，其中信用类贷款 583.6 亿元，占比 47.3%。精准解决企业融资难题，满足中小微企业融资需求。

（五）实施专项治理，重点突破带动，助推营商环境优化

一是加强政府机构失信问题专项治理。建立健全政务诚信建设评价指标体系，持续开展政务诚信第三方监测评价。采用“各地自评+第三方测评+专家现场考察”等方式对 13 个设区市和 96 个县（市、区）开展政务

诚信建设第三方评价。根据全省政府部门和事业单位统一社会信用代码清单，对政府机构失信问题定期开展核查，动态跟踪各地政府机构失信情况。落实属地治理责任，将核查结果按属地分发各地，督促各地信用办牵头推动相关政府机构积极履行判决文书义务、退出失信被执行人名单，有针对性地减少失信案件。

二是完成“屡禁不止、屡罚不改”专项治理工作任务。组织省各有关部门和各设区市扎实做好名单核实和失信主体联系，江苏省发展改革委分别专函致省高院、省市场监管局商请协助核实有关市场主体登记注册、经营和破产等有关情况，采取多种治理举措，实现国家下发的1128名失信被执行人和919家行政处罚类主体全部退出失信专项治理台账。

三是开展信用服务机构治理。组织各设区市对国家下发的6077家企业进行全面摸底排查。建立信用服务机构台账和失信信用服务机构专项治理台账，严厉打击违规开展信用修复、兜售信用评级证书等行为，提升信用服务机构诚信经营水平和信用服务行业公信力。南京、徐州和苏州三市分别对第二批11家企业进行了约谈、治理和通报。组织信用服务机构签订《秉承诚信经营理念 提升信用服务水平倡议书》，在“信用江苏”网站和管理系统中公示。

四是开展信用领域突出问题专项治理。2022年1月5日，江苏省信用办印发《江苏省信用领域突出问题专项治理工作方案》和各地各部门专项治理名单。优化升级全省专项治理名单管理系统，开展专项治理名单摸排和信息反馈。组织信用服务机构参与专项治理工作。由各设区市采用“专项任务+任务清单”方式购买第三方服务，组织信用服务机构参与信用领域突出问题专项治理工作，帮助企业开展信用修复。

二、下阶段建设重点和方向

（一）开展《条例》宣贯工作，提升信用建设法治化水平

制定《条例》的宣贯方案，组织编制《条例》宣传手册，鼓励各地方开展形式多样的《条例》宣传普及、解读释义、知识竞赛和宣贯培训活动

等工作。加快出台《条例》配套政策，开展前瞻性课题研究，实现全省社会信用体系建设在法治轨道运行。

（二）继续完善信用制度，落实国家政策要求

修订《江苏省信用服务机构管理办法》《江苏省公共信用信息管理办法》《江苏省信用修复管理办法》等制度，提升信用建设的法治化、规范化水平。落实党中央、国务院相关要求，出台《江苏省加强信用信息共享应用促进中小微企业融资若干措施》和《江苏省推进社会信用体建设高质量发展服务促进形成新发展格局的实施意见》，制定江苏省公共信用信息补充目录和失信惩戒措施补充清单。

（三）筑牢信息系统根基，提升信用惠民便企质效

一是加快国家、省和市一体化信用信息归集应用，全面推动全省信用平台网站一体化建设，实现统一信用信息处理、统一基础服务。二是迭代升级信用江苏网站和公共信用信息系统，深化信用信息资源共享，为市场主体提供便捷、高效、规范的信用信息查询、异议信息处理等服务。三是创新开展融资信用服务。持续推进“信易贷”工作，推进省内融资信用服务平台与省级节点对接，增强省市公共信用信息系统融资信用服务功能，升级改造用户授权、数据归集应用等关键环节和功能，确保可满足税务、水电气等信用信息归集应用要求，促进信用信息共享，缓解中小微企业融资难融资贵困难。

（四）增强信用监管能力，完善以信用为基础的新型监管机制

一是持续开展信用监管示范工程，拓展重点领域和行业，完善行业信用管理制度，细化信用承诺、分级分类监管、信用修复等实施细则。二是深入开展行业信用评价，充分融合信用监管与现代信息技术，推进实施信用分级分类监管。三是规范失信约束，针对社会关注度高、失信频发领域的违法失信行为开展专项治理，提升行业监管效能和诚信水平。

（作者：李群周，江苏省发展改革委信用建设处主任科员）

深圳：着力提升事中事后监管效能，创新“人工智能+互联网+信用+双随机”监管模式

深圳市紧扣“重复检查、多头监管”这一营商环境改革痛点、市场主体反映热点和市场监管领域难点，探索实施“人工智能+互联网+信用+双随机”监管模式，减少对市场主体正常生产经营活动干预，增强市场主体信用意识和自我约束力，创新监管方式提升事中事后监管效能。2021 年，全市各部门共抽查对象 114570 户，整合重复、无效抽查对象 19972 户，市场主体减负率达 17.43%（即每 100 次上门检查可以减少 17.43 次），问题发现率由 2%提高至 35%。相关经验入选广东省委全面深化改革委员会印发的《广东省基层改革创新经验复制推广清单（第二批）》，在全省范围内推广。

一、建设成效

（一）以平台为支撑加强监管数据全链条闭环管理

建设市“双随机、一公开”监管平台（以下简称市级平台），汇集 38 个市级部门以及 129 个区级部门共 167 个监管部门数据，统一标准、深化运用。“双随机”抽查从任务发起到结果公示的动态数据全程可查可共享，以抽查结果为纽带建立风险预警跟踪管理制度，关联共享挖掘违法行为产生的深层次规律，提高源头治理和风险管控能力。

（二）以事项为抓手实现检查对象和人员标准化管理

实施“最小颗粒度”管理，将随机抽查事项扩大到包括行政检查环节在内的所有监管事项，杜绝监管盲区和真空。对应建立不同性质检查对象子库和不同类别检查人员子库。截至 2022 年 3 月，全市随机抽查事项共计 3399 个，检查对象名录库共收录检查对象 798 万个，检查人员名录库共收

录检查人员 8188 名，建立不同性质检查对象子库 3399 个，不同类别检查人员子库 2257 个。

（三）以“双随机”为核心实现监管方式一致性管理

从任务来源看，目前同一检查事项存在“双随机”抽查、特殊重点领域日常巡查、专项整治、投诉举报、检测监测后处理等线索核实、转办交办 6 大类型任务，前三类主动型任务的监管方式并不相同，造成重复检查、多头监管。为此，以“双随机”监管方式整合除办案外的行政检查，在特殊重点领域实施事项、对象、产品（含项目等非市场主体）“三单”管理，对专项整治实施首次建档建库管理，尽可能采取“双随机”方式确定检查批次顺序，全方位减少检查的随意性和重复度。

（四）科学运用研判模型识别高风险市场主体

将科学分类与监管需求相结合、大数据分析与科学校验相结合、普遍规律与风险特征相结合，依托大数据和人工智能技术建立以行业分类和风险分级两套指标体系为基础的信用等级评价标准，归集市场监管内部系统、全市公共信用信息资源、国家“红黑名单”企业信息等 7.4 亿项涉企数据，清洗、整理形成包含 63 个评价因子的等级计算标准，将信用等级从高到低分为 A+、A、B、C、D、E 六个级别，实现商事主体自动对应、自动识别、自动分类分级、自动推送、自动反馈。

（五）全面应用信用风险等级实施差异化监管

在一般监管领域以信用等级为基础，在特殊重点领域以风险等级为基础，实施差异化监管。通过市级平台统一设置抽取规则，按照检查对象的风险程度由高到低、信用等级由低到高抽取。全市商事主体实现信用风险等级全量标记全面评价，与 2793 个检查对象名录库关联匹配，按照信用风险由低到高六个级别设定抽查比例进行差异化抽取，对违法者“利剑高悬”，对守法者“无事不扰”。构建虚假登记模型，识别虚假登记高风险企业，问题发现率提高到 100%。

二、下阶段建设重点和方向

（一）积极开展“互联网+双随机”不见面检查

改变传统工作方式，在监管对象信用好、监管风险低的领域推行“互联网+双随机”监管方式，将部分非必要的实地核查事项通过取消、整合，转为网络监测、书面比对等非现场检查方式，压减重复或不必要的检查事项，着力解决现场检查事项多、频次高、随意检查扰企等问题。

（二）打通部门壁垒，拓宽监管维度

根据各部门工作实际，按计划管理、事项管理、对象管理、风险管理、信用管理、时间管理等多个维度建立联合管理机制。依托市级平台，通过“大数据归集+计算机算法”，对各部门内部抽查对象进行跟踪标记和后台比对，合并联合检查任务，实施主动联合和被动联合、对内融合和对外联合，多路径探索开展部门联合监管，进一步推动联合监管常态化。

（三）将双随机与投诉举报、专项整治有效结合

将反复被投诉举报且查实存在违法行为的市场主体纳入重点检查事项进行随机抽取，提高抽查的比例和频次；对社会普遍性问题和市场秩序存在突出风险的领域开展专项整治行动，实施靶向性“双随机”联合监管。

（四）智能化实施四轮去重融合监管

1. 锚定检查对象，实施第一轮去重融合

依托市级平台通过统一社会信用代码智能识别重合对象，关联制定精准、有效、全覆盖的部门联合检查“一单两库”（即联合检查事项清单、联合检查对象库、联合检查人员库），确保联合检查基础数据全面、精准。

2. 锚定检查任务，实施第二、第三轮去重融合

第二轮融合针对计划性任务，实施统一时间集中抽取、现场融合，通

过市级平台智能筛查和提取重复对象。第三轮融合针对集中抽取前和集中抽取后下发的临时性任务，实行抽取中融合，系统在抽取对象时提示该对象是否存在年度已检查或尚未开展的检查任务，供发起单位进行剔除和融合，确保任务精准。

3. 锚定检查人员，进行第四轮去重融合

对跨领域跨条线的融合类检查任务，明确“同一个部门同一个对象选派两名人员”的原则，避免造成因跨领域出现的“大部队”执法扰企情况出现。对已下发至检查人员账户且出现对象重合的投诉举报、线索核实、转办交办等工单类任务，由检查人员进行最后整合，形成一个上门检查任务，杜绝多人上门和多次上门。

（作者：张蕾，深圳市市场监督管理局指挥协调处二级主办）

济南：创新打造“加减乘除”全流程信用监管模式

为贯彻落实《国务院办公厅关于加快推进社会信用体系建设构建以信用为基础的新型监管机制的指导意见》精神，深入推进“放管服”改革，济南市以制度为引领，以平台为支撑，以应用为核心，开发建设了首个衔接审批制度改革的信用监管系统，依托“加减乘除”四个维度建立贯穿市场主体全生命周期，衔接事前、事中、事后全监管环节的新型监管机制，为全面提升监管水平，优化营商环境，助力经济高质量发展发挥了重要作用。

一、建设成效

（一）建成首个衔接审批制度改革的信用监管系统

2020年7月，济南市信用监管系统正式上线，迅速成为深化“放管服”改革、建立信用监管机制的核心支撑，实现了审批、立项、监管、合同履约等各部门、各业务系统的互联互通，打造了涵盖事前信用承诺，事中分级分类监管、公共信用综合评价、监管数据共享，事后联合惩戒、信用修复等全流程闭环信用监管机制。以工程建设领域审批制度改革为重点，在全国率先实现了工程建设项目从立项到竣工验收的全过程信用监管。截至2022年3月底，济南市信用监管系统已归集150万市场主体近630万条信用承诺信息，66个告知承诺事项、152个监管事项、2346个信用应用事项依托信用监管系统全面推开，累计提供各类查询服务近3000万次。定期对全市60万家企业开展公共信用综合评价，作为实施差异化监管和行业信用评价的重要参考。

（二）打造“加减乘除”全流程信用监管模式

1. 信用归集应用做“加法”，为守法企业增信，为诚信企业赋能

一是充分发挥全国信用信息共享平台（山东济南）的核心支撑作用，横向联通26个市直部门业务系统，纵向贯通各区县行政审批服务大厅，实现信息融合和资源共享，累计归集各类信用信息11.2亿条，形成了覆盖各部门、各区县、各类主体的信用信息“一张网”。二是建立涵盖全市150万家市场主体的信用记录和信用档案，推动各部门在办理注册登记、资质审核、日常监管等过程中，及时、准确、全面记录市场主体信用信息，实现失信行为“建档留痕”。三是建立健全信用信息自愿注册机制，依托市信用平台和“信用中国（山东济南）”网站平台开发信用信息自愿注册功能，细化信用信息自愿注册流程。鼓励市场主体自愿注册资质证照、市场经营等信用信息，并对信息真实性公开作出承诺。

2. 审批制度改革做“减法”，信用承诺覆盖全领域，信用监管贯穿全流程

一是健全信用承诺工作机制。印发《济南市全面推行证明事项告知承诺制实施方案》《济南市直部门告知承诺制的证明事项实施清单（第一批）》，对294个证明事项实行清单化管理。二是建立全流程承诺履约监

管模式。依托全国信用信息共享平台（山东济南）开发“信用承诺”子系统，归集信用承诺数量630万条。行政审批、市场监管、住房城建等部门逐一明确了各业务环节的监管责任单位，并通过信用监管系统实时反馈监管结果，构建“承诺—履约”闭环，形成了标准统一、各司其职、运转顺畅的信用承诺履约监管模式。

3. 信用分级监管做“乘法”，政府监管精准有效，服务企业减负增效

一是全面推进行业信用分级分类监管。鼓励各部门建立符合行业特征、监管需求的信用评价标准。目前信用分级分类监管已覆盖工程建设、交通运输、生态环境、医疗卫生、教育培训等30多个重点行业、领域。二是开展企业公共信用综合评价。建立了涵盖4个一级指标、18个二级指标的企业公共信用综合评价指标体系，对全市60万家企业定期开展公共信用综合评价，并定期将评价结果推送至有关部门。三是全面实施差异化监管举措。全市33个部门的“双随机、一公开”抽查比例和频次与各行业信用评价结果相结合，对信用较好、风险较低的市场主体，降低抽查比例和频次，减少对正常生产经营的影响；对违法失信、风险较高的市场主体，适当提高抽查比例和频次，依法依规实行严管和惩戒，实现对守信者“无事不扰”，让失信者“时时不安”。

4. 信用联合奖惩做“除法”，失信企业不断减少，市场秩序持续规范

一是全面实施信用核查。印发《济南市公共信用信息应用事项清单》，明确40个市直部门在448个行政管理和公共服务事项中使用全国信用信息共享平台（山东济南）进行信用核查。二是全面落实联合奖惩举措。建立了“发起–响应–反馈”的联合奖惩工作机制，截至2022年8月，在财政资金补贴、资格资质审核、公共资源交易、行政审批服务、评先评优等领域依法依规实施失信联合惩戒3.1万次，“守信者一路畅通，失信者处处受限”的联合奖惩大格局已基本形成。三是完善企业信用修复机制。坚持“随申随办”原则，对于符合信用修复条件的企业，办理时限缩短为1个工作日，实现市级层面“一网通办”“零跑腿”“日办结”。

二、下阶段建设重点和方向

一是健全信用评价机制，助力行业健康发展。推动各行业主管部门构建和优化信用评价指标和评价模型，鼓励将公共信用综合评价结果纳入本行业信用评价体系，以高质量信用评价支撑分级分类监管。

二是加强分级分类监管，提升信用监管效能。充分应用公共信用综合评价结果，按照市场主体信用状况采取差异化监管措施，让守信者“降成本、减压力”，让失信者“付代价、增压力”。

三是完善信用修复机制，保障信用主体权益。加强制度支撑，明确信用修复条件、标准和程序，实现信用修复流程便利化、高效化。加强宣传培训，引导督促具备修复条件的企业申请修复，构建自我纠错、主动自新的信用修复体系。

（作者：济南市发展改革委）

行业篇

HANGYE PIAN

第一节　知识产权信用状况年度报告

2021年是中国经济发展史上具有里程碑意义的一年。面对复杂严峻的国内外形势和诸多风险挑战，政府统筹疫情防控和经济社会发展，构建新发展格局迈出了新步伐，高质量发展取得了新成效。这一年，知识产权保护也显著增强，知识产权信用协同发力，相关工作都取得了新进展。

《知识产权强国建设纲要（2021—2035年）》等指导性意见相继出台，我国在知识产权保护领域取得了骄人的成绩。2021年，全年共授权发明专利69.6万件，每万人口高价值发明专利拥有量达到7.5件，较上年提高1.2件。中国申请人通过《专利合作条约》（PCT）途径提交的国际专利申请达6.95万件，连续第三年居全球首位；核准注册商标773.9万件，收到中国国内申请人马德里国际注册申请5928件；新认定地理标志保护产品99个，新核准注册地理标志证明商标、集体商标477件；作品、计算机软件著作权登记量分别达到398.4万件、228万件；授予植物新品种权3979件。我国已经成为举世瞩目的知识产权生产大国。但是，当前知识产权领域存在的盗版、非正常专利申请、恶意商标注册申请、提交虚假材料骗取费用减缴等违反诚实信用的问题仍然比较突出。这些失信行为严重影响了知识产权的创造、利用、管理及保护，对知识产权的法治、市场和营商环境的建设以及经济的提质增效升级造成了不利影响。

一、2021—2022年知识产权领域信用政策

在北大法宝平台，首先以“信用”和“失信”分别作为关键词进行全文检索，限定法规类别为知识产权，发布年份为2021年，再以“知识产权保护”为关键词进行标题检索，在该搜索结果中以“信用”进行全文检索，发布年份为2021年，剔除无关项后，得到全国性法规政策22部，地方性法规政策69部，相关司法文件2部。共计93部。

在法律层面，《中华人民共和国海南自由贸易港法》第二十三条特别规定，“建立健全知识产权领域信用分类监管、失信惩戒等机制，对知识产权侵权行为，严格依法追究法律责任”。作为海南自由贸易港基本法，在有关知识产权信用领域的规定开了先河。

在政策层面，中共中央、国务院印发的《知识产权强国建设纲要（2021—2035年）》提出健全知识产权信用监管体系，加强知识产权信用监管机制和平台建设，依法依规对知识产权领域严重失信行为实施惩戒。国务院印发的《“十四五”国家知识产权保护和运用规划》明确了“加强知识产权领域诚信体系建设”是加强知识产权协同保护的重要支撑。提出推进建立知识产权领域以信用为基础的分级分类监管模式，积极支持地方开展工作试点。制定覆盖专利、商标、版权等领域的信用信息基础目录。推进知识产权领域信用承诺制建设。规范知识产权领域严重失信主体名单认定标准和程序，依法依规对严重失信主体实施惩戒。推进知识产权信用修复制度建设。推动全国知识产权信用信息共享平台与全国信用信息共享平台实现数据共享。国家市场监督管理总局发布的《市场监督管理严重违法失信名单管理办法》规定了列入严重违法失信名单的情形及相应的管理措施。《国家知识产权局知识产权信用管理规定》的出台，标志着我国知识产权信用体系建设迈上了一个新台阶。该规定对失信行为认定及管理措施、严重违法失信主体认定及管理、守信激励、信用承诺及信用评价等方面的管理做出了详细规定，以建立健全知识产权领域信用管理工作机制。以上四部政策法规是2021—2022年知识产权信用领域最重要的顶层规定。此外，国家知识产权局、国家市场监督管理总局等多部门也发布了大量政策性文件，对分级分类监管、信用修复、知识产权运营、知识产权质押融资、专利申请、专利代理信用、专利质押登记、打击商标恶意抢注、地理标志保护等内容作出了相应规定。

2021—2022年，陕西省、辽宁省、江西省、海南省、江苏省、安徽省、重庆市、青海省、广东省、大连市、宿迁市多个省市级人大常委会以地方性法规的形式发布了当地的知识产权保护条例、社会信用条例，做出了系统性规定，主要涉及信用信息管理、信用监管、守信激励和失信惩戒、信用主体权益保护、社会信用环境建设、信用服务业发展等内容。《海南自由贸易港知识产权保护条例》提出完善知识产权信用担保机制；要求知识产权具体管理部门应当归集知识产权失信行为信息，并依法纳入信用档案，根据信用风险分类结果实施差异化监管措施；将四类知识产权失信行为列入严重失信主体名单。《辽宁省知识产权保护条例》明确将三类知识产权失信信息纳入公共信用信息的归集范围。《安徽省知识产权保护办法》提出建立知识产权信用评价、诚信公示和失信联合惩戒机制。要求在开展与知识产权相关的政府投资项目审批、政府采购和招标投标、政府资金扶持、表彰奖励等行政管理活动时，应当查询相关主体的知识产权公共信用状况，并依法处置。

此外，各地市人民政府办公厅、知识产权局、市场监督管理局、发展改革委、科技局、信用体系建设领导小组办公室等部门也发布了大量涉及知识产权信用内容的地方性政策，对信用体系建设规划、分级分类监管、信用评价、信用信息归集、代理机构信用、企业信用管理等内容作出具体规定。

同时，司法方面也发布了相关文件，如温州市中级人民法院印发《关于推进对严重侵害知识产权相关主体实施信用惩戒的工作指引（试行）》，着力从司法角度推进知识产权信用建设。

总体而言，2021—2022年我国发布了大量涉及知识产权信用的政策法规与规范性文件，包括全国性政策、地方性法规、地方性政策与司法文件，层级覆盖面广。从中央到地方，该领域政策立法活动正如火如荼，但需注意的是，目前法律及行政法规几乎空白，知识产权信用领域尚缺乏顶层的法律及行政法规来统领。现行政策法规既包括综合性的信用规定，也包括侧重于某一方面的专项信用规定，二者相辅相成，共同构成了知识产权信用法规政策体系。内容方面对信用体系建设、信用信息共享、信用评价、分级分类监管、失信惩戒与守信激励、信用修复、信用主体权益保护、信用服务业发展等关注较多，初步确立了知识产权信用立法框架。总之，国家出台了一系列重要政策，统筹谋划，指明了知识产权信用发展之路。

二、知识产权领域信用现状分析

（一）知识产权信用立法进入积聚期

2021—2022 年，知识产权信用领域多部政策法规发布，知识产权信用立法总体数量增多，效力层级丰富，包括国家政策、部门规章、司法解释、地方性法规、地方规范性文件、地方工作文件等。并且，知识产权信用立法覆盖的领域比较广泛，政策法规类别涉及知识产权综合规定、市场管理及服务、营商环境优化、专利综合规定、专利申请与审批、专利权保护、商标综合规定、地理标志等，知识产权信用领域内部分类细化，如信用承诺、信用评价、信用激励、信用惩戒、信用修复等。知识产权信用立法进入积聚期，知识产权高质量发展顶层设计全面加强。

（二）知识产权分级分类监管试点成功开展

国务院发布的《“十四五”国家知识产权保护和运用规划》提出，推进建立知识产权领域以信用为基础的分级分类监管模式，积极支持地方开展工作试点。国家知识产权局自 2020 年起推动开展以信用为基础的分级分类监管试点申报工作，目标是在试点地区加强知识产权信用体系建设，设立科学合理的分级分类指标，做好知识产权领域信用信息记录，完善分级分类信用监管机制。

2020 年 8 月，确定北京、上海、江苏、浙江、安徽、福建、江西、湖北、广东、海南、四川、甘肃等 12 个省（直辖市）知识产权局开展知识产权领域以信用为基础的分级分类监管工作试点。2021 年 11 月，确定河北、辽宁、吉林、山东、重庆、陕西、新疆等 7 个省（自治区、直辖市）知识产权管理部门，郑州、漯河、株洲、柳州、贵阳、杭州、台州、福州、厦门、广州、惠州、海口等 12 个市知识产权管理部门开展第二批以信用为基础的分级分类监管试点。

2022 年 5 月，第一批试点地方全部通过验收，国家知识产权局同时发布了 18 项试点单位经验做法，其中包括北京在专利代理行政检查事项中根据专利代理机构信用等级合理确定抽查比例；上海、江苏、浙江和安徽共同签署《推进知识产权领域信用一体化建设框架协议》；福建推进建立“知信贷”知识产权信用评价模型，将企业知识产权信用状况作为质押融资的参考指标；四川推进“前端预警、中端分级、后端联惩”的信用监管联动模式等来自12个试点地方的经验。

通过试点，建成畅通高效的信用信息管理平台，形成可复制、可推广的工作模式和典型案例，并推动全国知识产权信用运行机制进一步健全，政策环境进一步完善，与地方社会信用体系有机融合，为提高知识产权保护水平、优化营商环境提供有效保障。

（三）知识产权失信行为的规制得到重视

以《国家知识产权局知识产权信用管理规定》《市场监督管理严重违法失信名单管理办法》等政策规定作为指导，职能部门依法行政，以空前力度打击非正常专利申请和商标恶意注册等行为，将知识产权失信行为划分为“一般失信行为”和“严重违法失信行为”两类，分别列入失信行为和严重违法失信名单，并分别由国家知识产权局（对一般失信主体[1]）和市场监督管理部门（对严重违法失信主体[2]）实施为期1~3年相应的管理措施。但盗版等侵权行为尚未纳入知识产权失信行为的范围。

除上述失信名单与管理措施之外，还强调切实加强信用联合惩戒，如对存在代理恶意抢注相关奥林匹克运动会热词的行为的机构，在有关知识产权扶持激励政策实施、品牌机构培育、人才选拔等工作中予以严格限制或取消资格。

（四）以信用为导向的营商环境不断优化

国家知识产权局与有关部门协同配合，不断强化知识产权信用的支撑

---

[1] 参见《国家知识产权局关于印发〈国家知识产权局知识产权信用管理规定〉的通知》（国知发保字〔2022〕8号）。

[2] 参见《市场监督管理严重违法失信名单管理办法》（国家市场监督管理总局令第44号）。

作用。在重点整治方面，强化重点领域、重点产品、重点环节治理，有效遏制了侵权假冒势头。在治理方式方面，积极推进信用监管，强化智慧监管，实施协同监管，监管效能稳步提升，以信用为导向的营商环境不断优化。采取的措施主要有：

一是强化基础制度供给。出台了《关于加强重点领域信用监管的实施意见》《关于推进企业信用风险分类管理进一步提升监管效能的意见》，制订了《市场监督管理严重违法失信名单管理办法》《市场监督管理信用修复管理办法》。二是做好政务公开。及时公开市场规则标准、监管执法信息等，完善政务公开平台建设，加强政策发布解读，注重预期管理。三是进一步完善国家企业信用信息公示系统，依法公示各类市场主体抽查检查结果、行政处罚等信息，构建以信用为导向的营商环境迈出了坚实步伐。四是提升审查审理水平。稳步推进知识产权信用体系建设工作，规制知识产权审查审理过程中的失信行为，修改关于规范申请专利行为的若干规定，多措并举、协同发力，加大对非正常专利申请的打击力度。特别值得一提的是，“护航”北京冬奥会、冬残奥会也是中国强化知识产权信用的一个缩影。

（五）知识产权信用修复制度明确建立

失信惩戒并不是不可逆的。为鼓励违法失信当事人主动纠正违法失信行为、消除不良影响、重塑良好信用，只要信用主体符合一定的条件，仍然可以修复信用，从而恢复其正常的生存经营状态。2021 年 7 月，市场监管总局印发《市场监督管理信用修复管理办法》，系统规定了信用修复的目的、含义、职能部门、可以申请信用修复的情形、相关职能部门处理的程序等，建立起了较为完备的知识产权信用修复制度。申请修复的条件方面，当事人被列入严重违法失信名单满一年，且符合申请信用修复的情形，即已经自觉履行行政处罚决定中规定的义务、已经主动消除危害后果和不良影响、未再受到市场监管部门较重行政处罚的，可以申请信用修复[1]，但需要结合知识产权失信行为的特点进行具体细化。

---

[1] 参见《国家知识产权局关于印发〈国家知识产权局知识产权信用管理规定〉的通知》（国知发保字〔2022〕8 号）。

三、知识产权信用领域存在的主要问题

（一）知识产权信用立法覆盖范围不全面

在知识产权信用体系中，现有立法对于信用监管侧重较多，而在信用信息共享、评估评级、信用担保、信用标准等领域仍有待加强。如信用信息共享的平台建设、共享信息的内容、各方主体职责、不公开的罚则等问题，评估评级的具体实施主体、评估的详细流程、评估结果的实践适用等问题，信用担保的实践实施流程，信用标准的制定主体与实施更新等问题，都需要立法进一步的规定与细化。但上述信用领域的立法，有些尚未涉及；有些仍在试点过程中，还未验收推广；有些仅仅是宏观粗略的规定，缺乏细化的具体可执行的措施。

立法是知识产权信用体系得以运行的依据，立法覆盖范围不全面使得相当多的内容实施无法可依，难以实现信用体系的内容完善与高效运行。

（二）知识产权失信成本低、维权难

知识产权失信成本低。知识产品作为知识产权的客体是无形的，可以被反复使用而无实质损耗。在互联网环境下，对知识产品的获取也十分便捷，盗版侵权等失信行为实施成本低。并且，鉴于知识产品数量众多，知名度与受关注度存在较大差异，专利等专业性较强的内容更是难以被非专业人士所理解，因此，知识产权失信行为被发现的概率也较小。最重要的是，长期以来，对知识产权失信行为惩戒力度不大，信用主体并未因知识产权失信付出巨大代价，甚至可能凭借失信行为获得更高的经济利益。

针对知识产权失信行为维权难。第一，较之其他领域，知识产权专业性较强，需要依靠数据库等工具方能识别侵权等失信行为，维权工作专业性强且人力成本较高。第二，传统方式解决纠纷周期长，新型纠纷解决方式很多仍在试点过程中，尚未普遍推行，很难降低维权成本。第三，知识产权领域侵权等失信行为赔偿难以具体确定，所受损失与所得利益证明不易，酌定的法定赔偿通常金额有限，难以满足当事人维权的心理预期。

（三）知识产权信用评价实践应用不足

知识产权信用评价是在一般信用评价的基础上，将信用信息的范围限定在知识产权领域，将相关主体在知识产权领域的行为信息和资产信息以一定的标准进行客观分析，并形成量化的分析结果。这一结果能够准确反映该主体在知识产权领域的专业素质、管理水平、经营模式、外部环境、财务状况、发展前景等方面的具体情况。《国家知识产权局知识产权信用管理规定》要求国家知识产权局根据工作需要，推动形成相关行业信用评价制度和规范，推动开展信用评价，明确评价指标、评价体系、信息采集规范等，对信用主体实施分级分类管理。并鼓励有关部门和单位、金融机构、行业协会、第三方服务机构等积极利用知识产权领域信用评价结果；鼓励市场主体在生产经营、资质证明、项目申报等活动中积极、主动应用知识产权领域信用评价结果。[1] 但是，实践中缺乏知识产权信用评价标准，评价需求也不足，实践应用场景很少。

（四）尚未完全形成以信用为基础的事前事中事后长效机制

较之传统的侧重于事后惩戒的治理方式，信用体系的一个突出优势在于其可以形成覆盖事前事中事后全流程的长效机制。而目前，知识产权领域尚未完全以信用为基础形成长效机制。首先，事前的信用评价制度仍有待进一步细化，相关行业信用评价制度和规范，诸如信息采集范围、评价指标等，都需要进一步明确。其次，事中的信用评价结果的应用需要进一步扩展，有关部门和单位、金融机构、行业协会、第三方服务机构在利用知识产权领域信用评价结果时积极性仍有待加强；市场主体在生产经营、资质证明、项目申报等活动中也较少积极主动地应用知识产权领域信用评价结果。最后，事后的失信惩戒与守信激励未达平衡，当前制度仍侧重于失信惩戒，而对守信激励有所忽视。然而失信惩戒只能填平失信行为带来的损害后果，守信激励的不足使得从源头上减少失信行为的发生仍较为

[1] 参见《国家知识产权局关于印发〈国家知识产权局知识产权信用管理规定〉的通知》（国知发保字〔2022〕8号）。

困难。

四、知识产权领域信用体系建设展望

在贯彻落实《知识产权强国建设纲要（2021—2035 年）》《“十四五”国家知识产权保护运用规划》的基础上，结合中共中央办公厅、国务院办公厅 2022 年 3 月印发的《关于推进社会信用体系建设高质量发展促进形成新发展格局的意见》，对知识产权领域信用体系建设展望如下：

（一）制定科学、规范、有效的知识产权信用标准

知识产权信用标准制度的总体架构与具体内容应当符合科学系统性原则，构建应当符合相关法律、法规以及政策文件的内在精神与具体要求，实际功效在于为知识产权信用主体、行为提供指导规范，应当能够适用于知识产权信用各个环节的具体活动。知识产权信用标准的组成内容不是一成不变的，应当根据知识产权信用活动的发展以及知识产权信用体系的完善进行相应的调整改进，适时对知识产权信用标准作出更新维护。

具体路径：第一，建立知识产权信用标准对接交换平台。适用不同知识产权信用标准的知识产权信用主体，在市场交易中会遇到难以有效正确识别交易对方知识产权信用状况的无形障碍。为确保知识产权运营活动的顺利进行，促进知识产权信用信息的交换效率，有必要通过建立知识产权信用标准对接交换平台，对知识产权信用标准制度进行完善。第二，加快制定知识产权信用领域行业标准、团体标准。知识产权信用领域行业标准、团体标准能够最大限度贴合企业、服务机构等知识产权信用主体及其从业人员的实际情况，作出规范引导，有效弥补国家标准与地方标准的不足。第三，明确知识产权信用标准归口单位。知识产权信用标准归口单位不明确导致知识产权信用标准化工作推进缓慢，知识产权信用领域的具体标准仍未制定。明确知识产权信用标准归口单位是推动知识产权信用标准化工作的有效手段，有助于将知识产权信用标准的制定工作落实完善。第四，提升知识产权信用标准质量。知识产权信用标准制度的综合培育，不仅要求知识产权信用标准在数量上形成一定的规模，同时也要求知识产权

信用标准在质量上有所提升，得到广泛认可，才能充分发挥知识产权信用标准的规范引导作用。[1]

（二）探索知识产权信用数据共享机制

探索建立知识产权信用数据共享机制，从信用制度完善的角度看，有利于信用制度的创新，提高信用评价的准确度。从知识产权管理的角度看，有利于改变政府的监管模式，提升社会治理能力。从知识产权运营的角度看，有利于知识产权交易安全，促进企业发展的良性循环。从知识产权保护的角度看，有利于知识产权长效保护机制的建立。

信息共享是实施信用监管的基础。上海、江苏、浙江和安徽在省（市）际合作上创新工作模式，四省市共同签署《推进知识产权领域信用一体化建设框架协议》。根据该协议精神，四省市知识产权局密切合作，共同探索建立知识产权代理机构信息共享机制，加强对知识产权代理机构的联合监管。因此，要在试点的基础上扩展信用信息共享的平台。目前，提及频率最高的平台是“全国信用信息共享平台”，信用信息的覆盖面较广。此外，国家企业信用信息公示系统、国家知识产权局政府网站、国家知识产权局“互联网+监管”系统等系统也能作为信用信息共享的平台。要想保证知识产权领域信用信息共享的有效性，还应当考虑建立专门的知识产权信用信息共享平台，这类平台可以作为上述信用信息共享平台的一个子系统或者子平台而存在，其目的在于将知识产权领域的信用信息单独进行汇总、公示，并为下一步的知识产权信用评估提供依据[1]，从而推进信用监管信息互通、信用监管经验成果互鉴共享。

（三）创新知识产权信用监管模式

坚持放管结合、并重，夯实监管责任，健全“契约式”监管机制。完善公开透明、简明易行的监管规则和标准，加强政策解读。在直接涉及公共安全和人民群众生命财产安全的领域，探索实行惩罚性赔偿等制度。深

[1] 刘瑛．知识产权信用体系与科研诚信［M］．北京：知识产权出版社，2021.

化“互联网+监管”，加快构建全国一体化在线监管平台，积极运用大数据、物联网、人工智能等技术为监管赋能，探索形成市场主体全生命周期监管链。推动“双随机、一公开”监管和信用监管深度融合，完善按风险分级分类管理模式。在医疗、教育、工程建设等领域探索建立完善执业诚信体系。对新产业新业态实行包容审慎监管，建立健全平台经济治理体系。推动行业协会商会等建立健全行业经营自律规范，更好发挥社会监督作用。[1] 强化部际联席会议成员单位间的协调配合，提升联合监管效能，巩固长效机制；注重综合施策，发挥技术优势，细化服务管理，推动知识产权信用监管的科学化、精准化、人文化。

（四）实现知识产权信用全流程、全链条保护

建立以信用为基础的覆盖事前事中事后的知识产权信用长效机制，实现知识产权信用全流程、全链条保护。

探索形成市场主体全生命周期监管链。在市场主体办理注册登记、资质审核、行政许可及接受日常监管、公共服务过程中，及时全面记录市场主体行为及信用信息，在此基础上实现分级分类“信用+智慧”监管，并做到全程可查询、可追溯。[1]建立与经济发展和企业发展相适应的事前事中事后监管体系，深入推进“互联网+监管”工作模式，提升信用监管的覆盖范围和应用效能，全面实施“双随机、一公开”监管方式，积极推进和完善包容审慎监管。全面试点以事前信用前置审查、事中分类跟踪监管、事后监管结果纳入信用记录为特征的告知承诺制，探索新兴行业市场准入许可与国际通行规则趋同。

加强信用激励措施研究试点，信用激励与信用惩戒相平衡才能实现知识产权信用全流程保护，如《国家知识产权局知识产权信用管理规定》规定，国家知识产权局各部门、单位对连续三年守信情况良好的主体，可视情况采取在行政审批项目核准中简化快速办理、政府专项资金使用中同等

[1] 参见《国务院关于开展营商环境创新试点工作的意见》（国发〔2021〕24号）。

条件优先选择、专利优先审查、减少检查频次等不同激励措施。[1]加速推进教育、医疗等特定行业和重点领域，以及民营企业软件正版化工作；加强假冒防疫物资等注册商标、互联网电影盗版、种子制假售假、盗取商业秘密等各类型知识产权失信行为的查处，实现知识产权信用全链条保护，有力维护社会公共利益，依法保护权利人合法权益。

（五）将知识产权纳入企业信用评估

将知识产权纳入企业信用评估体系，并非简单的制度拼接，而是具有切实的法理基础，具体来说集中在两个方面：第一，知识产权与信用都具有无形性，二者在性质上存在一致性。第二，知识产权与信用都是一种制度安排，二者在制度安排上也存在连接点。将知识产权纳入企业信用评估符合完善我国现有信用评估制度的需求，符合建立我国知识产权保护长效机制的需求。

完善我国企业信用评估体系的具体做法建议：首先，从财务评估转向信用评级。财务评估的立足点在于对财务数据及数据变化进行分析，这一分析依仗信用管理人员、授信人员或财务人员运用多年的经验，不能反映企业信用要素的其他特征。无形资产的特殊性使得引入知识产权作为财务评估指标后具体财务核算中的定性和定量工作都难以完成，进而评估结果可靠性也大幅下降。因此在将知识产权纳入信用评估体系后，信用评估的方法建议由财务评估转向信用评级。其次，从无形资产评估转向知识产权评估。会计核算制度立足点更多是现有资产价值，信用评估制度的目的则在于通过企业现有资产和行为对远期行为加以预测。如果信用评估以现有会计核算制度为基础，必然导致信用评估要素的缺失。考虑到知识产权与其他无形资产相比在性质上具有特殊性，有必要将知识产权评估从无形资产评估中独立出来，通过对知识产权进行准确评估推动企业信用评估可靠性的提升。再次，明确知识产权在企业信用体系中的地位。从微观上来

[1] 参见《国家知识产权局关于印发〈国家知识产权局知识产权信用管理规定〉的通知》（国知发保字〔2022〕8号）。

说，企业信用法律规制保障了企业的运行；从宏观上来说，企业信用法律规制更是社会信用体系逐步完善的保障。在企业信用评估制度的建设中，应当遵从内在的法治思想基础，审慎确立知识产权在企业信用评估中的地位。最后，建立科学的企业信用评估体系。建立科学的企业信用评估体系，势必要以知识产权为切入点对企业信用评估体系进行更新和完善，其重点在于将知识产权作为信用评级中的指标纳入信用评估系统。应确保知识产权指标体系的设立能反映以下内容：一是知识产权拥有量及结构；二是知识产权的投资耗费及比重；三是知识产权的运营能力；四是知识产权的经济效益；五是知识产权创造、运用和保护行为。[1]

（六）优化知识产权运营服务体系

提升服务水平，持续深化“放管服”改革，完善知识产权公共服务体系，促进知识产权服务业健康发展。强化服务供给，扩大服务效果。具体做法建议：首先，拓宽渠道，推进知识产权运营供需对接。要引导行业协会、运营机构有序发挥作用，加强知识产权运营需求调查分析，建设区域与行业的运营需求信息数据库。其次，依规合理划分知识产权运营的政府委托服务和市场化业务。指导接受政府委托服务的知识产权运营机构，在运营信用信息提供、需求数据汇聚、基础工具供给等方面发挥作用，支持构建公平、规范的市场化运营机制，推动降低交易成本。引导市场化运营机构综合运用线上线下方式，积极对接实体产业，深化产学研项目和服务对接，挖掘知识产权运营服务需求，提升供给水平。最后，创新知识产权相关展会组展和展示方式，提高知识产权和各类资源对接成效。落实专利转化专项计划工作要求，促进要素市场大循环，引导高校院所增强专利技术供给的针对性，有效满足企业创新发展需求。[2]

总之，我国将不断加大对知识产权失信行为打击力度，加强知识产权

---

［1］ 刘瑛，周浩．知识产权纳入企业信用评估体系探究［J］．会计之友，2020（23）：134－139.

［2］ 参见《国家知识产权局关于促进和规范知识产权运营工作的通知》（国知发运字〔2021〕22号）。

信用体系建设，引导企业正确运用知识产权制度，提升信用监管法治化、专业化和系统化水平，努力为各类市场主体营造公平竞争、诚实守信的营商环境，加快实现《关于加快建设全国统一大市场的意见》提出的“营造稳定公平透明可预期的营商环境”，助力构建知识产权信用新发展格局，推动社会信用体系建设高质量发展。

（作者：刘瑛，中国政法大学教授，中国政法大学品牌与社会信用研究中心主任、北京信用学会副会长、北京知识产权研究会副会长兼信用专业委员会主任；卢萍，中国政法大学知识产权法学专业2020级硕士研究生）

第二节　文化和旅游市场信用状况年度报告

新冠肺炎疫情发生以来，文旅市场遭受冲击，传统的大众旅游消费下行已成为事实，而新的旅游消费诉求也在不断产生，旅游产品逐渐形成了覆盖广泛、业态丰富、选择多元的供给体系。2021年以来，文旅部先后出台一系列帮扶举措为企业纾困解难，促进旅游业加快恢复和高质量发展。总体来说，旅游业作为国民经济战略性支柱产业的地位并没有发生改变，旅游的文化内涵不断丰富，品质持续提升。

文化和旅游发展统计公报显示，近两年文化和旅游行业的从业机构和人数有所减少。2021年全国共有各类文化和旅游单位32.46万个，比上年末减少1.70万个；从业人员484.41万人，比上年末减少11.89万人。从旅游总人数和总消费收入角度来看，市场整体表现较2020年有明显增长。2021年全年国内旅游总人次32.46亿，同比增长12.8%；国内旅游收入（旅游总消费）2.92万亿元，同比增长31.0%。与此同时，文化和旅游事业费在财政总支出中所占比重有所上升。2021年全国文化和旅游事业费1132.88亿元，比上年增加44.62亿元，增长4.1%；文化和旅游事业费占财政总支出的比重为 0.46%，比上年提高 0.02 个百分点。

一、2021—2022 年文化和旅游行业信用政策概况

（一）国家层面政策概况

国家高度重视文化与旅游市场信用体系建设，国务院、文化和旅游部不断推进文化与旅游市场向规范化、标准化、专业化方向发展。2021 年以来，国家层面出台了 8 份文化和旅游市场信用建设相关政策文件（见表 4-1），文化和旅游市场主体和从业人员的信用信息归集共享不断加强，信用监管力度逐渐加大。其中，《文化和旅游市场信用管理规定》作为文化和旅游市场信用管理方面的基础和依据，涵盖失信主体的认定与管理、信用信息的采集归集公开与共享、信用修复、信用评价、信用承诺和权利保障等多项制度，为信用管理各环节、全流程提供制度支撑。

表 4-1　2021 年以来国家层面出台的文化和旅游行业信用建设相关政策文件

时间	颁布部门	文件名称	政策要点
2022 年 5 月	文化和旅游部	《娱乐场所管理办法》	文化和旅游主管部门应当建立娱乐场所信用管理档案，记录被文化和旅游主管部门、公安机关、市场监督管理部门、消防救援机构、负有噪声污染防治监督管理职责的部门实施处罚的情况以及娱乐场所法定代表人、主要负责人、投资人等信息。
2022 年 2 月	国家发展改革委等 14 部门	《关于促进服务业领域困难行业恢复发展的若干政策》	文件针对旅游行业进行政策扶持的内容包括：鼓励银行业金融机构合理增加旅游业有效信贷供给；对符合条件的、预期发展良好的旅行社、旅游演艺等领域中小微企业加大普惠金融支持力度。
2021 年 11 月	文化和旅游部	《文化和旅游市场信用管理规定》	对开展文化和旅游市场主体和从业人员的信用信息的采集、归集、公开和共享，守信激励和失信惩戒，信用修复，信用承诺和信用评价等活动做出规定。

续 表

时间	颁布部门	文件名称	政策要点
2021 年 8 月	文化和旅游部	《文化和旅游部办公厅关于开展文化和旅游市场信用经济发展试点工作的通知》	在全国范围内遴选一批试点地区，开展为期一年的文化和旅游市场信用经济发展试点工作，主要从提升信用监管效能、探索信用交易模式、拓展信用应用范围三大方面开展试点任务。
2021 年 6 月	文化和旅游部	《关于营造更好发展环境支持民营文艺表演团体改革发展的实施意见》	加强信用监管，进一步完善民营文艺表演团体和从业人员信用记录，用好文化市场严重失信名单制度，依法依规实施联合惩戒，规范演出市场秩序。
2021 年 5 月	文化和旅游部	《“十四五”文化和旅游市场发展规划》	建立健全信用监管工作综合协调机制，完善信用管理制度，编制文化和旅游领域公共信用信息基础目录、失信惩戒措施基础清单。完善文化市场、旅游市场信用监管系统，加强信用信息归集共享和公示，完善市场主体和从业人员信用档案。研究建立信用修复机制，加强协同联动，提高修复效率，保障市场主体权益。拓展信用应用场景。加强行业诚信文化建设，树立一批诚信典型企业，探索开展“信用经济”发展试点工作。
2021 年 5 月	文化和旅游部	《关于加强旅游服务质量监管提升旅游服务质量的指导意见》	着眼于贯穿市场主体全生命周期、事前事中事后监管全流程，加快构建以信用为基础的新型监管机制，为全面提升旅游服务质量提供重要支撑。
2021 年 4 月	文化和旅游部	《“十四五”文化和旅游发展规划》	加快构建以信用为基础的文化和旅游市场新型监管机制，依法依规开展失信惩戒。开展文化和旅游企业公共信用综合评价，推动实施信用分级分类监管。拓展信用应用场景。加强行业诚信文化建设。

（二）地方层面政策概况

2021—2022 年，山东省、河北省、宁夏回族自治区、江苏省、淮安市等多个地区发布了当地文化和旅游行业信用管理办法、信用体系建设行动方案等文件，包含信用分级分类监管、信用评价、联合惩戒、失信主体信用修复等内容。其中，江苏省《2022年全省旅游行业质量和信用工作要点及重点任务分工》明确指出，要建立旅游市场信用监管工作综合协调机制，完善旅游市场信用管理制度；制定文旅行业信用分级分类管理办法，推进旅游企业分级分类监管，依法实施信用惩戒。《河北省文化和旅游行业信用分级分类管理办法》要求以市场主体的基本信息、良好信息、警示信息、违法信息等信用信息归集为基础，构建信用监管评价模型，并依据市场主体信用评价结果实施分级分类监管。

此外，黑龙江省出台《关于加快推进文化和旅游市场主体高质量发展三年行动方案》，提出建设以信用为基础的文化和旅游市场综合监管体系、以服务为核心的文化和旅游市场主体质量提升体系。重点建设完善“1个平台（网站）、5个系统”。以黑龙江省智慧文旅平台为基础，依托黑龙江省信用信息共享平台、全国文化市场技术监管与服务平台和全国旅游监管服务平台等管理平台，在全省智慧文旅监管平台基础上开发新模块，实现信用监管数据可比对、过程可追溯、问题可监测。完善黑龙江省文化和旅游官方网站信用板块，强化文旅市场主体信用信息的公示和应用。开发完善行业信用制度规范系统、行业信用档案系统、行业信用评价系统、行业信用修复系统、行业信用监管及应用系统，打造文旅企业良性发展的新型市场格局。

二、文化和旅游市场信用现状分析

（一）文旅行业信用平台建设现状

目前文化和旅游部已建成全国文化市场技术监管与服务平台、全国旅游监管服务平台等基础平台。其中，全国文化市场技术监管与服务平台是文化市场服务门户，开发了市场准入、动态监管、综合执法、公共服务和辅助决策五大业务应用系统，建设全国文化市场统一的文化市场信息资源库。全国旅游监管服务平台集大数据监管与开放式服务于一体，对行政审批和事中事后监管产生的大数据进行归集，通过数据融通、集成和共享，实时掌握旅游经济运行状况，具有旅行社资质、导游管理、团队管理、电子合同、投诉举报、案件管理、权限管理等七大功能模块。

为保障《文化和旅游市场信用管理规定》顺利实施，依托全国旅游监管服务平台，2022 年 1 月 1 日起，文化和旅游部启用全国文化和旅游市场信用管理系统。系统采用“全国一盘棋”的部署，设有信用信息采集与归集、信用信息公开与共享、失信主体认定、信用修复等功能模块，地方文旅部门已陆续通过系统开展文旅市场信用管理工作，推动该规定的落实。

（二）文旅市场信用经济发展试点开展成效

2021 年 12 月，根据《“十四五”文化和旅游市场发展规划》的要求，文化和旅游部启动了文化和旅游市场信用经济发展试点工作。经地方申报、省厅推荐、专家评审、台账校验、调研复核等程序，确定辽宁省大连市等 14 个地区为文化和旅游市场信用经济发展试点地区。

试点开展以来，14 个试点地区坚持创新思维和系统观念，突出自身优势和地方特色，不断拓展信用在文化和旅游市场中的应用场景，发挥信用在市场经济发展中的价值与作用。

在完善信用评价制度、提升信用监管效能方面，江苏镇江制定了《镇江市旅行社信用评价指标（试行）》，浙江宁波奉化分类打造信用评价三大应用场景，湖北武汉推行旅行社设立许可告知承诺制，广西桂林制定了《桂林市文化旅游市场信用承诺管理办法》。

在促进信用消费方面，山东日照依托“一机游日照”平台推出“先游后付”试点线路；重庆武隆依托“武隆全域智慧旅游”平台为消费者构建出行前、出行中、出行后全链条信用消费场景；上海黄浦着力打造“演艺大世界”“信游长三角+”品牌。在创新信用应用场景方面，山东威海荣成搭建信用试点平台、构建信用消费链条，基于个人信用评价结果，给予不限次免费游全市 A 级景区、住宿打折、欢唱免费、观影打折赠送等优惠；重庆铜梁打造“信易批”“信易管”“信易游”等惠民便企应用场景，探索信用分多地互认应用；四川乐山峨眉山积极培育“信旅峨眉”品牌，创新深化信用应用场景，探索制定文旅信用场景奖励办法，引导企业推出“信易+场景”。

（三）旅游市场信用状况

依托全国信用信息共享平台、中国执行信息公开网、全国企业信用信息公示系统、中国裁判文书网等平台数据，选取全国经营范围含“旅游”业务的约240万家企业的相关数据进行计算和分析，分析内容主要包括行政许可、行政处罚、司法诉讼、失信被执行人记录、严重违法失信记录等。

1. 行政许可数量整体略有下降

疫情前后，旅游业新增行政许可数量变化不大[1]。2022年1—8月全国旅游业共取得行政许可39512项，2021年同期共取得行政许可43334项，同比下降8.82%（见图4-1）。从行政许可内容来看，主要涉及旅游信息咨询、旅游宣传、旅游景区开发经营、旅游饭店、国内旅游、入境旅游、旅游项目等方面；从近几年行政许可数量变化趋势来看，2020年受疫情影响旅游业行政许可数量略有下降，随着政府不断加强对旅游服务行业的扶持纾困力度，2021年行政许可数量有所上升。但比“输血”更重要的是旅游业主体自身的“造血”能力。由于新一轮疫情波及范围广，市场旅游需求进一步收缩，预期的报复性增长并未到来，旅游业经营困难加剧，2022年以来行政许可数量出现下降。

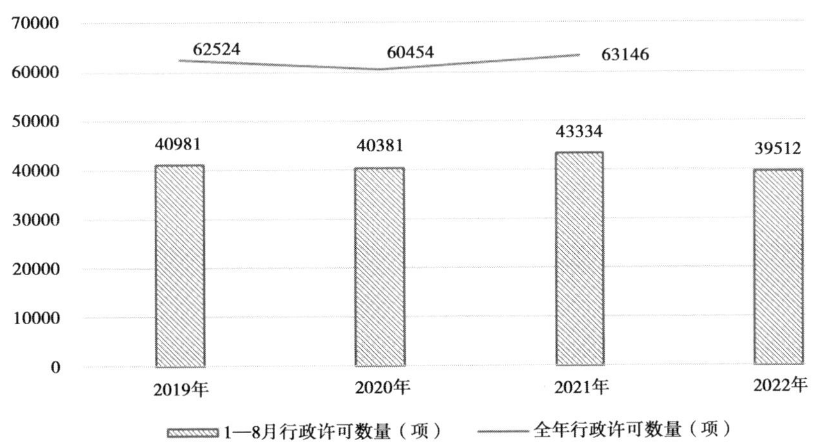

图4-1　2019—2022年全国旅游业行政许可数量[2]

[1] 本报告中提到的“旅游业行政许可”是指含“旅游、旅行、导游”字段的行政许可。

[2] 因本文编写日期为2022年9月，文中所有图中，均不含2022年全年数据。

2. 行政处罚数量整体呈增长趋势

疫情后，全国旅游业行政处罚数量有所上升。2022 年 1—8 月旅游业共有行政处罚 22157 项，与 2021 年同期（34040 项）相比下降 34.91%［见图 4-2（a）］，但从近几年旅游业行政处罚数量变化趋势来看，除 2021 年行政处罚数量迅猛增长外，其余年份行政处罚数量略有增长［见图 4-2（b）］。从 2021 年各月行政处罚数量变化来看，自 3 月起行政处罚数量迅速增长，虽出现一定波动但整体处于较高水平，这与文化和旅游部在全国范围内部署开展旅游市场专项整治行动有关，此项整治行动以未经许可经营旅行社业务、"不合理低价游"等违法违规经营行为作为执法工作重点，对涉事主体做出责令改正、罚款、没收违法所得、停业整顿、吊销旅行社业务经营许可证等行政处罚。此外，旅游市场信用管理系统于 2021 年 3 月 31 日上线启用，要求各级文化和旅游行政部门高度重视，坚持"应列入、尽列入"原则，将符合列入条件的文化市场、旅游市场严重失信主体列入黑名单，实施信用惩戒。

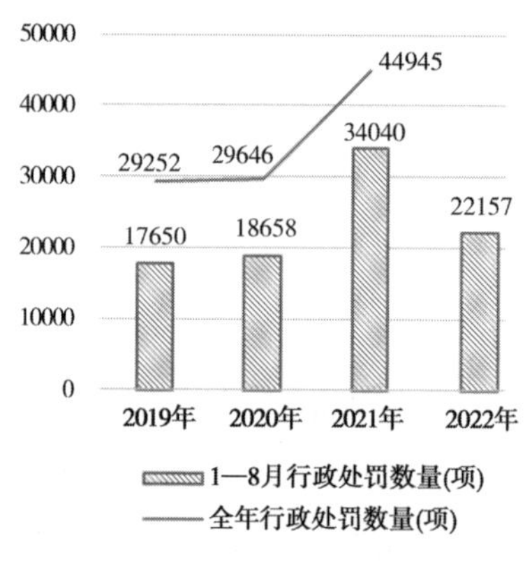

（a）全国旅游业行政处罚数量年度变化

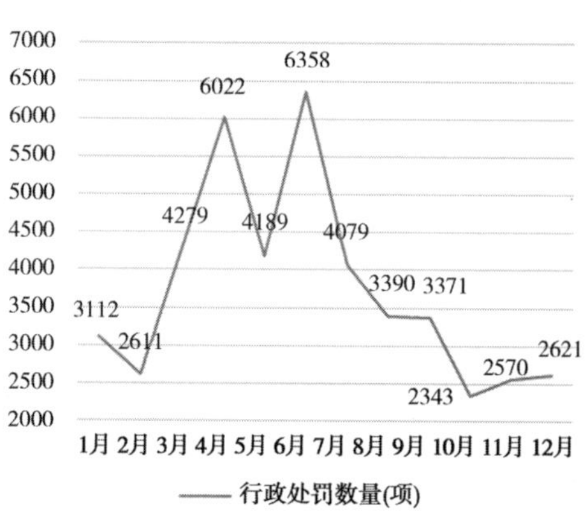

（b）2021 年各月全国旅游业行政处罚数量变化

图 4-2　2019—2022 年全国旅游业行政处罚数量

3. 司法诉讼数量整体呈下降趋势

疫情后，旅游业司法诉讼数量有所减少，2022 年显著减少。2022 年 1—8月旅游业共产生司法诉讼 67180 件，2021 年同期共产生司法诉讼

128867 件，同比下降 47.87%（见图 4-3）。自 2021 年以来，文化和旅游部陆续出台《关于加强旅游服务质量监管提升旅游服务质量的指导意见》等一系列文件，不断加大旅游市场执法监管力度，加强对各类在线旅游经营者、互联网平台的日常监测，及时处置各类问题，规范旅游市场行为，使得旅游企业更加注重合规经营与信用建设。

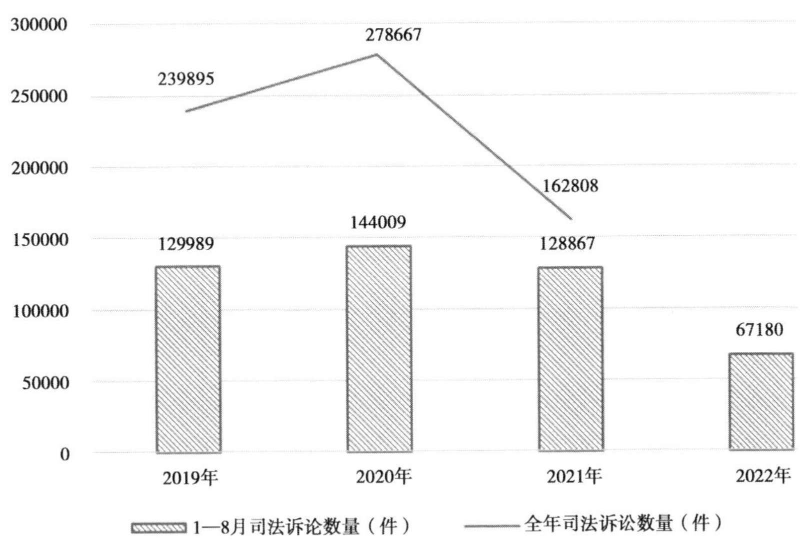

图 4-3　2019—2022 年全国旅游业司法诉讼数量

4. 失信被执行人记录呈上升趋势

疫情后，旅游业失信被执行人记录不断增加。2022 年 1—8 月，全国旅游业共产生失信被执行人记录 12612 条，2021 年同期共产生失信被执行人记录 10699 条，同比上升 17.88%（见图 4-4）。从近几年全国失信被执行人记录变化趋势来看，一方面反映出疫情对于旅游业等实体经济带来的冲击使得大量企业和门店举步维艰，从业人员失业情况严重，经济负担过重导致债务偿还不及时。另一方面，文化和旅游部持续加强旅游市场整治，对旅游市场违法违规经营行为的查处取得一定成效。

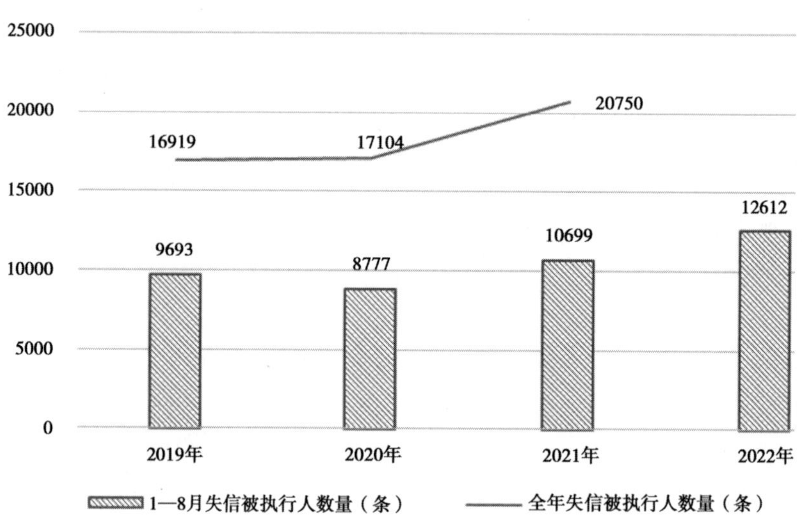

图 4-4　2019—2022 年全国旅游业失信被执行人数量

5. 2022 年严重违法失信记录显著减少

2019—2021 年，旅游业严重违法失信记录数量不断增加，但 2022 年出现显著下降。2022 年 1—8 月旅游业共产生严重违法失信记录 1333 条，2021 年同期产生 10973 条，同比下降 88.01%（见图 4-5）。这一现象从侧面反映出，旅游业的违法失信行为管理取得一定实效，行业经营环境有明显改善，但仍需加强行业监管，进一步降低行业严重违法失信记录的数量。

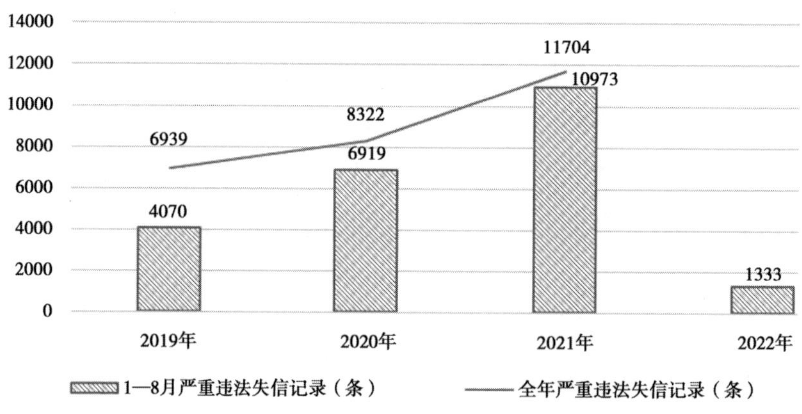

图 4-5　2019—2022 年全国旅游业严重违法失信记录数量

三、文化和旅游市场主要存在的信用问题

（一）行业管理机制不完善，失信现象较为普遍

由于旅游业存在大量短期、一次性的交易场景，交易对象大多为事先无法感知的产品和服务，因此在消费者与市场主体之间容易出现信息不对称问题。一些企业和导游在利益驱动下容易利用信息不对称的优势绕过交易信用规则，侵害消费者合法权益；游客过于追求低价，则容易让自己落入虚假宣传、价格欺诈等陷阱。

（二）政府部门监管不到位，市场秩序较为混乱

文化和旅游市场涉及部门多，旅游、工商、公安、城管、物价等相关部门虽然在行业监管职能方面有所交叉，但整体监管机制缺乏系统性和前瞻性，导致用行政管控来解决行业失信问题较为困难。此外，文化和旅游市场消费环节多，一旦发生企业失信行为，消费者投诉渠道不畅通，政府部门对投诉的处理效率不高，使得企业无所畏惧，扰乱行业市场秩序。

（三）从业人员行为不规范，行业自律性不足

许多文化和旅游市场消费者在体验过程中将重心放在欣赏和个人体验上，容易忽视配套服务，导致市场主体和从业人员有机可乘。例如，使用不规范的消费合同设置隐形条款，排除消费者的权利减少自身的义务，甚至有些从业人员为了短期利益侵害消费者权益。由于缺少专门机构的规范和约束，导致一些市场主体的行为处于监管真空地带，加上本身缺乏自律，最终使得消费者权益受损。

四、文化和旅游市场信用建设展望

（一）信用与监管结合，提高协同监管水平

数字金融与共享文旅的融合发展弱化了单一部门监管的效能，需要通

过社会协同治理解决跨行业、跨部门和跨区域的问题。要适应共享经济的开放性、综合性，逐步从单一监管走向协同治理，应构建由政府、企业、第三方组织机构和用户等多方参与的多边治理机制。一要深入推进“放管服”改革，按照协同共治的原则加强社会信用体系建设，构建以信用为基础的新型监管机制，使信用信息的采集和评估贯穿市场主体全生命周期，信用信息的应用衔接事前、事中、事后全监管环节；二要集结社会各方力量，从更宏观的层面构建文化和旅游行业信用体系，完善从行业到企业的多层级信用标准和体系；三要加强行业和各方参与者的信息披露，实现信用信息共建共享，整合形成完整的市场主体信用记录，推广信用评分在各个文旅场景的应用，强化文化和旅游信用体系对从业者及消费者的约束和激励作用；四要利用市场竞争实现间接监管的目的，如探索建立综合性服务平台，健全消费者投诉反馈处理机制，建立消费者“打分”机制，以市场竞争倒逼商家服务水平的提升；五要提升基层监管人员和队伍监管水平，建立以信用为基础的监管思路，形成“首违不罚、以教代查”的执法模式，让守信者一路畅通，失信者寸步难行。

（二）信用与金融结合，促进企业纾困解难

随着疫情影响及数据要素的进一步应用，“文旅+金融+信用”将催生出一套惠民便企的金融产品运作模式。一是在组织层面加强文旅企业与金融机构的合作，建立一套既能有效合作又能保持一定独立性的合作组织架构，充分整合跨界合作的信息流、物流、商流、资金流等信息资源，建立能够高效对接工作的合作团队；二是在业务层面开展用户资源、营销渠道和产品开发的合作。利用互联网企业和文化宣传平台、旅游平台的用户流量优势，降低获客成本并提升用户黏性，重点培养数字金融与共享服务平台的交叉用户；三是在资本层面充分利用信用大数据，通过投资、孵化的方式，建立合理的利益共享、风险共担的合作机制；四是引入政府机构、行业协会、消费者等多方主体，打造数字金融与共享服务融合发展的产业生态系统，形成战略协同效应。让数字金融与文旅市场从最初的个别场景合作，到共建合作平台，再到引入其他社会力量共同参与和监管，最终形

成“场景化-平台化-生态化”的成长路径。

（三）信用与数产结合，推动文旅消费升级

一是智慧场所方面，搭建文旅大数据平台，归集文旅活动各环节产生的碎片化数据，经过数据挖掘和结构化处理后生成信用信息并对特定主体进行“信用画像”，实现征信评信用信的智能化转型。开发“先玩后付”“信易游”等惠民应用场景，通过守信激励，让消费者切实感受到诚实守信带来的便利。

二是公共服务方面，随着三维可视化、服务机器人、物联网、云计算等技术的集成应用，文旅场所可为消费者提供智能资讯、智能游览、智能推荐、智能支付等多功能服务，科学安排在线、分时段、多渠道预约，完善智能监察、调度应用。文旅大数据平台将支撑多元的终端应用，通过大小屏联动提供数字化线上服务，激活数字文旅资源价值。

三是市场营销方面，推动线上、线下文旅产品和服务走向融合，引导线上虚拟体验与线下活动相互转换，放大文旅市场的营销力量。依托微博、微信公众号、抖音、快手等新媒体矩阵，推出体验性、互动性强的定制化文旅产品，满足不同群体的需求，还可以结合 VR、区块链技术开发智慧博物馆、数字展览馆、数字文化馆和数字艺术档案等智慧场景。通过引入信用分级分类管理、诚信先行赔付等机制，加大信用监管力度，在提高订单转化率的同时，倒逼商家改善服务质量，规范文旅生态体系。

（四）信用与企管结合，提升主体守信水平

文化和旅游行业从业主体类型多、数量庞大，须以社会主义核心价值观做正确引导，加强文旅市场诚信建设。一是鼓励文旅企业诚信经营，以“诚信企业”“文明个人”等荣誉和优惠政策等物质奖励做正向激励，发挥榜样的力量。二是加大行业监管力度，根据《文化和旅游市场信用管理规定》，完善信用管理与惩戒机制，使扰乱市场秩序的单位和个人无处遁形。三是发挥行业组织的自律作用，对文化和旅游企业分别进行正向引导和负面惩戒，促进形成良好的市场风气。四是加强文化和旅游信用信息归集共

享，由行业协会牵头，建立娱乐、演出、艺术品、网络文化、旅游等领域市场主体、从业人员及产品的信用信息归集共享机制，实现信用数据“应归尽归，可归尽归，愿归尽归”，及时与监管部门配合，监控行业信用发展态势。

（作者：曾光辉，厦门国信信用大数据创新研究院院长，高级经济师；李桂超，厦门国信信用大数据创新研究院合作交流部主任，工程师；原彤瑶，厦门国信信用大数据创新研究院大数据实验室研究人员，经济师）

第三节　家政行业信用状况年度报告

随着国家经济的飞速发展、人民群众的收入增长及消费能力的持续提升，特别是老龄化的到来和三胎政策的实行，居家养老、烹饪保洁、育婴育幼等多样化的家政服务需求呈现刚性增长，家政服务业逐步成长为一个重要的生活性服务行业。据权威机构预测，五年内家政服务业会成为一个承载4000万人就业、产值超万亿元的行业，对促进就业、精准脱贫、保障民生具有重要作用。

一、2021—2022年家政行业信用政策概况

国家高度重视家政行业信用体系建设，国家发展改革委、商务部不断推进家政行业向规范化、标准化、专业化方向发展。据不完全统计，2021年以来，国家层面出台了3份家政行业信用建设相关文件（见表4-2），政策引导和监管力度逐渐加大。

一是加大信用监管力度。开展家政企业信用建设专项行动。按照国家发展改革委办公厅2021年印发的《关于开展家政企业信用建设的行动方案》要求，重点督促被依法列入严重失信主体名单的家政企业履行法律义务，被行政处罚的家政企业开展整改，同时激励受到行政奖励的家政企

业，向其他部门推送奖励信息并集中公示。

二是持续提高家政从业人员素质。深入推进产教融合，入选各省（自治区、直辖市）产教融合型企业建设培育库的家政企业数量达到100家以上，对入选的企业落实“土地+金融+财政+信用”组合式激励政策。扩大家政培训规模，落实家政培训补贴，提高家政培训质量，开展家政职业技能等级认定。

三是以信用建设为主要抓手，大力推动家政行业规范化、标准化发展。要求相关部门按季度更新家政企业信用修复和受奖励情况，实现省级家政领域问题企业台账退出率达到80%，推动政府部门和金融机构对受奖励的家政企业给予政策优惠。探索推广家政信用名片，规范家政行业用工，引导家政企业完善体现技能价值激励导向的工资分配制度，推进家政服务标准化专项行动。

表4-2　2021年以来国家层面出台的家政领域信用建设相关政策文件

时间	颁布部门	文件名称	政策概述
2022年5月	国家发展改革委、商务部	《促进家政服务业提质扩容2022年工作要点》	提出多项重点任务，包括以信用建设为主要抓手，大力推动家政行业规范化、标准化发展。按季度更新家政企业信用修复和受奖励情况。发挥示范引领作用，大力推动家政行业品牌化、规模化发展。深化家政“领跑者”行动。推动各省（自治区、直辖市）重点联系10家平台性家政龙头企业、10家员工制家政龙头企业、10家专业性家政龙头企业。
2021年11月	国家发展改革委、商务部、教育部等15部门	《深化促进家政服务业提质扩容“领跑者”行动三年实施方案（2021—2023年）》	推动家政领域信用建设，搭建家政信用服务平台，完善家政信息录入机制，开展家政企业信用建设专项行动，进行家政诚信宣传。

续 表

时间	颁布部门	文件名称	政策概述
2021年10月	商务部等14部门	《家政兴农行动计划（2021—2025年）》	加强横向部门间信用信息归集，强化纵向信息交互，搭建国家平台、地方平台和企业平台相互补充的信用平台体系。结合“诚信建设万里行”活动强化家政信用建设宣传引导。强化信用信息应用，结合公共信用综合评价建立完善家政领域公共信用评价，推动将信用评价结果纳入信贷支持考虑因素。依法依规实施守信激励和失信惩戒。

2021—2022年，河北省、河南省、珠海市、盐城市、广州市等多个省市在家政行业信用建设方面发布了一系列政策文件，部分城市以示范评选和评价活动等形式推动家政服务业信用建设。河北省人民政府办公厅发布的《关于促进家政服务业高质量发展的实施意见》提出推动家政服务企业、从业人员在商务部家政信用信息平台系统进行登记，实行分类分级管理；探索引入第三方机构，对家政服务机构和从业人员实施服务质量监测和信用综合评价，公开“守信名单”“失信名单”，建立星级评定制度；推动家政服务“信易贷”，鼓励商业银行为信用状况良好且符合条件的家政企业提供无抵押、无担保的信用贷款。青岛市商务局印发的《青岛市家政行业诚信体系建设专项规划》提出，家政服务业诚信体系建设应完善标准体系，加大标准执行力度；完善平台信用评估功能，推进多平台信用信息共享与联动；完善家政服务业信用档案，实施守信激励和失信惩戒，探索建立家政服务机构信用修复机制。珠海市印发《珠海市家政服务龙头企业和诚信示范企业认定管理办法》，将入驻珠海“南粤家政”信用管理平台、在信用平台上建立企业和家政服务人员信息档案、企业信用投诉记录、失信记录等信息作为诚信示范企业认定依据。

此外，盐城市组织家政服务机构信用等级评价，福州市对家政服务信用记录进行示范评选，广州市实行家政“安心服务证”，依托诚信平台建立“可查询、可追溯、可评价”家政服务机制，推动家政服务业标准化、专业化发展，提升从业人员素质。

二、家政行业信用现状分析

（一）行业信用信息归集应用现状

2020年，商务部等八部门联手建设并启用家政服务信用信息平台，包括“家政信用查”消费者端和服务员端两个手机应用程序，面向全国所有家政企业、服务员和消费者，归集各地家政服务企业和家政服务员的信用信息，并在全国范围内实现共享。截至2022年8月，已归集企业信息数约1.8万条，家政服务员信息数1372.4万余条，访问次数超1.7亿次。[1]用户可以通过客户端浏览家政行业资讯信息，查询家政企业公开信用信息，包括工商注册、行政奖励、行业处罚、优质服务承诺、已授权认证的家政服务员数等信息。

（二）行业信用标准建设现状

从全国标准信息服务平台备案情况来看，现行的家政服务行业标准仅有商务部制定的《家政服务信用档案建立基本要求》，用于对我国家政服务企业和家政服务员建立信用档案、开展信用管理、实施信用监管等。在地方层面，广东省、安徽省、上海市、黑龙江省、广州市、厦门市陆续发布家政服务行业的企业信用管理体系、企业信用等级与评价、服务员信用信息管理等方面的地方层面标准化文件（见表4-3）。

以厦门为例，《家政服务企业信用等级与评价规范》规定了家政服务企业信用等级划分、评价要求、评价指标和评价程序。其中，评价等级从高到低分为AAAAA、AAAA、AAA、AA、A五个等级；企业信用评价指标由诚信观、履约能力、社会责任和加分项构成，包括企业决策者的诚信、价值取向，企业履行承诺、实现自身价值的综合性能力，以及企业承担利益相关方责任和承诺兑现情况。

---

[1] 数据来源：“家政信用查”App。

表 4-3　2021 年以来发布的家政领域信用相关标准文件（地方标准）

省市	文件名称
广东省	《家政服务 企业信用评价》 《家政服务 企业信用管理体系》 《家政服务 家政服务员信用信息管理规范》 《家政服务 家政服务机构标准体系建设指南》
上海市	《家政服务机构信用等级划分与评价规范》
广州市	《家政服务信用等级评价规范》
黑龙江省	《家政服务机构信用评价规范》
厦门市	《家政服务企业信用等级与评价规范》
安徽省	《家政服务机构信用等级划分与评价》

（三）行业企业及从业人员信用现状分析

依托全国信用信息共享平台及大数据技术，对在商务部共享的“家政服务信用信息平台”注册的 9187 家家政服务企业[1]进行信用状况综合评价，评价内容主要包括司法裁决、行政许可、行政处罚、失信被执行人等。评价数据来源主要为全国信用信息共享平台、中国执行信息公开网、全国企业信用信息公示系统、中国裁判文书网等。

1. 行政许可数量整体呈增长趋势

近五年，家政行业行政许可数量整体呈增长趋势。2020 年家政行业行政许可数量最多，共 4002 项。2021 年家政行业新增行政许可数量有所下降，但仍超过 2000 项（见图 4-6）。

2. 行政处罚数量呈快速增长趋势

随着我国家政行业企业数量的大幅增长，近几年行政处罚数量呈现逐年增加趋势（见图 4-7）。2021 年家政行业行政处罚信息共计 128 条，同比增长 113%。行业监管力度有待进一步加大。

[1] 文中所称“家政服务企业”是指在市场监督管理部门注册登记的经营范围包含“家政”的企业。

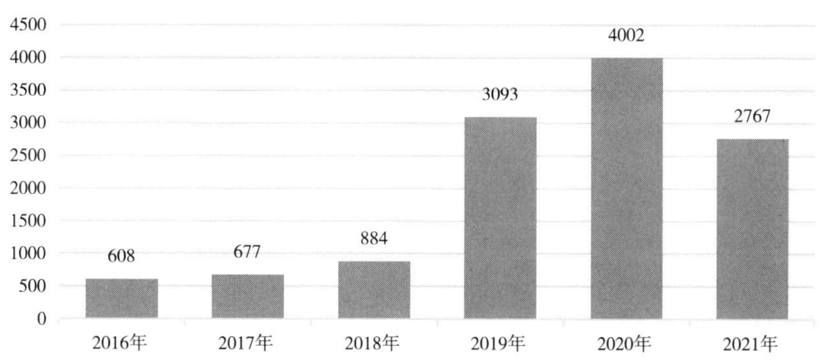

图 4-6　2016—2021 年全国家政行业获行政许可数量

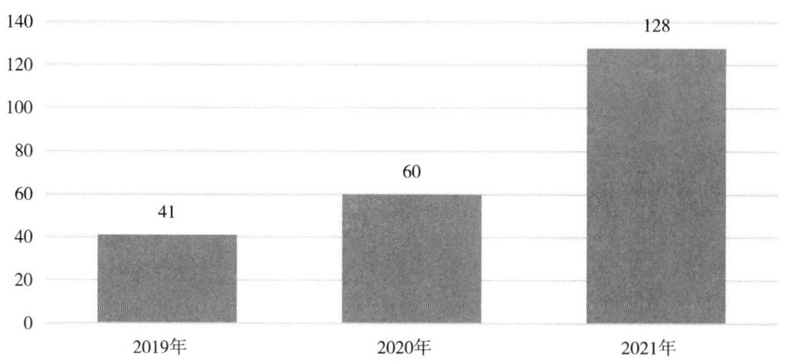

图 4-7　2019—2021 年全国家政行业行政处罚数量

3. 失信被执行人记录呈增长趋势

随着我国家政行业企业数量的大幅增长，失信被执行人记录也呈增长趋势（见图 4-8）。2021 年家政行业失信被执行人记录共计 314 条[1]，同比增长 32.5%。未来还需加强行业自律和提高监管水平。

[1] 该统计口径为曾经被列入过失信被执行人，暂不考虑是否已退出的情况。

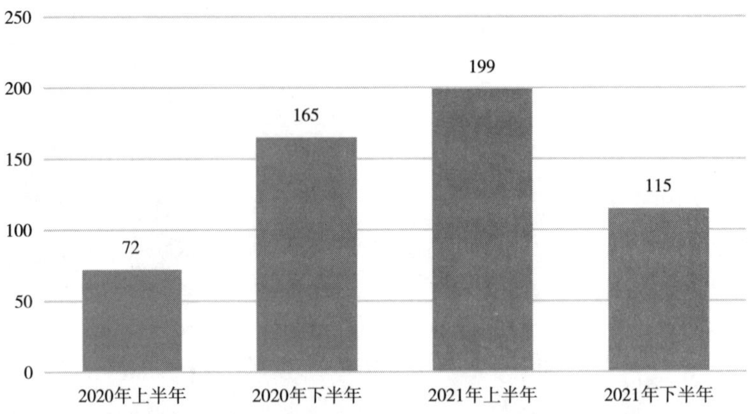

图 4-8　2020—2021 年全国家政行业失信被执行人数量

（三）从业人员信用现状分析

我国家政从业人员的总体信用良好，但安全隐患依然存在。通过对熊猫家政系统[1]随机抽取的 5000 名从业人员的差评理由进行分析可以发现，在有不良警示信息的评价中，假证、甩单现象最为突出（见表 4-3）。

表 4-3　差评理由统计

不良类型	人数	在不良中占比（%）	在总数中占比（%）
无不良警示信息的评价	4767	/	95. 34
有不良警示信息的评价	233	/	4. 66
总数	5000	/	/
假证	31	13. 30	0. 62
偷盗	15	6. 44	0. 30
打虐看护对象	5	2. 15	0. 10
甩单	54	23. 18	1. 08
旷工或擅自离岗	15	6. 44	0. 30

[1] 北京小熊美家科技有限公司研发的一款互联网+家政的企业服务平台。统计覆盖人员：全国家政行业从事服务事宜的家政人员（包括：家政员、月嫂、保姆、养老护理、育儿嫂等），参与公司总数 3488 家，参与家政员总数 77479 人，受到差评家政员 3380 人。文中分析样本为从中随机抽取的 5000 名从业人员。

续 表

不良类型	人数	在不良中占比（%）	在总数中占比（%）
借钱	12	5.15	0.24
私涨工资	4	1.72	0.08
泄露客户隐私	5	2.15	0.10
借雇主家待私客	4	1.72	0.08
性陪伴	3	1.29	0.06
其他	85	36.48	1.70

由此可见，虽然家政行业消费者总体满意度较高，但行业从业人员失信行为依然存在，行业监管力度有待加大。

三、家政行业存在的主要信用问题

（一）消费者满意度总体较高，但行业失信问题依旧存在

从行业服务满意度来看，大部分企业服务质量都能得到保障，在顾客心中树立了较好的行业形象，但行业失信问题依旧存在。假证、偷盗、旷工或擅自离岗、甩单、打虐看护对象等现象较为突出，在家政行业市场规模逐渐扩大的今天，若不加以控制，这些失信问题会越来越严重，制约家政行业未来的发展。

（二）服务转手问题突出，家政服务质量难以保障

部分家政从业人员选择离开企业后单干，由于全国统一的产品质量、服务过程等标准尚未推出，市民对这类人员的服务质量缺乏明确判断依据。另外，部分工作人员存在“接私活”和“多次转手”等问题，服务质量缺乏保证，将对老幼病残顾客群体的安全健康形成严重威胁，目前也缺乏明确的法律制度对此类现象予以识别和预防。

（三）宣传教育不到位，消费者对维权渠道缺乏认识

由于“游击队”和“多次转手”在家政行业中占了很大的份额，目前

有关部门还未对此类现象提供维权、投诉的渠道，因此消费者对家政服务不满、产生纠纷或出现安全事故时往往不知如何维权，也不能及时向有关部门反映市场上的竞争乱象。

四、家政行业信用建设展望

（一）推动家政行业信用法治化、标准化发展

目前家政行业在国家和地方层面的信用标准规范都较为缺乏，有必要通过“标杆”有效科学管理行业秩序。以福建省为例，2021 年福建省政协委员提交的《关于家政服务业的乱象和治理的建议》提出，尽快开展家政服务地方标准立项研究，出台家政服务地方标准和实施细则，在条件成熟时适时推出《福建省家政服务条例》，加强对家政服务地方标准的宣传和实施工作。

另外，还需发挥国内龙头领跑企业的品牌示范效应，将其成功经验和有效模式以标准文本的形式加以固化，采用试点先行、逐步推广的发展模式，通过修订、实施、评价和改进等标准化闭环动态活动，在实际工作中复制并推广。同时，行业内部应针对家政服务特点，进一步加大团体标准的制定力度，通过行业内部的推行实施，增强团体标准的针对性与显著性，弥补国家标准、行业标准和地方标准的不足。

（二）加快家政行业信息化建设，完善行业信用体系

随着人工智能、大数据在各行各业的应用，家政服务业也应顺势而为，将“信用科技赋能”的理念应用到家政服务中，加快行业信息化建设，完善家政服务业信用体系。

通过建立统一的家政服务平台，将家政服务机构、从业人员和消费者的各种供求信息汇集起来，各方可在平台上查询、咨询、下订单、反馈、点评，使交流互动更加便捷。通过整合公共信用信息数据和家政服务平台数据，加强从业机构、从业人员职业信用管理及重点机构信用监测管理，完善家政行业信用体系。另外，建设好家政服务平台也有利于统一各种数

据标准，畅通信息通道，助力有关部门、行业协会和市场盈利机构利用平台形成的大数据，分析消费者特点，挖掘市场需求，创新服务项目，提升管理水平。

（三）加大对市民学法、用法的宣传教育力度

构建家政诚信服务生态，解决家政服务供需信息不对称、缺乏服务质量评价标准和监督机制不完善等问题，建立健全家政行业信用体系，营造诚实守信的家政服务业发展环境。推介诚信典型主体，曝光严重失信主体，弘扬诚信文化，营造诚信氛围。

建议各地区商务局充分利用质量月、世界标准日、家政节、家政日等重要时间节点，通过官方网页、地铁 LED 屏、电视台、微信公众号等渠道，向市民推广家政行业及服务标准化的相关知识，不断增强全民对行业发展和服务标准的认识和理解，鼓励市民通过正规渠道采购家政服务，通过各种渠道举报投诉身边的违法违规家政服务企业或人员。

（作者：曾光辉，厦门国信信用大数据创新研究院院长，高级经济师；李桂超，厦门国信信用大数据创新研究院合作交流部主任，工程师；原彤瑶，厦门国信信用大数据创新研究院大数据实验室研究人员，经济师）

第四节　建筑行业信用状况年度报告

作为拉动国家经济增长的支柱性产业，建筑业与我国宏观经济发展有着密切的关系。近五年来，建筑业总产值持续增长，建筑业增加值占国内生产总值的比例始终保持在 6% 以上。同时，建筑行业是社会信用体系建设的重要一环，多年来在招投标、合同签订、施工以及竣工等环节存在各种失信现象，行业信用体系建设亟待加强。

一、2021—2022 年建筑行业信用政策概况

国家高度重视建筑行业信用体系建设。据不完全统计，2021 年以来，国务院、住房和城乡建设部出台了 9 份建筑行业信用相关政策文件（见表 4-4），信用建设力度持续加大。

一是逐步实现建筑行业公共信用信息归集、共享和公开。统筹建筑市场与房地产市场、工程造价、工程质量安全等领域形成标准统一的数据共享体系。加强住建领域信用信息与全国信用信息共享平台的数据共享，建立工程抗震责任企业及从业人员信用记录制度，将相关信用记录纳入全国信用信息共享平台；依法依规将房地产领域违法违规信息纳入全国信用信息共享平台。

二是加大信用监管力度。探索在消防验收备案等事项中实行告知承诺制度，同步制定完善事中事后监管措施。推进建立分领域、分行业统一的市场主体信用评价指标体系和信用风险分类分级标准，为开展“双随机、一公开”监管提供基础条件，根据企业信用风险分类结果实施差异化监管措施，不断提升监管的精准性和有效性。

三是依法依规建立守信激励和失信惩戒机制。推动各部门依法依规对相关企业及从业人员实施失信联合惩戒，及时曝光房屋市政工程违法的单位和个人，公开处罚信息；在绿色建筑标识认定中，对违反评审规定和评审标准的专家，视情节记入个人信用记录，并从专家库中清除。同步建立完善信用修复制度。

表 4-4 2021 年以来国家层面出台的建筑行业信用相关政策文件

时间	颁布部门	文件名称	信用相关内容概述
2022 年 4 月	住房和城乡建设部	《住房和城乡建设部 2022 年信用体系建设工作要点》	建立健全信用管理制度，推进信用管理标准体系建设。推进全国信用信息共享平台建设，逐步实现住房和城乡建设领域公共信用信息归集、共享和公开。加快完成信用信息共享任务，增强信用信息服务市场主体能力，支持行业协会商会建立健全行业信用自律。推进建立基于信用的分级分类监管机制，利用新技术成果提高智慧监管能力。

续 表

时间	颁布部门	文件名称	信用相关内容概述
2022年3月	住房和城乡建设部	《房地产开发企业资质管理规定》	县级以上人民政府房地产开发主管部门应当开展‘双随机、一公开’监管，依法查处房地产开发企业的违法违规行为。县级以上人民政府房地产开发主管部门应当加强对房地产开发企业信用监管，不断提升信用监管水平。
2022年3月	住房和城乡建设部	《关于开展房屋市政工程安全生产治理行动的通知》	加强安全信用建设，建立守信激励和失信惩戒机制，及时曝光违法的单位和个人，公开处罚信息。
2021年7月	国务院	《建设工程抗震管理条例》	县级以上人民政府住房和城乡建设主管部门或者其他有关监督管理部门应当建立建设工程抗震责任企业及从业人员信用记录制度，将相关信用记录纳入全国信用信息共享平台。
2021年7月	住房和城乡建设部等8部门	《关于持续整治规范房地产市场秩序的通知》	发展改革部门负责协调汇总房地产领域违法违规信息，并纳入全国信用信息共享平台，推动各部门依法依规对相关企业及从业人员实施失信联合惩戒。
2021年6月	住房和城乡建设部	《关于做好建设工程消防设计审查验收工作的通知》	加强信息化手段在建设工程消防设计审查验收技术服务机构和人员管理中的应用，建立完善信用采集、失信惩戒、信用修复等各项措施。
2021年6月	住房和城乡建设部	《住房和城乡建设部办公厅关于取消工程造价咨询企业资质审批加强事中事后监管的通知》	探索建立企业信用与执业人员信用挂钩机制，鼓励第三方信用服务机构开展信用业务。全面推行“双随机、一公开”监管，根据企业信用风险分类结果实施差异化监管措施。
2021年4月	住房和城乡建设部	《关于开展既有建筑改造利用消防设计审查验收试点的通知》	探索实行消防验收备案告知承诺。既有建筑改造利用应办理消防验收备案、火灾危险等级较低的，探索通过精简申请材料、告知承诺等方式，简化消防验收备案手续，同步制定完善事中事后监管措施，加强信用管理。

续　表

时间	颁布部门	文件名称	信用相关内容概述
2021年1月	住房和城乡建设部	《绿色建筑标识管理办法》	参与绿色建筑标识认定的专家应坚持公平公正，回避与自己有连带关系的申报项目。对违反评审规定和评审标准的，视情节记入个人信用记录，并从专家库中清除。

2021—2022年，浙江省、河南省、湖南省、河北省、广州市、常州市、潍坊市、成都市、重庆市、西安市等多个省市针对建筑行业的信用体系建设发布了管理办法、实施意见等政策文件，主要涉及信用信息管理、市场信用管理、信用监管、信用评价、信用激励等内容。《湖南省绿色建筑发展条例》将绿色建筑从业主体及其行为纳入社会信用体系。《河北省物业服务企业信用信息管理办法》将信用信息作为实施行业信用监管的重要参考，对物业服务企业信用信息的采集、记录、披露和使用均做出明确规定，并提出对物业服务企业的守信激励措施。《重庆市房屋建筑和市政基础设施工程质量检测信用管理办法（修订）》规定了从事房屋建筑和市政基础设施工程质量检测活动的检测机构和检测从业人员的信用信息的采集、认定、量化记分、公开、应用及监督管理办法。《西安市建筑施工总承包企业信用评价管理暂行办法》通过信用评价系统对全市建筑施工总承包企业市场履职行为、项目施工现场质量安全管控等行为按照信用评价标准进行采集、量化打分，形成企业每日的动态信用分，最终按投标总分10%的比例应用于国有投资工程项目的评标过程。

总体而言，2021—2022年住房和城乡建设部门、各地市人民政府发布了大量涉及建筑行业信用管理的规范性文件，对信用体系建设、信用信息归集、分级分类监管、信用评价等内容进行规划与探索，积极推动建筑行业的信用体系建设。

二、建筑行业信用现状分析

随着全国社会信用体系建设的快速推进与“后疫情时代”经济生产的逐渐复苏，建筑行业2021年总体信用状况良好，市场主体更加重视诚实守信、依法合规经营。

（一）行政许可数量呈快速增长趋势

2018—2021 年，建筑行业行政许可[1]数量整体呈增长趋势。建筑行业获行政许可总量由 2018 年的 30.13 万项增长至 2021 年的 91.29 万项，四年内平均增长率为 52.7%（见图 4-9）。这一增长趋势从侧面反映出，行业越发注重企业的资质水平，政府主管部门积极推动工程行业的整体发展。

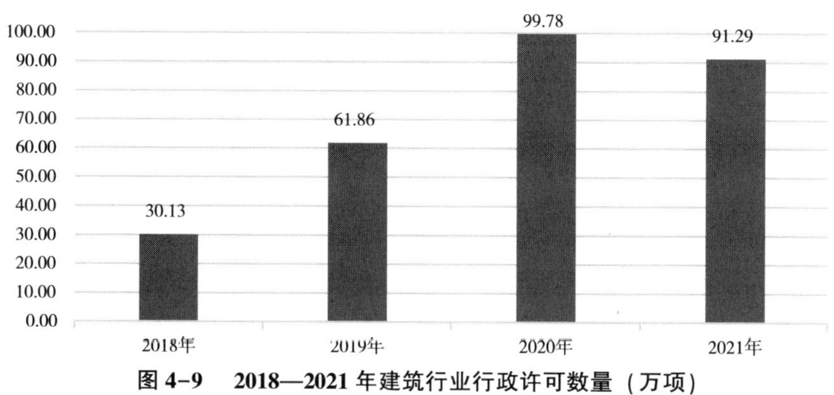

图 4-9　2018—2021 年建筑行业行政许可数量（万项）

行政许可、行政处罚、司法诉讼、失信被执行人分析数据来源：全国信用信息共享平台、中国执行信息公开网、全国企业信用信息公示系统、中国裁判文书网等平台。

（二）行政处罚数量增幅呈下降趋势

2018—2021 年，建筑行业行政处罚数量每年增幅逐渐收窄。这一现象从侧面反映出，建筑行业企业对于合规经营生产和信用维护越来越重视。2019 年建筑行业行政处罚数量为 9.7 万条，同比增长了 25.16%；2020 年同比减少了 7.73%，2021 年同比仅增长 1.01%（见图 4-10）。

[1] 文中所称“行政许可”指的是“建筑业资质许可”。

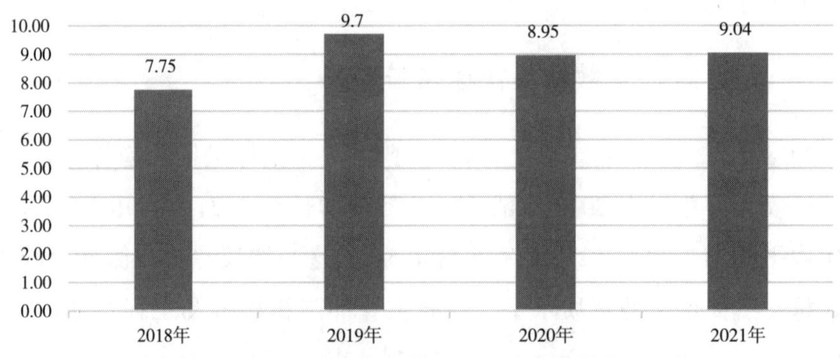

图 4-10　2018—2021 年建筑行业行政处罚数量（万条）

（三）司法诉讼数量增幅逐渐减小

2018—2021 年，建筑行业司法诉讼数量增幅逐渐减小。2019 年司法诉讼数量为 137. 92 万件，同比增长了 20. 96%，2020 年同比增长了 16. 22%，2021 年同比减少了 44. 39%（见图 4-11）。由于建筑行业规模较大且建筑施工过程中易产生纠纷，长期以来司法诉讼的数量较多，未来还需加强行业自律，提高监管水平。

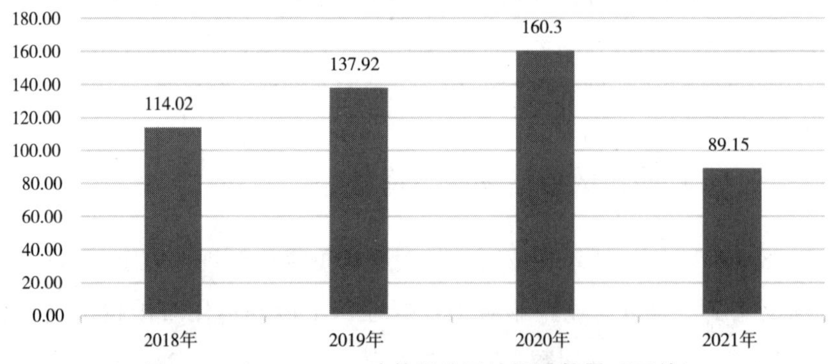

图 4-11　2018—2021 建筑行业司法诉讼数量（万件）

（四）失信被执行人记录数量呈下降趋势

2018—2021 年，建筑行业失信被执行人记录数量整体呈下降趋势。2019 年失信被执行人记录数量为 4. 2 万条，2020 年为 3. 53 万条，2021 年为 2. 59 万条，同比减少了 26. 63%（见图 4-12）。

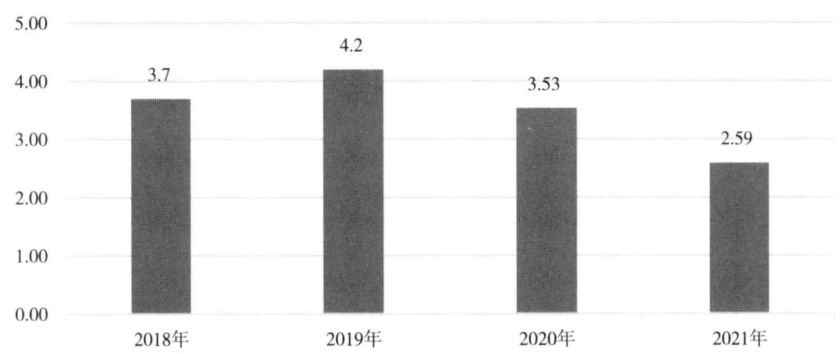

图 4-12　2018—2021 建筑行业失信被执行人记录数量（万条）

（五）严重违法失信企业整体较少

从严重违法失信记录数量上看，建筑行业中被列为严重违法失信的企业整体较少但仍存在。2018—2020 年，建筑行业严重违法失信企业记录数量保持稳定，但 2021 年为 925 条，增长明显，需在完善相关法律制度、严惩失信企业的基础上，加大对失信企业的信用教育和辅导力度。

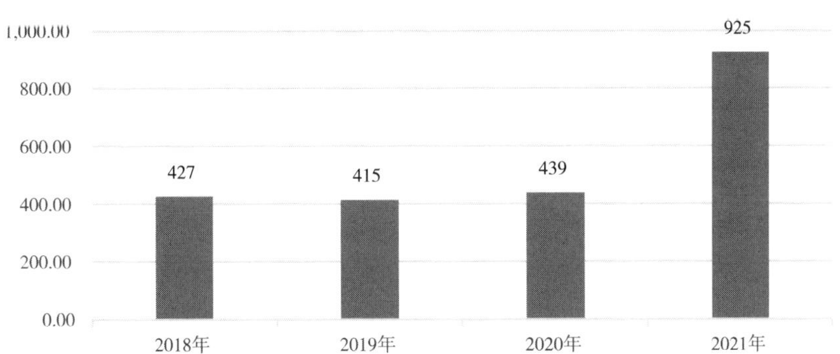

图 4-13　2018—2021 建筑行业严重违法失信企业记录数量（条）

（六）企业信用融资成效显著

2021 年，“工程信易贷”[1] 面向全国建筑行业授信 31.7 亿元。从地区分布上看，2021 年，“工程信易贷”面向湖北省、吉林省、安徽省、河

[1] 工程信易贷：一款面向全国工程行业中小微企业的工程行业领域专属信用融资产品。

南省以及西藏自治区的建筑行业单位企业授信金额最多，分别为 240. 44 万元/户、197. 26 万元/户、193. 71 万元/户、184. 54 万元/户、183. 62 万元/户。数据表明，在湖北省建筑行业受疫情重创后，“工程信易贷”为其复工复产提供了充分有力的支持；此外，上述省份大多为中小微企业较多的省份，这从侧面反映出“工程信易贷”为建筑行业中小微企业提供了切实的帮扶与支持，产生了良好的社会效益。

三、建筑行业存在的主要信用问题

（一）行业政策机制不够完善，失信问题依然存在

2021 年建筑行业总体信用水平状况有所提升，但仍有部分地区市场主体在招投标、合同签订、施工以及竣工等环节存在各种失信现象。市场主体的失信行为主要包括骗取企业资质或个人执业注册资格、投标人相互串通投标、拖欠农民工工资、发生较大及以上工程质量安全事故等。对于被列入“黑名单”的建筑业市场主体，当前主要依据《建筑市场信用管理暂行办法》，在市场准入、资质资格管理、招标投标等方面给予行政限制和市场限制，相关信用惩戒制度还有待进一步完善。

（二）信用评价体系不够完备，覆盖面不全

总的来说，全国各地在建立建筑行业信用评价体系方面已经取得了显著成效，但是部分地区还存在体系不够完备、覆盖面不全等问题。目前，各地信用评价办法中的评价指标大多借鉴中国建筑业协会 2018 年印发的《建筑业企业信用评价办法》，针对建筑行业企业笼统的信用评价体系较为成熟，但还未进行分类别、分子行业的细化。另外，目前信用评价重点聚焦在行业企业，对从业人员涉及较少。

（三）信用融资产品单一，服务覆盖面小

建筑企业在项目工程建设过程中，资金占用量大、施工周期长、资金周转率低，对融资有较大需求。市场上虽然有一些信用融资产品取得了显著成

效，如“工程信易贷”累计授信百亿元，但产品较为单一，覆盖面有限，仍需要持续加大对建筑企业融资的支持力度，促进建筑业高质量发展。

四、建筑行业信用建设展望

（一）巩固失信惩戒成果，完善信用惩戒制度，提高信用法治化水平

一是建议建筑行业主管部门进一步规范对失信主体的约束和惩戒制度。针对失信主体，限定设列领域范围、规范认定标准、履行认定程序，防止严重失信主体名单认定和实施失信惩戒措施的泛化、扩大化，依法依规开展失信惩戒，确保过惩相当。健全和完善信用修复机制，提高信用修复效率。二是建立有利于信用主体自我纠错、主动自新的信用修复机制，明确信用修复工作边界和修复方式，建立信用修复平台，提高信用修复效率，加强信用修复信息共享，切实解决“信用修复难”问题。

（二）健全信用标准体系，优化信用评价规范，提升行业诚信自律水平

一是建议各地持续优化信用评价方法和指标体系。基于机器学习、大数据技术，从企业基本信息、建筑实力、工程业绩、招标投标、合同履约、工程质量控制、安全生产等维度完善建筑市场评价标准，建立针对各类型建筑相关企业的长效信用评估机制。二是建议各地进一步对单一行业或者单一市场主体开展细化的信用评价，例如对监理、设计、施工等单位的信用评价等。三是针对建筑行业重点从业人员，如项目设计负责人、项目经理、监理工程师、试验检测人员等，应加大力度建立信用档案，开展信用评价。

（三）加大守信激励力度，拓展信用应用场景，强化企业自主用信能力

一是在政务服务领域为守信企业简化流程、优化服务、降低监管频

次。全面推行建筑行业企业分级分类监管，实施行政审批“绿色通道”和“信用承诺”制度，在办理市场准入、审批许可、产权登记、资质审核等政务服务事项的过程中，让守信企业享受优先办理、减免证明、简化手续、容缺受理、并联审批、一网通办等便捷审批服务措施。构建完善以信用为基础的新型监管机制，对守信主体减少日常检查频次。二是在建筑企业生产运营中为守信企业降低运营成本、提高运营效率，激发企业活力和发展动力。鼓励在建筑施工招投标中推广电子保函并嵌入信用信息，无失信记录的建筑企业可以使用电子保函参与投标，鼓励保证机构给予守信主体的保函申请方一定的费用减免，切实为建筑市场主体降低交易成本、减轻负担。

（四）创新信用融资产品，加强智能风险监测，全面赋能中小企业融资

一是建议行业主管部门进一步支持金融机构为建筑业守信主体提供降低贷款利率、延长贷款期限、提高信贷额度、免抵押免担保、精简审批程序等激励措施，不断创新信用融资产品。例如，推动公共信用信息与建筑企业中标信息、合同信息、订单信息、票据信息及支付情况等市场信用信息融合共享，开发“信用+应收账款”等融资贷款产品。二是打造智能化风控体系，赋能普惠金融可持续发展。科学规划运用建筑行业大数据，引入第三方信用服务机构、科研院校、行业协会等社会力量，逐步建立起智能化风控体系，解决传统信贷中小微企业风险信息不对称、风险识别难、风险预警弱、贷后管理烦琐等问题，推动信贷人员“敢贷、愿贷、善贷”，助力普惠金融提质增效。

（五）构建区域信用合作，促进区域信用协同，推动区域经济高质量发展

区域信用合作是助力区域经济发展的有效途径，也是全国社会信用体系建设的重要环节。在全国范围内推动区域信用合作，建立健全长三角、京津冀、泛珠三角等区域的信用合作工作机制，在建筑行业推进跨区域守信联合激励，以优化区域营商环境为核心，联手打造区域信用品牌。建立

区域信用联席会议制度，完善顶层设计，部署加快推进区域整体信用制度建设、推动建筑行业的跨区域联动奖惩、促进跨区域信用信息共享共用和鼓励信用行业服务创新等深化区域信用合作重点任务，推出信用城市集群共建、诚信政务服务、信用联合监管以及信用惠民、行业信用建设和信用服务产业集聚发展等深化区域信用合作的专项行动。

（作者：曾光辉，厦门国信信用大数据创新研究院院长，高级经济师；李桂超，厦门国信信用大数据创新研究院合作交流部主任，工程师；原彤瑶，厦门国信信用大数据创新研究院大数据实验室研究人员，经济师；陈京鹭，易信（厦门）信用服务技术有限公司董事长）

第五节　房地产估价行业信用状况年度报告

当前，在房地产长效机制框架下，房地产市场总体运行保持平稳，房地产估价行业规模继续壮大。房地产估价行业作为现代服务业和房地产业的重要组成部分，与社会经济发展和房地产市场密切相关，在促进房地产交易公平、保障金融安全、维护司法公正、保障社会稳定等方面发挥着非常重要的作用。

一、房地产估价行业信用政策概况

近两年，为加快推进房地产估价行业信用体系建设，国家发展改革委联合住房和城乡建设部开展房地产估价机构公共信用综合评价工作，探索建立房地产估价行业信用评价体系，信用评价成为加强行业机构管理的重要方式。

各地市在国家法律法规框架下，纷纷出台了相应的信用政策。例如，济南市 2022 年 6 月出台的《济南市房地产中介行业信用管理办法》通过建立房地产中介行业信用管理体系，对全市房地产中介服务机构及从业人员，在从事房地产中介活动中的信用情况进行综合评定分级，并依据评定级别实施分级管理。苏州市自 2022 年 1 月起施行的《苏州市房地产经纪行业信用管理办法》要求苏州市的房地产经纪机构及其经纪服务人员要在苏州市房地产经纪行业信用管理平台进行信息登记并公示。淄博市 2021 年 6 月出台的《淄博市房地产中介行业信用评价管理办法》以加强对房地产中介机构和从业人员服务行为管理为重点，对机构及人员的基础信息、优良信用信息、不良信用信息、严重不良信用信息按规定予以采集和公开。通过制定行业信用评价标准，对中介机构和从业人员进行信用评价，对诚信和失信机构与人员进行相应奖惩，切实维护市场各方主体的合法权益。随着行业信用管理体系建设的推进及评估标准规范体系的完善，行业执业环境将持续净化、服务质量也将进一步提升。

二、房地产估价行业信用现状分析

由于特殊的历史原因，2000 年以前，绝大多数房地产估价机构作为政府机关的一个部门或者下属单位存在。2000 年 7 月，国务院办公厅下发了《关于经济鉴证类社会中介机构与政府部门实行脱钩改制的意见》，要求包括房地产估价机构在内的中介机构必须与挂靠的政府部门在人员、财务、业务、名称等方面彻底脱钩。由此，房地产估价机构正式开始市场化运作。截至 2021 年底，全国共有房地产估价机构 6265 家。

（一）行政许可数量整体呈增长趋势

近五年，房地产估价行业行政许可数量整体呈增长趋势。2020 年房地产估价行业增加的行政许可（包含新发证及换证许可）数量最多，共取得 1477 项（见图 4-14）。其中，超过 90%的行政许可属于普通和登记类，约 8%的行政许可属于核准类，其他类别的行政许可数量较少。

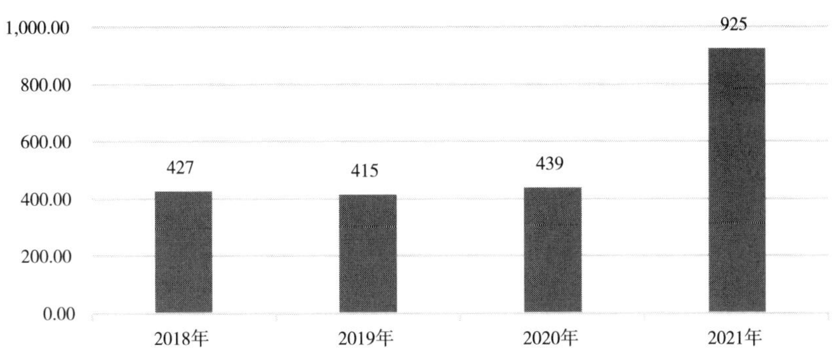

图 4-14　房地产估价企业行政许可数量

行政许可、行政处罚分析数据来源：全国信用信息共享平台。

（二）行政处罚数量整体较少

房地产评估行业行政处罚数量整体较少，但是个别评估师违法乱纪行为依旧存在。从北京康正宏基房地产评估有限公司整理的19件评估行业违法案例中发现，失信案件主要分为以下三类：

一是提供虚假证明文件。在19件评估行业违法案例中，有接近五成的案件是评估师提供虚假证明材料。如：2009年9月，北京某房地产土地评估有限公司拆迁部员工蔡某受公司指派，为昌平区回龙观村旧村改造项目提供拆迁评估服务。其间，蔡某故意将被拆迁人位于回龙观村西北角场地上的两栋两层楼房虚报为三栋两层楼房，虚增房屋面积1.5万余平方米，蔡某销毁了已做好的真实拆迁面积底表，并出具虚假的《房屋拆迁估价报告》，为被拆迁人虚增房屋拆迁补偿1798万余元，造成国家的拆迁补偿款被骗取。检方认为，蔡某的行为构成提供虚假证明文件罪。

二是未认真履行实地查勘估价对象，造成估价不准，给政府、银行机构或金融单位造成重大损失。如：在2000年11月至2001年6月期间，某资产评估事务所有限公司受四川泰港实业（集团）有限责任公司的委托，对四川青神中岩风景区旅游开发公司和四川甘孜大香格里拉旅游发展有限公司的资产进行评估。但是，资产评估事务所的评估师许某、王某在未取得两个评估单位土地的全部合法手续，又未到当地有关部门调查核实土地权属、征地费用、土地等级等一系列涉及资产评估的重要依据的情况下，接受同为资产评估事务所人员段某的指令，将中岩公司的资产虚高评估为人民币 1.96 亿元，将大香格里拉公司的资产虚高评估为人民币 2.97 亿元。随后，泰港公司利用虚假的高评估价从四川省数家金融单位骗贷 1.66 亿元人民币并予以非法占有，至今无力归还。2004 年 6 月，法院最后认定，资产评估事务所出具的报告是造成泰港实业疯狂骗贷的主要原因，因此以出具证明文件重大失实罪，判处资产评估事务所罚金 100 万元，段某有期徒刑两年缓刑三年、罚金 1.5 万元，许某和王某则被判处有期徒刑一年半、缓刑两年、罚金 1 万元。

三是评估师收受贿赂。如：2015 年，陆某、徐某伙同上海市普陀区桃浦镇春光村桃浦科技智慧城地块动迁工作小组组员赵某，利用赵某负责确认所辖范围内租赁户动迁补偿的区域范围、与动迁户前期谈判等职务便利，在对上海雅铖塑胶软管制品有限公司租赁的本市普陀区古浪路 1702 弄进行动迁协议补偿评估的过程中，将不属于雅铖公司的三楼彩钢夹心板房虚假列入该公司的评估对象，后由赵某某向雅铖公司拿回该笔补偿款，三人各分得 17 万元。最终被法院判处有期徒刑、罚金等，扣押在案的赃款人民币依法发还被害单位。

这些违法事件都是该行业的典型案例，应对行业机构及从业人员起到警示作用。

（三）行政处罚金额整体较小

从行政处罚金额来看，有 45.8%的罚款金额小于 5000 元，有 41.7%的在 1 万元以上（见图 4-15）。其中，罚款金额最高的两笔分别为 22.4 万元、10 万元。处罚事由分别为指定没有土地估价师资质人员从事土地评估业务以及偷税行为。

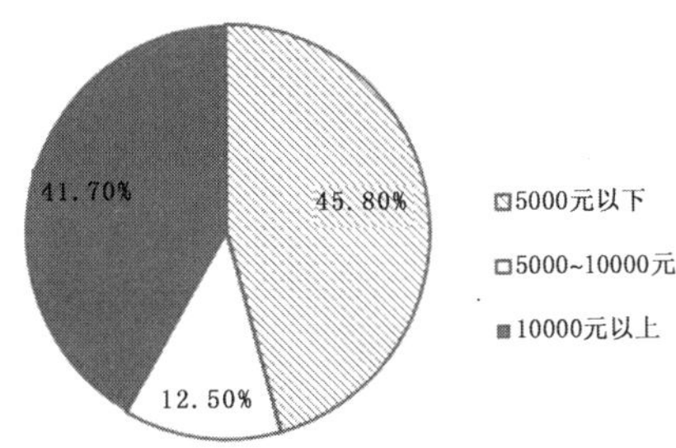

图 4-15　房地产估价企业行政处罚不同金额占比情况

三、房地产估价行业存在的主要信用问题

（一）法律法规制度滞后，监管缺乏法律依据

目前国内针对房地产估价行业的法律法规远远不足以满足行业长期发展的需要，国内房地产估价企业经营与开展业务的依据主要是政府出台的相关规定和行业协会颁布的自律性、技术性文件，这一现状凸显了国内行业立法进度的滞后。

虽然《中华人民共和国城市房地产管理法》对房地产价格评估制度及房地产价格评估人员资格认证制度进行了相关规定，很多房地产估价协会也制定了相关的行业规范准则，但对具体实施过程中的违法违规行为却缺乏有效约束力，常见的违法违规行为有：涂改、倒卖、出租、出借或以其他形式非法转让资质证书；超越资质登记业务范围承接业务；未对估价对象进行实地查勘；出具有虚假记载、误导性陈述或者重大遗漏的估价报告；未经委托人书面同意，擅自转让受托的估价业务等。但由于法律机制不健全，估价机构和估价师往往得不到相应的法律惩罚。同时也缺少明确的法律法规对政府监管和协会自律进行权限的清晰界定，容易出现该行业监管混乱的现象。

（二）失信行为常有发生，国家利益遭受损失

独立性原则和客观性原则是保证评估质量的关键，但在国内，评估过程中为了经济利益背弃这两大原则的现象十分普遍。有些委托方出于各种

私欲向评估人员行贿，部分评估人员在受到委托方的经济利益诱惑以后，就按委托方的意见开展评估，违背了评估的原则。在房屋的抵押贷款评估中，有的评估机构受委托方的指使，故意将准备抵押的房地产评估价值提高；在破产拍卖中，受委托方的摆布，不按规定评估，为了经济利益而调整评估值以达到委托方的某些目的。评估从业人员因业务技术差或者商业贿赂等原因而导致的独立性和客观性的缺失，会带来评估结果与事实严重不符的结果，造成国家资源的浪费以及资产的流失，甚至对其他行业的经济活动产生不良影响。

（三）无序竞争问题突出，严重损害行业口碑

房地产估价行业的准入门槛较低，目前国内最小的房地产估价机构工作人员不足 5 人。对于这些小型机构而言，谋求生存是第一位目标，长远发展所需要的口碑、信誉并不是他们关注的，所以这些小型微型房地产估价机构也就成了市场上开展无序竞争和恶性竞争的主力军。为了获得更多的业务量，某些企业采用回扣、送礼等方式来维持客户，通过无底线地满足客户的不正当要求来提升客户的满意度，或者通过项目提成或者项目奖的方式鼓励员工去承接业务，而不对员工承接业务的行为给予相应的规范，这也加剧了行业内部的恶性竞争。这种现象不但严重损害了行业形象，也直接或间接引发了许多经济问题。尤其是随着资产评估法的实施，以及市场潜在风险的加剧，估价业务的风险不断加大，一些估价机构因估价程序、报告质量存在问题会面临被追究法律责任，甚至承担刑事责任的后果。

四、房地产估价行业信用建设展望

（一）健全行业法律体系，加强行业监管力度

完善的法律法规是保障房地产估价行业健康有序发展的关键。应以我国房地产估价行业发展现状为基础，参考借鉴西方成功经验，逐渐建立一套适合本国国情的法律法规体系。例如，美国早在 20 世纪就颁布了一系列用以保护和约束房地产中介行业的法规，这些法规详细规定估价师及其他

中介行业经纪人的资格取得、执业注册和继续教育、针对违规的处罚措施等相关事宜，在保护和规范房地产中介行业的同时，也对各个中介机构起到了严格的约束作用。

我国政府可在《城市房地产管理法》《房地产估价机构管理法》等法规的基础上，进一步出台相关实施细则，比如试行估价项目报备制，建立虚假重大差错评估报告的认定标准和机制，探索建立估价师的估价项目负责制，依法追究估价机构法定代表人乃至实际控制人的责任等。

（二）完善行业信用体系，创新信用评价应用

随着人工智能、大数据在各行各业的应用，房地产估价行业也应顺势而为，加快建立房地产估价行业信用信息平台，实现房地产估价机构和估价师从业经历、个人公共信用信息、“红黑名单”信息等全方位数据资源的应归尽归。鼓励第三方信用服务机构在数据安全的前提下，开发房地产估价行业专项信用产品。

探索建立房地产估价行业信用评价体系，创新行业信用管理方式方法，逐步用信用管理替代过去的资质、备案等行政管理模式。信用评价将成为行业管理的重要方式，公平竞争、诚信经营的执业环境将逐步形成。

（三）加强从业人员教育，提升专业服务能力

房地产估价师继续教育是提升房地产估价人员综合素质的有效途径。一方面，房地产估价企业应对估价师进行分级管理，实施等级与工资直接挂钩的制度，促使从业人员不断提升专业化服务水平。另一方面，房地产估价机构要严格监管评估师的执业范围，确保估价师尽其能而不超其能，建立年检和抽查制度，对在执业期间出现重大错误，引起重大项目事故的，予以相应降级和处分，严重者吊销其职业资格。通过加强从业人员继续教育和监督管理，为我国房地产估价行业的发展提供有效保障。

（作者：曾光辉，厦门国信信用大数据创新研究院院长，高级经济师；李秀荣，厦门云评众联科技有限公司董事长，厦门均达房地产资产评估咨询有限公司董事长）

第六节　生态环境保护领域信用状况年度报告

社会信用体系的建立和完善是保障社会经济有效运转的前提。在信用社会的大环境下，作为可持续发展的重要环节，生态环境保护领域信用建设既是社会信用体系建设的重要组成部分，又是提升环境治理成效的有力抓手。党的十九大报告明确提出要“强化排污者责任，健全环保信用评价、信息强制性披露、严惩重罚等制度”，构建起政府为主导、企业为主体、社会组织和公众共同参与的环境治理体系。国务院办公厅2019年7月发布的《关于加快推进社会信用体系建设 构建以信用为基础的新型监管机制的指导意见》更是强调要将“生态环境”作为信用规制的重点领域。加快推进生态环境保护领域信用制度建设，对于促进企业严格守法自律，把生态环境保护制度优势更好地转化为治理效能，保障深入打好污染防治攻坚战具有重要意义。

一、2021—2022年生态环境保护领域信用政策

2021—2022年，我国制修订了一系列相关政策，从规范生态环境信用评价、加强生态环境信息披露等多个方面促进生态环境保护领域信用建设，加强生态环境保护信用管理。

生态环境部于2021年5月印发了《环境信息依法披露制度改革方案》（以下简称《方案》）。《方案》要求建立环境信息共享机制，市（地）级以上生态环境部门设立企业环境信息强制性披露系统，及时将企业环境信息强制性披露情况等信息共享至同级信用信息共享平台、金融信用信息基础数据库。同时，将环境信息强制性披露纳入企业信用管理，作为评价企业信用的重要指标，将企业违反环境信息强制性披露要求的行政处罚信息记入信用记录，有关部门依据企业信用状况，依法依规实施分级分类监管。此后，为贯彻落实《方案》的要求，进一步建立健全企业环境信息依

法披露制度，生态环境部于2021年12月发布了《企业环境信息依法披露管理办法》，提出加强企业环境信息依法披露系统与信用信息共享平台、金融信用信息基础数据库对接，推动环境信息跨部门、跨领域、跨地区互联互通、共享共用。同时，为细化企业环境信息依法披露内容，规范环境信息依法披露格式，生态环境部还制定了《企业环境信息依法披露格式准则》。

为规范和加强建设用地土壤污染风险管控和修复从业单位和个人执业情况的信用记录管理，增强从业单位和个人诚信自律意识和信用水平，营造公平诚信的市场环境和社会环境，生态环境部于2021年6月发布了《建设用地土壤污染风险管控和修复从业单位和个人执业情况信用记录管理办法（试行）》（以下简称《办法》）。《办法》适用于建设用地土壤污染风险管控和修复从业单位和个人执业情况的记录、公开、应用等管理活动。要求省级以上人民政府生态环境主管部门按照国家有关规定与相关部门建立信息共享机制，将信用记录等信息纳入全国信用信息共享平台和国家企业信用信息公示系统向社会公布。

中共中央、国务院于2021年11月发布了《关于深入打好污染防治攻坚战的意见》，在提高生态环境治理现代化水平方面，该意见提出，健全生态环境经济政策，全面实施环保信用评价，发挥环境保护综合名录的引导作用。

中共中央办公厅、国务院办公厅于2022年3月印发的《关于推进社会信用体系建设高质量发展促进形成新发展格局的意见》将社会信用体系建设推向了新的高度。它是我国在新时期面对新挑战提出的新办法，是把握新发展阶段、贯彻新发展理念、构建新发展格局的又一制度创新和理论创新。其中，该意见提出，要完善生态环保信用制度。即“全面实施环保、水土保持等领域信用评价，强化信用评价结果共享运用。深化环境信息依法披露制度改革，推动相关企事业单位依法披露环境信息。聚焦实现碳达峰碳中和要求，完善全国碳排放权交易市场制度体系，加强登记、交易、结算、核查等环节信用监管。发挥政府监管和行业自律作用，建立健全对排放单位弄虚作假、中介机构出具虚假报告等违法违规行为的有效管理和约束机制。”这些举措将推动信用体系与绿色发展相互促进，完善绿色金融标准体系及评价机制，助力我国现代化经济体系高质量建设和发展，为我国实现碳达峰、碳中和目标做出重要贡献。

二、生态环境保护领域信用建设现状

加强生态环境保护领域信用建设是开展生态环境监管的重要抓手，是推动市场主体履行生态环境保护责任的重要手段。近年来，我国在不断完善环保信用评价制度建设，积极建立环保信用信息共享平台，创新开展评价结果应用等方面，均取得了一定进展。

（一）积极推进环保信用评价工作，强化评价结果应用

当前，我国已建立了省、市、县三级环保信用评价体系，截至 2021 年底，全国共有 20 多个省级、80 多个市级、230 多个县级生态环境部门开展了企业环保信用评价，累计评价企业覆盖国家重点监控企业、重污染企业、产能严重过剩行业内企业 3 万余家。一些地方结合工作需要逐步拓展参评企业范围，广东、重庆、浙江等省（直辖市）将环境影响评价、环保检验检测、环境污染第三方治理等企事业单位纳入强制评价范围。一些地方及时调整环保信用评价模式，如河北、河南、福建开展环保信用动态管理，三地均实现实时评价。

生态环境保护主管部门积极协调有关部门将环保信用评价结果应用于绿色金融、市场监管、价格调节等领域。2021 年，生态环境部会同海关总署就 91 家严重违法失信联合惩戒企业的近三年环境违法情况进行核实，对存在环境违法行为的企业研究继续依法实施失信惩戒。安徽省鼓励银行业金融机构为环保信用良好的企业提供简化信贷程序、优惠利率定价等服务，江苏省对环保信用评级良好及以上企业的贷款利率上浮最高不超过 15%。

（二）推动环保信用信息平台建设

生态环境部已建成“全国信用信息共享平台（二期）（生态环境部建

设部分）”——环保信用共享系统，建立了环保信用共享子门户，指导地方各级生态环境部门做好环保信用信息归集、推送和共享，将信息完备的环保信用评价结果和企业环境违法信息推送至全国信用信息共享平台，并开发自动向该平台交换信息的接口，可自动向该平台推送行政处罚数据、环评机构和环评工程师数据、地方环保信用评价数据，并可从国家发展改革委前置端自动下载共建部委数据。

针对作为信用建设重点领域的环境影响评价，生态环境部建立了全国统一的环境影响评价信用平台，并于 2019 年 11 月启用。环境影响评价信用平台是生态环境保护领域首个全国统一的信用管理系统，实现环评从业单位和从业人员跨地区信用分类监管，形成环评行业完整的诚信档案数据系统，从而提升环评领域“互联网+”监管和服务水平。生态环境部负责建设全国统一的环境影响评价信用平台，组织建立编制单位和编制人员诚信档案管理体系。环境影响评价信用平台纳入全国生态环境保护领域信用信息平台统一管理。编制单位和编制人员的基础信息等相关信息通过环境影响评价信用平台公开，平台还公开守信名单、重点监督检查名单、限期整改名单、“黑名单”。为加强建设项目环境影响报告书（表）编制事中事后监管，提高环评队伍诚信意识，维护环评市场秩序，生态环境部还定期公开通报环境影响评价信用平台信息情况抽查中发现的问题和相关处理结果。

此外，生态环境部还建设完成了“建设用地土壤污染风险管控和修复从业单位和个人执业情况信用记录系统”，并于 2021 年 9 月 1 日启用。

三、生态环境保护领域信用建设存在的主要问题

（一）生态环境保护领域信用建设政策制定工作与实际需求仍有一定差距

目前生态环境保护信用体系建设主要由国家发布的指导性文件来推动实施，政策效力偏弱。从生态环境信用评价工作开展情况来看，2013 年发布的《企业环境信用评价办法（试行）》作为指导全国范围开展工作的指

导性文件，发布已近10年，与当前环保信用评价工作的实际需求相比，还存在评价范围划定不全面、评价指标设置不尽科学、评价周期过长等问题，不能适应实际工作要求。此外，虽然目前国内多数省份都开展了企业环保信用评价工作，但各地企业环保信用评价工作主要由各个地方的部门规范性文件推动和倡导，有些省份认为推行环保信用评价没有上位法依据，工作推进比较缓慢，力度有限。

（二）环保信用评价各地涵盖范围和标准差异较大，评价结果难以跨区域互信互认

不同省（自治区、直辖市）环保信用评价涵盖的企业类型、数量差别较大；不同地区间的评价结果有3级制、4级制和5级制；针对环保不良企业的颜色标识，有的以红牌表示，有的以黑牌表示，差异较大。被各地特色化后的环保信用评价无论是在评价范围、评价方法还是在评价结果分类上都五花八门。基于不同标准评价出来的企业环境信用等级跨省份后缺少信服力，可能会出现个别企业在某省份评为环保不良企业后到邻省份“另起炉灶”的现象。即使同一省份的同一企业，根据不同时期的环保信用评价标准，也可能会出现被评为环保诚信企业和环保不良企业两种截然不同的结果。

（三）评价主体结构有待改进

全国各省（直辖市）在开展环境信用评价过程中，均是以生态环境部门作为评价主体，信用信息归集、信用评价和信息公开共享都是由生态环境主管部门完成，第三方评价机构尚未参与。以生态环境主管部门作为评价主体导致环境信用评价过程占用过多政府资源，增加了基层生态环境主管部门的工作压力。此外，政府部门在信用信息的获取、加工、处理等方面缺乏专业性，导致环境信用产品质量不高。

（四）企业环境信用信息收集来源不畅通

我国有大约60%的信用信息分散在政府各部门，环境信用信息大多为

生态环境管理部门中诸多环境管理信息的汇总，使得环境信用信息的收集被困于极小的范围内。而作为理性经济人的企业往往会基于企业利益的考虑不愿提供自身的环境信用信息，甚至千方百计规避生态环境部门的信息收集。虽然社会公众是环境污染最直接的受害者也是生态环境保护最好的监督者，但是企业环境信用信息归集的程序为社会公众提供信息和表达意见安排的渠道却非常有限。

四、生态环境保护领域信用建设展望

2021 年，国家发展改革委、生态环境部研究起草了《关于全面实施环保信用评价的指导意见》，并于当年 3 月向社会公开征求意见。该征求意见稿提出，要建立完善全国环保信用评价标准，即由生态环境部会同国家发展改革委研究制定全国环保信用评价标准。各省（自治区、直辖市）可以根据区域环境管理特点和工作需要，制定严于全国环保信用评价标准的省级标准，在本辖区内施行。已经开展环保信用评价的地方，要做好与全国环保信用评价标准的衔接。此外，在强化环保信用评价结果应用方面，该征求意见稿提出，各有关部门和单位要根据企事业单位环保信用评价等级，依法实施守信激励和失信惩戒。生态环境主管部门应根据企事业单位环保信用评价结果，实施分级分类监管，分级分类监管的情况应及时记入企事业单位信用记录。对环保信用评价等级为“A”的企事业单位，减少执法检查频次，实施“绿色通道”等便利服务措施。推动相关部门和单位在融资授信、财政资金、价格优惠等方面优先予以支持。对环保信用评价等级为“D”的企事业单位，列为重点监管对象，加大日常监管力度，提高抽查比例和频次，暂停各类环保专项资金补助，加强排污许可证、核与辐射安全相关许可证等的事中事后监管。该征求意见稿进一步明确了各有关部门应在实施行政许可、行政处罚、行政检查、监督抽验、政府采购、财政投资公共工程建设项目招标、基础设施和公共事业特许经营活动、财政性资金项目安排、国有土地使用权出让、执行投资税收和价格等优惠政策、申请适用海关认证企业管理、企业发行股票和债券、科研管理、表彰奖励等过程中，依法依规应用企事业单位环保信用评价等级信息。同时，还提出了社会化评价模式（探索建立“社会评价、政府认定”的联动评价机制，生态环境主管部门可以通过政府采购等方式，委托具有较强公信力的第三方信用服务机构、行业协会商会等开展环保信用评价）。至 2022 年 9 月，该征求意见稿虽然未正式成文，但已经为将来生态环境保护领域信用建设工作指明了方向。

据悉，下一步，生态环境部将会同国家发展改革委继续加强环保信用评价制度建设，研究在全国推广应用企业“环保码”的可行性，完善信用信息归集共享、评价结果公开及修复、评价结果应用等程序，依托环保信用信息共享平台加强环保信用信息公开和共享，指导地方因地制宜创新环保信用评价管理方式，依法依规实施守信激励和失信惩戒。

（作者：王妍，中国环境保护产业协会行业调查研究主管、高级工程师）

【参考文献】

安蔚，钱文敏，杨宗慧，柴艳，2021. 我国环境信用评价体系建设制度研究与政策建议［J］. 四川环境，40（3）：177-182.

陈兆镒，2020. 环境信息披露、企业“漂绿”与企业环境信用［J］. 绿色环保建材（7）：29-31.

丁飞，周铭，张晶，王海红，卫小平，2021. 企业环境信用评价在企业运营和行政监管过程中的应用研究［J］. 环境科学与管理，46（3）：15-18.

丁瑶瑶，2020. 提升企业环境信用，助力污染防治攻坚［J］. 环境经济（22）：22-27.

冯宇，2021. 企业环境信用法律制度研究［D］. 沈阳：辽宁大学.

何玲，鲁哲，2022. 环境信用好不好 看看“颜色”就知晓［J］. 中国信用（1）：62-63.

何玲，孟佳惠，2021. 以信用为抓手守住环境监管“红线”［J］. 中国信用（9）：28-29.

胡颖，王雪贞，2020. 环境信用评价制度建设探讨［J］. 中国商论（23）：173-174，180.

贾淇深，2021. 企业环境信用评价进展状况与改进建议［D］. 石家庄：河北经贸大学.

刘超楠，2021. 我国企业环境信用评价制度研究［D］. 郑州：郑州大学.

刘智勇，2020. 我国企业环境信用评价制度研究［D］. 长沙：湖南师范大学.

彭昊元，2021. 我国企业环境信用评价法律制度研究［D］. 长沙：湖南师范大学.

四川省决策咨询委员会，2020. 关于建立完善四川省企业环境信用评价体系的建议［J］. 决策咨询（6）：5-7.

文秋霞，杨姝影，夏扬，李萱，2020. 企业环保信用评价政策实施研究［J］. 中国环境管理，12（4）：96-103.

杨婧，2020. 我国企业环境信用评价法律制度完善研究［D］. 东北财经大学.

杨永浦，赵建军，2020. 企业环境信用体系构建的理论内涵及实践遵循［J］. 环境保护，48（24）：59-61.

张宇，2020. 我国企业环境信用评价制度研究［D］. 贵阳：贵州大学.

赵德君，2022. 省级企业环境信用评价指标对比分析与展望［J］. 农业与技术，42（5）：97-99.

专题篇

ZHUANTI PIAN

第一节 全国信用信息共享平台建设进展

社会信用体系是市场经济的重要制度安排，也是国家治理体系和治理能力现代化的重要内容。党中央、国务院高度重视社会信用体系建设，习近平总书记、李克强总理多次作出重要指示批示。按照党中央、国务院决策部署，国家发展改革委会同有关部门建立了全国信用信息共享平台，作为社会信用体系建设的重要基础设施，为深化“放管服”改革、提高监管效能、优化营商环境等提供了有力支撑。

一、聚焦痛点堵点，构建信用信息共享“总枢纽”

习近平总书记强调，坚持问题导向、目标导向、结果导向，要把问题作为研究制定政策的起点，把工作的着力点放在解决最突出的矛盾和问题上。社会信用体系建设推进过程中面临的一个重要问题就是，大量信用信息散落在各地区、各部门、各机构手中，碎片化、孤岛化、烟囱化问题比较突出，相互封闭割裂，难以互联互通。只有破解了信息共享难题，才能全面、准确、及时、动态地掌握各类主体的信用信息，对其信用状况作出综合判断，实现对守信者的激励和对失信者的约束，从而形成不敢失信、不能失信、不愿失信、自觉守信的良性循环，社会信用体系建设的目标也才能实现。

为此，党中央、国务院决定建立信用信息共享整合的统一平台。党的十八届三中全会审议通过的《中共中央关于全面深化改革若干重大问题的决定》明确要求，“建立全社会房产、信用等基础数据统一平台”。《国务院关于印发“十三五”国家信息化规划的通知》明确提出，“完善全国信用信息共享平台，整合金融、工商、税收缴纳、交通违法、安全生产、质量监管等领域的信用信息，发挥平台在信用信息共享中的‘总枢纽’作用，逐步实现跨部门、跨地区信用信息共享与共用”。

按照党中央、国务院决策部署，由国家发展改革委牵头，社会信用体系建设部际联席会议成员单位共同参与，于2015年建成运行了全国信用信息共享平台。2017年9月设立国家公共信用信息中心，专职负责运行维护全国信用信息共享平台，提供信用信息归集、共享和应用的技术支撑与力量保障。

二、坚持应用导向，汇聚开发信用信息“大数据”

信息的归集共享只是手段，应用才是目的。全国信用信息共享平台始终坚持“以建促用、以用促建”的原则，以开展更为便捷、广泛的数据应用为导向，科学设计平台系统架构，持续丰富完善重点功能，向各部门各地方和社会公众提供多样化、定制化服务。

1. 平台架构部署四大特点

一是“多节点”联通。为突出平台对政务信息共享的基础支撑作用，保障共享交换数据安全，平台以电子政务外网（与互联网逻辑隔离）为搭建载体，通过部署物理前置机、虚拟前置机的方式，横向联通46个中央部门和单位信息系统，纵向对接32个省级信用信息共享平台，并与国家法人库、人口库、投资项目审批监管平台、公共资源交易平台等重点信息化系统建立共享渠道。

二是“两方式”集中。综合考虑信源规范、权限等级、使用需求、硬件条件等因素，平台通过物理集中和逻辑集中两种方式归集整合信用信息。涉企共享数据大部分采取物理集中的方式归集整合至平台，并定期更新；部分涉及自然人的相关信息采取接口调用的方式逻辑集中整合至平台，可随时调用最新数据。

三是“双网络”服务。为兼顾可公开信用信息的公示和社会化应用，平台依托互联网搭建了“信用中国”网站，形成电子政务外网和互联网“双网”归集、共享和服务的架构体系。

四是“多标准”规范。平台按照目录管理方式规范各接入单位定期更新的相关数据，并已建立归集格式、接口规范等国家标准和工程标准20余项。平台整体已通过等保三级认证，通过防火墙、安全网关、隔离网闸等措施确保信息安全。

2. 平台五项重点功能

一是信用信息归集整合。平台数据主要来源于各部委、地方和相关社会机构，截至2022年7月，平台累计归集各类信息超过720亿条，覆盖企业、机关事业单位、社会组织等各类法人主体，涵盖登记注册、行政许可、行政处罚、严重失信、诚实守信等主要信息门类，涉及市场监管、纳税服务、进出口、环境保护、交通运输、统计等重点行业领域，并建立日更新、月更新等定期更新机制。

按照《国务院办公厅关于进一步完善失信约束制度 构建诚信建设长效机制的指导意见》精神，公共信用信息采用目录清单管理。国家公共信用信息中心配合社会信用体系建设部际联席会议牵头单位编制了《全国公共信用信息基础目录（2021年版）》，并将持续动态更新维护，进一步规范公共信用信息的记录、归集、共享和应用。

二是信用信息共享交换。接入平台的部门和地方按照权限在线定制所需共享信息，平台按照数据更新频次定期自动推送，最快的可实现数据每日更新。例如最高人民法院提供的失信被执行人信息、地方归集的行政许可和行政处罚信息等均为每日更新。

三是基础信息比对。全面实施统一社会信用代码制度，建立涵盖1.5亿法人和非法人组织的全量代码数据库，为有关部门和地方提供相关基础信息的比对服务，保障相关工作基础信息的真实有效。例如某部门一次性提供上千家企业名单，由平台批量比对补全相关企业登记名称和对应的统一社会信用代码，并提供企业相关信用信息，协助部门精准定位、有效查验相关企业信用状况。

四是信用信息核查。平台以归集整合的各类信用信息为基础，依法依规为相关部门和地方提供定制化的信用信息核查服务。例如为机构编制、宣传、公务员管理等部门核查事业单位、评先评优候选人、公务员考试考生等对象的信用状况。同时，平台通过接口方式嵌入200多个国家和地方政务服务大厅，并与投资项目审批监管平台、公共资源交易平台等信息化系统建立信息核查渠道，对存在违法失信行为的申报主体依法依规采取惩戒措施。截至2022年1月，已累计提供信用信息调用超过2亿次。

五是信用信息公开。平台通过互联网搭建“信用中国”网站，在信息整合基础上提供“一站式”的信用信息查询服务，受到社会的广泛认可。网站兼顾信用建设资讯、信用政策宣贯等功能，逐步建设成为信用领域政府信息公开、信用信息查询和沟通社情民意的“总窗口”。

三、紧扣中心工作，打造信用建设服务经济社会发展的“大平台”

按照党中央、国务院要求部署，社会信用体系建设工作始终围绕中心、服务大局，全国信用信息共享平台归集数据、优化服务，在破解痛点难点问题、支撑经济社会发展方面发挥了积极作用，取得了阶段性成效，突出表现为“四个有力支撑”。

一是有力支撑优化营商环境。平台将归集整合的基础信息、守信信息、信用承诺信息等共享至相关部门、地方政务大厅，让“数据多跑腿，百姓少跑路”，为相关部门推广开展承诺审批、先建后验、容缺受理等制度创新提供了数据保障，部分地方审批时间缩短50%~90%。同时，依托平台开展清理政府部门、国有企业拖欠民营企业中小企业账款工作，将因拖欠账款被人民法院纳入失信被执行人名单的相关单位信息推送至相关部门和有关地方，依法依规实施失信惩戒，并通过“信用中国”网站公布典型拖欠案例。据不完全统计，累计督促失信主体主动清偿超40亿元。

二是有力支撑深化“放管服”改革。积极推动有关部门充分利用平台共享数据，对监管对象实行信用分级分类监管，对信用较好、风险较低的市场主体，合理降低抽查比例和频次，反之则提高抽查比例和频次。如海关对高级认证企业的查验率不到1%，对失信企业的查验率则高达90%以上。

三是有力支撑跨部门业务协同和联合监管。平台整合共享各领域信用信息，为跨部门业务协同提供了基础信息共享渠道。依法开展公务员录用、调任人选社会信用记录查询工作。截至 2022 年 6 月，累计为中央和地方机关开展查询服务 2.1 万余次，涉及 117 万余人，有效加强了政务诚信建设。协助全国“诚信之星”、“全国五一劳动奖章”获得者评选，民生领域失信问题专项治理，部分中央预算内投资项目等重点工作跨部门信用状况核查，立足工作实际，积极助力构建以信用为基础的新型监管机制。

四是有力支撑金融服务实体经济发展。平台同有关部门、地方和金融机构共享税务、社保、水电煤气等与融资授信关系密切的信息，丰富信贷数据维度，降低金融机构尽调成本，推动开展“信易贷”“税易贷”等金融创新产品和服务，为解决中小微企业融资难题发挥了积极作用。

四、下阶段建设重点

按照中共中央办公厅、国务院办公厅《关于推进社会信用体系建设高质量发展促进形成新发展格局的意见》等文件要求，下一步，全国信用信息共享平台将以助力社会信用体系建设高质量发展为导向，重点提升信息归集和共享能力、多源数据融合治理能力、数据深加工和监测分析能力、信用监管和“放管服”改革支持能力、关键业务全国一体化协同支撑能力，以及网络信息安全保障能力，构建形成覆盖全部信用主体、所有信用信息类别、全国所有区域的信用信息网络。

（作者：蒋凯元，国家公共信用信息中心信息资源管理处处长）

第二节　“信用中国”网站建设进展

“信用中国”网站是在国家发展改革委、中国人民银行的指导下，由国家公共信用信息中心主办的以信用宣传和信息发布为主的信用门户网站，是政府褒扬诚信、惩戒失信的“总窗口”。自 2015 年 6 月 1 日上线以来，网站坚决贯彻落实党中央、国务院关于推进社会信用体系建设的决策部署，紧密围绕信用宣传、信息公示、信用服务等工作，不断提高服务能力和质量，网站社会影响力持续提升。

一、“信用中国”网站建设成效

（一）持续发挥政策宣传阵地作用

“信用中国”网站通过“一网一微一端”的立体传播格局开展政策宣传。网站共设立信用动态、政策法规等一级栏目 14 个、二级栏目 110 余个，三级及以上栏目 170 余个。截至 2022 年 3 月 31 日，网站累计发布政策宣传文章 15 万余篇，全口径日均访问量已突破 2 亿次。

“信用中国”网站积极开展“诚信建设万里行”等主题活动，建设上线“新冠肺炎疫情防控”“家政服务”等专题专栏，与主流媒体加强合作，形成宣传合力，营造“知信、用信、守信”良好氛围。网站开设“诚信文化”“政策法规”等重点栏目，阐释信用内涵、解读制度文件、宣扬正面典型，全面展示我国社会信用体系建设成效，传播诚实守信正能量。

（二）完善信息公示公开及应用服务

“信用中国”网站持续将各级政府可公开信息进行集中展示。截至 2022 年 3 月 31 日，网站已对外公开企业工商登记基础信息、统一社会信用代码、行政管理信息、诚实守信相关荣誉信息、严重失信主体名单、经营异常名录信息等 6 大类信息约 2. 3 亿余条。其中，行政管理信息 9570 万余条，经营异常名录信息 1570 万余条。

“信用中国”网站已实现公共信用信息“一站式”查询，并依法依规对外提供公共信用信息报告、异议申诉、信用修复等基础配套服务。截至 2022 年 3 月 31 日，网站公共信用信息报告日均下载量达到 6 万余次。网站积极推动信用修复“一网通办”，累计完成信用修复 66 万余件，涉及信用主体 7 万余家，覆盖交通、住建、环保、税务、文旅等多个行业领域。

（三）支撑构建新型信用监管机制

“信用中国”网站已逐步发展成为全国信用信息智能化综合服务平台，实现了重点信用主体信息全覆盖、信用业务在线服务全流程、公示信息与信用主体全对应，为构建以信用为基础的新型监管机制提供了有力支撑。

2021—2022年，“信用中国”网站重点业务平台陆续上线，成效显著。依托网站建设上线“全国中小企业融资综合信用服务平台”，推动“政银企”信息互通和共享应用；依托网站建设上线“全国知识产权质押信息平台”，免费向社会公众提供知识产权质押登记信息查询服务，更好满足中小科技型企业融资需求；网站App和小程序上线，打造信息查询、异议处理、信用修复业务功能移动化，首推信用名片，引领信用“指尖服务”；网站进行迭代升级，不断优化栏目内容，大幅提升网站信息检索服务能力，扩大信用业务覆盖面。

二、“信用中国”网站下阶段建设重点

随着我国社会信用体系建设深入推进，“信用中国”网站也将持续提升创新服务能力和社会影响力，以满足人民日益增长的信用服务需求。下阶段建设重点有：

（一）着力增强信息服务支撑能力

通过完善推广“信用中国”网站App，提升网站移动端服务能力。推动提升网站智能化服务水平，优化用户体验，全力提升网站智能化水平和运营效率。精细化网站关键业务流程，进一步推进全国信用网站一体化建设。

（二）不断创新“信用中国”网站信用服务方式

推进信息化和信用业务发展深度融合，在“信用中国”网站建设过程中探索应用人工智能、区块链等新技术，创新信用服务方式。强化网站安全保障，提升对外服务安全水平，为新时代社会信用体系建设提供强大技

术支撑。

（三）有效支撑各部门信用监督

探索依托“信用中国”网站数据接口服务支撑各部门开展信用监管，发挥信用在创新监管机制、提高监管能力和水平方面的基础性作用，更好激发市场主体活力，推动高质量发展。

（作者：曹佳，国家公共信用信息中心信息公开处处长；李璐，国家公共信用信息中心信息公开处工作人员）

第三节　城市信用试点示范建设进展

城市信用建设是社会信用体系建设的关键环节。近两年来，以党中央、国务院关于社会信用体系建设的决策部署为引领，以“全国社会信用体系建设示范区创建”和“城市信用状况监测预警”两项工作为抓手，全国各地积极推动信用信息基础设施建设、政务诚信建设、信用服务实体经济建设、信用监管、诚信宣传等工作，不断提升信用建设水平，在实践和探索中积累了大量优秀经验，推动信用建设走上了理论与实践的深度融合之路，有效激发了城市发展活力，努力营造公平、健康、和谐的社会环境。

一、主要进展

（一）以重要政策文件为支撑开展城市信用建设

社会信用体系是社会主义市场经济的基础性制度安排，也是国家治理体系和治理能力现代化的重要内容。党中央、国务院高度重视社会信用体系建设，近两年先后出台了多项政策措施，不断完善社会信用体系、推动信用信息公开和共享，让信用成为社会主义市场经济的“基础桩”。

2022 年 3 月，中共中央办公厅、国务院办公厅印发的《关于推进社会信用体系建设高质量发展促进形成新发展格局的意见》提出，要扎实推进信用理念、信用制度、信用手段与国民经济体系各方面各环节深度融合，进一步发挥信用对提高资源配置效率、降低制度性交易成本、防范化解风险的重要作用，为提升国民经济体系整体效能、促进形成新发展格局提供支撑保障。

2021 年 3 月，十三届全国人大四次会议表决通过的《中华人民共和国国民经济和社会发展第十四个五年规划和 2035 年远景目标纲要》明确指出，应健全社会信用体系，加强信用信息归集、共享、公开和应用，推广惠民便企信用产品与服务，建立以信用监管为基础的新型监管机制，推进线上线下一体化监管，弘扬诚信文化，建设诚信社会。

2020 年 12 月，国务院办公厅印发的《关于进一步完善失信约束制度构建诚信建设长效机制的指导意见》指出，要更好发挥社会信用体系在支撑“放管服”改革和政府职能转变、营造公平诚信的市场环境和社会环境等方面的积极作用。

城市信用建设既是社会信用体系建设的重要组成部分，也是社会信用体系建设的必要环节。加快城市信用建设，有利于提高城市治理现代化水平，激发城市经济活力，营造良好营商环境，是推进城市高质量发展的必然要求。开展信用示范区创建和城市信用状况监测工作，对城市信用状况进行全面评价，有效推动了城市信用建设水平的大幅度跃升，从而全面推动社会信用体系建设高质量发展。

（二）社会信用体系建设示范区创建进展

为鼓励全国各地区结合自身实际，突破社会信用体系建设的重点难点问题，形成地方特色和经验，2018 年起，国家发展改革委、中国人民银行联合开展社会信用体系建设示范区创建活动，以示范创建推进城市信用建设全面加强、整体跃升。

经过评审，分别于 2018 年、2019 年、2021 年分三批累计产生了 62 个社会信用体系建设示范区，其中2021年共有天津市滨海新区、邢台市、大连市、营口市、四平市等34个地区入选。已入选的社会信用体系建设示范区分布于17个省（自治区、直辖市），示范区数量最多的为浙江省，其次为山东省、江苏省。具体创建情况见表5-1（按示范区数量由多到少排列）。

表5-1　社会信用体系建设示范区创建情况

省份	第一批	第二批	第三批
浙江省	杭州市、温州市、义乌市	—	宁波市、湖州市、金华市、衢州市、舟山市、台州市、丽水市
山东省	威海市、潍坊市、荣成市	青岛市	济南市、烟台市、济宁市、德州市、新泰市
江苏省	南京市、苏州市、宿迁市	无锡市	常州市、淮安市、扬州市、昆山市
上海市	—	浦东新区、嘉定区	徐汇区、普陀区
安徽省	—	合肥市、淮北市、芜湖市、安庆市	—
广东省	惠州市	—	广州市、深圳市、佛山市
湖北省	—	武汉市、宜昌市、咸宁市	荆门市
重庆市	—	—	巴南区、江津区、铜梁区
福建省	厦门市	福州市、莆田市	—
河南省	—	郑州市	漯河市、南阳市
辽宁省	—	鞍山市	大连市、营口市
四川省	成都市	泸州市	—
天津市	—	—	滨海新区
河北省	—	—	邢台市
吉林省	—	—	四平市
陕西省	—	—	延安市
云南省	—	—	保山市

第三批入选的社会信用体系建设示范区为我国社会信用体系建设提供

了一系列先进经验和做法。大连市实施《大连市社会信用条例》，开发 AI 数据质量监测系统提升“双公示”信息报送质量，基于信易贷平台创新推出“数字信用券”服务，打造“城市信用广场”服务载体。南阳市搭建“信用+智慧养老”平台，对养老机构和从业人员开展信用分级分类监管，建立玉产品追溯体系，组建“玉雕诚信联盟”。台州市实施《企业信用促进条例》，编制《企业市场信用信息目录》，保障企业合同履约等市场信用信息的归集和使用。衢州市“衢融通”平台与全国“信易贷”平台、浙江省金融综合服务平台、省企业信用信息平台打通，归集企业信用信息和个人电子证照数据，服务企业融资，实现个人金融事项“一证通办”。济南市建成衔接审批制度改革的信用监管系统，实现审批、立项、监管、合同履约等全流程闭环信用监管。常州市将政务诚信纳入高质量发展考核体系，以建筑市场为试点探索合同履约全流程监管机制。荆门市通过信用知识竞赛、百城万企亮信用、“诚信人物”评选等活动助推诚信城市建设。深圳市打造市区共建的“信易+”生态圈，建立企业信用风险分类指标体系，率先在公示信息抽查中应用。上海普陀区以市场化机制推动信用信息应用场景开发，建设信用服务产业基地，扶植信用服务企业，推进城市数字化转型。重庆江津区推出“告知承诺、诚信预警、失信公示”三项举措，破解“容缺受理”事中事后监管难题，构建全过程电子化、全流程闭环化的信用承诺监管机制。天津滨海新区创新信用承诺审批分级管理制度，大幅提高行政审批效率。邢台市推出“诚信牛城”微信小程序，在餐饮、购物、住宿等 17 个领域推出“信易+”惠民场景。四平市以“红色+信用+乡村振兴”新模式，突出金融服务信用乡村建设，为乡村振兴赋能。延安市推动“双基联动”整村授信，帮助“资质欠佳、资产较少”但“信用好、想创业”的农民群体享受普惠金融服务。

（三）城市信用监测预警建设进展

城市信用状况监测评价是国家公共信用信息中心以全国城市信用状况监测平台动态监测的信用信息为基础，结合全国信用信息共享平台、互联网提供的信用相关数据以及各城市信用建设牵头部门归集共享的城市信用数据，全方位、多维度分析和评价全国36个省会及副省级以上城市、261个地级市、40个地州盟以及375个县级市的信用状况，旨在提炼各类城市的先进做法和宝贵经验，梳理各类城市存在的共性问题，为各类城市开展信用体系建设提供有力抓手。

近两年来，城市信用状况监测评价通过运用互联网大数据分析技术，结合社会信用体系建设重点和趋势，不断丰富评价指标体系，对城市信用状况进行全面评价。在2022年6月启用的《城市信用状况监测预警指标（2022年版）》中，共设置信用政策制度贯彻落实、信用信息基础设施建设、事前事中事后信用监管、信用服务实体经济、信用主体守信与失信、诚信宣传与社会舆情、政务诚信、信用创新实践8个一级指标，以及20个二级指标，35个三级指标，采用百分制形式计算城市综合信用指数。

从2022年7月36个省会及副省级以上城市、261个地级市的信用监测情况来看[1]，省会及副省级以上城市中，厦门市、合肥市、北京市、济南市、长春市、广州市的综合信用指数较高，城市信用状况较好；芜湖市、宿州市、日照市、扬州市、东莞市、滁州市在地级市中信用状况位居前列；江苏省、安徽省、山东省均有7个及以上城市的综合信用指数在80分（含）以上，省内整体信用状况较好。

（四）城市信用试点示范建设整体成效

总体来看，随着信用示范区创建和城市信用状况监测工作的不断深入，越来越多的城市重视社会信用体系建设，积极争先创优。信用示范区创建和城市信用状况监测工作在推动人员、机构落实到位，推动建立长效机制，推动城市信用工作向基层延伸，提升城市创新、争优意识等方面发挥了积极的作用。具体表现为：

一是推动城市人员、机构落实到位。部分城市为提升信用工作水平，从人员机构着手，设立专门机构、专职人员从事信用工作，加强组织领导，强化责任落实，派专人负责信用状况问题严重的指标领域的检查督

[1] 数据来源："信用中国"网站。

办，保证工作开展顺畅。

二是推动城市建立长效机制。在信用示范区创建和城市信用状况监测工作的引导下，许多城市积极完善信用体系建设体制机制，形成部门间、区县间通力协作的信用建设联动机制，建立市级层面的考核机制和多层次的长效工作机制，形成了各负其责、各司其职的工作合力，为城市信用建设工作的有效开展提供助力。

三是推动城市信用工作向基层延伸。部分城市从基层着手，将信用工作延伸到村、乡镇、街道、高新技术园区等，推动信用工作向纵深发展。例如，重庆、宁波、郑州、南宁、惠州等城市积极创建“信用户”“信用村”“信用乡镇”，建立健全农村信用体系；沈阳、咸宁等城市构建乡镇（街道）诚信评价体系；上海、苏州、宁波等城市推进“信用园区”建设等。

四是加强对地方信用平台数据的应用。目前，我国所有的省级、副省级城市与直辖市均已建立地方信用平台，并归集了大量的信用信息，地方应在合法、数据保密的前提下与专业的信用信息服务机构合作，强化对地方数据的有效应用，推进地方信用体系建设进一步深化。

五是提升城市创新、争优意识。在信用示范区创建和城市信用状况监测工作的推动下，部分城市在卓有成效地推进指标对应的各项信用工作的同时，注重特色创新，开展了真正有用、有为的城市信用建设，其中，信用示范城市做得尤为出色。例如，在信用应用方面，一些城市在做好“信易贷”“信易租”“信易行”“信易批”“信易游”等项目的同时，积极拓展信用应用范围，厦门、南京、衢州等城市开展了“信易医”，北京、芜湖、咸宁等城市开展了“信用+养老”，杭州、厦门等城市开展了“信用+家政”，潍坊、福州等城市开展了“信用+教育”，成都市开展了“信用+电子商务”，武汉市开展了“信用+社保”，为守信主体提供便利优惠，提升人民群众获得感。

二、下阶段建设重点和方向

（一）建立深入互动机制，发挥桥梁纽带作用

信用示范区创建和城市信用状况监测工作在中央和城市层面搭建了及时沟通信用状况的桥梁，实现了中央与地方、城市与城市之间的信用交换和共享。一方面，建设数据共享渠道。为配合“信用中国”网站延伸社会服务和应用，城市信用监测系统每月推送国家“黑名单”数据供各城市下载，各城市通过系统上传国家“黑名单”比对结果以及反馈联合奖惩案例措施成效等，以此促进中央和各城市的数据交换和信息交流。

（二）进一步完善城市信用评价机制及指标体系

一是完善监测反馈机制。在每月发布综合信用指数和排名的基础上，细化各指标项分数（包括加分和减分主要原因），并通过信用状况简报形式向各个城市提供评分结果及考评报告，便于各市有针对性地提高信用建设综合水平。二是建立培训机制。定期举办信用业务培训，解读城市信用状况监测预警指标，帮助各城市了解指标体系组成，并对城市信用建设过程中遇到的问题、原因及解决方案进行探讨，充分发挥信用监测对城市信用建设的促进作用。三是完善指标体系。考虑到可能由于城市规模的差异化造成不公平，后续将进一步根据城市人口、GDP 等维度加权指标项评分。

（三）推动信用数据落地应用，充分发挥信用资产价值

2022 年以来，国家公共信用信息中心大力推动“信用医疗”“信易贷”等信用应用场景建设。下一步，在“双公示”数据常态化归集、其他各类信用信息开始建立归集机制的基础上，信用示范区创建指标和城市信用状况监测指标将进一步关注民生、经济领域，拓展社会化、市场化的守信激励措施，提升信用惠民便企的价值，更好地服务于社会信用体系建设高质量发展，在指标设计上将更加关注信用在民生领域中的应用，引导地

方加大信用在惠民便企中的应用力度。

（作者：曾光辉，厦门国信信用大数据创新研究院院长，高级经济师；李桂超，厦门国信信用大数据创新研究院合作交流部主任，工程师；林思唯，厦门国信信用大数据创新研究院市场专员）

第四节 信用数据安全与个人隐私保护

习近平总书记说过“没有网络安全就没有国家安全”。近两年来，国家十分重视信息安全法律法规、标准规范的建设，《中华人民共和国数据安全法》《中华人民共和国个人信息保护法》《关键信息基础设施安全保护条例》等一系列重大的法律法规及《个人信息安全规范》《信息系统密码应用基本要求》等标准规范相继出台，进一步为网络安全的健康发展提供了政策保障和法律依据。信用信息系统是国家重要的信息系统，其安全保障不仅仅是保护信息系统自身的安全，更是保护社会安全、公共安全乃至国家安全。

一、信用信息共享平台信息安全管理的主要进展

（一）对于《关于推进社会信用体系建设高质量发展促进形成新发展格局的意见》的认识

2022年3月29日，中共中央办公厅、国务院办公厅印发的《关于推进社会信用体系建设高质量发展促进形成新发展格局的意见》（以下简称《意见》）中提出“统筹发展和安全”，“在确保安全前提下，各级有关部门以及公共信用服务机构依法开放数据”，在第二十三条“加强安全保护”中提出“严格落实信息安全保护责任，规范信用信息查询使用权限和程序，加强信用领域信息基础设施安全管理。依法保护国家秘密、商业秘密。贯彻实施个人信息保护法等法律法规，维护个人信息合法权益。依法监管信用信息跨

境流动，防止信息外流损害国家安全”。

《意见》提出的重要安全要求体现了国家对信息安全、统筹发展和安全的高度重视。

1. 国家对信息安全，尤其是数据安全和隐私保护高度重视

基于《意见》，社会信用体系建设是高效的数字经济、良好的营商环境的重要保障，是新发展格局的重要保障。2021 年，“信用中国”网站和全国信用信息共享平台已被认定为国家关键信息基础设施，应多措并举，严抓落实，保障信用信息共享平台的数据安全和隐私保护。

一是严格依法。认真研究各信息安全相关法律法规及安全标准，并落实到日常安全管理制度中。首先，应明确主管单位、运行单位的安全管理机构，确定安全责任。其次，应落实等保备案要求。省级信用信息系统应达到等保三级要求。从 2021 年信用示范城市评选条件来看，指标要求信用信息系统必须达到等级保护三级，这是对各级信用信息系统安全要求的一个引导。再次，应完善数据安全管理制度体系，至少应包括人员管理、用户账号及授权管理、数据安全运行管理、个人隐私及商业秘密保护、应急响应、备份恢复等方面的管理措施。最后，应重视制度落实。应在制度基础上，制定相应的实施细则、审批表单、记录表格等，定期开展全面的数据安全检查，重点检查各项制度落实情况，并建立检查记录档案，及时发现问题，减少安全风险，提高安全防护能力。

二是严格明责。健全信用信息归集、使用和共享全过程信息安全责任体系。与各级信用信息共享平台明确信息安全和数据安全的责任边界，细化安全职责，形成跨部门、跨地区条块融合的安全责任保障机制。当前，全国信用信息共享平台和各级信用信息共享平台之间主要是信用数据共享关系，需要做到明确数据共享的管理边界和安全管理责任，制定好共享协议，并逐步完善数据溯源机制。

三是严格监管。加强对信用信息共享平台的安全监管，严格依法保护个人隐私和商业秘密。各级信用信息共享平台应建立健全信用信息安全监控体系，加大信用信息安全监督检查力度，确保网站依法归集信用信息，禁止归集与信用无关的信息，禁止任何单位和个人未经授权、强制授权、或一次授权终身归集、共享、公开和使用个人隐私和商业秘密。建立严格的个人隐私和商业秘密信息上网审核制度，应当公开的要对敏感信息进行必要的技术处理。明确个人隐私和商业秘密信息查询使用权限和程序，完善查询使用登记和审查制度，加强对违法违规归集、盗取、篡改及泄露公共信用信息行为的监管。建立和完善信用信息数据安全应急处理机制。

四是严格保护。切实加强信用信息共享平台的安全保护。建立健全一体化的安全保障体系，充分利用国产密码、网络安全设备等技术手段，加强数据收集、分析、使用、共享等各环节的安全管理，确保监管数据安全和系统运行安全。建立数据清单，确定数据分级分类，并实施分级分类授权及保护的管理机制。强化日常监管，开展全面的网络安全检查和风险评估，建立常态化的网络安全测评机制。加强网络安全保障队伍建设，建立多部门协调联动工作机制，制定完善应急预案，强化日常预防、监测、预警和应急处置能力，保障平台安全运行。

2. 国家对统筹发展和安全高度重视

《意见》提出统筹发展和安全的要求，要求“在确保安全前提下，各级有关部门以及公共信用服务机构依法开放数据”，实际是对目前大量存在的以安全为由不依法开放数据现象的批评。社会信用体系的最主要作用之一体现在是否能够高质量地统筹归集各部门各地方的信用信息。只有全面掌握信用数据，才能更完整、更全面地为市场主体进行信用画像，才能更好地支撑高效的数字经济。要在保障安全的同时做好信息共享，应做到以下几个方面：

一是签署共享协议。在与第三方机构共享信息之前，应签署信息共享保密协议，明确信用信息安全管理边界与管理责任。对第三方机构提出严格的安全要求，如要求第三方机构信息系统必须达到相应的安全等级保护级别，建立健全信用信息安全管理机构和规章制度。

二是对信用数据进行安全分级管理。对信用数据的分级也应该从共享安全角度考虑，包括可否公开、可否共享，有条件公开、有条件共享，以及共享方式是落地共享，还是接口共享及核验等。

三是严格隐私数据保护要求。对个人隐私与商业秘密应加强安全保护，其采集、存储、传输、应用和保护都应符合相应法律法规及标准的规定，明确主体授权的责任关系。

四是加大监督检查力度。应要求第三方机构完成信用信息安全风险评估，落实系统安全和数据安全要求，建立完善信用信息安全应急处理和责任追究机制。同时信用机构应加大监督检查力度，做好第三方机构的安全评估和检查。

（二）落实《加强信用信息共享应用促进中小微企业融资实施方案》中的安全要求

2021 年 12 月，国务院办公厅印发《加强信用信息共享应用促进中小微企业融资实施方案》，提出“在依法依规、确保信息安全的前提下，逐步将纳税、社会保险费和住房公积金缴纳、进出口、水电气、不动产、知识产权、科技研发等信息纳入共享范围，打破‘数据壁垒’和‘信息孤岛’”，“各级融资信用服务平台应当建立完备的信息安全管理制度，强化信息安全技术保障，对接入机构进行信息安全评估，提升信息安全风险监测、预警、处置能力”。该方案也对包括个人信息和商业秘密在内的数据共享提出了具体的要求。

为落实该方案，国家公共信用信息中心提出了全国中小企业融资综合信用服务平台的建设方案，并制定了《全国中小企业融资综合信用服务平台省级节点数据安全指南》，在该指南中，从建立健全数据安全管理制度、等保备案要求、数据分级管理、密码使用要求、接入安全要求、网站数据安全保护、运行安全要求等七个方面对全国中小企业融资综合信用服务平台省级节点数据安全提出了管理要求。对省级节点的安全工作提出要求。下一步，省级节点对于接入本节点的地方融资信用服务平台可参照该指南提出相应数据安全要求。

二、下阶段建设重点和方向

更好地保障信用信息共享平台的安全，需要更精准地提升安全保障措施。下阶段建设的重点和方向有：

（一）做好关键信息基础设施防护

按照国家关键信息基础设施的标准，完善“信用中国”网站和全国信用信息共享平台的管理制度和技术措施。

（二）开展个人隐私和商业秘密信息分类分级精准化管理

努力实现系统自动识别、监视数据的分级分类管理。对于已经实现的数据分级分类管理，在精准化上下功夫。对于已经编制了数据分级分类管理的工程标准，还需要在各级信用信息共享平台上推广使用，并达到上下联动的效果。

（三）加强网站及 App 隐私保护评估

随着各级信用信息网站和 App 使用的个人隐私和商业秘密信息越来越多，国家对于个人隐私和商业秘密的保护政策越来越严格和完善，各级信用信息平台数据安全和隐私保护工作迫在眉睫，应加强网站、App 数据安全和个人信息保护评估工作。

（四）推动信用信息安全一体化

推动各级信用信息安全平台一体化。一是实现数据安全和个人隐私保护安全标准、制度一体化。在等级保护要求基础上，进一步完善数据安全标准。二是逐步实现单点登录。用户一处注册，处处可用。实现实人认证统一标准，各级平台认证互认。三是推动电子签名、电子签章等安全设施的互认。

（五）积极探索前沿技术的创新应用

随着各种新技术的快速发展，探索其在信用信息共享平台中的应用很有必要。一是区块链技术创新应用。开展基于区块链的高效共识算法、数据隐私保护技术及溯源技术的研究，结合数字经济活动中综合信用服务的现实需求，针对跨领域、跨层级间企业融资平台的统一身份认证、统一授权、信息共享等关键环节进行研究并形成解决方案。二是联邦学习技术创新应用。为了打破“数据孤岛”现象，在保障数据生产者利益的同时，实现数据联合、融合使用，利用联邦学习技术创新，通过联合建模，采取不交换数据，只交换数据模型的方式，实现数据安全保护。

（作者：沈宇超，国家公共信用信息中心信息安全管理处处长，高级工程师）

第五节　乡村信用体系建设进展

乡村信用体系是我国社会信用体系建设的重要组成部分。党中央国务院始终高度关注乡村信用体系建设，2021 年和 2022 年中央 1 号文件均对乡村信用体系建设作出了明确部署和具体要求。当前我国乡村信用体系建设主要聚焦“信用+普惠金融”“信用+农业监管”“信用+乡村治理”三大方面。在推动农村金融创新发展、加强农产品质量安全监管、创新乡村信用积分治理模式上取得积极进展。“十四五”时期，乡村信用体系建设仍然要高位推进、系统谋划、统一部署，以助力乡村振兴、注入金融活水、实现动态监管、激发共建活力为重点方向，实现乡村信用体系建设高质量发展。

一、主要进展

（一）“信用+普惠金融”助力乡村振兴与脱贫攻坚

“十三五”期间，人民银行、银保监会、农业农村部积极协调推进农村信用体系建设，以信用信息服务助力脱贫攻坚和乡村振兴战略的实施。因地制宜推动农村信用信息服务平台建设，不断扩展农户信用信息的采集覆盖面，积极推动开展农户信用评价。人民银行的数据显示，截至2020年末，全国各地共建设农户信用信息系统270个，累计为1.9亿农户建立了信用档案，其中开展信用评定的农户为1.33亿户。

一是乡村信用助力“乡村振兴”。“十三五”时期，人民银行、银保监会、农业农村部等部门针对我国农业经营主体的特点不断加大信用政策创新支持力度，充分利用信贷工具，应用大数据、人工智能、区块链等科技手段为经营主体增信，提升经营主体获贷条件，解决银企信息不对称和缺乏抵质押物的约束，以产业振兴为抓手，将信贷资源不断向产粮大县和160个国家乡村振兴重点帮扶县倾斜。银保监会的数据显示，截至2021年12月末，涉农贷款余额43.21万亿元，较年初增长11.83%，普惠型涉农贷款余额8.88万亿，较年初增长17.48%，超过各项贷款平均增速6.19个百分点。农业农村部创新建立“主体直报需求、农担公司提供担保、银行信贷支持”的“直通车”服务模式。通过收集全国家庭农场、农民合作社等主体金融服务需求，对接银行发放贷款。截至2022年3月，农业经营主体“信贷直通车”已完成授信27496笔，授信金额达205.77亿元。

二是乡村信用赋能“脱贫攻坚”。“十三五”至“十四五”时期，金融精准扶贫形成了人民银行牵头，银保监、证监、发展改革、扶贫、财政等部门及金融机构参与的工作联动机制。建成金融精准扶贫贷款专项统计制度和金融精准扶贫政策效果评估机制。开发金融精准扶贫信息系统，实现金融扶贫信息实时共享。银保监会的数据显示，截至2020年末，全国27个省（直辖市、自治区）金融精准扶贫贷款余额4.41万亿元，较年初增加5000多亿元。全国扶贫小额信贷余额1661.8亿元，支持贫困户432.2万户，累计发放7100多亿元。扶贫小额信贷累计续贷520.4亿元，累计续贷户数128.7万户。已有6.5万笔贷款共20.2亿元获得风险补偿。惠及贫困人口超过9000万人次，助力贫困县全部脱贫摘帽。

（二）“信用+农业监管”助力粮食安全与智慧农安

“悠悠万事，吃饭为大”，确保人民群众舌尖上的安全是国之大事。“十三五”至“十四五”期间，国家发展改革委、农业农村部等部门聚焦粮食购销、农产品和农资质量安全等重点领域，加快建设信用监管机制，打造全国统一的“农安信用服务平台”，不断提升监管能力和水平，为落实国家粮食安全战略和保障人民群众生命健康安全发挥了积极作用。

一是乡村信用保障“粮食安全”。粮食企业承担着粮食购进、储存、调拨等重要职责，社会责任重大。近年来，粮食购销领域以次充好、虚假损耗、亏库短量、拖欠粮款、违规招标等问题频发，对国家粮食安全大局造成了不良影响。2022 年 1 月，国家发展改革委、国家粮食和物资储备局联合印发《粮食企业信用监管办法（试行）》，要求各地粮食和储备部门通过粮食企业信用监管平台归集、共享、公示企业注册登记或者备案及企业相关人员等基本信息、粮食和储备部门产生的行政处罚信息和奖励信息、其他国家机关产生的依法可公开的信用信息等四类信息。明确粮食企业信用评价标准，将粮食企业信用等级划分为 A、B、C 三个等级。将粮食流通领域财政性资金和项目申报、扶持政策兑现、评优评先、“双随机”抽查等事项与粮食企业信用等级直接挂钩。

二是乡村信用助力“智慧农安”。“十三五”时期，农业农村部依托大数据技术基本建成比较完善的农产品和农资质量安全信用监管体系。建立“全国农安信用服务平台”，归集主体基础、行业认可、社会监督、政府监管、联合惩戒五大类信息，并定期向全国信用信息共享平台推送。截至 2021 年 12 月，为 35228 家农产品生产经营主体建立信用档案，累计报送信用信息 30 万条。建立“农安信用评价”机制，打造经营主体“信用分”，“信用分”基础分为 600 分，划分为 A、A+、B、B+、C、D、F 七个等级，评分按月度进行更新，实现“投入品采购-质量安全部门监管-合格证打印”全流程信息化管理。形成“信用+绿色通道”（用于市场供需对接）“信用+产品认证”“信用+品牌建设”“信用+项目申报”“信用+合格证”等“农安信用+”应用服务。

专栏 1

浙江建德“证信融合”农产品质量安全信用监管模式

浙江建德聚焦鸡蛋、草莓等公共品牌产业，建立农安信用监管体系。探索农安“信用达标”评价机制，评价指标涵盖基本信息、兽药实名制购买记录、产品检测记录、合格证开具记录等内容。评价结果分为 A、B、C（c）、D、E 五个等级。其中 C 级为规模主体达标等级、c 级为小微养殖主体达标等级。形成“信用挂钩”机制，将农安信用 C（c）级（含）以上作为项目资金、认定监测、品牌荣誉、宣传推介、支农惠农政策的前置条件。创新“证信融合”，打造食用农产品信用合格证，依托“数智农安平台”方便消费者在购买环节实时查询农产品的电子合格证、信用等级等信息。截至 2022 年 3 月，建德具有“农安信用”等级的生产主体（户）有 663 家，其中 A 级 22 家、B 级 536 家、C 级 105 家，c 级小微主体 597 家。

四川青神“十二分制”农资质量安全信用监管模式

四川青神在农资质量安全监管领域创新建立信用监管“十二分制”，围绕“市场主体回收、公共财政扶持、专业机构处置”，实现农药包装废弃物回收处置闭环管理。建立农药统一监管平台、物流实时监控平台、废弃物综合监管平台，采集销售监控、销售数据、清运处理等结构化和非结构化数据，实现对农资销售、使用、回收全流程信息追踪和使用。针对农资经销商建立信用评分机制，制定“农资经营监管扣分细则”，在门店管理、销售管理、台账管理等 5 个方面设置 23 个扣分项。一年累计扣分 0~3 分列为 A 级，扣分 4~8 分列为 B 级、扣分 9~11 分列为 C 级。扣 12 分及以上的，取消农药经营资格，5 年内不得从事该行业。由县农业农村局定期通报扣分和信用评价情况，将评价结果用于差异化监管。截至 2021 年 12 月，累计处罚经营户 14 家，吊销营业执照 3 家，无害化处理农药包装物 12.7 吨。

（三）“信用+乡村治理”助力治理有效与共建共享

2019年12月29日，中央农村工作领导小组办公室、农业农村部等部门联合发布《关于乡村治理体系建设试点示范工作的批复》，确定115个县（市、区）为乡村治理体系建设首批试点单位。试点期至2021年12月底。在这一期间，部分试点地区以信用为核心，不断探索“信用+农村党建”“乡村信用积分”“信用+志愿服务”等举措，形成了诸多可复制可推广的经验。

一是乡村信用赋能“基层党建”。乡村是广大人民群众生产生活的家园，是社会治理的重心和基础，是国家治理体系的末梢。乡村地域广阔、历史文化制度交织、治理体系纷繁复杂，决定了难以依托单一行政部门实施乡村信用体系的顶层谋划和制度设计。近年来，安徽、黑龙江、浙江、河南、湖南、广西、四川等地依托各级党组织力量，以信用为抓手，围绕“农村党建”“干部驻村”等环节深入抓农村党建促乡村振兴，不但增强了农村基层党组织凝聚力和战斗力，更夯实了农村地区乡村信用体系的建设基础。安徽省为解决乡村信用体系建设基层缺合力、见效难问题，创新将信用建设与农村党建相结合，由安徽省委组织部高位部署，在全省范围内开展“党建引领信用村”创建行动。2019年，安徽省委组织部、安徽省地方金融监管局、人民银行合肥中心支行等部门联合出台《关于选点开展党建引领信用村建设工作方案》。成立“党建引领信用村”工作联席会议，形成项目实施、数据归集、平台建设、评价方法、乡风评议、场景应用六大制度。在全省建立“党建引领信用村”线上服务平台，开发农村信用信息采集App，为经营主体提供线上融资撮合服务。截至2022年4月，参建金融机构累计授信64.29万户（个），授信金额522.79亿元。

二是乡村信用推动“共建共享”。党的十八大以来，全国各地在实践中不断探索实现自治、法治、德治“三治融合”，切实发挥群众的主观能动性，营造“共建共享”的乡村治理新格局。信用作为创新乡村治理手段的重要工具，在这一过程中发挥了重要作用。山东荣成探索实施“信用+志愿服务”模式，把村居建设、环境整治、农村养老、乡村教育等治理工作转变为志愿服务项目。村民可凭参加志愿服务的次数、时长等获得相应的信用加分。截至2021年12月，荣成市农村志愿者队伍已达80000人左右。浙江遂昌构建“省信用基础分+基层治理赋分”的遂昌县个人信用积分体系。省信用基础分涵盖基本情况、履约能力、经济行为、遵纪守法、社会公德等评价维度，基层治理赋分涵盖个人道德、家庭道德、社会道德、村级治理特色等维度。形成农民农户信用主体的个人信用档案和治理事项、村干部巡村等加扣分场景，实现对自然人主体“法治”信用画像与“德治”信用画像的有机结合。浙江余姚建立“道德银行”，围绕遵纪守法、热心公益、诚实守信、邻里团结等方面制定“道德积分评定指标体系”，通过评定农户日常道德诚信表现，并以道德诚信做担保，为农户提供创业小额信用贷款，同时作为评优评先、享受社会福利的依据。2021 年 4 月，余姚“道德银行”已对 266 个行政村、53.85 万人完成道德评议。

专栏 2

安徽东至“党建引领信用村”工作

安徽东至依托农村党组织设立乡风议事厅，组织农民参与乡风文明评议工作，将评价结果纳入信用评价指标体系，引导农民主动维护自身信用。截至 2021 年底，在全县创设 14 个乡风议事厅，1 个信用村入选“全国文明村镇”。

山东荣成“红色信用”共建模式

山东荣成积极实施“信用积分+乡村共建”模式，在王连街道东岛刘家村试点“红色信用”创建工作，结合村规民约，制定出台“红色信用管理办法”，围绕党的建设、经济发展、社会公益等维度建立 11 大类共 35 条考核细则，量化好人好事、志愿服务、平安村庄等 200 多个信息采集事项，涵盖村级各项事务。发挥乡村群众主动共建积极性，建立红色信用议事会议制度，红色信用建设领导小组每月召开信用议事会议，为每名群众建立红色信用档案，记录群众每月信用事项和加扣分情况，每月汇总信用积分情况，对信用积分前 10 名张榜表彰、后 10 名给予“黄牌警告”，并由党员“一对一”结对帮扶，逐渐带动群众形成守信光荣、失信可耻的良好氛围。

二、下阶段建设重点和方向

（一）助力“乡村振兴”将成为乡村信用体系建设的必然要求

“十四五”时期是乡村信用体系建设的关键时期，要充分考虑我国“大国小农”的基本国情，切实结合乡村振兴战略，围绕当前“三农”重点工作，明确发展方向和具体目标。

一是摆脱乡村信用体系是城市信用体系延伸的桎梏。逐步转变基层对乡村信用体系局限于金融领域的偏见，建议针对农村经济社会发展的特点，从农村新主体、新业态、新要素、新需求入手，创新乡村信用信息归集思路，从粮食安全、生态环境、乡村治理等视角拓展农村信用评价内涵范围，积极丰富信用在产业振兴、人才振兴、文化振兴、生态振兴、组织振兴环节中的应用场景。

二是实现与乡村振兴战略同步推进。进一步提升地方对乡村信用体系建设的重视程度，将乡村信用体系作为乡村振兴实施方案和发展规划的重要内容，鼓励地方加强乡村信用体系的统一部署、高位谋划和统筹设计。

三是以法律为主导完善乡村信用规则体系。探索在国家级信用立法工作或地方社会信用条例修订中设立“乡村信用环境”专章，明确乡村信用体系权责主体、促进目标、行为规制。鼓励各省市在“乡村振兴促进条例”中吸收乡村信用体系建设内容，鼓励地方探索乡村德治规则与乡村信用体系融合应用的法律规则设计。

（二）注入“金融活水”将成为乡村信用体系建设的重点工程

为统筹2022年和未来一个阶段内疫情防控和经济社会发展，畅通乡村振兴金融渠道，2022年5月，国务院发布《关于印发扎实稳住经济一揽子政策措施的通知》，强调要继续新增支农支小再贷款额度。服务农村金融服务创新升级，健全新型农业经营主体信用体系，加快建成涉农信用信息数据库，不断提高经营主体信用贷、首贷比例仍然是当前乡村信用体系建设的重点任务。

一是实现信用信息“先跑路”。加快编制省市级经营主体信用信息数据目录与共享清单，加强农村土地遥感、农业监管、水电气、农合农保数据归集。围绕智慧农业、冷链物流、生产加工等方向不断深挖数据资源，积极运用乡村“雪亮工程”等非结构化数据，提高数据质量和使用价值。

二是推动农村金融“多样化”。打造面向农产品供应链、粮食生产、农业加工、现代种业、高标准农田、农村基建等领域的涉农信贷。满足农民投资消费等金融需求，实现线上消费与信贷、补贴、政策兑现有机结合。以农业大数据实现农业保险定损、赔付全流程“线上化”。不断创新各类碳汇、生态信贷产品，挖掘农村绿色金融潜力。

三是引导风险防范“高效化”。注重农村信贷资源的合理布局，引导各地根据农村产业合理配置，确保资金使用“有地放矢”。积极开展农民合作社、农村集体经济组织信用合作试点，完善农村资产确权定价抵押机制。依托农业大数据、电力大数据加强对经营主体第一还款来源的监测，探索数字人民币在资金使用监测中的应用。构建“政府+银行+农担+农保”四方参与的风险共担机制，切实缓解地方政府在风险分担方面的资金压力。

（三）实现“动态监管”将成为乡村信用体系建设的少数关键

2022年中央1号文件明确提出，要深化粮食购销领域监管体制机制改革，完善全产业链质量安全追溯体系。“十四五”时期，农业监管将持续聚焦农产品和农资质量安全、粮食购销、粮食仓储、耕地保护、面源污染等重点领域，不断创新监管方式，提升对农业种、产、收、销等环节的动态感知能力。

一是农业信用监管将突出数字感知能力。卫星遥感、多光谱遥感等非结构化数据将作为重要监管数据加以应用，对经营主体的动态感知能力将显著增强。鼓励地方加强农业大数据、电力大数据在农产品和农资安全、粮食购销、耕地保护、面源污染等重点监管领域中的应用。

二是形成统一的“信用+农业大监管”。当前农业监管仍然存在“九龙治水”的状况，发展改革委、农业农村、市场监管等关键部门均具有农业领域监管职责，存在经营主体各类监管数据重复归集、反复使用等问题，不利于贯彻党中央关于“简政放权”的指示精神。建议总结农产品质量安全信用体系、粮食购销领域信用体系建设领域的监管经验，针对新型农业经营主体、涉农企业等市场主体形成统一的新型农业经营主体“信用档案”和信用评价机制，并针对农产品质量安全、农业投入品监管、粮食购销监管等细分领域打造专业化信用评分，实现对涉农市场主体的统一监管和动态监测。

三是助力新型农业经营主体高质量发展。农业监管将更加突出服务产业振兴和支持新型农业经营主体不断发展壮大这两个关键点。建议地方积极将农业信用监管结果直接用于农民合作社、家庭农场等经营主体参评国家、省市级合作社（场），并作为唯一认定依据。鼓励地方积极探索将信用监管用于经营主体经营发展，根据监管结果了解经营主体生产经营情况，帮助经营主体不断“提档升级”。

（四）激发“共建活力”将成为乡村信用体系建设的创新路径

乡村治理现代化是国家治理现代化的基础和重要组成部分，是协调推进城乡融合发展，实施乡村振兴战略的重要举措，也是适应社会主要矛盾转变的正确选择。“十四五”时期，要坚持和加强党组织领导的信用与自治、法治、德治相结合的乡村治理体系，走出一条具有中国特色的党建引领“信用+乡村治理”新路。

一是在制度化的前提下实施“信用+乡村治理”。在依法依规的前提下推进村规民约等德治社会规则及其制度化建设，引导乡镇政府辅导村组织规范完善村规民约和公序良俗，贴合乡村实际细化喜事新办、丧事简办、弘扬孝道、尊老爱幼、扶残助残、和谐敦睦等核心内容，以信用健全村规民约监督和奖惩机制，充分起到约束村民行为作用。

二是以“信用积分”赋能乡村“自治”。探索实现“乡村信用积分”制度化管理。以信用增强村民自治组织能力，不断深化信用积分在志愿服务中的应用，推动村居建设、垃圾分类、村容整治、养老托幼、乡村教育等农村工作向志愿服务转移，实现“民事民意、民事民管、民事民办”。

三是依托数字化提升乡村“信用治理”效能。充分发挥“数字乡村”建设优势，依托乡村建设和规划管理信息化发展探索“互联网+党建+信用”“互联网+公共法律服务+信用”“雪亮工程+信用”模式，提高乡村治理精细化、现代化水平。

（作者：曾光辉，厦门国信信用大数据创新研究院院长，高级经济师。陈晟涌，厦门国信信用大数据创新研究院研究人员，经济师）

第六节　网络诚信建设进展

诚信，是中华文明传承千年的道德精髓，是中华民族融于血脉的高尚品格，更是中国共产党一以贯之的价值追求。当今时代，互联网发展日新月异，渗透到社会生产生活的各个领域，为诚信建设提出了新课题、赋予了新内涵、打开了新空间，网络诚信的重要性愈加凸显，对于推动网络强国、文化强国、信用中国建设具有特殊意义和深远影响。

2021—2022 年，各地区、各部门坚持以习近平新时代中国特色社会主义思想为引领，认真贯彻落实党中央、国务院决策部署，把网络诚信建设作为推进数字中国建设的重要内容，作为加强网络文明建设的必然要求，作为推动网信事业高质量发展的有力抓手，采取扎实有效的措施，广泛汇聚力量，推进向上向善，我国网络诚信发展取得新的成效，呈现出新的特点和发展趋势。

一、网络诚信发展面临新形势

网络诚信是指具有完全民事行为能力的自然人、法人和非法人组织，在网络空间活动中尊崇道德、遵守法律、履行契约、恪守承诺的状态。随着新一轮科技革命和产业变革加速推进，数字化、网络化、智能化深入普及，在贯彻新发展理念、构建新发展格局、推进高质量发展过程中，对网络诚信建设提出了新的更高要求。

（一）数字中国战略的部署实施，需要筑牢网络诚信基底

2021 年 3 月 11 日，十三届全国人大四次会议表决通过的《中华人民共和国国民经济和社会发展第十四个五年规划和 2035 年远景目标纲要》（以下简称“十四五”规划）对建设数字中国作出战略部署。随着数字中国建设的推进实施，互联网与政治建设、经济建设、文化建设、社会建设、生态文明建设的融合渗透将更加广泛、更加深入，网络诚信不仅是互联网发展的信用基石，更是整个经济社会发展的重要信用底座。筑牢这个底座，需要不断拓展网络诚信的覆盖广度，从互联网行业领域延伸到农业、工业、制造业、服务业等各行各业，形成网上网下相结合、丰富多彩的网络诚信实践活动；需要不断增强网络诚信的推进深度，从国家层面延伸推广到各地城镇和乡村，以守信互信的共同行动，不断夯实数字中国、智慧社会的信用基础。

（二）打造数字经济新优势，需要着力加强企业诚信建设

2017—2021 年，我国数字经济规模从 27.2 万亿元增至 45.5 万亿元，总量稳居世界第二，年均复合增长率达 13.6%，占国内生产总值比重从 32.9%提升至 39.8%。“十四五”规划提出，打造数字经济新优势，壮大经济发展新引擎。互联网企业是数字经济发展的主力军，是打造数字经济新优势的关键主体。加强互联网企业诚信建设，就要引导督促互联网企业特别是平台企业服从党的领导，贯彻落实新发展理念，加强关键核心技术科技创新，着力破解“卡脖子”技术难题，助力国家科技自立自强；引导企业坚持科技向善，遵守法律、诚信经营、有序竞争，繁荣市场经济；引导企业坚持“以人民为中心”的发展理念，提升产品与服务质量，便利人民生活，平衡企业、资本、员工等各方利益，助力共同富裕；引导企业充分利用国内国际两个市场、两种资源，积极参与国际竞争，壮大中国数字经济整体实力，提升全球影响力。

（三）提高数字政府建设水平，需要构建良好的诚信生态

随着我国电子政务建设的深入推进，政府在网络诚信建设中的示范带动作用愈发凸显。截至2022年5月，全国一体化政务服务平台实名用户已超过9.5亿人，作为其总枢纽的国家政务服务平台注册用户超过5.8亿人。随着覆盖省、市、县、乡、村的网上政务服务体系不断完善，全国政务服务逐步实现标准规范统一，形成上下整体联动的政务服务“一张网”。“十四五”规划中提出，提高数字政府建设水平，将数字技术广泛应用于政府管理服务，推动政府治理流程再造和模式优化，不断提高决策科学性和服务效率。建好管好用好互联网，要求政府发挥网络诚信建设示范带动作用，加大政务信息化建设统筹力度，完善国家电子政务网络，推动政务信息化共建共用，加强公共数据开放共享，推进数据跨部门、跨层级、跨地区汇聚融合和深度利用，提高数字化政务服务效能，提升网上网下协同治理能力，构建完善数字规则体系，积极营造开放、健康、诚信、安全的数字生态。

（四）加强新时代网络文明建设，需要培育提升网民诚信素养

截至2022年6月，我国网民规模为10.51亿，互联网普及率达74.4%，短视频用户规模达9.62亿，即时通信用户规模达10.27亿，网络新闻用户规模达7.88亿，网络直播用户规模达7.16亿，在线医疗用户规模达3亿，丰富多样的互联网应用和服务形成了全球最为庞大、生机勃勃的数字社会。“十四五”规划明确提出，加强网络文明建设，发展积极健康的网络文化。2021年9月，中共中央办公厅、国务院办公厅印发了《关于加强网络文明建设的意见》，强调要加强网络空间思想引领、加强网络空间文化培育、加强网络空间道德建设、加强网络空间行为规范、加强网络空间生态治理、加强网络空间文明创建。2021年11月，中央网络安全和信息化委员会印发《提升全民数字素养与技能行动纲要》，对提升全民数字素养与技能作出部署安排，强调要加强道德示范引领，深化网络诚信建设；各级政府、科研院所、行业组织、企业、线上社区等各方力量主动

作为，督促数字技术和产品开发人员遵守职业道德和准则；提高全民数字获取、制作、使用、交互、分享、创新等过程中的道德伦理意识，引导全民遵守数字社会规则，形成良好行为规范。加强网络文明建设，发展积极健康的网络文化，培养具有数字意识、计算思维、终身学习能力和社会责任感的数字公民，要把网络文明理念融入网络文化产品创作生产服务全过程，把诚实守信观念融入网络文明建设各环节，在服务群众中引导群众，通过教育引导群众不断提升诚信素养，从而推动全社会形成良好的网络诚信生态。

二、网络诚信建设呈现新特点

人无信不立，业无信不兴，国无信不强。网络诚信作为互联网发展的重要基石，是国家信用体系建设与网络综合治理的重要内容，日益成为保障和促进经济社会健康发展、促进和加强网络文明建设的关键因素。2022年乃至今后一个较长时期，我国网络诚信建设呈现以下特点：

（一）网络诚信建设统筹力度明显加大

国家层面强化政策法规的统筹推进，制定颁布《中华人民共和国数据安全法》《中华人民共和国个人信息保护法》等多个涉及网络诚信建设的政策法规，为加强网络诚信建设、推进网络生态治理提供了及时有力的政策引领和法治保障。国家相关部门强化统筹推进和监管规范，相继出台《提升全民数字素养与技能行动纲要》《电子商务平台知识产权保护管理》《国务院反垄断委员会关于平台经济领域的反垄断指南》等一系列与网络诚信相关的规划或规范性文件，依法采取行政指导、约谈提醒、限期整改、违规处罚、违法惩戒等措施，强化相关主体责任，惩治违规失信行为，并联合开展多项治理行动，网络诚信建设的规制力度之大、影响之深前所未有。

各地重视网络诚信建设在社会经济发展中的基础作用，把推进网络诚信建设、弘扬诚信文化、建设信用体系等作为党委政府的重要任务，采取建立公民个人信用分、企业诚信认证级别、创建信用示范城等多种政策措施，多维度统筹推进网络诚信落地落实。据不完全统计，2021 年，国家制定出台包含网络诚信建设的综合性规划 6 个，涉及网络诚信建设的法律法规 3 件、部门规章 13 个、规范性文件 19 件；各地出台涉及网络诚信建设的地方性文件 63 个，推动网络诚信建设更加深入、更加规范。

（二）网络诚信建设机制加快健全

按照党委领导、政府管理、企业履责、社会监督、网民自律等多主体参与，经济、法律、技术等多种手段相结合的综合治网格局总体要求，国家主管部门坚持一手抓监管规范一手抓促进发展，加快完善体制机制，不断健全市场准入制度、公平竞争审查制度、公平竞争监管制度，推动建立全方位、多层次、立体化监管体系，努力实现事前事中事后全链条全领域监管，主管部门、监管机构职责进一步完善，分工合作、相互配合的协同治理的体制机制逐步健全。2021 年 11 月，中央网信办对网信系统印发“八五”普法工作规划，就系统性提升全民网络法治素养、推进网络普法与依法治网有机融合、提升网络普法针对性实效性做出重要部署，提出有效落实网络平台主体责任和行业自律，提升网络治理效能和治理水平。各级党委政府、各行业组织、各市场主体积极履行职能，以法治规范、技术标准、自律机制、经营承诺、行动倡议等多种形式，在数字政务、电子商务、网约出行、在线医疗、在线教育、在线办公、网络视频、网络音乐、网络直播、生活服务、数字金融、信用监管、征信业发展、网络安全、数据安全、汽车数据安全、关键信息基础设施保护、个人信息保护、知识产权保护、未成年人保护、互联网反垄断等 20 多个行业和领域健全完善相关工作机制，推动政务诚信、企业守信、个人征信建设不断拓展深化，守信激励、失信受罚的联动机制初步形成。

（三）网络诚信宣传教育深入人心

随着 5G、大数据、云计算、物联网、人工智能等技术不断发展，网络空间已成为人民生产生活的新空间，网络诚信日益成为诚信建设的新课题。2021—2022 年，党委政府、社会组织、主流媒体、商业网站等广泛开展网络诚信宣传教育、研讨交流等活动，激发全社会共建网络诚信新时代的思想意识和行动自觉。2021 年中国网络诚信大会，作为年度网络诚信领域的国家级会议活动，成为我国网络诚信领域信息发布、成果展示、交流沟通的重要平台，会议高水平的论坛活动和权威发布，广受业内欢迎和社会关注，参与会议的主流媒体比 2020 年增加一倍，报道量增加两倍多，阅读量增长数倍。首届中国网络文明大会、首届中国新电商大会、2021 年世界互联网大会乌镇峰会、2021 中国网络媒体论坛等重要会议活动，均设置诚信建设、社会责任等方面的论坛主题，党政产学研媒等各领域、各行业、各部门代表，围绕推进网络诚信建设深入研讨交流，进一步引导和激发社会各界积极投身网络诚信探索实践。以“讲好诚信故事，弘扬诚信文化”为主题的 2021 年全国“诚信兴商宣传月”活动，旨在加强诚信兴商宣传、塑造新时代商务诚信文化，为打造优良营商环境、促进经济高质量发展提供有力支撑。针对近年来比较常见的一些违法失信行为，相关部门开展“全社会反诈总动员”系列宣传活动、“打击治理电信网络诈骗犯罪集中宣传月”活动，对网络贷款、网络刷单、“杀猪盘”、冒充客服退款、假冒熟人、冒充“公检法”、“荐股”、虚假购物、注销“校园贷”、买卖游戏币等常见网络诈骗类型进行科普宣传，引导人们远离网络诈骗、警惕虚假宣传，并对网上泛娱乐化倾向、低俗炒作、畸形审美等乱象进行整治，促进了网络生态治理，强化了正面引导，积极营造网络诚信建设的良好氛围。各主流媒体结合《社会信用体系建设规划纲要》《新时代公民道德建设实施纲要》及相关法律法规的颁布实施，通过主题策划、新闻报道、新闻综述、新闻评论、专栏专版、专题采访等方式广泛宣传报道，引发社会各界对网络诚信建设的广泛关注和积极参与。

（四）网络诚信社会实践丰富多彩

在习近平总书记关于网络强国的重要思想引领下，我国网络综合治理和社会信用建设深入推进，社会各界对网络诚信建设的关注度、参与度进一步提升，网络诚信社会实践持续深化，网络空间守信互信的诚信意识、网上网下共践共行的诚信实践日益丰富。主管部门积极履行管理职能，在强化依法监管的同时，充分发挥柔性治理作用，采取政策引导、标准规范、体系推进、行业约束、鼓励社会力量参与等形式，全方位、多领域推进网络诚信建设不断深化。互联网企业积极适应监管形势要求，增强合规经营意识，注重诚信制度建设、消费者权益维护和未成年人权益保护，积极履行诚信经营主体责任和企业社会责任，34 家互联网平台企业发布《依法合规经营承诺》，33 家互联网企业签署了《互联网平台经营者反垄断自律公约》，对中小企业的头部示范效应十分显著。社会组织、新闻媒体、高校、科研院所等社会单位发挥各自优势，加强行业自律建设，推进失信炒信信息认定，开展网络诚信主题宣传活动，深化网络诚信理论问题研究，编制网络诚信相关标准，发布相关诚信自律公约、互联网行业从业人员道德准则等，形成了网络诚信建设聚各方之力、成众人之势。2021—2022 年，通过宣传引导、价值传播、品牌活动、典型示范等，广大网民诚信自律和习惯养成逐步增强，网络诚信意识逐步提高，诚信上网、文明用网成为绝大多数人的行为规范，网上不良信息泛滥情况有较明显好转，网民不良信息接触率大幅下降，亿万网民的主体作用得以有效发挥。

（五）网络失信行为惩治坚定有力

2021—2022 年，国家有关部门持续开展专项治理行动，集中治理群众反应强烈、社会高度关切的网络失信行为，不断净化网络空间生态，营造诚实守信网络环境。

国家互联网信息办公室以“清朗”系列专项行动为抓手，先后开展整治网上历史虚无主义，整治春节期间网络环境，整治未成年人网络环境，打击网络水军、流量造假、黑公关，治理算法滥用，整治网上文娱及热点排行乱象，规范网站账号运营，整治 PUSH 弹窗突出问题等八方面问题，扎实推进网络生态治理。加强网络举报工作机制和渠道的公共宣传，引导网民主动举报政治类、暴恐类、诈骗类、色情类、低俗类、赌博类、侵权类、谣言类等各类网上违法和不良信息，共同营造良好的网络秩序。

工信部在全国范围内组织开展了为期一年的互联网应用适老化及无障碍改造专项行动，明确将互联网应用的适老化列入企业信用指标，首批指导158家老年人常用网站和App完成改造。2022年上半年，各地“扫黄打非”部门主动出击，保持对违法犯罪活动的高压态势，通过查办案件推动“净网”“护苗”专项行动深入开展。2022年1—6月，全国查处各类“扫黄打非”案件5200余起，其中刑事案件850余起。市场监管总局先后对阿里巴巴、美团互联网垄断立案调查，开展全国重点领域反不正当竞争执法专项行动，整治市场垄断、不正当竞争等失信行为，维护公平竞争市场秩序；加强重点领域诚信建设，对知识产权侵权、校外培训机构虚假宣传、违法违规商业营销等市场失信问题加大执法力度，曝光了一批典型案例，严惩了一批违法主体。军地有关部门加大涉军网络谣言整治力度，上线“网络涉军举报和辟谣平台”，受理网民对违法违规涉军网络平台和公众账号的举报，以及对涉军谣言和虚假信息、泄露军事秘密、军队人员违规上网发表不当言论等的举报，取得良好效果。

（作者：李伟，新华社中国经济信息社新华信用事业部总经理，主任编辑；崔傅成，新华社中国经济信息社新华信用事业部信用分析师）

第七节　社会信用国家标准化建设进展

《国家标准化发展纲要》提出，“标准是经济活动和社会发展的技术支撑，是国家基础性制度的重要方面。标准化在推进国家治理体系和治理能力现代化中发挥着基础性、引领性作用”。新时代推动高质量发展、全面建设社会主义现代化国家，迫切需要进一步加强标准化工作。社会信用标准化已成为完善社会主义市场经济体制、推进社会治理能力现代化的重要手段。近年来，社会信用标准化建设加快推进，着力解决了社会信用体系建设一系列关键技术标准缺失问题，有力助推了社会信用体系快速发展，是社会信用体系建设的重要技术支撑和保障。在当前社会信用体系建设高质量发展阶段，如何进一步做好社会信用标准化工作，是推进社会信用体系建设新征程的重要议题。

一、主要进展

（一）加快推动信用标准研制，丰富社会信用标准体系

为适应我国社会信用体系建设发展需要，全国社会信用标准化技术委员会搭建了涵盖社会信用标准化需求的标准体系总体框架，并按照信用标准的基本属性和规范对象，将信用标准体系分为基础层、通用层和专用层。截至 2022 年 3 月 31 日，已正式发布社会信用国家标准 68 项，待发布国家标准 1 项，立项在研的信用国家标准 8 项，同时，面向公共信用信息、信用服务业、统一信用代码、产业园区等重点领域，正在组织申报 4 项国家标准（见表 5-2）。上述标准涵盖了信用标准体系的基础层、通用层和专用层，涉及信用术语和分类、公共信用信息、企业信用、电子商务信用等领域和方向。信用标准研制工作的快速推进，进一步丰富了社会信用标准体系，为社会信用体系建设提供了重要的标准化技术支撑。

表 5-2　已发布的信用国家标准

序号	标准名称	发布号
基础层标准		
1	信用　基本术语	GB/T 22117—2018
2	信用标准化工作指南	GB/T 23792—2009
3	信用主体标识规范	GB/T 26819—2011
4	信用标准体系总体架构	GB/T 35431—2017
5	法人和其他组织统一社会信用代码编码规则	GB 32100—2015
6	法人和其他组织统一社会信用代码基础数据元	GB/T 36104—2018
7	法人和其他组织统一社会信用代码赋码操作规范	GB/T 36105—2018
8	法人和其他组织统一社会信用代码数据管理规范	GB/T 36106—2018
9	法人和其他组织统一社会信用代码数据交换接口	GB/T 36107—2018
10	法人和其他组织统一社会信用代码数据库建设和管理要求	GB/T 40840—2021

续 表

序号	标准名称	发布号
通用层标准		
11	企业信用等级表示方法	GB/T 22116—2008
12	企业信用信息采集、处理和提供规范	GB/T 22118—2008
13	信用服务机构 诚信评价业务规范	GB/T 22119—2017
14	企业信用数据项规范	GB/T 22120—2008
15	企业信用评价指标	GB/T 23794—2015
16	企业信用调查报告格式规范　基本信息报告、普通调查报告、深度调查报告	GB/T 26817—2011
17	个人信用调查报告格式规范　基本信息报告	GB/T 26818—2011
18	社会组织信用评价指标	GB/T 31867—2015
19	企业诚信管理体系	GB/T 31950—2015
20	企业信用档案信息规范	GB/T 31952—2015
21	企业信用评估报告编制指南	GB/T 31953—2015
22	信用信息征集规范 第 1 部分：总则	GB/T 34830. 1—2017
23	信用信息征集规范 第 2 部分：内容	GB/T 34830. 2—2021
24	信用信息分类与编码规范	GB/T 37914—2019
25	公共信用信息资源目录编制指南	GB/T 39440—2020
26	公共信用信息分类与编码规范	GB/T 39441—2020
27	公共信用信息资源标识规则	GB/T 39442—2020
28	公共信用信息交换方式及接口规范	GB/T 39443—2020
29	公共信用信息标准总体架构	GB/T 39444—2020
30	公共信用信息数据元	GB/T 39445—2020
31	公共信用信息代码集	GB/T 39446—2020
32	公共信用信息数据字典维护与管理	GB/T 39449—2020
33	企业信用监管档案数据项规范	GB/T 40478—2021
34	公共信用信息基础数据项规范	GB/T 41195—2021
35	公共信用信息公示通则	GB/T 41196—2021

续 表

序号	标准名称	发布号
专用层标准		
36	企业质量信用等级划分通则	GB/T 23791—2009
37	合格供应商信用评价规范	GB/T 23793—2017
38	基于电子商务活动的交易主体　企业信用档案规范	GB/T 26841—2011
39	基于电子商务活动的交易主体　企业信用评价指标与等级表示规范	GB/T 26842—2011
40	基于电子商务活动的交易主体　个人信用评价指标体系及表示规范	GB/T 28041—2011
41	基于电子商务活动的交易主体　个人信用档案规范	GB/T 28042—2011
42	企业质量诚信管理实施规范	GB/T 29467—2012
43	电子商务信用　卖方交易信用信息披露规范	GB/T 29622—2013
44	企业质量信用评价指标	GB/T 31863—2015
45	职业经理人信用评价指标	GB/T 31864—2016
46	企业质量信用报告编写指南	GB/T 31870—2015
47	检验检测机构诚信基本要求	GB/T 31880—2015
48	电子商务信用　网络交易信用主体分类	GB/T 31951—2015
49	电子商务信用 B2B 第三方交易平台信用规范	GB/T 33717—2017
50	电子商务信用网络零售信用评价指标体系	GB/T 34056—2017
51	电子商务信用网络零售信用基本要求消费品零售	GB/T 34057—2017
52	电子商务信用 B2B 网络交易卖方信用评价指标	GB/T 34058—2017
53	电子商务信用 第三方网络零售平台交易纠纷处理通则	GB/T 34827—2017
54	商贸物流企业信用评价指标	GB/T 35434—2017
55	电子商务信用 自营型网络零售平台信用管理体系要求	GB/T 36302—2018
56	电子商务信用 第三方网络零售平台信用管理体系要求	GB/T 36304—2018
57	检验检测机构诚信评价规范	GB/T 36308—2018
58	电子商务第三方平台企业信用评价规范	GB/T 36312—2018
59	电子商务企业信用档案信息规范	GB/T 36314—2018
60	科研信用信息征集规范	GB/T 37927—2019

续 表

序号	标准名称	发布号
	专用层标准	
61	家居用品企业诚信管理体系 要求	GB/T 38253—2019
62	商贸流通企业信用评价指标	GB/T 39450—2020
63	检验检测机构诚信报告编制规范	GB/T 39663—2021
64	企业在线信誉评价指标体系	GB/T 39887—2021
65	检验检测机构从业人员信用档案建设规范	GB/T 40149—2021
66	电子商务信用 网络零售信用基本要求 数字产品零售	GB/T 40476—2021
67	电子商务信用 网络零售信用基本要求 服务产品提供	GB/T 40477—2021
68	数字文化企业信用评价指标	GB/T 40483—2021

（二）推动公共信用信息标准化，促进信用信息共享交换

公共信用信息标准化是公共信用信息共享和系统集成的前提。建立统一的标准规范、安全保障体系和管理制度，是实现公共信用信息跨部门、跨地区互联互通、共享共用，并支撑各级信用平台有效性和可行性的重要前提。在支撑公共信用信息公开、共享方面，社会信用标准化重点开展了跨行业、跨区域的公共信用信息共享通用技术研究，制定了《公共信用信息标准总体架构》（GB/T 39444—2020）、《公共信用信息基础数据项规范》（GB/T 41195—2021）、《公共信用信息公示通则》（GB/T 41196—2021）等系列标准规范，推动国家公共信用信息交换共享平台和地方、行业信用信息系统建设，逐步消除“信息孤岛”，在保护涉及公共安全、商业秘密、个人隐私等信用信息的基础上，依法使各类社会主体的信用状况透明、可核查，让失信行为无处藏身，有力支撑跨行业、跨区域、跨部门的公共信用信息分类与交换共享。

公共信用信息系列国家标准的全面实施从公共信用信息标准体系架构、资源目录编制、信息分类与编码、资源标识、数据元、代码集、数据字典、交换方式和接口等方面有效规范和统一了公共信用信息采集、交换和共享工作，一定程度上解决了当前公共信用信息相关概念认识不统一、

分类和归集范围不一致、分级分类管理方法不规范、多源异构信息难以有效汇集和共享等突出问题，对于推动国家与部门（行业）、国家与地方之间公共信用信息的互联互通、资源共享和业务协同具有重要的实践指导意义。

（三）深化重点行业和领域信用标准化，推动行业信用体系建设

面向行业信用标准化需求，结合行业特点和关键信用要素，从支撑行业分级分类监管和规范完善企业内部管理制度、提升管理效率和水平层面，社会信用标准化研究构建了信用评价技术模型和诚信管理体系架构，建立了重点行业和领域企业信用履约意愿、履约能力和履约行为的三维信用评价技术，围绕企业承诺兑现，科学客观地揭示不同行业和领域企业信用风险大小，开展了基于行业信用管理要素的企业信用评价技术标准研制，规范行业企业信用评价，创新并丰富行业分级分类监管手段和方法，推动重点行业和领域企业信用体系建设，引导企业提升诚信意识和能力。

近两年，针对商贸流通、互联网、家居用品、检验检测、文化等重点行业领域，从支撑行业分级分类监管和规范信用评价服务市场发展层面，研究制定了《商贸流通企业信用评价指标》（GB/T 39450—2020）、《检验检测机构从业人员信用档案建设规范》（GB/T 40149—2021）、《数字文化企业信用评价指标》（GB/T 40483—2021）等信用评价和管理标准。通过重点行业信用标准的实施，规范并完善企业信用评价技术和企业内部管理制度，帮助企业识别并防范失信风险，提升管理效率和水平，不断推动行业信用体系建设纵深发展。

（四）关注信用体系新发展，努力满足信用标准化新需求

2021 年是“十四五”开局之年，是奔向 2035 年远景目标的新起点，是全面建设社会主义现代化国家新征程的开启之年，社会信用体系建设已然走到新的发展阶段。面对当前社会信用体系建设和发展的新趋势、新需求和新问题，社会信用标准化重点从标准规范角度加强关注和研究，特别是在一些新领域和新技术应用方面，积极开展标准预研，加强与应用场景

相结合，实现了信用标准化技术拓展，深化了信用标准化的地方实践应用，进一步推动了社会信用体系的纵深发展。

面向社会信用体系新发展需求，进一步推动公共信用信息、市场监管信用、网络治理信用、公共资源交易和国企采购信用等标准化成果的转化应用，在多个地方开展标准化成果的试点和实施；开展了信用调查、信用评估、信用修复、信用融合等信用服务新需求和新理念的预研；按照国务院、国家发展改革委和市场监管总局等最新文件要求，进一步加强信用信息征集、共享、应用等标准化工作，推动社会信用体系建设法治化、规范化水平；基于对社会信用体系发展的预判和研究，提出“十四五”期间开展多维跨域信用融合标准化关键技术的标准化需求；同时，从推动信用标准化国际交流和业务发展等方面，开展了《信用 基本术语》国家标准英文版的研制工作，并积极推进在线信誉国际标准在国内的实践应用。

二、下阶段建设重点和方向

（一）加强信用标准化需求调研，做好热点、难点信用问题预研

随着社会信用体系建设步入深水区，信用标准化需求更加旺盛和多元，在加强社会信用体系建设规范化的发展阶段，标准的作用也将愈加明显。需要更多地从政府和市场两个维度，广泛开展信用标准化需求调研；从问题导向和新技术引领两个视角，总结分析各领域的信用标准化需求。了解当前已有标准的实施和应用情况、存在标准缺失的领域和严重程度，掌握社会信用标准化需求的重点和突出问题，在稳步推进信用标准化工作的同时，动态梳理和细化新阶段信用标准化需求，以顺应社会信用体系建设的发展要求。

社会信用体系建设不断面临新动向、新问题和新发展，还需及时聚焦信用标准化热点、难点和重点问题开展预研工作。比如，面对新冠疫情防控中反映出的政务信用、个人信用等突出问题，如何聚焦信用标准化技术支撑手段；又如，当前建立以信用为基础的新型市场监管机制中，如何充分发挥信用标准化在全周期、全过程、全环节的市场监管中的效能提升作

用等。对社会信用体系建设中的热点、难点信用问题的预研将影响信用标准化的工作重点和方向。

(二) 加快基础、重点标准研制，不断深化信用标准化领域建设

当前信用标准化工作已从基础通用标准研制延伸至重点行业和领域信用标准研制，需要进一步突出标准的实用性和适用性，在不断夯实完善基础通用类信用国家标准、发挥信用标准化指南性基础作用的同时，还要面向重点领域和行业，关注信用问题突出、影响力大、关注度高的标准化领域，进一步规范和健全失信行为认定、记录、归集、共享、公开、惩戒和信用修复等机制，特别是政务诚信、商务诚信、社会诚信和司法公信等领域有关信用信息归集、共享、评价、应用等重点技术标准，更好地支撑社会信用体系建设，提高社会信用体系建设法治化、规范化水平。

下阶段，围绕构建以信用为基础的新型监管机制、提升社会治理体系和治理现代化水平，应用区块链、大数据、人工智能、互联网等新技术，重点开展信用信息实时交互、跨域融合、风险评价和智能预警技术研究，启动跨域信用融合、信用承诺、风险评价等技术标准研制，推动公共信用信息标准化、信用监管标准化等重点领域建设，支撑和服务政府、区域、行业、企业等信用标准化需求，形成一系列重点关键技术标准，不断拓展社会信用标准化领域。

(三) 推动标准宣贯和实施指导，促进信用标准化成果落地

实践是检验真理的唯一标准，社会信用标准化工作也一样。标准研制的同时还要积极落实标准化的“化”字，将标准应用于实践并在实践中不断丰富完善，是信用标准化工作持续进步的不竭动力。要持续做好标准的宣贯和实施指导，普及信用标准化知识，使信用标准为更多领域、更多行业、更多地方、更多企业所了解和认识，并且应用于实践、服务于实践。

下阶段，要推动开展相关标准培训和宣贯工作，对已发布的信用基础通用标准加大宣传推广力度，普及信用标准化基础知识，促进社会各界对信用标准化的认识和理解，激发信用体系建设中的标准化需求，参与支持

信用标准化工作，用好信用标准化手段。基于已经发布和正在研制的标准，重点加强公共信用信息标准化、市场监管信用标准化等成果在国家和地方的转化应用，加强标准与实践应用充分融合；在信用标准化新场景，如公共资源交易领域、国企采购招标领域等，开展信用信息公示、信用评价、结果应用等全场景信用标准化实施，推动标准化成果的转化落地。

（四）加强信用标准化成果交流，推动中国标准“走出去”

标准化成果交流是推广标准化成果的重要方式。当前我国社会信用体系建设取得了显著进展，形成了一套具有中国特色的社会信用体系建设新模式，形成了一批符合国情发展需求的信用国家标准。随着新技术、新模式、新业态下的新兴监管方式标准化需求的涌现，信用标准化成果应用更有赖于成果的交流推广。

下阶段，应努力做好以下几点：一是持续搭建信用标准化交流沟通平台。一方面，信用各领域主管部门、相关标委会等应保持沟通和交流，保障信用标准的协调一致；另一方面，持续推动标准化技术交流，针对新兴技术加强与科研院所、业内头部企业的交流沟通，推动重点标准的研制和推广。二是借助国际对口标准化平台。一方面，基于已完成的《信用　基本术语》英文版，加强与业内同行、国际组织等的信用理念交流，并适时启动新的标准英文版工作；另一方面，继续深化在线信誉标准化应用和需求调研，为中国标准推广做好技术储备，在国际标准化组织、亚太经合组织、“一带一路”等标准化平台上宣传推广中国标准，适时提出国际标准新提案，输出中国标准化实践。

（作者：周莉，博士，研究员，中国标准化研究院质量研究分院社会信用研究室主任，全国社会信用标准化技术委员会秘书长）

第八节　信用服务业培育与发展

信用是市场经济健康有序发展的基石，信用服务业[1]是社会信用体系建设的重要力量。信用服务业是指专门从事信用产品和消费，对组织防范、转移和控制信用风险提供外部技术支持/服务的各类经济组织和中介机构，其所有分支行业提供的产品和服务，主要以服务组织实现信控目标为目的。2018 年，国家发展改革委发布了《关于充分发挥信用服务机构作用加快推进社会信用体系建设的通知》，明确要加快培育和发展信用服务市场，规范对信用服务机构及其从业人员的监管，开展发挥综合信用服务机构作用的试点探索。

2022 年 3 月，中共中央办公厅、国务院办公厅印发的《关于推进社会信用体系建设高质量发展 促进形成新发展格局的意见》进一步坚定了信用服务业发展信心，并为信用服务业的发展指明了方向路径。

一、培育与发展信用服务业具有重要意义

信用服务业是信用经济的重要组成部分，开展信用服务业发展现状研究，探索我国信用服务业培育的实施路径，将有助于我国明确信用服务业的发展方向、目标和具体任务，优化监管体制和政策支持，推动行业规范、健康、高质量发展。其主要作用如下：

一是社会信用体系建设有利于催生信用服务新市场。在“十四五”时期，社会信用体系建设将逐步从“夯基础”向“强应用”转变，公共信用信息平台与行业和金融信用信息系统逐步实现互通融合[2]，围绕“信易+”惠

[1] 信用服务业也称“信控服务业（credit risk control service industry）”。

[2] 2022 年 1 月 6 日，《国务院办公厅关于印发要素市场化配置综合改革试点总体方案的通知》指出，要增加有效金融服务供给。依托全国信用信息共享平台，加大公共信用信息共享整合力度。充分发挥征信平台和征信机构作用，建立公共信用信息同金融信息共享整合机制。

民便企的信用产品创新力度将不断加大。二是金融科技的飞速发展加快推动传统信用服务业变革。近年来，以大数据、人工智能[1]、区块链等为代表的新型技术极大改变了信用服务业的传统业态，新型综合信用服务机构的服务模式由传统向信用风险控制、信用交易流转服务等新业态拓展。三是信用服务业规范发展已成为社会和行业的普遍共识。近年来，在一系列政策带动下，信用服务业的政府监管体制机制不断完善。如国家颁布了《信用评级业管理暂行办法》，山东、河南、河北等省份陆续出台了《信用服务机构监督管理办法》，逐步完善信用服务业的监管体系。但信用服务业发展仍存在缺少统一的行业统计口径、缺少统一的行业指导目录等问题，导致监管边界不清，监管效果差强人意。

信用服务业的健康有序发展在构建完善的社会信用体系中起到了重要作用。一是有利于规范信用服务市场，促进信用服务业高质量发展。政府对信用服务业的有效监管将促进信用服务机构加强自律管理，坚持诚实守信、合规经营的理念，维护公平竞争、降低市场交易成本，能够促进信用服务机构完善其治理机制，不断提升从业人员的专业素质和合规意识，提高信用服务能力和水平。二是有利于防范经济运行突发风险，保障贸易活动稳定运行。对信用服务机构的监管，将促使其在提供信用服务的过程中保持客观、独立、公正，从而科学判定市场主体信用风险，帮助服务主体降低经营风险，保障经济贸易活动的稳定运行。

二、我国信用服务机构发展现状及存在问题

社会信用体系建设离不开信用服务机构的发展壮大。截至 2022 年 6 月，累计公布或备案的信用服务机构 304 家次（详情见表 5-3）。随着信用服务业的不断发展壮大，法律法规建设不完善、市场发展缺乏规范性、业务模式缺乏延展性、信用数据共享存壁垒等现实问题逐渐凸显，导致信用服务机构作业能力弱、质量良莠不齐、低价恶性竞争频发，数据非法采

[1] 鉴于人工智能技术在信用科技方面的开发应用在国内外极具敏感性，因此将人工智能技术应用于信用科技存在争议，业内应注意合法合规利用人工智能技术，也应避免技术应用违反道德准则。

集、违规使用和买卖频现，尚需一套完善而科学的监管体系予以规范。

表 5-3　信用服务机构公布或备案情况

监管主体	公布或备案类型	机构数量
国家发展和改革委员会	综合信用服务机构	26
	信用修复专题培训机构	13
	信用修复信用报告提供机构	62
中国人民银行	企业征信机构备案	137
	法人信用评级机构	55
	个人征信牌照（试点）	2（8）
中国证券监督管理委员会	信用评级机构	9

数据来源：国家发展改革委、人民银行、中国证监会等相关网站统计数据。

（一）信用服务机构监管法律法规欠完善

信用服务业的规范发展离不开健全的法律法规，现阶段信用服务业无序发展的根本原因在于行业监管部门缺少相应的法律法规进行规范。因此，法律法规的建立健全是信用服务业健康发展的重要基础。

一是信用服务机构监管法律体系欠完善。目前中国人民银行出台了《征信业务管理办法》《信用评级业管理暂行办法》《征信业管理条例》《证券市场资信评级业务管理办法》等法律法规，但其监管职能范围仅限于金融领域，而在其他领域，对信用服务业的监管仍然存在真空地带。二是标准规范建设在标准宣贯与应用方面严重不足。截至 2022 年 3 月 31 日，已颁布实施 68 项社会信用国家标准、百余项地方和团体标准，虽然我国信用标准化建设在编制标准的数量和广度方面处于世界领先水平，但在实际施行过程中，仍然存在标准宣贯和应用严重不足等问题，导致信用标准化建设难以取得理想成效。

（二）信用服务机构市场运营规范化程度不高

近年来，信用信息违规采集和倒卖、“花钱买评级”等失信行为以及信用服务质量良莠不齐等乱象频发。信用服务机构的无序发展充分反映了当前我国在信用服务业的规范管理上存在不足。因此，规范的行业监管是信用服务业健康发展的关键前提。目前的主要问题包括：一是信用服务机构无序发展。目前我国信用服务业整体水平不高，市场恶性竞争等乱象屡禁不止，行业发展的规范性、公正性和独立性严重不足。比如，信用评级机构往往容易受到政府和业务对象要求的影响，运作不规范，业务稳定性差。二是存在非法采集、使用和买卖数据现象。部分信用服务机构在获取信息过程中，违规、过度采集信用信息，个人隐私和商业秘密等敏感数据的安全得不到保障。

（三）信用服务机构业务模式缺乏创新

随着“信易+”应用逐步扩大，深化信用产品与服务创新将成为“十四五”时期信用服务市场的主流现象。因此，信用产品与服务的创新是信用服务业高水平发展的重要支撑。

目前的主要问题包括：一是业务模式相对单一。目前信用服务类业务主要还是集中于金融领域，在公共服务领域尚未得到有效开发。二是产品创新不足。我国信用服务机构较为成熟的业务模式主要为信用报告及信用评分，且应用领域主要集中在金融服务，在政府监管、公共服务、社会治理、市场应用等方面仍有待创新应用。

（四）信用服务机构数据共享应用存壁垒

作为重要的生产要素，公共信用信息与市场信用信息是信用服务业发展的动力来源。因此，实现信用信息的开放共享是信用服务业快速发展的核心关键。

目前的主要问题包括：一是公共数据获取难度较大。目前我国尚未建立信用数据共享开放机制，信用服务机构主要通过网络爬取、购买或参与政务系统建设获取部分公共数据，数据质量难以得到保障。二是数据条块分割难共享。我国各部门、行业以及信用服务机构之间信用信息系统尚未实现互联互通，导致数据的全面性、权威性、系统性不强，数据共享机制仍未建立，“信息孤岛”现象严重。

（五）信用服务机构专业人才匮乏较严重

信用服务业对人才的需求日益高涨，专业人才匮乏问题日益突出，人才成为制约信用服务业发展的重要因素。因此，高素质复合型信用管理人才的培养是信用服务业发展的重要保障。

目前的主要问题包括：一是国内对于信用管理人才的培养力度不足。目前国内开设信用管理相关专业的高校较少，且信用学科建设和人才培养与社会需求脱节较为严重。二是社会对信用服务行业认知缺乏。我国的信用服务业发展还处于初期阶段，社会对信用服务行业的认知不足，短期内信用服务机构的平均收入不高，难以吸引优秀人才加入。三是金融机构对信用管理人才造成分流。优秀的信用管理人才一般具备金融、财务、管理等综合学科知识背景，容易成为高福利的银行、保险等金融机构竞相追逐的对象，导致信用服务机构人才的流失。四是信用服务机构不重视对信用管理人才的培养。激烈的市场竞争迫使我国大多数信用服务机构把主要精力放在市场占有上，忽视了自身人才队伍规划和培养机制的建立，使信用服务机构人才的自身“造血”功能不足。

三、国内推进信用服务机构发展的典型做法

近年来，江苏、浙江、山东等省通过完善监管制度、创新监管机制、拓宽应用领域、强化行业自律等措施引导信用服务机构规范发展，对于规范信用服务机构监管、推动信用服务市场发展、创新信用服务应用等起到了积极作用。

（一）江苏省：规范信用服务机构监管

江苏省积极培育和发展各类信用服务机构，鼓励和支持信用服务机构参与社会信用体系建设，逐步形成市场化信用服务与公共信用服务互为补充的多层次信用服务体系。一是打造坚实制度基础。为规范信用服务机构监管，江苏省先后出台《江苏省信用服务机构备案办法（试行）》《江苏省信用服务机构管理办法（试行）》，对信用服务机构信息申报、监管、

行业自律等作了详细规定。二是强化信用服务机构监管。建设江苏省信用服务机构管理系统，引导398家[1]信用服务机构自主申报信息进行备案，对符合备案条件的机构制发备案证书，提升信用监管效率。三是支持信用产品创新应用。鼓励和支持信用服务机构积极参与社会信用体系建设，在招标投标、政府采购等工作中大力推行第三方信用报告，安排专项资金用于购买第三方信用服务，促进信用服务市场稳步发展。

（二）浙江省：着力培育新型互联网信用服务机构

浙江省高度重视信用服务机构培育工作，信用服务业高速发展。截至2022年3月，浙江省各类信用服务机构达460多家，从业人员约6万人，信用服务业营业收入超过100亿元。[2] 一是重视制度保障机构执业规范。浙江省先后出台《浙江省信用服务行业自律公约》《浙江省信用协会信用报告公示管理办法》《企业信用评价指导性标准》等制度和标准，推动信用服务行业整体法治化、规范化发展。二是强化机构及从业人员监管。建立完善机构及从业人员信用档案，实行备案管理，截至2022年3月，全省已备案机构50余家、从业人员1000余人。三是统一信用报告公示渠道。规范第三方信用服务机构信用产品标准，依托信用协会网站开设“信用报告”公示专栏，截至2022年9月，累计上传报告4000余份，切实提升信用产品公信力。四是注重行业自律建设。成立信用服务机构专业委员会，凝聚产学研力量，为信用服务机构及从业人员提供专业服务和行业交流平台，引导信用服务行业自律规范和健康发展。

（三）山东省：注重发展信用服务市场多样性

山东省立足于深厚的信用服务业发展基础，高度重视信用服务行业规范发展，鼓励信用服务机构产品创新，注重信用服务市场多元化发展。一是重视制度创新。在全国率先出台《山东省信用服务机构监管办法（试行）》，就信用服务机构自主申报机制、信用服务机构监管程序、信用服

[1] 数据来源：《江苏省“十四五”社会信用体系建设规划》。
[2] 数据来源：《浙江省社会信用体系建设“十四五”规划》。

务行业规范等方面提出了具体的规范措施。二是扩大信用服务市场规模。截至 2022 年 3 月，山东省已有信用服务机构 562 家，除传统信用服务机构以外，还培育了一批新兴互联网金融信用服务机构，形成了多层次市场结构体系。三是积极拓展信用大数据创新应用。信用信息是信用服务业最基础的生产要素，山东省鼓励信用服务机构依托自身数据优势，创新信用大数据产品，有力支撑各行业的信息化、集约化和标准化建设。

四、规范信用服务机构发展的建议

随着社会信用体系建设迈入高质量发展阶段，信用服务业得到快速发展。部分省市的实践经验为我国加快信用服务市场培育和加强信用服务机构监管提供了有益借鉴。

（一）完善信用法规制度体系，促进信用服务机构规范发展

一是建立完善信用服务机构监管办法。对信用服务机构设立条件、业务范围、信息使用、监管措施、退出机制等进行规范，厘清行业监管对象，建立行业统计口径，形成产业指导目录，为信用服务市场的规范运作提供制度保障和参考依据。二是完善信用服务机构数据流通安全制度。严格遵循《中华人民共和国数据安全法》《中华人民共和国个人信息保护法》，建议由国家发展改革委推动完善信用信息归集、加工、存储、使用、共享、监管等制度，避免信用信息滥用、泄露风险，为信用主体权益保护提供国家层面立法保障。三是制定信用服务机构从业人员资格管理制度。加强信用服务机构从业人员管理，建立科学的信用服务机构从业人员管理和评价体系，规范信用服务机构从业人员执业标准，促进信用服务业持续、稳定、健康发展。四是推动信用服务行业标准建设。加快推动信用信息类、信用服务类行业标准、地方标准和团体标准的建设工作，着重推动信用评级评价等级、公共信用综合评价体系、信用报告格式等关键标准的制定，规范信用服务机构技术开发、业务服务等工作。五是完善信用服务机构收费制度。推广“使用者付费”的价格机制，避免评价主体与被评价主体利益捆绑。

（二）实施信用分级分类监管，助力信用服务机构精准监管

一是完善信用服务机构自主申报机制。依托全国信用信息共享平台开发“信用服务机构监管系统”，鼓励依法登记注册的信用服务机构通过系统自主申报信息。二是实行分级分类监管。根据信用服务机构自主申报及诚实守法情况实施差异化监管，对信用良好的机构“无事不扰”，对信用不良的机构“利剑高悬”。三是加强跟踪评估。建立重点领域跟踪评估机制，引导地方政府实施对口联系，及时掌握和了解信用服务机构经营情况和诉求，提供有针对性的帮助和服务；定期组织开展政策实施效果评估，加强研究分析，总结并向各地方推广好的经验做法。

（三）激发信用服务市场潜能，提升信用服务机构创新能力

一是丰富信用服务应用场景。推动政府率先用信，积极探索企业信用报告、信用评价、重点领域从业人员信用档案等信用产品在公共资源分配、公共服务、市场管理等领域的创新应用，激发市场用信需求，推动高质量、高标准信用产品向市场供给。二是加快培育信用服务龙头企业。鼓励地方探索建立信用服务机构重点培育制度，实行动态管理、定期更新认定，支持重点培育机构参与平台建设应用、“信易+”、信用修复培训等工作，在数据抓取、模型构建、产品创新等领域培育若干“独角兽”企业，提高社会信用服务业的整体产业定位。三是加大行业对外开放力度。鼓励国内信用服务机构拓展海外市场，与国际权威信用服务机构“同台竞技”，不断提升产品质量和创新能力，做强做优我国信用服务业；吸引外资机构进入国内信用服务市场，满足市场对多元化信用服务需求，倒逼国内信用服务机构技术与业务能力提升。

（四）加强信用数据流通治理，保障信用服务机构用数安全

一是提升平台互联互通水平。以全国公共信用信息共享平台为抓手，全面整合政府公共数据、人民银行信贷数据、市场交易数据等数据库，打造综合数据池并对符合条件的信用服务机构开放，实现数据能用尽用，为

信用服务行业发展提供数据支撑。二是加强公共信用信息流通管理。按照“公开是常态、不公开是例外”的原则，建立公共信用信息长效供给机制，明确信用信息开放的范围、流程和权限，确保信用信息来源可溯、去向可追、风险可控。三是引导信用服务机构建设数据库。鼓励信用服务机构强化合作理念，加强机构间合作交流，共同建立数据库和研发信用产品，实现信用产品规范化、标准化、系统化发展，提升专业服务能力。四是探索建立数据交易机制。建议政府部门加快完善数据交易顶层设计，引导行业协会等社会组织加强数据交易技术和产品服务行业标准等方面的研究投入，鼓励企业积极参与数据资产交易；大力培育信用服务机构，推进数据加工、数据托管和数据经纪等服务，共同探索构建完善的数据交易机制。

（五）健全信用人才培养机制，扩大信用服务从业队伍规模

一是完善高校信用管理人才培养机制。高校信用管理人才的培养，要注重人才内涵与本质的培养。建议高校与信用服务机构紧密合作，深入了解机构对人才的需求，有针对性地加强培养。注重高端人才的培养，尤其是加快信用管理专业的博士、博士后的培养工作。二是建设专业化的社会信用体系建设工作团队。针对全国及各地发展改革委和人民银行的社会信用建设工作人员，组建信用体系建设讲师团加强业务培训，提高专业素养。

（作者：曾光辉，厦门国信信用大数据创新研究院院长，高级经济师；肖荣辉，厦门国信信用大数据创新研究院基础研究室主任，副研究员；陈超，厦门国信信用大数据创新研究院研究人员）

创新篇

CHUANGXIN PIAN

第一节 “信用+”碳减排及其发展趋势

2016年全球178个国家共同签署的《巴黎协定》指出，只有全球尽快实现温室气体排放达到峰值，本世纪下半叶实现温室气体净零排放，才能降低气候变化给地球带来的生态风险以及给人类带来的生存危机。2020年9月22日，中国国家主席习近平在第75届联合国大会上宣布，中国力争2030年前二氧化碳排放达到峰值，努力争取2060年前实现碳中和目标。2022年3月，中共中央、国务院印发《关于推进社会信用体系建设高质量发展促进形成新发展格局的意见》，提出“完善生态环保信用制度”“聚焦实现碳达峰碳中和要求，完善全国碳排放权交易市场制度体系，加强登记、交易、结算、核查等环节信用监管”。

一、主要进展

“信用+”碳减排有两重含义：一是信用机制。通过自愿实施的碳减排或脱碳活动创造可交易的信用，即“碳信用”，并通过碳信用机制促进碳减排。二是信用理念、信用制度、信用手段与碳减排各方面各环节的深度融合。通过发挥信用对提高资源配置效率、降低制度性交易成本、防范与化解风险的重要作用促进碳减排。

（一）碳信用机制

碳信用机制是一种基于自愿的碳定价工具。它通过实体间自愿的减排行动创造可交易的信用额度，进行交易的市场通常被称为“自愿碳市场”。

世界银行根据碳信用的产生和管理方式将其分为三类：国际机制、国内机制和独立机制。实体所获得的信用额度可用于满足自身的合规需要，例如，帮助企业履行碳税或碳排放交易系统下规定的义务，也可以作为其减排策略的一部分，来满足其需求。

世界银行2022年发布的《碳定价机制发展现状与未来趋势》报告显示，2021年全球碳信用市场增长了48%。以每吨二氧化碳当量计量的全球平均碳信用价格从2020年的2.49美元上涨到2021年的3.82美元。国际、国内和独立信用机制产生的碳信用额，已经从2020年的3.27亿美元增长至2021年的4.78亿美元，是自2012年以来增速最快的一年。2007年以来，碳信用市场的累计交易规模已达47亿吨二氧化碳当量。

中国国家碳排放交易系统于2021年2月启动，并迅速成为全球最大的碳排放权交易市场。为进一步规范全国碳排放权登记、交易、结算活动，保护全国碳排放权交易市场各参与方合法权益，2021年5月17日，生态环境部办公厅发布《碳排放权登记管理规则（试行）》《碳排放权交易管理规则（试行）》和《碳排放权结算管理规则（试行）》。全国碳排放权交易市场于2021年7月16日正式开始交易，首日成交价格超过50元人民币/吨。

2021年，中国国家碳排放交易系统完成了第一个完整的合规周期，共有超过2100家火电厂参与，总体合规率为99.5%，年二氧化碳排放总量约为45亿吨，大约占中国总排放量的30%。与其他交易系统相比，中国国家碳排放交易系统的定价相对较低，在周期末的结算价格为每吨二氧化碳当量54.2元。2021年全年交易的二氧化碳约1.79亿吨，交易结算总价为77亿元人民币。[1]

（二）“信用+”碳减排交易和管理机制

我国从“十二五”期间开始运用信用理念、信用制度、信用手段促进碳减排，进行了将碳排放信息纳入企业信用评价要素的政策探索。2013年12月，环境保护部、国家发展改革委、中国人民银行、中国银监会以《企业环境信用评价办法（试行）》为依据，将企业环境信用等级分为环保诚信企业、环保良好企业、环保警示企业、环保不良企业四个等级，分别以“绿牌”“蓝牌”“黄牌”“红牌”标示。

[1] 世界银行报告，https：//documents1.worldbank.org/curated/en/099045006072224607/pdf/P1780300092e910590acb201757ecd54322.pdf。

天津、武汉作为碳交易试点城市和低碳发展试点城市，分别出台了与碳排放挂钩的信用评价相关的政策。《天津市碳排放权交易管理暂行办法》规定："市生态环境局会同相关部门建立纳入企业和第三方核查机构信用档案，委托第三方机构定期进行信用评级，将评定结果向财政、税务、金融、质监等有关部门通报，并向社会公布"。《武汉市低碳城市试点工作实施方案》提出，要"将企业低碳发展情况作为企业信用评级标准之一纳入企业信用评级档案"。我国碳交易试点地区国家核证自愿减排量(CCER)[1] 使用比例在5%~10%之间。

2021年11月8日，中国人民银行发布《关于设立碳减排支持工具有关事宜的通知》，推出碳减排支持工具，向符合条件的金融机构提供低成本资金，支持金融机构为碳减排重点领域内具有显著碳减排效应的项目提供优惠利率贷款。人民银行按照碳减排贷款本金的60%向金融机构提供工具资金，期限1年，可展期2次，利率为1.75%。发放对象暂定为21家全国性金融机构。

碳减排支持工具属于类再贷款的结构性货币政策工具，是金融领域助力"碳达峰""碳中和"的重要工具。在旧基建、过剩产能等领域向绿色经济、新能源的动能切换过程中，碳减排工具保证了资金定向输送给碳减排领域，支持清洁能源、节能环保、碳减排技术等重点领域的发展，并撬动更多社会资金促进碳减排。

二、问题与挑战

从碳信用机制促进碳减排的实践看，虽然近几年来全球碳信用机制发展较快，但是也面临着一些问题与挑战。

首先，目前世界各国发挥作用的碳信用机制标准不一，且碳信用的品质取决于验证过程和作为碳项目发起人的基金或开发公司的成熟程度，使得各国、各公司制定的气候目标的范围、排放量、时间期限等千差万别。

[1] 国家核证自愿减排量（Chinese Certified Emission Reduction，CCER），是指我国境内特定项目的温室气体减排效果经过量化核证，形成温室气体减排量，并在国家温室气体自愿减排交易注册登记系统中登记，可用于控排企业清缴履约时的抵消或其他用途。

这导致各国在气候问题上的自主贡献得不到相对公平的计量，部分公司过度依赖碳信用来实现其气候目标，不利于全球气候问题的缓解。

其次，碳信用信息披露的透明度问题。许多国家或地区允许独立机制的碳信用进入本国碳交易市场进行抵消或交易，在这种情况下，对于维护碳信用交易的利益相关方的信心而言，碳信用的信息披露以及透明度就显得越来越重要。

再次，不同碳信用机制间的协调问题。如，独立机制能否接收国家和地方签发的碳信用等。如果不同碳信用机制不能协调一致，将不利于各国在气候问题上的协调行动。

最后，额外性问题。额外性是指项目如果没有被纳入核证减排（CER）[1] 或自愿减排（VER）[2] 等抵消机制，这些碳减排活动将不会发生。目前，基本上所有的抵消机制都属于短暂储存与释放型，而高质量的抵消应该是清除（carbon removal）型的，这样才能助力碳中和目标的实现。

就我国碳减排而言，碳排放交易系统正分阶段推进，且目前仅允许实体（非金融机构）参与交易。尽管碳信用机制在我国已经有了长足发展，但相对于100亿吨的年碳排放量来说，碳信用的占比非常低。从碳达峰、碳中和的目标来看，碳信用发展相对缓慢。此外，由于以下原因，碳信用机制的运行面临巨大挑战。

第一，企业内控问题。如，2022年3月中旬，生态环境部通报了4家机构碳排放报告数据造假的典型问题。生态环境部通报显示，当前部分碳市场技术服务机构存在三个问题。首先是法律法规意识淡薄。部分咨询、检测机构受利益驱使铤而走险，使用弄虚作假手段帮助企业篡改碳排放数据，严重干扰碳市场正常秩序。其次是管理制度不健全。部分技术服务机构质量控制体系缺失，项目管理混乱，工作合规性、数据真实性难以保

[1] CER：核证减排（certified emissions reduction），即旨在补偿某个项目的排放的监管框架定义的排放单位（或信用额）。

[2] VER：自愿减排（voluntary emissions reduction），即在场外交易或自愿市场上交换信用额的碳补偿。

证。最后是工作责任不落实。部分核查机构为降低成本将核查业务层层转包，存在“代签”“挂名”现象。还有部分核查机构仅查阅企业提供的现成数据和资料，未核实数据文件的真实性、完整性和准确性。

第二，记录保存问题。一般而言，重点排放单位需要将碳排放相关的原始记录和管理台账保存至少 5 年。但在实际应用或实际工作过程中，存在某些企业信息化或智能化程度不高、数据管控能力较差的问题，从而容易导致企业出现不符合法律规定的风险。

第三，信息公开问题。信息公开是政府职能部门开展社会治理时最重要的手段，通过信用监管或社会公众监督，共同强化企业守法和信息公开。但是，信息公开的前提是须有智能化和信息化的数据管理系统，否则公开信息就可能出现误差。这有待生态环境部建立健全信息共享、联合调查、案件移送等机制，联合相关政府部门加强对技术服务机构的日常监管，加大信息公开和信用监管力度。

就中国人民银行推出的碳减排支持工具而言，尽管其具有资金价格优惠，但其总资金利率优惠和银行综合成本优惠并不显著。相关研报表明，综合考虑央行只按贷款本金的 60%提供资金支持，那么换算下来该工具总资金利率约为 2.92%，即 1.75%/60%≈2.92%，相比 1 年期中期借贷便利（MLF）操作利率的 2.95%下调幅度有限，不及 2018 年末推出的 TMLF——操作利率较 MLF 优惠 15BPs。[1]

此外，碳减排支持工具发放对象暂定为全国性金融机构，城商行、农商行等暂时不能申请，而且，金融机构在申请碳减排支持工具时，需要提供相应项目的碳减排数据，而此项数据又需要通过项目可行性报告、环评报告等材料进行评估，对项目资质有一定要求。这些都是需要面对的挑战。

三、发展趋势

2022 年世界银行报告指出，碳信用市场正处于十字路口。强劲的自愿

[1] 王昱．碳减排重构信用［J］．证券市场周刊，2021（11）45：22-29.

需求和不断扩大的市场多样性，通过新买家、市场利基、交易基础设施以及独特的定价和偏好表现出来，并推动了2021年碳信用市场的发展。与此同时，随着市场增长，碳信用在实现碳排放目标方面所起的作用将受到更严格的审查。为了维持当前的市场增长，市场参与者将需要通过相互合作以支持高交易标准，保护环境的完整性和可持续发展，并提高市场流动性。政府部门、财务服务和新的技术基础设施都将为扩大市场规模和维持市场一体化提供支撑。

2021年11月3日，伦敦大学学院（UCL）联合华润环保研究院和国内外合作单位共同举办了高质量减排信用标准国际研讨会，倡议建立有前瞻性的碳信用标准体系。伦敦大学学院可持续建筑学院院长D’Maris Coffman（柯夫曼）教授建议探索使用数字化技术来促进高质量的碳信用体系。通过数字化技术赋能和引入合同信用体系等激励机制来从根本上保证减排项目的质量。同时有必要设立专门支持和关注这项工作的基金会，推动这项工作更加公正和可靠。

对于如何核算额外性，让额外性超越商业限制去达到其应有的气候减缓目标的问题，有学者提出，要更多地关注技术层面，同时鼓励设立更高的监管标准。同时，考虑减排项目的社会和环境协同效应，应加强碳减排项目的信息披露。如果想达到净零排放目标，必须及时清晰沟通，把资金切实使用到有真正需要的地方项目，让当地获益，而且要确保这个过程是非常透明的。伦敦大学学院可持续建筑学院教授、亚行气候金融加速器项目专家组组长梁希博士认为，未来需要通过智能化和数字化的技术提升透明度、可追溯性和避免双重计算，同时探索细分环境和社会协同效益较强、高质量的CER和VER品种。

2021年，市场上金融参与者迅速增加成为全球碳市场出现的一个新现象。这些新参与者为市场提供了很多新的服务，比如交易平台、金融衍生品和碳质量标准等。通过引入新的定价机制，从根本上改变了交易的性质。标准合同的定价被用于市场基准价，企业对不同类型的碳信用进行价格评估，并且已经出现了碳信用的组合拍卖。

展望2023年，新的市场参与者和金融机构驱使碳信用市场向标准化方向发展，这种方式给市场带来了机遇和挑战。标准合同交易数据稀少且分散，使得市场定价更加难以评估。虽然场外交易仍然是碳信用市场的常态，但现有数据表明，近年来标准化交易数量显著增长。新技术的开发和传播，特别是区块链相关技术，正在重塑碳信用市场的交易方式。比如去中心化金融，就是近年来区块链技术在市场中的一种主流应用。通过加密货币、智能合约和其他数字技术创新方式，去中心化金融允许在没有第三方的情况下进行点对点金融交易。这些新技术的部署有助于扩大碳信用市场，同时提高可追溯性、流动性、安全性和交易效率。

我国推出的碳减排支持工具在方法上重在做加法，即用增量资金支持清洁能源等重点领域的投资和建设，助力碳中和绿色低碳转型及工业体系再造。其发展趋势一方面可能是将支持主体从全国性金融机构（政策性+六大行+股份制）进一步拓展，把中小银行也纳入支持范畴；另一方面，当前支持范围主要是清洁能源、节能环保和碳减排技术三个领域，未来支持范围可能进一步拓展、纳入更多行业。

目前有大量企业面临信息化、智能化和建立碳排放数据库的难题，未来国家碳达峰、碳中和并不仅仅只是国家层面的工作，一定会被分解到行业或区域里去，所以重点排放单位应该朝着信息化、智能化数据库这个方向去强化市场数据的采集与决策。另一方面，对于各级政府管理部门而言，需要建立大数据分析预警和监管系统，通过数字模型管理碳排放数据，建立起地方政府以及国家级别的大数据分析预警和监管系统，并通过预警系统实现跨部门的联合监管和信用监管，从而推动国家碳达峰、碳中和真正落地。

最后，碳信用市场新的金融服务和技术的进入将重塑行业格局，开展碳权质押贷款业务，发展基于碳权的融资租赁业务，发展基于碳权的保理业务，发展碳基金理财产品，开发信托类碳金融产品，逐步推进碳金融资产的证券化业务，探索碳信用期货、远期等碳金融衍生品交易，丰富交易机制，以及鼓励金融机构参与交易，都将有效活跃碳市场，推动碳减排相关政策和措施的进一步落地。

（作者：张红，经济学博士，上海立信会计金融学院副教授）

【参考文献】

董琦，2021. 稳信用抓手落地，对碳减排支持工具的五点解读［EB/OL］.［2021-11-10］. 国泰君安网站，https：//www. gtja. com/content/research/marco_ 211112. html.

国际碳行动伙伴组织（ICAP）. 全球碳市场进展 2021 年度报告.

李超，2021. 碳减排支持工具短期降息长期宽信用［EB/OL］.［2021-11-09］. 第一财经网站，https：//m. yicai. com/news/101223469. html？ivk_ sa=1024320u.

世界银行. 碳定价机制发展现状与未来趋势（2020—2022 各年）.

徐苏江，2021. 碳信用的发展趋势［J］. 中国货币市场（11）.

第二节　对单用途预付卡交易实施信用监管

消费者以预付款方式购买商品和服务是非常普遍的消费模式，其本质是一种商业信用交易。其中，单用途预付卡（以下简称单用途卡）作为在发卡市场主体或其所属集团或同一品牌特许经营体系内兑付货物或服务的预付凭证，近年来风险持续暴露，成为经济社会治理的“老大难”问题，以信用为基础的新型监管机制亟待建立。目前，各地积极探索，将信用建设融入单用途卡管理，形成了“信用+单用途卡”管理模式，在制度、市场、社会等层面取得了重要进展和积极效果。与此同时，预付卡信用监管也面临一些问题和挑战，但未来发展空间广阔、趋势向好。

一、主要进展

单用途卡领域的制度体系逐步完善，事前事中事后信用管理取得积极进展，在各重点环节涌现出好的经验做法，下面结合部分地区的典型做法进行说明。

（一）法律法规

商务部2012年颁布《单用途商业预付卡管理办法（试行）》（以下简称“9号令”），这是我国唯一的单用途卡管理部门规章。其中，建立信息系统和预收资金管理的相关规定，为单用途卡管理中的信用风险控制机制应用奠定了基础。近年来各地陆续建立相关法规制度，例如2018年《上海市单用途预付消费卡管理规定》、2020年《江苏省预付卡管理办法》、2021年《北京市单用途预付卡管理条例》、2022年《甘肃省单用途预付消费卡管理条例》等相继出台。这些规定和相关实施细则都不约而同地强调了信用风险控制机制在单用途卡监管工作中的作用，对信息披露、信息共享、风险警示、信用评价、信用奖惩、信用承诺、信用分级分类管理等信用监管措施做出了指引性规定。

（二）信息采集

信用信息采集是单用途卡信用监管的基础。上海将信息对接、风险预警、信用治理确立为单用途卡三大核心制度，将宝山确定为单用途预付消费卡管理创新示范区，开展信息采集和利用的探索。

一是数据联通。开发建设宝山区预付式消费数字化治理平台，依托政务服务“一网通办”、城市运行“一网统管”城市治理大数据系统，协调各行政主管部门和大数据管理部门，推进市场监管、水电、燃气、税务、卫生、社保、公积金等关键数据接口与平台对接。通过横向到边（单用途卡九大经营领域、百余品类）、纵向到底（从市到区、街镇、商圈、商业综合体、经营者、门店、每笔交易）的全盘排查和数字化跟踪，实现跨领域、跨行业、跨部门、跨区域的全面覆盖。

二是经营者对接。实现单用途卡经营者便捷化信息对接。单用途卡经营者关注“宝山预付码”微信公众号，点击“经营者领码”，即可在1~3分钟内在线依法完成信息对接，并可直接关联经营者相关的电子合同和预收资金监管。

三是数据应用。依据单用途卡经营者是否信息对接、是否投保或资金存管，以及经营风险状况等要素，向单用途卡经营者赋予五色预付码（信息未对接，赋予灰码；信息已对接，依据经营风险高、中、低不同状态，分别赋予红码、黄码、绿码；被消费者投诉举报，需监管部门依法处理的，赋予黑码），形成经营者主动领码诚信经营、消费者随时查码自我保护、监管部门分类监管精准施策的良好局面。

（三）资金监管

保障预付资金安全是单用途卡管理的核心问题，适宜的资金管理能够有效降低单用途卡交易的信用风险。当前资金监管以银行存管为主，银行保函、信用保险为补充，信托为创新探索，各种模式结合有助于在经营者发展保障与消费权益保护之间取得最大限度的平衡。对此，北京、江苏等地都进行了积极探索。

一是资金存管是当前主流方式。根据发卡市场主体的业务开展规模，由银行进行部分预付资金存管，按照行业基本情况和企业自身信用情况，由行业主管部门自定义不同行业、不同类型经营者的资金监管比例，根据预付资金余额的变化情况按比例实施监管。

二是多样化商业保险保障各类权益。多个险种共同发挥保障作用，包括经营者购买的预付费履约保证保险和消费者购买的低频高额的预付资金财产险等传统险种，以及针对单张预付卡消费的专项保险、法律服务险、平台责任险等创新险种。

三是信托产品实现风险隔离。以信托财产独立性为前提，以资产账户和权益账户为载体，以信托财产安全持有为基础，根据单用途卡交易和兑付信息，由信托公司委托银行完成面向经营者的资金划拨。经营者即使破产或“跑路”，资金也不会像银行存管资金那样“按顺序清偿”，而是能够按监管指令直接发起资金退返，有效保障消费者权益。

（四）信用奖惩

北京石景山区依托“预付式消费信用监管和服务平台”，以“用信”环节为抓手，对优质信用经营者提供有力的正向激励，对失信行为予以一定惩戒，引导市场“良币驱逐劣币”。

评估单用途卡经营者信用水平，对不同信用状态的经营者实施差异化监管和服务。对于信用良好的企业，建立诚信企业奖励机制，提供精准的政策支持和服务，包括政府贴息的无抵押、无担保的纯信用贷款扶持，通过“白名单”告知机制、可信企业挂牌等正向宣传引导，形成诚信示范效应。对于信用较差的企业，给予相应的惩处，包括平台拒绝准入、降低单用途卡发卡额度、提高资金监管比例，甚至停售和下架经营者的部分产品等。对于被平台研判为存在重大风险的商家，资金监管比例上浮至40%，并适时启动“黑名单”告知、纠纷调解和重大风险会商等机制。

二、问题与挑战

（一）法规待完善

总体而言，现有法规规定还较为笼统，很多领域缺乏明确的监管细则和执法部门。在国务院部委层面，9号令规定商务部对从事零售业、住宿和餐饮业、居民服务业的企业法人开展单用途商业预付卡业务有监督管辖权，但未涉及教育培训、文化旅游、体育健身等行业领域，也不包含个体经营者。在地方政府层面，很多地方尚未出台相关规定。已有的上海、江苏、北京、甘肃等地方立法在监管范围、单用途卡的定义、备案材料与范围、信息报送方式、发卡门槛、经营者保存交易信息的内容和年限、资金存管、无理由退款、监管平台建设、执法部门等方面，与9号令的要求还存在一定差异。当前信用风险控制机制在单用途卡管理中的应用，尚未在所有行业领域和地区得到全面、统一、系统、明确的法律法规支撑。

（二）信息不对称

消费者与经营者、经营者与监管者之间存在严重的信息不对称。一是信息不透明。消费者对经营者情况了解不全面，获取经营者信息和以往信用记录的渠道和甄别信息真伪的能力非常有限。对于政府监管部门而言，在监管实践中，经营者备案数量非常有限，信息报送不全，填报数据频次偏低，监管部门掌握的信息严重不足。二是信用风险发现和信用治理机制缺位。当前尚未充分利用单用途卡经营者相关信用信息开展信用评价，以评估其履约意愿和能力，并实施相应的动态分级分类监管。换言之，消费者难以自行对经营者进行信用风险判断。而面对规模类型各异、数量庞大的经营者，政府监管部门也很难在事前预测经营者能否诚信履约，会否卷款跑路。

（三）业态多样化

随着单用途卡交易规模不断扩大，业态也日益多样化、复杂化，对实施有针对性的信用监管提出了挑战。一是业务领域不断扩展。当前单用途卡交易已覆盖传统零售、住宿餐饮、教育培训、体育健身、交通出行、医疗美容，甚至养老托幼等几乎所有民生领域，不同行业领域的单用途卡交易具有不同的关键风险点。二是交易渠道日益广泛。单用途卡与数字经济、平台经济等日益紧密结合，逐渐向虚拟卡拓展，并与会员、积分等功能融合，形式更加灵活多样，监管信用风险工作也更加复杂。三是跨区域经营的现象日益普遍，治理难度加大，信用治理手段也需更新。四是涉及主体众多。金融机构、平台企业、发卡服务机构、信用服务机构、法律服务机构和行业组织等第三方机构不同程度地参与了各个业务环节。但是，各类主体均无法充分获取信息，也缺乏相应反馈机制，未充分参与对单用途卡的治理。这些现象都对将信用风险控制机制应用于单用途卡管理提出了更高的要求。

（四）风险客观性

单用途卡能够帮助经营者锁定消费者，提前回收资金，缓解资金周转和运营压力，不失为一种方便快捷地通过商业信用方式获取资金的途径。尤其在经济不景气的时期，或者对于规模较小的市场主体，由于从银行获得授信的难度较高，单用途卡发卡更有动力大规模、快速扩张。然而，在上述情况下更易产生信用风险。例如，我国中小企业平均寿命在3年左右，成立3年后的小微企业持续正常经营的约占1/3，每年有数百万户市场主体退出市场。由于市场主体在客观上存在一定的存续期，其开展单用途卡业务的信用风险必定无法完全消除。

三、发展趋势

（一）法律支撑不断加强[1]

一方面，单用途卡管理的法律法规需要不断完善，这将推动信用风险控制机制在单用途卡管理中取得更加广泛的应用。随着单用途卡相关法律法规在各行业领域的覆盖面不断扩展，地方立法继上海、江苏、北京、甘肃之后继续逐步铺开，信用风险控制机制在单用途卡管理中的应用将扩展到更广范围，并且能够不断完善，遵从较为统一、确定的标准和规则，在多个层面衔接协调，发挥更大的效能。

另一方面，社会信用立法进程不断推进，将促进信用风险控制机制在单用途卡管理中的应用更加规范有效。当前国家和地方的信用立法工作正在加快推进，能够指导和保障信用风险控制机制，包括信用信息的搜集、使用和披露，信用产品和服务的提供，信用奖惩和信用修复等，在单用途卡管理这一特定场景中，更加规范地应用，更加科学有效地发挥作用。

（二）信用机制不断优化

一是信用信息更加丰富。单用途卡相关信用信息采集将不断完善，纳入更多市场主体和交易信息，实施数字化、动态化和多维度的信息采集，对接相关政府监管部门和更多第三方服务机构。提供给消费者的信息查询服务也不断提升，与国家公共信用信息平台、企业信用信息公示系统、金融基础信用数据库等充分实现互联互通。

二是信用分类监管更加深化。对单用途卡经营者的信用评价将不断完善，结合经营者行业特征、信用承诺、平台登记和报送数据情况等，通过

[1] 本部分包含两类法律法规：一是9号令及上海、江苏、北京、甘肃等地发布的单用途卡管理法律法规，这类法律法规不会专门管控单用途卡信用风险，而是涉及单用途卡管理的方方面面，其中包括单用途卡的信用风险管理，对应下文“一方面”。二是专门的信用立法，规定各类信用机制如何应用，旨在完善社会信用体系建设的顶层设计。这类法律法规能够从宏观层面指导单用途卡的信用监管具体如何设计和实施，对应下文“另一方面”。

监管部门内部对经营者分级分类和市场化企业信用评价发现信用风险，全面揭示经营者的信用状况，使政府监管部门对经营者建立更加精准的评估，并且根据经营者的信用风险水平动态实施相应的资金管理、风险预警和现场检查等措施。

三是行业差异监管更加细化。随着对各领域各行业特点的认知加深，对预付资金额度、兑付周期等单用途卡交易中的重要信用元素将进行更加有效的差异化约束。例如，根据业态特征规定不同的预收费金额、期限的上限等。

（三）交易关系不断规范

从供给端来看，经营者诚信水平持续提升。随着经营者纳入监管的比例上升，合规意识和合规约束也将不断增强，资金监管、合同规范、诚信承诺等信用风险控制机制将不断增强经营者履约的意愿和能力，有效防范道德风险。

从需求端来看，消费者的信用风险管理能力持续增强。在事前阶段，针对消费者防范信用风险的宣传教育将不断普及，主要包括信息披露、法规宣传、案例警示、风险提示等措施，能培养其理性消费意识和信用风险识别能力。在事中阶段，消费者权益保障措施将不断强化，主要包括合同范本、风险提示、资金监管等措施，协助其做好信用风险管控。在事后阶段，政府监管部门和消协的消费者维权服务将不断加强，维权的行政助力将增强，建立更加便捷的调解、仲裁和诉讼程序，建立及时畅通的资金赔付机制，帮助解决单用途卡交易纠纷。

（四）社会共治不断强化

一是形成共治生态。经营者、消费者、第三方服务机构、平台企业、集团、社会公众等市场主体共同参与的多维度治理机制将得到完善，建立面向各类市场主体的信息查询、披露、预警、反馈的闭环，通过金融、保险、信托、法律、行政、行业互助等多种社会性服务，提供完整的保障机制，促使它们在业务监测、市场调节、督促合规、信息反馈、协商调解方面发挥辅助监管功能。

二是充分发挥行业组织作用。消费者组织和行业自律组织作用将不断加强。中国消费者协会和其他消费者组织将继续依法履行公益性职责，引导消费者树立科学理性的消费观念和信用风险意识，及时处理单用途卡消费者投诉，适时发布相关的消费警示、消费维权情况，以此引导经营者规范经营。单用途卡行业组织将为其成员提供信息咨询、信用评价、宣传培训等服务，制定行业规范与合同范本，更充分地发挥行业诚信自律作用。全国性的单用途卡行业协会有望在适当的时候成立。

（作者：许荻迪，商务部国际贸易经济合作研究院信用研究所副研究员；韩家平，商务部国际贸易经济合作研究院信用研究所所长、研究员）

第三节　加强信用建设，推动“双减”落地

加强教育领域信用体系建设，是加快构建健康公平教育生态环境，推动社会信用体系更高质量发展的重要基础。自 2021 年“双减”政策出台以来，各级政府和学者聚焦于如何加快教育领域信用信息共享应用、加强对校外培训机构监管、有效识别教师群体“超前上课”等相关主题，在理论与实践领域积极探索，取得了一定成果。笔者首先按照时间顺序梳理了各部委出台的“双减”相关政策文件，接着简要阐述了各地在“信用+双减”方面的探索实践，并指出尚未明确的一些关键问题，最后就未来应如何积极推动教育系统信用信息资源整合，拓宽信用在教育领域的应用，最终赋能教育行业产业高质量发展“信”动力提出相关对策建议。

一、“信用+双减”主要进展

（一）相关政策文件

现阶段，义务教育存在两大方面的突出问题：一是中小学生的课业负

担过重，“加班加点”现象普遍，间接增加广大家长的教育压力和焦虑情绪；二是教育培训机构扩张无序，“卷钱跑路”“超前补课”违规行为时有发生，严重损害教育公平。党中央、国务院近年来出台各项政策加大调控力度，多次提及要综合多种手段规范治理教培市场，构建良好的教育生态。2021 年 7 月，国务院办公厅印发《关于进一步减轻义务教育阶段学生作业负担和校外培训负担的意见》（即“双减”政策），明确要求“从严治理，全面规范校外培训行为”。“双减”政策可以概括为针对校外机构的“三限”和“三严”，“三限”指限制机构数量、限制培训时间、限制收费价格，“三严”指严格内容行为、严控随意资本化、严控广告宣传。同时针对校内教育的“三管”和“三提”进行规范，“三管”指管好教育教学秩序、管好考试评价、管住教师违规补课，“三提”即提高教育质量、提高作业管理水平、提高课后服务水平。

为加快“双减”政策落地生效，2021 年 9 月，教育部印发《关于坚决查处变相违规开展学科类校外培训问题的通知》，要求创新监管方式，推进“互联网+监管”，将顶风违规培训的机构和个人信息纳入全国信用信息共享平台，实施联合惩戒。2021 年 11 月，市场监管总局出台《关于做好校外培训广告管控的通知》，要求加强信用监管和引导行业自律，形成跨部门协同监管合力。2022 年 1 月，教育部办公厅印发《关于认真做好寒假期间“双减”工作的通知》，要求将违规培训机构纳入“黑名单”。

截至 2022 年 8 月，备受舆论关注的“双减”政策落地已满一年，已有数十个省市在“信用+双减”方面展开积极探索，有效提升了校外培训机构监管整治力度，提高了课内服务质量。

（二）地方实践经验梳理

1. 北京市：创新预付式消费场景，打造信用监管和服务平台

一是探索平台“托管式”资金存储方式。朝阳区市场监管局联合农业银行推出“朝阳预存宝”平台，对线下教育机构的预付费资金实行重点监管。商家可自愿将其全部预付费产品或者部分预付费产品接入平台，由银行对资金池进行全程监管，有效预防机构“卷款跑路”的问题。

二是推行准入信用核验和禁入制度。平台与国家市场监管总局“红盾”电子营业执照系统对接，验证经营企业合法性和发卡资格，从源头上防范无资质经营和超范围经营的违法行为。同时，建立发卡企业信息对接机制，将商家违规信息向消费者与金融机构进行披露，以此达到“良币驱逐劣币”的效果。

2. 宁波市：完善信用协同治理机制，探索合同监管全程覆盖

一是出台规范文件明确多部门监管职责。宁波市委教育工作领导小组印发《进一步减轻义务教育阶段学生作业负担和校外培训负担工作方案》，要求加快建立培训机构信用档案和联合惩戒制度，开展对培训机构经营行为的信用评价，完善“双随机、一公开”监管机制，发挥教培行业协会的作用，形成行业自律、政府监管、社会监督互为支撑的治理格局。

二是紧抓数字化改革契机，首创合同全流程监管平台。宁波市研发一站式监管平台“甬信培”，实现从合同自动生成到合同签订、从制定课程订单到确认付款的全流程数据上链，实时监测各培训机构的生源规模、购课交易、资金流向等关键信息，全力防范和有效遏阻“退费难”“卷钱跑路”等问题发生。

3. 威海市：事前实现承诺主体“全覆盖”，事中事后加强监管力度

一是加强信用承诺的事前约束功能。市教育局组织培训学校、机构和教师签订统一的诚信办学承诺书，并在培训场所、公共场所、校园内的明显位置公示，接受社会各界的监督，敦促各方主体主动守信。

二是健全“双减”行业差异化监管制度。市教育局梳理制定违规办学负面清单，对培训机构展开信用评价，并将评价结果与年检评估、星级评价等挂钩。通过信用信息管理平台，相关职能部门定期汇总机构规范办学情况，形成动态、全面的培训机构信用档案，对培训机构实行分级分类监管。

4. 上海市：探索“信用+网格化”多场景应用，强化市场监管力度

一是建立培训机构“信用+网格化”治理平台。平台通过大数据技术，全面归集工商、民政登记信息、行政许可信息、行政处罚信息，为行政机关部门开展事前、事中、事后监管提供全面的信息参考，实现事前信用审核验证、事中审批跟踪、事后联动奖惩的监管闭环。

二是以“全息模型”支撑平台多场景运用。平台将赋予所有机构独一无二的信用二维码，以此展示机构证照、课程设置、收退费管理办法等信息。同时，平台建立了包括证照管理、教学管理、招生管理、资产财务管理、学杂费管理等6个方面的信用风险评估模型，设置了预警红线和底线，可以对潜在的违法失信机构起到风险识别和预警作用。

5. 莱阳市：开辟“双减”业务办理提速通道，助力校外教培机构转型

一是推行“双减”业务流程事项公开透明。市行政审批服务局微信公众号开设“教育双减审批”专栏，全面梳理教育培训机构转设及注销业务流程、申请材料，形成“双减”审批流程及材料清单并制成二维码，通过多种渠道进行推送宣传，方便培训机构负责人获取最新政策及办事指南，减少其信息搜寻成本。

二是推行培训机构转型业务流程+材料“双优化”。市行政审批服务局开设“双减绿色审批通道”，综合受理各培训机构关于“双减”审批相关问题的咨询答疑、线上线下转登记及注销业务申请。同时，启动“容缺受理，并联提速”相关配套措施，依据现有法规政策，创新审批流程，实现“一链办理、容缺受理、并联审批”，将“双减”审批各环节业务时限均压缩为受理后即时办结，最大限度为培训机构提供优质便捷服务。

二、“信用+双减”面临的问题与挑战

总体上，如何将加快社会信用体系建设与推动“双减”政策落地生效有机结合处于探索阶段，许多关键问题未得到解答。具体来说，包括以下问题：

一是专门针对教培领域的政府信用监管相关制度和标准规范未健全。“双减”既涉及对教师、学生群体，也涉及教培机构这样的市场主体，以及公立学校这样的事业单位，应根据不同的主体特性界定具体的失信行为清单和权益边界，并以此统一数据归集口径和建立信用档案。但纵观各地实践，尚存在对失信行为的认定依据不足问题，需要根据社会信用体系建设部际联席会议牵头单位国家发改委的政策要求，在严格执行现行失信惩

戒措施清单的条件下，积极通过组织手续补充本领域的惩戒措施。例如，河南省教育厅要求学生签署《寒假期间拒绝参加学科类培训的承诺书》，违反者“自愿记入学生个人管理档案”，但这一规定未有国家或省级的上位法支撑，涉嫌侵犯个体权益。

二是针对“双减”的多部门协同失信预警机制待建立。目前，合规的失信惩戒措施清单尚待制定，信用联合奖惩机制尚未形成。从地方实践来看，现有的监管工作多由市场监管、城市执法与教育部门分别独立展开，由于三部门的监管资源有限，政务数据共享程度有待提升，“分头行动”目前仍是“双减”执法的主要做法，总体上监管成效不佳。例如，表面上以“高端家政服务”为特征的隐形变异学科类培训行为，隐蔽性多边性更强，认定程序更复杂，需要多部门共同建立起失信预警机制。

三是“双减”领域信用应用场景探索步伐缓慢。由前文梳理的地方实践经验可知，当前“信用+双减”工作中，各地政府仍侧重于使用失信惩戒或其他强制性措施，守信激励基本围绕行政审批环节开展，总体上未根据“双减”各环节、各主体的特点设计相应的信用奖惩手段。例如，对于教培机构，可在税收期限、融资上市、业务转型等方面实施差异化的管理措施。

四是市场退出机制尚未完善。“双减”政策出台后，大量教培机构存在业务转型或退出市场的需求，同时市面上仍然有许多从业人员或机构因私自开设培训班而受到失信惩戒。但是，目前尚未有省市就如何通过信用手段加快破产清算结算，或失信主体应如何开展信用修复、保障自身合法权益等问题展开探索。

三、以信用推动教育行业高质量发展的展望

通过梳理总结上文介绍的地方实践经验与问题，笔者就如下几个方面提出展望，以信用推动“双减”政策落地生效。

一是完善“信用+双减”顶层设计。首先，应该围绕“双减”的根本目的，通过正式法律文件明确具体的失信/守信行为及具体依据，规范各执法部门的权限边界。其次，要建立健全配套的相关主体信用评价和数据应用标准规范，既要覆盖数据产生、存储、安全、清除等全环节，也要覆

盖数据应用全流程中所涉及的诸如评价主体、应用场景等方面内容，还应包括失信主体权益保护、信用修复等关键问题，确保“双减”信用管理体系在总体上有法可依。

二是打造“双减”信用管理平台。加快建立健全学校、教师、教培机构等主体的信用档案，形成“一人一码”“一校一码”和推行“一码管终身”。积极打通全国教师管理信息系统、省市公共信用信息平台、国家智慧教育公共服务平台、行业监管平台的壁垒，有效整合各类主体“公共+市场”信用信息。以主体代码为基础，充分运用大数据技术，确保“双减”信用监管数据可比对、过程可追溯、问题可监测。

三是建立“双减”全流程信用监管。首先，加强“双减+信用承诺”制度建设，明确规定承诺书包含的内容，制定统一的格式文本，建立承诺公示制度，全面公示“双减”各类主体签署的信用承诺书。其次，健全承诺主体事中抽查制度，考察结果记入信用档案。建立跟踪考评机制，准确完整记录信用承诺的履行情况，以此作为调整信用评价等级、事中事后持续监管的重要依据。最后，加快制定《“双减”联合激励与惩戒措施清单》，综合考量从业主体特点的失信行为与影响程度（如教师违规补课，学校超前教学、培训机构违规收费等），实现教师全职业周期、培训机构全生命周期、学校各方面业务全覆盖的监管链条。

四是持续加大信用激励与惩戒力度。将“双减”主体信用评价结果融入各级政务服务大厅、各职能部门业务系统流程。对于失信主体，除采取警示、约谈、限期整改、督察督办等手段外，还应探索如下具体措施：对于失信机构，限制其申请财政补助、疫情补贴、市场准入、业务转型、股票发行；对于失信学校，限制其申请土地划拨、教育改革试点、人才引进；对于失信相关从业人员，限制评定职称和评优评先。对于守信主体，可采取审批绿色通道、容缺受理、减少监管涉次、优先享受人才扶持政策、信易贷等措施。

五是建立“双减”监管多元协同机制。要推动“双减”政策落地生效，离不开政府、公众以及第三方机构的互动。首先，以教育局、执法局为代表的“双减”工作牵头部门，应准确把握“双减”教育改革方向，加快自身职能转变，提高自身的服务意识，做好对市场的引导工作。其次，重视社会舆论监督作用，积极引导公众通过App、小程序、官方平台等多种形式反映和举报失信行为。最后，发挥协会对机构、教师群体和学校的导向作用，建立与政府机关的信息共享机制，紧密配合行政机关工作，实现监管资源配置的效率最大化。通过调动多元主体的力量，可增强信用规制的实效。

（作者：曾光辉，厦门国信信用大数据创新研究院院长，高级经济师；冯星宇，厦门国信信用大数据创新研究院研究人员，经济师）

第四节　信用助推“网红经济”变“长红产业”

“网红经济”可以理解为依赖各种网络社交平台，聚集人气，以粉丝关注为基础，从而对消费者产生影响，实现定向营销。借助网络信息技术，普通大众有了更多发声和展现自我的渠道，越来越多的“草根”可以借助社交工具实现粉丝的积累，并获得强大的影响力，成为人们眼中的“网红”。但是成为网红并非最终目的，在流量的加持下，实现影响力向经济效益的快速变现才是关键。目前，“网红经济”已经成为一种新的经济发展模式，其发展存在必然性和常态性。

一、“网红经济”演进概述

从2016“网红元年”到今天，网红这一职业的商业变现能力不断凸显。一方面，主播可以通过展示自己的个人才艺、性格特点等获得粉丝的关注与打赏，这是一种在平台抽走扣款之后的分成形式；另一方面，在积累人气、获得影响力之后，主播可以采取与品牌方合作的形式进行带货。在这种快速变现能力的支持下，“网红经济”发展的势头越来越迅猛，其商业模式日趋成熟的同时，产业链也逐渐完善。从李佳琦、薇娅等网红直播，到明星、企业家空降网红直播间等现象，无不诠释出直播带货的火爆程度。数据显示，2020 年 4 月 1 日，在罗永浩的首场抖音直播带货中，支付交易总额达到 1.1 亿元，创下抖音平台带货纪录。格力电器董明珠更是携手线下 3 万家门店，取得了直播 3 个多小时销售 10 亿元的战绩。另外，直播带货的商品已经不再局限于日常使用的商品，明星刘涛甚至在自己的直播间中卖起了房子，效果惊人。从这些直播交易额可以大胆推测，“网红经济”未来将进一步深入民众生活。

二、“网红经济”产业规范进程

（一）国家规范性文件

2016 年 7 月 8 日，国家工商总局发布《互联网广告管理暂行办法》。该办法旨在从互联网广告实际出发，落实新广告法的各项规定，规范互联网广告活动，保护消费者的合法权益，促进互联网广告健康发展，维护公平竞争的市场经济秩序。该办法要求，互联网广告应当具有可识别性，显著标明“广告”，使消费者能够辨明其为广告。付费搜索广告应当与自然搜索结果明显区分。互联网广告的广告主对广告内容真实性负责，广告发布者、广告经营者按照广告法的规定履行查验证明文件、核对广告内容的义务。

2016 年 11 月 4 日，《互联网直播服务管理规定》由国家互联网信息办公室发布，自 2016 年 12 月 1 日起施行。该规定要求，互联网直播服务提供者应积极落实企业主体责任，建立健全各项管理制度，配备与服务规模相适应的专业人员，具备即时阻断互联网直播的技术能力。对直播实施分级分类管理，建立互联网直播发布者信用等级管理体系，建立“黑名单”管理制度。

2020 年，中国广告协会发布《网络直播营销行为规范》，分别从商家、主播、平台经营者、主播服务机构和参与用户五大主体出发，规范网络直播营销活动。这一行业自律规范的出台，是整治当下直播带货乱象，规范各方行为，促进行业良性发展的有力之举。

2021 年 4 月 23 日，国家互联网信息办公室、公安部、商务部、文化和旅游部、国家税务总局、国家市场监督管理总局、国家广播电视总局等七部门联合发布《网络直播营销管理办法（试行）》，该办法要求，直播营销平台应当对直播间运营者、直播营销人员进行基于身份证件信息、统一社会信用代码等真实身份信息认证，并依法依规向税务机关报送身份信息和其他涉税信息。同时，该办法还对直播营销平台相关安全评估、备案许可、技术保障、平台规则、身份认证和动态核验、高风险和违法违规行为识别处置、新技术和跳转服务风险防范、构成商业广告的付费导流服务等作出详细规定。

2021 年 8 月，商务部发布《关于加强“十四五”时期商务领域标准化建设的指导意见》，旨在加强商务领域数字技术应用标准体系建设，促进直播电商、社交电商等规范发展。要求完善电子商务公共服务标准体系，加强服务载体、物流支付、监测分析、人才培养等标准建设，提升公共服务平台、示范基地、产业园区的服务承载能力。

2021 年 9 月，国家税务总局办公厅发布通知加强文娱领域从业人员税收管理。通知指出，进一步加强文娱领域从业人员日常税收管理，对明星艺人、网络主播成立的个人工作室和企业，要辅导其依法依规建账建制，并采用查账征收方式申报纳税。

（二）地方实践

1. 杭州市：标准与平台相结合，打造“绿色直播间”

2021 年 12 月 8 日，浙江省首个直播相关地方标准——杭州市级地方标准《绿色直播间管理规范》正式获批发布。该标准编写组深入企业走访，线下线上对接 40 余次，精准定位行业痛点，对症下药制定标准。该标准锚定核心环节和突出问题，对人、货、行为和治理四大部分进行规范。标准针对被消费者诟病的主播“虚假宣传”“诱导消费”等问题，明确“涉及虚假、引人误解”等“十不准”要求，对商家管理、主播管理、MCN 机构管理、售后服务等方面进行标准化规范。

为配合该标准落地，杭州上城区由区市场监管局牵头，联合区政法委、区公安分局、区网信办、区发改经信局等部门协同建设“直播电商数字治理平台”，运用区块链技术、大数据技术和人工智能技术，平台建立了违法行为关键词库、智能分析模型、违法行为智能识别标记等，对直播电商企业视频数据开展智能分析。利用系统监测主动发现，进行事中规范，实现了监管“关口”前移。一旦发现违法行为，执法部门可以立即采取停止直播等措施消除影响，防止危害行为的扩大；同时，通过“以算力换人力”的智能巡查，有效解决了传统人工巡查不足的问题，重构了监管机制。

2. 成都市：开启网络交易“信用沙盒”监管新模式

为促进网络交易新产业新业态健康规范发展，实现线上线下一体化监管、在线实时监测动态监管、政企协同共管共治，推动信用监管和网络交易监管深度融合，营造电商经济宽松发展环境，2022 年 5 月 31 日，成都市市场监管局与快手、58 同城、积微物联、1919、好物跳动等电商平台（服务商）代表分别签订《网络交易“信用沙盒”监管试点工作政企合作协议》。“沙盒监管”即指先划定一个范围，对在“盒子”里面的企业，采取包容审慎的监管措施，同时杜绝将问题扩散到“盒子”外面。以信用好、风险低为标准划定“沙盒”的范围，对“沙盒”内的企业，采取包容审慎的监管措施，全程运用技术手段进行动态监管，在信用风险可控的范围之内实行容错纠错机制，以促进新产业新业态在规范中发展、在发展中规范。

成都市市场监管局也为“沙盒监管”制定了“三段式”时间表：第一阶段，在自愿的基础上，遴选部分电商平台参加试点，在市局层面探索开展“信用沙盒”监管试点；第二阶段，确定锦江局、青白江局、蒲江局为试点单位，拓展与不同电商平台的合作模式，探索在全市推进“信用沙盒”监管的经验做法；第三阶段，到 2022 年年底前，在试点基础上出台《成都市市场监管部门对网络交易新产业新业态企业开展“信用沙盒”监管的实施意见》。

3. 青海省：开展网红直播带货调查活动

2022 年第一季度，为进一步掌握全省“网红经济”“直播经济”新模式发展现状及存在的问题，提高市场监管部门网络交易监管工作的针对性和精准度，青海省市场监管局以有奖答题方式开展了“网红直播带货”消费情况问卷调查活动。此次调查累计收回有效调查问卷 14475 份，主要挖掘出四类典型问题：一是就商品本身而言，存在产品质量差、展示商品与收到商品不一致等情况，分别占 12.53%和 4.94%。二是从网红带货行为来看，普通话不标准、专业水平不够、文化素养偏低等问题影响了全省网红经济的发展。三是售后服务欠佳，还需要不断完善改进。17.6%的消费者表示售后服务差，16.7%的消费者表示发货慢。四是部分产品价格偏高，有 10.9%的消费者表示价格不太合理。

2022 年 4 月，青海省市场监管局召开规范网络直播交易行为行政约谈会。会议通报了全省一些网络直播交易经营者在直播交易过程中存在的问题及危害，宣讲了电子商务法、反不正当竞争法等法律法规，发布了提醒告诫函。参会网络直播交易经营者签订了《诚信守法经营承诺书》，并强调了直播带货的四个重点：一是坚持守法经营，不踩法律红线；二是坚持诚信经营，自觉维护形象；三是坚持规范经营，严守原则底线；四是坚持品质经营，打造知名品牌。

三、“网红经济”当前瓶颈

（一）部分网红产品存在质量和售后服务问题

有的网红带货时没有提前做足功课，对产品缺乏亲身体验，不了解，不熟悉，或按商家广告照本宣科，或凭空想象信口开河，偏离了网红经济口碑经济、诚信经济的本质。如有的网红在带货时，违背职业道德，销售假冒伪劣或“三无”产品；有的网红在带货时，绕过电商平台与消费者进行场外交易，造成商品售后出现问题时消费者维权困难；还有的直播所宣传的商品与商家发货商品质量不一，遭到消费者投诉。

（二）个别网红或运营团队存在造假问题

有的网红依靠刷单、买粉丝、买评论，制造虚假数据，骗取消费者和广告客户的信任。2019 年某网红博主因刷假评论，以虚假阅读量欺骗客户，被社交平台关停账号并暂停其所属运营团队广告投放权限。有的制作假视频，博人眼球，骗取流量。2020 年 8 月，央视新闻曾点名批评某些“大胃王”在录制吃播时搞“摆拍”，假吃真吐，浪费严重。

（三）个别网红或平台违背主流价值观，造成不良社会影响

部分网红或平台一味追求流量，不惜违背公序良俗，甚至挑战法律底线。如有的网红直播时，言行举止不雅低俗，通过“送福利”等方式诱导青少年充值打赏。有的宣扬急功近利思想，误导青少年争当网红一夜暴富、快速成名。有的以煽动性的语言诱导粉丝冲动、盲目、超前、过度消费，使一些低收入群体和年轻人掉入债务陷阱。更有甚者，个别网红在直播时戏唱国歌，遭到封禁并被行政拘留。个别直播平台借免费网课向学生推广网络游戏遭央视点名批评。

（四）平台审核机制不健全

目前，社交平台进入门槛较低、传播速度快、影响范围广，且平台缺乏相应审核机制，对于一些造成影响的事件只能采取事后追责的方式，不能起到事先预防的作用。同时，假货充斥等电商乱象也与平台监管机制不健全直接相关。由于平台直接连接着商家与消费者，少了平台监管这一重要环节，消费者的财产安全、隐私安全必然得不到有效保障，这些都反映出相关平台的社会责任感薄弱。虽然监管不完善短期内给平台带来了一些利益，但并不利于“网红经济”的长远发展。

（五）“网红经济”从业者偷漏税现象频繁发生

从 2021 年底被曝光的朱宸慧、林珊珊受罚数千万元，到“直播一姐”黄薇（网名：薇娅）被追缴并处罚十多亿元，再到新近“上榜”的平荣被送达行政处理处罚决定书，网络主播因偷逃税行为频频进入公众视野。动辄上千万元的补税金额款不仅刺激着公众神经，同时也对流量经济的规范监管提出了更高、更新的要求。

四、信用助力“网红经济”高质量发展展望

“网红经济”是互联网环境下的产物，在中国的发展迎来了爆发点，

形成了规模效应。但同样，鉴于“网红经济”存在准入门槛低、违法成本低、执法取证困难、消费者维权成本高等问题，我们需要厘清“网红经济”中各主体的责任，并在此基础上，全方面、多层次对“网红经济”进行监管。

（一）完善平台监督机制、健全立法

随着用户的增加，抖音等社交平台的社会影响力逐渐扩大，应当承担更多的社会责任，通过机器和人工共同审核的机制对风险内容进行筛查，起到事先预防的作用。与此同时，对违规的视频内容等及时下架，消除不良社会影响。对忽视平台规则违规发布不良信息的主播做出相应的惩罚，例如视情节严重进行屏蔽限流、扣分和封号等，促使主播正视平台制度，在规则范围内进行内容运营。除此之外，健全法律法规，从法律层面对网红的宣传手段和扰乱市场秩序的经济行为进行约束和惩处，才能起到震慑作用，规范“网红经济”的发展。

从平台监管角度看，一方面要保护广告客户的知情权和公平交易权，帮助其准确知晓相关账号的流量价值，对商业纠纷要建立常态化的处埋机制；另一方面，对“买粉”“刷单”“假评论”“卖假货”等行为，也要加大打击力度。与监管部门相比，平台拥有数据优势与管理权限，更容易刺破商业欺诈的面纱，理应更深度参与到互联网发展共治中来。

（二）加强行业标准与规范

近年来制定的《视频直播购物运营和服务基本规范》《网络购物诚信服务体系评价指南》等两项团体标准，对视频直播购物经营者相关义务、准入门槛及消费者权益保护均作出了规范，并从合同履约、商品合格率、客户反馈等方面提出了网络购物诚信评价指标体系，这些规范将促使直播带货有章可循、有规可依，确保行业稳定的秩序，切实保护消费者合法权益，引导从业人员规范、合法经营，有效保障整个行业健康发展。然而，制定行业标准与规范只是第一步，由于互联网经济业态变化迅速，因此行业标准与规范应不断调整与完善，以便积极迎合行业发展的需求，这是一

个动态的、变化的过程。

（三）给予扶持与引导

作为一种新经济形式，直播带货不仅解决了就业问题，也为大量年轻人创业提供了新的平台。对于这一种创新创业的行为，政府应加大扶持与引导，促使大量年轻人能够在透明、公开的法治环境中迅速成长，实现自我价值。针对参与直播的小微企业与年轻人，政府应坚持包容审慎的态度，为其提供更广阔的成长与发展空间，同时引导其销售优质的产品或提供可靠的服务，促使直播带货真正惠及广大群众，如此才可以走得更远。

（四）支持正能量主播形成标杆效应

主播是网络内容的直接发布者。一方面，网络主播应当从思想层面意识到自身发布内容所造成的广泛影响，而不应当只注重利益的获取，要能够认识到“网红经济”是一种长线发展的经济类型，诚信、正向的价值观带来的是主播、市场与消费者的“三赢”；主播有了流量及收益，市场有了销量与流水，消费者得到了“靠谱”的产品。另一方面，社交平台应积极鼓励网络主播发挥自身偶像效应，在粉丝群体中产生正能量，给予对正能量主播更多的流量支持。

（作者：曾光辉，厦门国信信用大数据创新研究院院长，高级经济师；高一然，厦门国信信用大数据创新研究院应用研究室主任，高级工程师）

第五节 标准化信用模式创新：域信用[1]
——基于 TIF 模式域（誉）富论

信用的外延超越了模糊的道德，狭隘的法律，是东西方自古就存在的，比意识形态更加基础的文化层面的范畴，是促进东西方融合，形成全球化统一大市场的生产力因子。如果将人类社会看做一个单一的生命体，那么社会运行会符合自组织理论，个体之间将会呈现“肝胆相照”的关系。如果将社会看成是一个技术系统平台，信用则会具有产业性、角色性、分层性。这种经济模式叫做 RIFT 模式[2]，不仅能有效解决“柠檬市场”问题，还能抑恶扬善，孵化人性，促进社会经济的共生共荣。它既是西方新自由主义经济学的升维方向，也是“人类命运共同体”的社会经济运行模式。笔者将人类社会看成是一个生命体、一个完备的技术系统，提出基于 TIF 模式元宇（誉）宙的域信用模式，试图为社会经济运行提供标准化的信用模式。

一、域信用模式的仿生性

TIF 模式域富论提出的假说是：人类社会是一个“有机的单一生命体”，人类社会的运行过程必将仿生单个生命体的演存过程，人类社会内

---

[1] 标准化指的是社会经济运行中创新发明难题解决的通用性方法、模式和理论的总称。域信用的基本理论是“TIF 模式域富论”，该理论的核心工具是“域信用”，只不过 TIF 模式强调了社会经济运行的“立柱架梁”，信用分层是社会经济域的形成工具。文中“TIF 模式域富论”“TIF 模式域信用”“TIF 域模式”“域信用”“信用域”的核心思想含义相同，只不过强调的重点有所不同而已。

[2] 英文 RIFT 有“分裂、裂缝、断裂、分歧、严重不和、裂口”的意思，取“分裂”之意，即和传统的西方经济学有不同，是对传统西方经济学的帕累托改进。其中，I、F、T 表明人类社会的产业分别经过了实业（农业、工业、商业）革命、金融业革命、信息革命。在这三次革命中，人类社会的社会经济运行模式也一直在向最终理想解模式（IFR，ideal final result）演进。这个理想解认为，人类社会经济运行模式为“平台+产业内容”模式，其平台是一个基于产业类别和三重信用底线所形成的网格化模式，任何生产要素都要根据自己的信用水平来决定是否能进入并留在相应的网格中参与社会经济活动。

部各类个体之间的信用关系也必将模仿生命个体内部细胞和细胞之间的关系、器官和器官之间的“信用”关系。

1. “社会经济遗传信息”仿生

笔者作为域信用研究者的道德体现在构造出有效的“社会 DNA 双螺旋结构”，明确“社会遗传信息”。如图 6-1 所示。“统学”和“科学”形成“社会 DNA 双螺旋”的两条棱。[1] “产业生命链元素”与“碱基对”相对应：“道行（hang）”对应“C”，“德行”对应“G”，“创新”对应“A”、“工匠”对应“T”。因而“社会 DNA 双螺旋”中也会有两对“碱基对”：“道行-德行”“创新-工匠”。“道行-德行”要培养出知“道”、行“道”的人才，是“教育链”；“创新+工匠”则指“创新链”和“工匠链”。“教育链”培养出“教士”“创士”“匠士”三类人才，分赴三条链从业。可见，“教育链”是遗传信息中的源头。

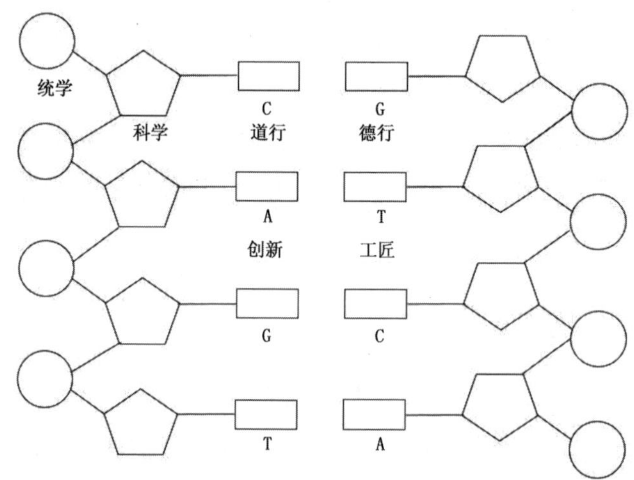

图 6-1 社会 DNA 双螺旋结构模型

2. “社会基因组织表达”仿生

这是基于组织角色所形成的分工模式。有效的社会经济系统是平台作

[1] “科学”是分科之学，“统学”是系统之学，二者搭配形成社会经济之“道学”。即道学=科学+统学。东西方在演进中都有不可或缺的“科学”和“统学”要素，但相对来说，由于某些历史偶然性，以中国为代表的东方擅长“统学”思维和实践，以美国为代表的西方则擅长“科学”思维。随着信息技术的发展，必然要求形成东西方融合的“科学”+“统学”的“道学”思维和实践。

为中介物的“政府-平台-市场”关系模式。平台相对于政府具有私人性，相对于市场具有公共性，整合成一个 5P 模式的委托-代理关系。[1] 如图 6-2 所示。政府代表人民给出关于社会经济发展的认知，并通过向平台派驻观察员、做平台 GP、做平台劣后股东或成为平台控股人实现对平台的监管，平台则为市场提供算力、算法，以及帮助市场要素进行决策建议的“算策”服务。平台作为政府和市场的中介，避免了传统“一放就乱，一管就死”的社会经济困境。如图 6-3（2）所示。

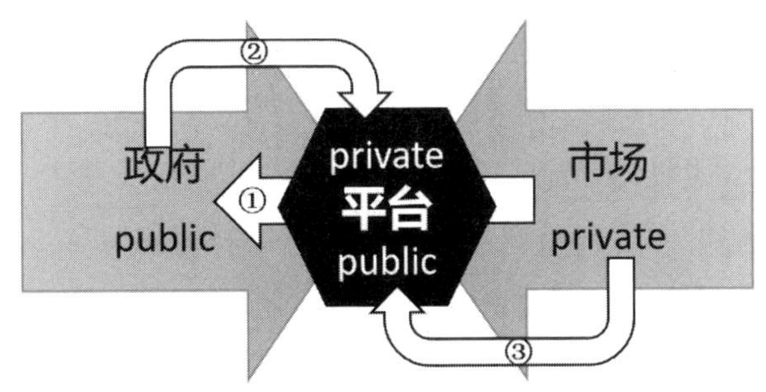

图 6-2 基于产业中介平台的 PPPPP 伙伴关系

（1）	复制	DNA	转录 → / ← 逆转录	复制	mRNA	翻译 →	蛋白质
（2）	复制	政府	转录 → / ← 逆转录	复制	平台	翻译 →	市场
（3）	复制	信息	转录 → / ← 逆转录	复制	金融	翻译 →	实业
（4）	复制	教育	转录 → / ← 逆转录	复制	创新	翻译 →	工匠

图 6-3 社会经济基因表达模型

[1] 广义的政府包括“党、军、政”，狭义的政府则可以进一步细分为“公检法从业者”和一般从业者。平台是政府的特许代理方，政府的公共性比平台的公共性高，形成第一个“Public-Private Partner”（PPP）；平台作为市场的代理人，其公共性比市场强，形成第二个“Public-Private Partner”（PPP）。这里平台同时是双方的代理人，是一个相机变量。当这三个身份协整后，则形成“Public-Private-Public-Private Partner”（PPPPP），即形成 TIF 域信用模式下的“5P 模式”。

3. “平台基因表达”仿生

这是基于产业特征所形成的分工。完备的社会经济平台由“信息决策链”“金融担当链”“实业生命链”三个平台构成，它们共同完成社会经济的基因表达任务。复合平台中的“信息决策链”子平台为总平台提供“遗传信息”，“金融担当链”子平台为总平台提供“信使功能”，“实业链”则依据信使的指导负责形成完整的“产业生命链结构”。“信息决策链”平台提供的遗传信息来自政府的委托和市场的委托，这有待“信息决策链”认知水平的提高，如果认知水平低下，总平台可能遭受政策风险和市场风险。防止“信使”“金融担当链”平台假传圣旨的办法是劣后担当机制。如图 6-3（3）所示。

一条健全的价值链由“教育价值链”“创新价值链”“工匠价值链”三部分构成，分别执行生产遗传信息、传递创新产业、承接创新产业的基因表达功能。“教育链”为三条链的持续存在培养既有能力又有信用底线的人才。从能力上来讲，有三种人才：教士、创士和匠士。[1]“教育价值链”培养出有创新能力的教士，“实业生命链”才有源源不断的“教士”培养源远流长的下一代“教士”“创士”“工匠”人才，“实业生命链”“生命体”才能一代一代遗传下去。就使用价值来说，信息产业和金融产业这两种虚拟产业也拥有“实业（使用价值产业）生命链”，如图 6-3（4）所示。

二、域信用的运行机理[2]

单个生命体繁殖的组织原则是：每一个生命的组成单元的边际效应相等。与此相呼应，人类社会作为一个生命体要最大化持续繁荣，个人、家庭、企业、产业链、国家、地区之间的边际效应趋近于相等。如果所有的

[1] 相对于传统的学士、硕士、博士，教士、创士、匠士是基于人才特征的分类。教士善于培养人才，创士善于进行创新，匠士善于精益求精。

[2] “辩证底线”，指的是社会经济的运行是按照信用底线分层的，不同的信用层由不同的信用底线区隔而成，社会经济要素要进入一定的区隔层，其信用指数就必须达到一定的信用底线。比如，要进入“社会域”，其信用指数就必须超过“社会市场底线”，要进入“正式市场域”，就必须达到“经典市场底线”。社会经济要素既可以指人也可以指物。

社会经济主体都明白这个道理，并以此行事，就叫做有道德讲信用。

域信用模式下的社会经济运行模式，遵从“底线之上，自由选择”的原则。底线原则指的是“己所不欲勿施于人”，这样社会经济系统才能有序运行。“自由选择”指的是只要不损害他人，不损害系统，别人无权干预个人的选择。“底线”的相对指数是辩证的，随“域”的不同而不同：身份不同、水平不同、产业不同，则信用底线不同。这三种不同因素决定的信用底线作为一种平台基础设施框架先行存在，对于作为产业内容的每一个人和每一样物都一视同仁，完全看个人及其所属物对信用指数的选择，对域的选择。

1. **产业分形信用底线序列**

分形，简而言之就是自相似性，指整体可以分成数个部分，且每一部分都（至少近似地）是整体缩小后的形状。TIF 域模式认为，分形理论可以被引入社会经济治理。如果将相似度进行或大或小的调整，就会形成“大产业套小产业”的“产业俄罗斯套娃现象”。[1] 比如，如果将相似度指数调大，产业的内在规定性就会增多，产业更具象，就会出现更多的产业分类。以政府监管为例，假定存在“经济安全发展委员会”这样一个政府机构，加大相似度，在其下就会产生多个更具象的监管分支：“信息安全发展委员会”“金融安全发展委员会”“实业安全发展委员会”。平台作为被监管的对象也会与之对应，如图 6-4 所示。

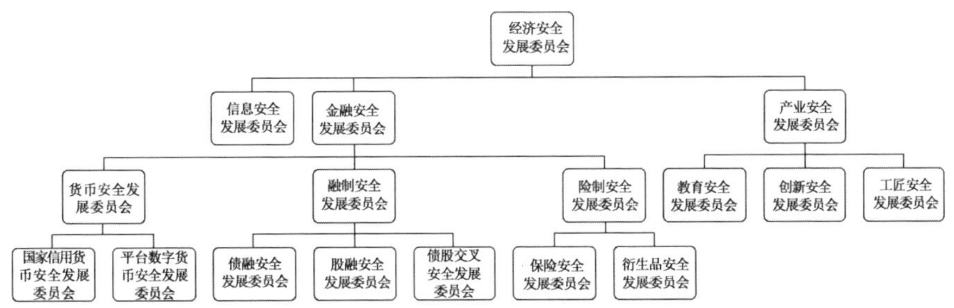

图 6-4 基于分形的嵌套式产业分类模式

[1] 俄罗斯套娃，是一种俄罗斯特产的木制玩具，一般由多个一样图案的空心木娃娃一个套一个组成，最多可达十多个，通常为圆柱形，底部平坦可以直立。在经济领域中，相似度大的产业内涵大外延小，包含在相似度小的产业之中。TIF 模式域富论称其为“俄罗斯套娃现象”。

2. 科层信用底线序列

为了有效组织社会经济的运行，社会经济通过平台基础设施划分为“政府”“平台”“市场”三大“科层”，这里的“政府”，是包含政党、军队、公检法、狭义政府的最广义的“大政府”概念。在这个科层序列中，政党是委托方，军队、公检法、一般行政者则是代理人。前者是生产“社会经济遗传信息”的人，应当具有“高瞻远瞩”，洞悉社会发展规律的水平。比如，中国共产党是社会经济运行的“信用先锋队”。如果将“大政府”看成是“社会经济遗传信息的生产者”，作为信使的平台的信用底线就会更低。“市场”是平台上的各种生产力要素及其关系的统称，其信用底线的指数水平则更低，如图 6–5 所示。[1]

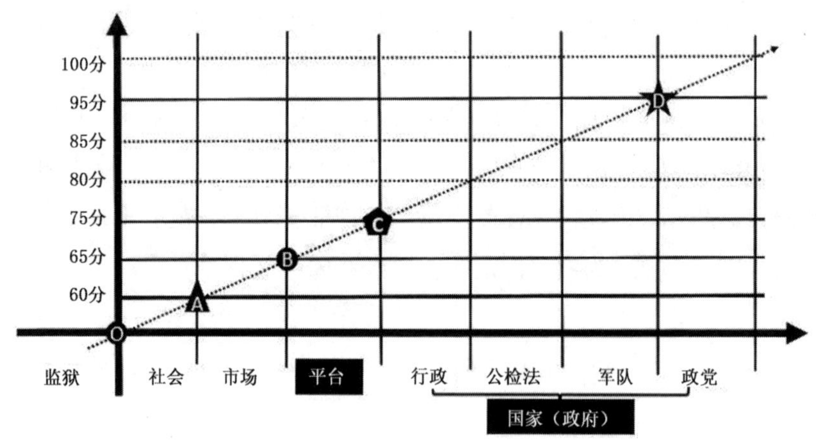

图 6–5　不同科层信用底线要求比较

3. 个体信用底线觉悟差异

每一个生产力要素有选择自己进入不同科层的主观意愿和行动自由。如图 6–6 所示，要素有四个“域选项”：“ESG 域”“市场域”“社会域”“监狱域”。一旦进入某个域的愿望实现，就要恪守所在域的信用底线。如果高于这个信用底线，就会在域中受到正向激励。如果失信，自己的信用指数低于所在域的信用底线，就会遭受惩罚而被驱逐出域，堕入信用底线

[1] 政党、军队、公检法、一般行政人员的信用底线的相对指数逐渐下降，可见道德信用处于较高层者可以委托道德信用处于较低层者。

指数更低的活动区域。比如，如果在“市场域”信用指数较高，则会得到更低成本更高收益的市场奖励。如果失信而导致信用指数突破底线，则被驱逐而堕入“社会域”这个“黑市”中。[1] 如果社会信用指数继续恶化，则可能被驱逐而堕入“监狱域”。[2]

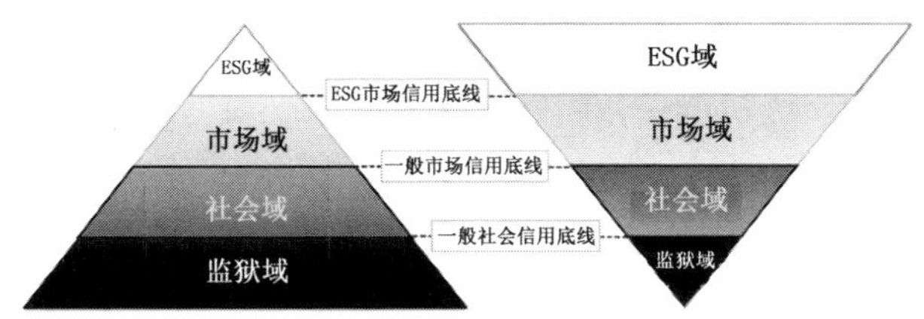

图 6-6　任何科层成员都面临的“三线四域”信用

三、域信用平台的共赢效应

TIF 模式域富论的核心是从不同科层、不同觉悟、不同产业的多维度、多视角、多层次、多主体等非线性视角为不同社会经济主体提供区隔化的备选活动区域，不同的域有相应的信用底线要求，也有相应的域福利奖励。这种底线和福利的功能，类似于正能量的“胡萝卜加大棒”机制，促进了个体信用孵化，实现市场主体之间的共生共赢效应，促进全球社会经济的发展。

1. 信用孵化的机制效应

域信用平台的信用孵化机制和效率有两种：一种是信用底线孵化机制，人们倾向于不断提高信用底线，进入更高底线的信用域中从事社会经济活动；二是人们在达到了信用底线之后，继续提升信用水平，不仅对社会经济有益，而且提升了自己的幸福指数，进入了类似佛学所倡导“戒定

[1] 市场无处不在，即便在监狱中也有市场存在。为了更加精准地区分市场，“市场域”分为四种：监狱市场域、社会市场域、经典市场域、ESG 市场域。其中，监狱市场域人的自由被限制在监狱，市场自由度最小；社会市场域是非正式市场域，其活动的性质主要是社会活动而不是市场活动，因而通常称为“黑市”；经典市场域是正式市场域；ESG 市场域则是考虑到外部性的市场域，其交易规则与经典市场域有所不同。一般规律是：随着人类社会道德（信用）水平的提升，较低道德水平域中活动的人数会逐渐下降，反之亦然。

[2] 一般而言，生产力要素中的物力要素在进入某一个域中的时候，其产权持有人总会以某一种形式伴随进入该域。通常不存在物力和人力分离进入的形式。

慧”上升通道。

（1）信用底线提升的机制效应。

图6-6左侧的三角形，在画出“经典市场底线”和“ESG市场底线”之前，主要存在“社会市场底线”，即法制线。正式市场缺乏，相当一部分市场处于“黑市”状态、混沌状态。导致人类的社会经济行为容易选择“打法律擦边球”，人类的信用指数向“社会市场域”的底层坠集，稍有不慎就会堕入“监狱域”，社会经济运行缺乏“公义”效应，运行质量较低。[1]

在画出“经典市场底线”和“ESG市场底线”之后，形成底线约束惩罚与域内福利奖励的双重激励机制。较高的“信用底线”对应着较高的“域福利”。一旦生产力要素离开信用底线要求较高的域，就意味着该生产力要素对该域的福利享有权丧失殆尽。这种机制将产生“高信用高福利”“好人有好报”的制度效应。不到万不得已，人们一般会向上选择，进入信用底线指数较高的域。[2] 人们越来越多地升聚在“ESG市场域”，如图6-6右侧的倒三角形所示。

（2）人性孵化的机制效应。

“人性善”还是“人性恶”，这是困惑古今中外社会经济运行的难题。孔子讲“慎独”，但靠自觉效果并不好。域信用理论认为，“人性本善恶两全，制度治之”。人性需要拄上制度的拐棍才能“扬善抑恶”。图6-7表明，人们只有通过“信用底线制度”“持戒”，才能有效促进人性向善，使社会经济活动中的每一个人沿着“三境九界”拾级而上，促进“俗人”实现佛学所倡导的“戒定慧”的人性进阶过程。[3]

---

[1] 公义即“公正”、“公平”、“公开”。

[2] 域福利一般包括五种：一是俱乐部福利，相当于域会员资格，一种入域权利；二是声誉福利，即生产要素的信用指数由域平台客观准确有效揭示，取代了传统的“王婆卖瓜”式的“广告”模式；三是成本福利，即基于规模经济和范围经济的成本福利；四是金融额度福利，即因为以上福利所产生的客户对于平台的黏度将作为一种“影子抵押”机制转换成平台对客户的信用反制力，这种反制力随之转化成平台对客户的供资额度；五是政府对平台及其客户的税费利率资格等政策福利。

[3] 戒定慧三学，也称三无漏学，是佛教最重要的修行原则。防非止恶为戒，息虑静缘为定，破恶证真为慧。戒定慧三学是一个循序渐进的关系，由戒生定，由定生慧，其中戒是入门，定是枢纽，慧是成就。

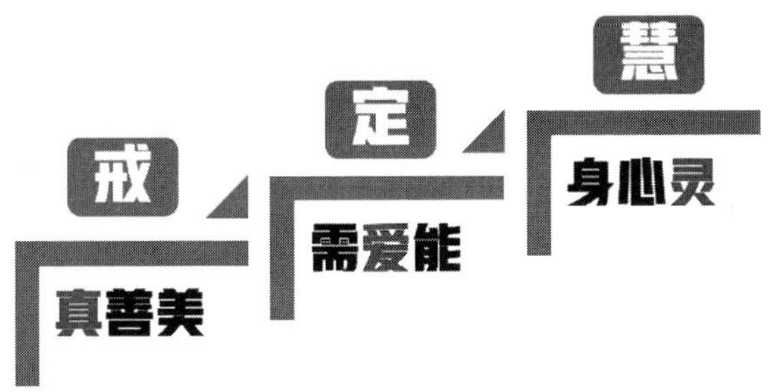

图 6-7 “三境九界”与佛教“戒定慧”的对应关系

①“持戒”是人性孵化的基础。佛教中说“防非止恶”为戒。真善美一般理解是“指原始的本质的真实的真诚的，利他的良好品行，美好的言行事物”，多用来形容人的德操和性质具备良好品质的事物。域信用模式对真善美给出容易进行度量的解释，使其对应于域信用的底线管理制度。如图 6-7 所示，“一般社会市场信用底线”具有通用性，符合这个底线者说明有最起码的“社会生命”意识，谓之为“真”；一个人做得更好一些则是自己承担起作为经济分工中的代理人责任，成为一个对社会有价值的人，谓之为“善”；“美”，指的是这个人能顾全大局，为社会提供正外部性贡献。但这种主体的信用水平的提升是制度驱动的，具有被动性。

②“心流”是人性孵化的关键。佛教认为“息虑静缘”为“定”。这与现实生活中的“心流状态”有异曲同工之妙。心流，指的是当人全神贯注于一件事情时，会忘记周围的环境和时间，会获得较高的满足、乐趣和体验，又叫 FLOW 理论、心流体验。图 6-8（左）是意大利心理学家米哈利构建的心流模型，即当一个人既有能力又敢于挑战的时候就会产生心流感觉。能力或技巧是相对稳定的，但是挑战与人的情绪有关，域信用模式的“需爱能模型”则让挑战成为个人偏好与社会需求的函数，保持心流的确定性，达到“恒定心流状态”，这时人的信用指数的提升依靠的是内在

驱动力，如图 6-8（右）所示。[1]

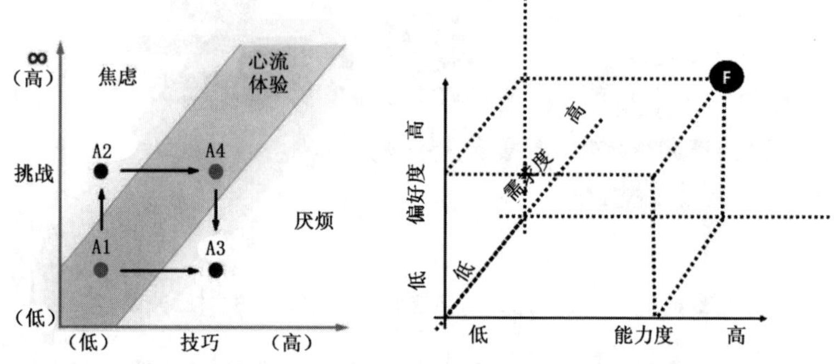

图 6-8　米哈利心流模型（左）与域信用恒定心流模型（右）的比较

③“智慧”是人性孵化的高维境界。佛教认为“破恶证真”为“慧”。这不是别人强迫自己“破恶”，也不是别人勉为其难地为自己“证真”，而是当事人自己的格局有了提升，领悟到事物发展的客观规律，不仅不能对社会作恶，更会将他人看成是自己的一部分，看成是同一个“生命体”的一部分，他人好就是自己好，达到中国人所说的“圣贤”境界。图 6-9 表明，传统的 ESG 靠政府监管驱动，即相当于图 6-7 中的社会经济成员的“持戒”。图 6-10“NIS 模型”表明，经过“恒定心流”的“定”阶段后的“慧阶段”的成员，其格局将会超越自己在“持戒”阶段的产业域范围，而着眼于整个人类社会、整个星辰大海，所关注的财富权重由实体财富经过知识财富、心理财富，不断地向认知财富转化，使自己达到“超级心流状态”。

[1] 如果在底线驱动阶段人们选择工作是本着“劳动是谋生的手段”，那么在“超级心流”阶段选择工作则是本着“劳动是生活的第一需要”。这与马斯洛的“层次需求”理论有部分相通之处。马斯洛认为七个层次要按照次序实现，尽管过于机械化，但在对需求的层次的完整性描述方面和先低后高的概率上还是有可取之处的。说明高层次需求可以使人们有更大的幸福体验，人的道德、信用、人性水平也会更高，激励成本更小。

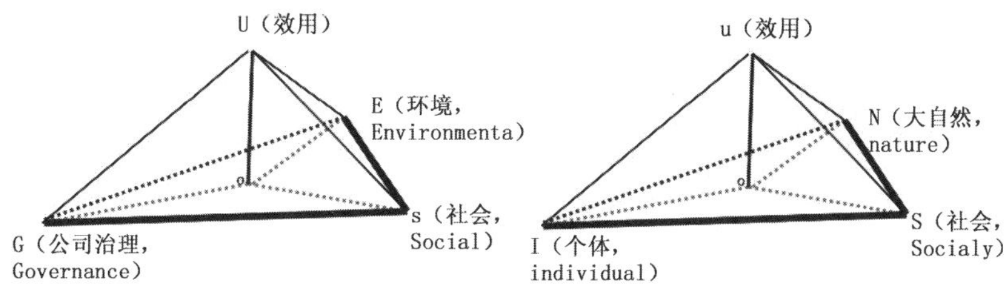

图 6-9　基于"戒"的 ESG 模型　　**图 6-10　基于"慧"的 NIS 模型**

2. **社会经济总效应最大化**

在域信用平台的"戒定慧"功能下，人性不断向善，人们缩小了对具有排他性产权财富的追求，而扩大了对共享共生共赢这些正外部性财富的追求，整个社会经济运行中的劳动力和劳动资料不断地趋向"人尽其才，物尽其用"，社会经济效应趋向最大化。

（1）多主体边际效应相等。

现代西方经济学基于"经济人假设"强调个体的效应最大化，消费者追求个人效用最大化，企业追求本企业利润最大化。这种思维，没有考虑到多个个人、多个企业，以及个人与企业之间的"整体生命关系"所带来的"涌现价值"，从而导致社会经济系统的部分资源闲置、崩溃，乃至湮灭，并进一步造成对社会经济个体的反噬。如图 6-11 所示，在基于域信用平台模式的社会经济运行中，每一个个体都是社会经济作为一个完整生命系统的一个细胞，一个器官，个体之间是"肝胆相照"的生命生态关系，每一个器官的边际效应相等，整个域信用平台的社会经济生命体的总效应最大化。

（2）社会经济的 RIFT/FRIT 模式。

如图 6-12 所示，RIFT 是 TIF 域信用模式的变种，域信用指数决定了进入某个信用底线域的权利，用 R（即 Right，权利）来表达，TIF+R，排列组合形成两个单词：一个是 FRIT，英文指的是"使熔为玻璃原料"，一个是 RIFT，英文指的是"分裂、分歧、严重不和"。前者可以理解为每一个社会经济个体在域信用平台面前就像透明的玻璃，每一个人的信用指数被清楚地揭示出来。后者可以理解为域信用平台可以根据区块链保真的信用指数数据对个体进行市场赋权，将那些危害“公义”的生产要素驱逐出相应的域，使得市场成为一个“优币驱逐良币”的市场，与传统的“二手车市场”决裂。这显然是一种市场的帕累托改进。

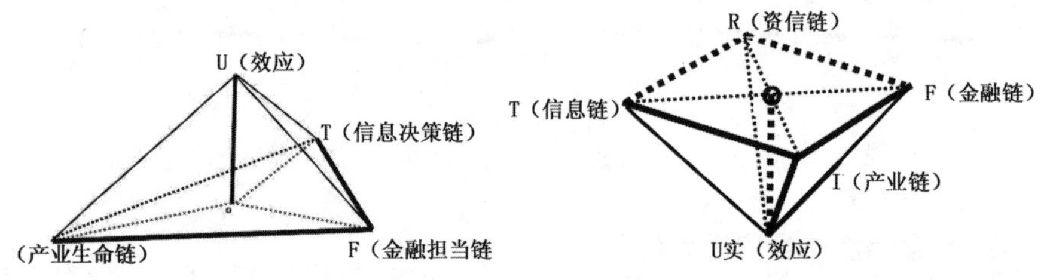

图 6-11　域信用平台总效应最大化　　　图 6-12　RIFT 运行模式

（3）金融回归实体的双域互劣模式。

域信用理论认为，金融业的“信使功能”具有两个特征，一个是知识的相对专业性和运行的相对独立性，另一个是面向信息业和实体产业的身份上的附庸性和责任上的服务性。20 世纪 70 年代以来，尤其是布雷顿森林体系解体以后，世界进入以美国为发动者的金融资本主义，全球经济开始遭受美国金融霸权一轮又一轮的奴役[1]，也造成了美国经济的空心化，这种空心化也成为反噬美国经济的“灰犀牛”。而我国出现的房地产金融暴雷、P2P 泛滥、地方银行风险暴露等问题，都说明了金融总是偏好于走在“脱实向虚”的邪路上。

域信用治理的模式通过双层信用底线，实现金融“脱虚回实”。即在甄测金融信用之前，先要前置性地将融资者提供的使用价值的信用作为必要条件，如果前置性指标不符合“经典市场域”或者“ESG 市场域”的标准，就终止考虑其融资资格。在前置性指标符合信用底线的前提下，再进行基于融资的信用指数的测评。同时，对资金提供中介要进行域信用治理，防止金融中介侵害投资者的利益。

域信用治理模式还可以通过“双域信用互劣”机制保护投融资双方免遭

[1]　一般认为，自 20 世纪 70 年代以来，对新旧凯恩斯学说的批判以及苏联东欧社会主义的失败导致以“三化”（私有化、市场化与自由化）为其核心主张的新自由主义成为具有全球影响力的经济学理论，而以新自由主义经济学为理论基础的金融资本主义则成为全球社会与经济形态的主宰力量。

风险侵害。图 6-13 阐释了以银行为例的双域模式。必须构造一个银行信用域，对银行的资信进行监管，以弥补巴塞尔协议的不足，防止出现包商银行、河南村镇银行之类的事件。同时，银行域信用平台要为融资者域信用平台提供劣后，保证不会对融资者造成伤害。而同时后者也要对前者提供劣后或者担保，防止融资方给银行或者银行域信用平台带来违约风险。[1]

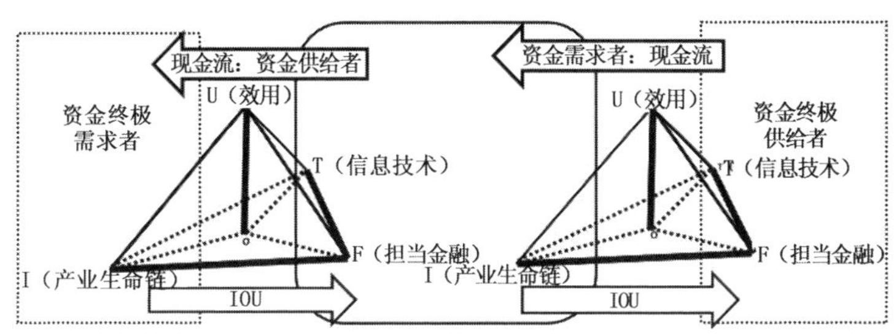

图 6-13　金融回归实体：以银行为例的双域（互劣）模式

3. 超国家化新型全球化效应

随着信息技术的发展，全球经济一体化的科学技术条件日益成熟。然而由于种种原因，经济进入罕见的逆全球化周期，原有的产业结构错乱无序，全球经济动荡不安，各国都觉得经济安全面临威胁，全球生产力遭到破坏，甚至有引发世界大战的可能。域信用平台从三个方面淡化国家干预：一是信用标准，二是产业链福利，三是信息化通道。域信用平台作为全球社会经济的中介物，将在减少政治偏见，促进国际合作等方面做出贡献。

（1）信用标准淡化意识形态。

目前全球依然存在两个意识形态阵营：一个是主张私有财产神圣不可侵犯的资本主义，一个是主张公有制的社会主义。意识形态往往是阻碍国际交往的敏感事物。域信用平台，立足于市场信用指数标准，能有效淡化意识形态，这是最大限度地“求同存异”。域信用平台不排除资本，但通过信用底线约束机制弱化了“缺乏道德底线”的资本主义，弱化了“资本

[1] 池性资产分为两种，一种是“资金池”，一种是“资产池”。前者如银行、基金，后者如资产证券化。以银行为例，第一层意义的基于融资的信用域管理，主要是防止银行的资金遭受违约风险，第二层意义的基于融资的信用域管理，指的是还会将银行关进域中，防止银行对储户资金造成违约风险。最近发生的河南村镇银行违约事件即是缺乏对银行进行域管理的例证。

拜物教”。

（2）产业链福利淡化国家干预。

“产业生命链”的本质是“价值链管理”，“产业生命链”可以被看成是一个“生命体”，各产业环节通力合作，会收到1+1>2的协同效应。在全球化时代，“全球产业生命链”是必然的趋势。如果企业的利益在“产业生命链”中的利益足够大，国家的行政约束力就会下降。域信用平台则可以通过提供完备性、保障信用性、增大福利性为入域各方提供效应最大化的制度保障。如图6-14所示，产业链的国内国际分布有六种形式。美国启动芯片法案的做法正是在行政命令效果不佳的情况下采用基金激励的方式。

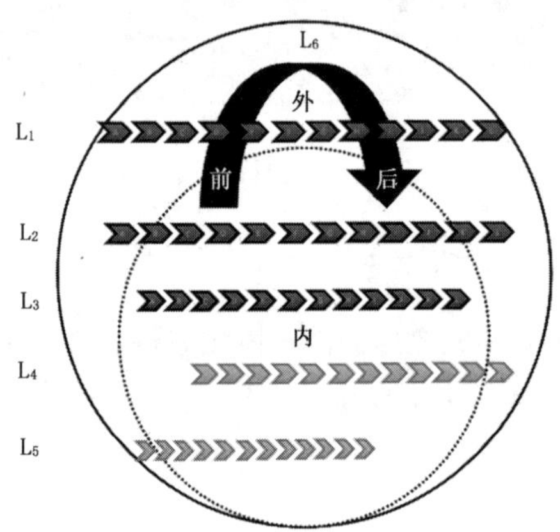

图6-14　全球产业生命链种类

（3）信息化规避国家干预。

人类的社会经济活动有三个阶段，第一个阶段是线下的“原宇宙”阶段，第三个阶段是去中心化的Web3.0元宇宙阶段，第二阶段则是处于第一、第三两个阶段之间的Web 1.0、Web 2.0阶段。这三个阶段的相同点是：都符合TIF模式域富论法则，都是在不断向IFR状态的域信用模式进化。[1]也就是说，元宇宙不过是TIF域模式中的信息流替代能量流，并一起替代物质流的程度达到去组织中心化的程度时的社会经济运行状态。如

[1]“流进化法则”由“能量传递法则”进化而来，前者包含了后者，还包含了信息流和物质流。所谓“减少人工干预法则”，指系统的发展用来实现那些枯燥的功能，以解放人们去完成更具有智力性的工作。用“流进化法则”来解释，相当于不断在权重上缩小“物质流”，增大“能量流”尤其是“信息流”。

图 6-15 所示[1]，可以有效规避国家干预。

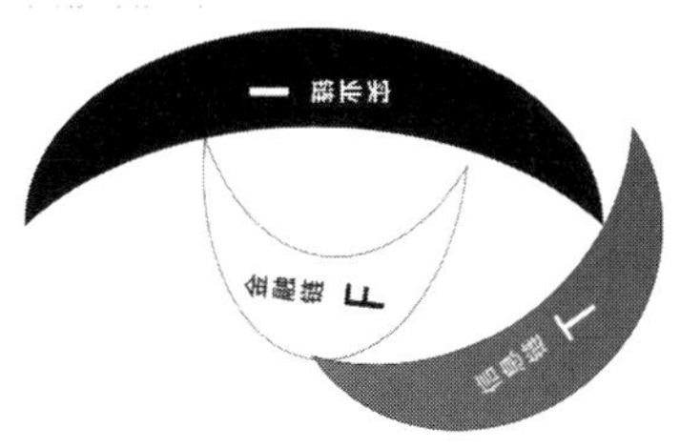

图 6-15　人类社会经济中的实业、金融、信息三业生命周期

这时社会经济运行的模型如图 6-16、6-17 所示，两图均为社会经济的线上平台与线下平台孪生时“效用最大化”的示意图。$OU_{线下}$表示 TIF 域模式还未进化出线上模式的社会经济运行效用，$OU_{线上}$表示 TIF 域模式所进化出的线上模式的社会经济运行效用，$U_{线下}U_{线上}$则表示孪生平台的总效用。其中图 6-16 是没有将社会经济参与权（R）考虑进来时的示意图，图 6-17 则是将社会经济参与权（R）考虑进来时的示意图。

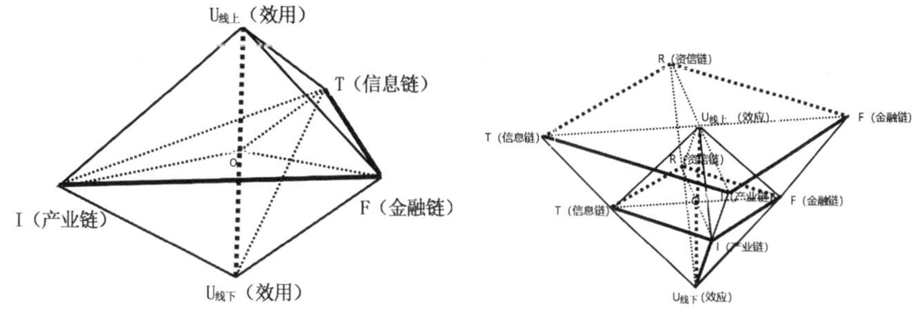

图 6-16　TIF 域平台孪生　　图 6-17　RIFT 平台孪生

（4）域信用平台助力获得全球制市权。

人类文明经过了农业文明、工业文明、金融文明、信息文明，中国曾经在农业文明中领先于世界，但在后面的三大文明中我们一直在追赶。信

[1] 去中心化分为三个阶段：第一个是去组织中介中心，第二个是去平台中心，第三个是去国家中心。第一种情况如去银行中心，平台代替银行履行风险消解功能。甚至包括削弱组织的规模，如减小企业集团，减小单个企业规模，从而减小银行和企业带来的资金池的风险。第二种指的是子平台不断地归并为母平台，社会经济将通过 DAO 运行。第三种指的是运行良好的平台将会吸引越来越多的国家化生产要素入驻，全球化社会经济信用管理标准将代替国家标准，国家将逐渐沦为社区。

息化技术的提升为域信用平台的构建提供了条件。中国可以发挥大尺度市场优势、产业门类优势，基于信用底线，进行“三公”域改，创造平台福利，增加市场的有序性，整合出一个全球化的“芯片 TIF 域信用平台”，以此削弱美国的芯片法案模式。[1]

如图 6-18 所示，中国所构建的“面向全球的芯片 TIF 域信用平台”由政府监管，平台由市场化开域之人构建，可以视参与企业的成分和结构决定国家参与平台的深度。母平台下辖不同用途的芯片类型，形成不同辈分层次的芯片产业类别域。平台以信用指数为进入芯片域的权利，并为入域者提供各种域福利。域内的芯片企业共享最长的“芯片产业生命链”，为上下游芯片要素打通价值链。平台将以劣后的方式调动基于芯片的慈善资金、政府引导资金、公益创投资金、股性市场资金、债性市场资金，支持芯片人才培养。芯片是一个创新环节，芯片的工匠产业链，促使芯片二级市场与芯片产业市场的价值创造深度耦合。未来将会有越来越多的芯片产业要素入域参与产业循环，中国或将掌握全球芯片制市权。

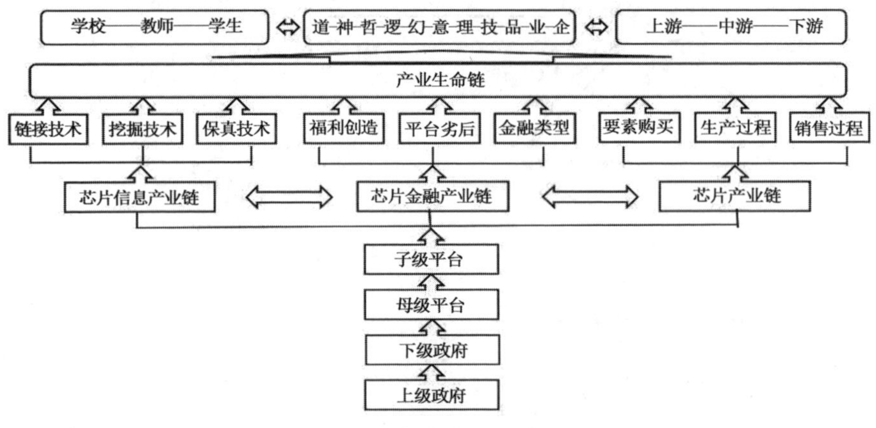

图 6-18　面向全球的芯片 TIF 域信用平台

[1] 2022 年 8 月 9 日，美国总统拜登在白宫签署《芯片和科学法案》（CHIPS and Science Act）。这个法案其实是一个遏制中国的“TIF 模式芯片域”。该法案表明，2022—2026 年合计提供 527 亿美元补贴，其中 390 亿美元用于建设、扩大或更新美国晶圆厂，110 亿美元用于半导体的研究和开发，20 亿美元用于资助如教育、国防和创新相关领域，5 亿美元用于与外国政府建设国际信息、通信技术安全、半导体供应链，2 亿美元用于增加半导体行业劳动力，并对当地半导体制造提供 25%税收减免。以上相当于芯片产业和金融（I 与 F），禁止获得补贴的公司在中国大幅增产“先进制程”芯片，期限为 10 年，违反禁令的公司，可能会被要求退还全部补贴。这相当于进入权利（R）。据估计全球半导体产业格局将面临重塑。

四、结论与建议

（一）结论

"物以类聚，人以群分"可以很形象地描述社会经济分工合作的一般规律。前一句指的是产业按照分形原则呈"平行嵌套"形态分工，后一句指的是主体按照信用底线原则以"平行分层"形态合作，两种形态整合形成网格状的信用秩序。从宏观来说，社会经济总体按照"国家-平台-市场要素"的委托代理架构运行；从中观来说，域信用平台是国家与市场高效互动的"中介物"；从微观来说，信用底线机制是人性向善的道德孵化机制。TIF 模式域富论仿生"基因表达理论"得到"社会基因表达理论"。域信用模式以实体产业、金融产业、信息产业的"继起性"和"并存性"为社会经济运行的"立柱架梁"，以信用指数为有序进入相应网格的从业权利。元宇宙经济模式不过是原宇宙下的 TIF 域模式中的信息技术达到 Web3.0 阶段的特殊称谓。

（二）政策建议

一是加强信用理论自信。信用之道由信用技术和信用制度组成，前者指的是信息科学技术，后者指的是信用制度技术。后者主要是人和人的关系模式问题，中国在信用哲学方面为人类贡献了成果，中国有信心在双信时代，与时俱进地提出适合未来全球社会经济秩序新理论，这需要国家对信用哲学、信用方法论、信用科幻、信用创意、信用理论、信用制度模式、信用产品包容，并通过信用知识产权加以保护和激励。

二是对社会经济进行网格化改造。首先重构政府和市场关系。突破西方理论中关于政府和市场博弈的二分法局限，将平台作为中介物置于政府和市场之间，形成三主体有效合作的新组织形态。确立平台的国家特许性质，探索国家监管平台、平台监管市场的多样化模式。用有序竞合共生的平台模式超越西方传统的散乱的市场经济模式，用平台模式的所有参与主体边际效应相等模式替代个体效用最大化模式，解决“二手车市场”问题，探索“共生共赢”新模式。

三是优化道德、法律、信用作用机制。用可量化的信用指数机制整合模糊的道德机制和单一的法律机制，采用“底线管理与自由选择”的耦合机制，“底线管理”防止人的信用下坠，“自由选择”则激发“人尽其才、物尽其用”，可超越“道德绑架与无底线自由”这两种以往片面极端的道德信用模式，前者导致社会经济发展不堪重负，后者导致社会经济发展两极分化，都破坏了信用生产力。

四是引领信用外交。实业革命、金融革命、信息革命等任何一次产业革命甚至包括产业革命中的小的节奏，都会牵涉到对新事物的理解程度、理解节奏的不同，从而造成信用秩序的紊乱。当前出现的“全球化推动者”蜕化为“全球化破坏者”，并因此而引发的形形色色的摩擦与战争，都是因为人类对信用秩序的迷茫、焦虑和无序竞争。全球化与信息化呈正相关关系，信用是“脱敏意识形态”的共性装置，中国有责任有能力有权力构建面向全球的域信用平台。

（作者：窦尔翔，北京大学软件与微电子学院教授，北京大学金融与产业发展研究中心研究员，北京信用学会监事长、域信用专委会主任；鲁子宁，北京信用学会研究员）

第六节　艺术品市场信用体系建设

由于艺术品鉴定的难度、价值的多元及价格的标准难以确定等因素，相比其他领域而言，艺术品市场信用体系的建立和完善涉及更多类别的主体和多种机制的建构。中国艺术品市场信用体系的构建将使艺术品的交易更加容易达成，同时，艺术品的金融化也将使艺术家的劳动成果及时实现“惊险的跳跃”，并激励艺术家创作出更加优秀的作品。与其他领域的经济运行更多地表现为存量信用的运行不同，艺术品交易更多地体现为信用的创造和信用的创新。因此，中国艺术品市场信用体系的构建不仅对维护艺术品市场的健康运行至关重要，同时也对国家整体市场经济的发展具有非凡的价值，对于中国文化走向世界，让其他国家的人民品味中国的艺术品之美具有重要意义。

一、艺术品的概念及其价值

关于艺术品的概念，目前学界并无统一的认识，也没有哪一种说法被学界所广泛认可。2016 年 1 月文化部颁布的《艺术品经营管理办法》第二条第一款规定："本办法所称艺术品，是指绘画作品、书法篆刻作品、雕塑雕刻作品、艺术摄影作品、装置艺术作品、工艺美术作品等及上述作品的有限复制品。本办法所称艺术品不包括文物。"[1] 这一概念只是对艺术品包含哪些种类进行了罗列，对各类艺术品的共同特征没有做出界定。刘双舟教授认为"'艺术品'主要是指艺术创作者以线条、色彩或者其他方式创作的具有审美意义的造型艺术作品，包括绘画、书法、雕塑、雕刻、装置艺术作品，还有瓷器、玉器、珠宝、家具、钱币、邮品等艺术品。"[2] 后来他又进一步对其概括为："艺术品是指凝结着人类各种形式艺术劳动的，有某一具体表现和特定的经济价值、文化价值、审美价值、科学价值的物品"[3]。董涛认为，"艺术品，一般指造型艺术作品，是指由艺术家创作的艺术作品，其必须呈现为一种物质形态，在一定时空范围内可以（至少）为人们的视觉所认识，并产生美感（即视觉的美学体验），从而满足人们的视觉审美、占有和交换的需求。它是凝结着人类各种形式艺术劳动的，富含文化底蕴、民族特色、艺术魅力和特定经济价值、文化价值、审美价值的物品"[4]。根据以上学者关于艺术品概念的界定，我们可以将艺术品的主要特点概括如下：

---

[1] 该办法把文物排除在艺术品之外显然是出于管理的原因。文物中当然有艺术品，而且文物中的艺术品在当前的艺术品市场中占有更为重要的地位。

[2] 刘双舟，刘琛．艺术品金融与投资［M］．北京：经济管理出版社，2016：3.

[3] 刘双舟．艺术市场法律制度［M］．北京：经济科学出版社，2021：4.

[4] 董涛．艺术品概念与功能探赜［J］．西北美术，2016（2）.

一是主要表现为造型艺术。即运用一定的物质材料，通过塑造静态的视觉形象来反映社会生活与表现艺术家思想情感。艺术品一般不包括音乐、戏曲、舞蹈、电影、诗歌等艺术形式。

二是具有审美价值。欣赏艺术品可以使大众产生美的感受，让人感到愉悦，甚至有幸福的感觉，好的艺术品甚至可以跨越民族、文化和时代的阻碍。

三是具有历史文化价值。艺术品产生于特定的创作者和特定的时代，它反映了艺术家的气质、修养和文化内涵，同时也反映了那个时代的一定特征。人们通过艺术品可以发掘其背后所隐含的特定历史文化内涵。

四是具有经济价值。艺术品因其具有的审美价值和特定的历史文化价值而成为可以交换的商品，因而具有经济价值。艺术品的经济价值不同于一般商品，它很难直接与创作者付出的劳动量成正比，它受创作者的社会影响力、同类作品的数量、作品创作的时代等多种因素的影响。

二、构建艺术品市场信用体系的意义

（一）艺术品市场在国民经济中的地位

根据库兹涅茨曲线假说，当人均 GDP 在 1000 美元以下，居民消费主要以物质消费为主；当人均 GDP 达到 3000 美元，居民消费进入物质消费和文化消费并重的时期，艺术品市场会进入快速发展期；而当人均 GDP 超过 5000 美元，居民消费结构会转向文化消费为主。国家统计局公布的数据显示，中国的人均 GDP，2003 年为 1090 美元，2008 年超过了 3100 美元，2021 年已达到 12552 美元。中国的相关部门在本世纪初就提出“加快文化产业发展”的口号，在 2011 年 10 月召开的党的十七届六中全会上，中央首次明确“将文化产业发展成为国民经济支柱性产业”。2013 年 12 月，中央财政拨款成立了“国家艺术基金”，并在 2014 年 5 月 1 日颁布《国家艺术基金章程（试行）》。2016 年 3 月，从欧洲艺术基金会（Arts Economics）发布的《TEFAF2015 全球艺术品市场报告》（TEFAF Art Market Report 2016）可以看出，中国保持了全球第三大艺术品市场的位置。可见，随着人们生活水平的提高，艺术品的消费将会在GDP中占有越来越高的比例。同时，国家也会采取相应的政策扶持鼓励艺术产业的发展。

（二）艺术品市场的发展对于文化强国的重大意义

党的十九届五中全会提出了到2035年建成文化强国的远景目标，首次明确了建成文化强国的具体时间表，这标志着我国文化强国建设在“两个一百年”奋斗目标接续推进中进入了一个新的历史阶段。中国的艺术品是五千年历史长河中积淀下来的独具文化、历史、艺术特色的“活化石”，是中国文化的重要载体。当前，在国家大力发展文化产业的政策指导下，我国艺术品市场的制度逐渐建立与完善。艺术品的交易与收藏不仅能更好地满足人们的精神文化需求，也能带来巨大的收益。据统计，艺术品投资的回报远高于股票投资，其风险也远小于股票市场。艺术品收藏风险小、升值快、格调高，充分满足金融资金寻找投资标的两个逻辑：蓄水池足够大，风险足够小。目前，艺术品投资逐渐成为金融资本和投资者青睐的新贵，发展艺术品市场也是充分体现实业立国、文化强国的国策。因此，运行良好的艺术品市场是实现我国文化强国的重要支撑。

（三）当前中国艺术品市场的现状

虽然目前中国的艺术品市场已经有了较大的发展，但与中国文化大国的地位还不相匹配，也与中国当前的经济发展阶段不相适应。目前中国艺术品市场的突出问题是：艺术品造假现象层出不穷，甚至发展到集团造假的地步。例如，不少地方都出现了仿制名家字画、仿制工艺大师作品、伪造历史文物等现象，甚至有些知名艺术家也在创作过程中由他人代替其完成大部分的创作工作；更有不少拍卖行知假、假拍。同时，很多艺术品交易脱离税务部门的监管，艺术品交易成为偷税漏税的重灾区。

众所周知，艺术品市场交易的基础是：艺术品的创作者、创作年代真实确定；艺术品的价格公道合理。目前由于艺术品制假售假严重，艺术品的鉴定需要较高的专业能力，在对鉴定人员缺乏足够约束力的情形下，人们对鉴定者的信心不足，因此市场上的艺术品真伪成疑；由于艺术品的价格受多种因素的影响，艺术品的价格在行业内也较难达成共识。另外，即使是同一个艺术家，其创作的不同作品也会因其艺术价值的不同而在价格方面有较大的差异。在此背景下，中国艺术品市场的交易很难顺利达成。

（四）信用体系的构建是艺术品市场健康发展的前提和基础

艺术品市场的健康运行需要市场上各相关主体的道德自律、信用体系的完善和法律法规的规范。改革开放以来，针对艺术品市场已出台了多部法律法规，如《中华人民共和国拍卖法》及其实施细则和《艺术品经营管理办法》等，这对保障艺术品市场的交易起到了重要作用。但任何法律都有其局限性，其相关条文缺乏可操作性之处甚多，给了市场主体投机的可能，而且艺术品市场比一般商品市场更具有冲动性、跟风性、混乱性的特点，也就更容易失去控制。[1] 在道德自律作用有限，立法、执法不能对相关主体形成严格制约的情况下，学界已公认，中国艺术品市场发展滞后的关键是艺术品市场信用体系的欠缺。例如有学者认为，信用体系是文化市场体系的核心，没有健全的信用体系，文化及艺术品市场的健康发展将无法保证。[1]实现文化强国的目标自然需要中国艺术品市场的发展和繁荣，但如前所述，目前中国艺术品造假现象泛滥、艺术品鉴定系统缺乏公信力、艺术品价格难以确定统一标准等成了艺术品市场发展的瓶颈。所以，中国艺术品市场健康运行的前提和基础是信用体系的建立和完善。当然，还应进一步完善规范艺术品市场的法律法规，加大对失信主体的惩戒力度，从而使失信者同时受到法律和信用体系的双重制约。

三、中国艺术品市场信用体系的构建

社会信用体系由信用信息披露机制、信用产品供求机制、信用奖惩机制和信用修复机制组成。艺术品市场的信用体系应从这四个机制的构建入手。

---

［1］ 包国强，等．“信用+”：我国艺术品市场信用建设路径研究［J］．社会科学动态，2019（11）．

(一) 艺术品市场的信用信息披露机制

艺术品市场的信用信息披露机制主要包括艺术品市场相关主体的身份确认制度、信用评价制度、信用信息披露方式、信用信息披露期限等几方面。

1. 艺术品市场相关主体（包括创作者、生产者、经营者、消费者等）的身份确认制度

众所周知，艺术品的价格与艺术品创作者的身份密切相关。目前，中国艺术品市场上的创作者人数众多，如书法、绘画作品的创作者就难以统计，但其作品真正在市场上公认有艺术价值或收藏价值的艺术家人数是有限的。因此，由相关行业的政府部门或行业组织，通过一定的机制确认哪些作者的作品具有较高的价值并对其进行适当的分级就是艺术品市场信用体系构建的基础和前提。当然，这种身份确认应该是动态调整的，每5年左右可以调整一次。

2. 艺术品市场相关主体的信用评价制度

信用评价包括履约能力和履约意愿两个方面，因此，对相关主体的信用评价就包括如下两个方面：

（1）相关主体的履约能力评价制度。不同主体的履约能力表现不同，如对艺术家来说，其履约能力主要表现于其作品的艺术水准以及其作品在市场上的价格。因此，由业内专家对不同类别艺术家的作品在市场上的价值进行评估就是艺术品市场信用体系构建中不可缺少的环节。对艺术品市场上的其他主体，如画廊、拍卖行等履约能力的评价可以参照一般企业的履约能力评价标准。

（2）相关主体的履约意愿评价制度。各类主体的履约意愿评价主要包括其守法表现、履约记录以及遵守社会基本道德的表现等方面。

3. 艺术品市场上各类主体信用信息的披露方式

各类主体信用信息的披露方式包括自愿披露、强制披露和市场化披露三种形式。如对艺术家作品价格认定的信息就可以由艺术家自主决定是否向社会披露，向什么样的主体披露；相关主体的负面信用记录因其涉及公共利益，需要强制披露。市场化披露是指市场化征信机构（包括个人征信机构和企业征信机构）向信用信息需求者提供专业的信用产品和信用服务的一种方式。随着我国社会信用体系的逐步完善，征信机构将能够更好地为社会提供艺术品市场相关主体的信用信息。

艺术品市场上相关主体的信用信息应根据其公共利益属性的区别，决定是向全社会披露，还是只在行业内披露，或者只在部门内部披露或共享。如对于相关主体的严重失信行为就应在全国范围内披露；对于艺术品经营者的一般违法失信行为可以在行业内披露，对于相关主体的轻微失信行为只在本部门内共享即可。

4. 各类主体的信用信息披露期限

通常来说，不论是信用主体的正面信用信息还是负面信用信息都应设置一个合理的披露期限。如对于特别严重的违法失信行为信息就应终身保存，且不得信用修复；对于严重违法失信行为信息可以设置 7 年左右的保留期限，对于一般违法失信行为信息则可以保留 3~5 年，对于轻微失信行为信息可以保留 1 年左右。某一类行为相应的失信行为类别的确定，应由行业内专业人员共同研究制订相关标准，并在征求全社会的意见后发布。对于守信行为的保存期限也遵循同样的原则。

（二）艺术品市场的信用产品供求机制

艺术品市场信用体系的构建离不开信用服务机构的发展和规范，应制定相关的规则促进服务于艺术品市场的信用服务机构的发展，同时对信用服务机构的经营设置相关的规范。

国家同时应创新机制拓展对艺术品市场信用服务的需求，增加艺术品市场信用产品的供给，通过公共信用信息产品带动私人市场信用信息产品的供求，通过制度供给驱动信用产品供求的市场繁荣。

（三）艺术品市场的信用奖惩机制

信用奖惩机制的构建是艺术品市场信用体系构建的关键。信用奖惩机制应遵循两个原则：相当性和相关性。以失信惩戒为例，相当性就是指根据相关主体失信行为的性质和严重程度，对其采取轻重适度的惩戒措施或约束机制，确保过惩相当；相关性是指根据失信行为的性质，只在该相关领域对其进行约束，如对于一般失信行为或轻微失信行为就只在本行业或本部门共享该信息，对其惩戒或约束只在本行业或本部门内进行。艺术品市场的信用奖惩机制包括守信激励和失信惩戒两个方面，其激励或惩戒的具体措施应由本行业的专业人员研究制订具体的标准，并在征求全社会的意见后颁布实施。

（四）艺术品市场的信用修复机制

信用修复是指违法失信行为的主体主动改正错误，履行法定义务和责任，消除失信行为的不利影响，申请重塑其社会信用，由相关机构经过一定程序和条件予以批准并处理的活动。艺术品市场的相关主体在出现违法失信行为之后，若能纠正其违法失信行为，可以通过取得相对人的谅解、开展公益慈善活动，或检举举报其他主体的违法失信行为等方式来消除失信行为带来的不利影响，从而取得信用修复的资格。

（作者：石新中，首都师范大学信用立法与信用评估研究中心主任、教授，北京信用学会会长）

附录
FULU

附录1 信用建设典型创新案例

“信阳毛尖”全产业链信用体系建设

围绕全面优化营商环境、提升信用环境建设水平，信阳市主动谋划，积极作为，在河南省率先探索出产业集聚区新型信用监管机制和重点产业集群信用建设模式，建立覆盖23个大行业领域的分级分类监管机制，打造30余个“信易+”应用场景，重点推进形成“信用+民生经济”的新商业模式，加快重要产品追溯体系建设，推动茶产业健康持续发展，先行选择“信阳毛尖”的发源地和主产区浉河区，大力实施“信易茶”全产业链信用体系建设示范工程，以信用价值导向引领诚信建设，逐步规范茶叶市场环境，巩固提升农产品区域公共品牌。

一、“信易茶”发展背景

2020年5月21日是联合国确定的首个“国际茶日”，国家主席习近平向“国际茶日”系列活动致信表示热烈祝贺。习近平指出，茶起源于中国，盛行于世界。联合国设立“国际茶日”，体现了国际社会对茶叶经济、社会和文化价值的认可与重视，对振兴茶产业、弘扬茶文化很有意义。

2020年9月9日，中央财经委员会第八次会议指出，要完善社会信用体系，加快建设重要产品追溯体系，建立健全以信用为基础的新型监管机制。

“信阳毛尖”作为国内绿茶知名品牌和地域公共品牌，已连续7年居中国茶叶区域公用品牌价值前三位。[1] 如何建立“信阳毛尖”茶叶全产业链长效发展机制，以信用赋能信阳茶产业可持续健康发展，造福茶乡人民；如何深化茶经济、茶文化与信用经济、诚信文化交融互鉴，走向“一带一路”，成为信阳革命老区发挥信用价值作用，开展“信易茶”创新发展的不竭动力。

[1] 数据来源：《2022中国茶叶区域公用品牌价值评估报告》。

二、创新举措

以坚持茶产业发展问题导向、坚持信用核心价值导向为根本，2021 年，信阳市全面实施“信易茶”工程，对茶产业市场主体全生命周期开展全过程信用监管与服务，解决全市茶产业质量安全主体责任不明确、茶产业链诚信电子商务销售模式不健全、茶行业信用体系建设不完善三大重点问题，助力行业部门和消费者开展茶产品质量安全主体责任信用监管，帮助茶企茶农节能减碳、降本增效，巩固产业链供应链，促进经营模式转型升级。按照“一年试点推动，二年普及推广，三年扩大成效”的目标，信阳市选取 4 个乡镇、103 家茶企业开展信用认证，实行信用分级分类监管，为试点茶企在信用浉河网上开通了竞信商城，同时围绕茶产业信用工程开展绿色信贷金融业务，通过实行绿色金融“一个服务平台、一张银行卡、一个账户、一份企业清单、一批产品、一套考核机制”，建立茶企白名单，开展“信易贷”，其中“茶乡快贷”截至 2022 年 9 月，为茶企授信 13.1 亿元。将信用植入从茶叶种植到加工生产到运输销售全流程，实现了信用可视化、交易化，既保护了“信阳毛尖”品牌权益和知名度，又提升了信阳毛尖的市场竞争力。

（一）严格程序、主体建档

按照明确试点对象范围、企业自主申报、乡镇部门审核上报、区信用办公室和第三方信用服务机构联合开展信用核查、最终筛选上榜、建立完善茶产业市场主体电子信用档案和信用商城网店的流程，建立起一套较为科学的信用档案建档流程体系，实现茶业主体“一户一档案、一户一网店”，并广泛应用于企业生产经营活动。其中，把行政许可、行政处罚和部门监管等主体合规、履约情况作为信用信息的重要内容，授权开通信用监管子系统，实行动态管理更新，并与各行政监管部门、行业协会、金融部门共享信用信息，实现多部门信息联享、信用联评、奖惩联动，形成政府诚信宣传与企业“信用营销”同频共振的蝴蝶效应。

（二）建立电商信用查询服务平台

结合本地电商物流发展优势，按市、县、乡、村矩阵式分布，设置网上逛街、商贸城、产业园、县域经济、乡镇产业、一村一品、诚信企业人物、政务信息等功能模块。通过线上打通、线下应用的线上线下一体化方式，为经营者标配专属竞信商城网店及网店二维码（用于产品包装、企业宣传、个人名片等），并通过电商信用查询服务平台将主体信用档案与其网店二维码互通互联，方便消费者以商品或信用关键词查找，也可为经营者及消费者提供招聘宣传、客商网购、政银企互通、信用查询评议、可信网站认证、经营场所实地认证等相关服务。信用主体借助电商信用查询服务平台开展自营销、微信与直播带货、信用报告验证、商务活动展示等活动，在电商信用查询服务平台上通过实地认证、信用认证后可通过网店直接在网上交易，使全市茶产业市场形成一个市、县、乡、村、茶企茶商的矩阵式网络商城，并以实体数字化、云上虚拟化实现互动。同时政府相关监管部门充分利用电商信用查询服务平台加强监管并发挥监管作用，推动茶产业行业商会、茶企茶农茶商户等涉茶市场主体诚信自律建设，信用服务机构借助电商信用查询服务平台定期提供茶产业行业信用分级分类监管分析报告，适度公示涉茶市场主体信用状况。

（三）完善信用分类监管

“信易茶”为实施茶行业信用分级分类监管提供了线上推广、监测预警，线下协同、场景应用的便利。委托第三方专业机构完善 103 家试点企业信用档案，依照法律法规要求对企业信息进行采集、检查、记录、存储、发布，根据采集信息、许可管理、行业部门日常监督检查、投诉举报及公众评价信息，采用统一征信标准、统一数学模型下的信用分值（信用评级）计算方法，统一数据库、统一查询平台，保证企业信用档案分值的可比性、通用性和实用性；恪守“客观、公正、独立第三方”国际征信准则，从信息采集、见证、核实、录入、计算到评判结果，全过程不受外界干预。建立“一标三实”（唯一专属信用标识、展现真实法人、真实产品、真实实体及地址）立信标识，真实、客观、全面反映企业动态的信用状况，评出 AAA 级 10 家、AA 级 20 家、A+级 72 家、BBB+级 1 家，其乡镇分布、地图导航、实地认证、人物照片和产品图样、银企通、商务供需沟通等功能信息一目了然，为主管部门开展分类监管指导工作提供了决策参考。对信用评价为AAA级的企业，依法依规采取免常规检查的监管措施，产生了“无事不扰市场主体”的效果。

（四）拓展信用服务引领

积极对试点茶企进行信用意识与品牌培育，带动茶文化行业对于茶叶“非遗传承”技艺、“工匠精神”更深的认识、理解、传承与创新，不断提升茶企自我品牌价值，增强“毛尖茶”文化品牌的影响力和认知度，大力弘扬“信阳毛尖”中国茶文化。广泛开展“信易贷”“信易销”“信易购”“信易批”等信用激励应用服务延伸，浉河区政府建立了风险补偿金机制，其中茶企业和新型农业经济主体贷款风险补偿基金2000万元，金融扶贫风险补偿基金3240万元，政府承担银行80%的风险代偿资金。运用“良币驱逐劣币”机制和信用资产共享超市平台，引领涉茶经营主体诚信经营、匠心制作、优质优价，免费入驻超市线上线下展销。全面记录茶产业与信用建设的融合发展、创新及历程，探索信用经济服务产业实体经济的新道路。

三、工作成效

“信易茶”工程的实施带来了良好的社会经济效益。一是企业和行业效益双提高。鼓励经营者坚持竞信用而非竞价格，坚持优质优价、明码实价，坚持产业链共生共荣，通过政府引导、市场主导、行业自律协同发力，市场主体自主完善信用档案，维护良好的信用记录，并充分运用其信用资产、信用营销工具，提升“产品品牌”、“企业品牌”和“信阳毛尖”区域品牌形象。二是多举措推动建立守信激励和失信惩戒长效机制。通过全面实施茶企业认证、茶产品认证、信用认证、企业经营产品及场所实地认证，以及开展信用承诺、免费查询企业信用档案、消费维权、消费评价与异议处置和解机制、信用知识和信用修复培训、网上公示宣传等组合措施，增强茶行业的质量安全市场主体责任意识，相关部门开展信用联合奖惩，助力企业经济效益、诚信意识和信用管理水平不断提高。三是消费者权益保障和消费体验获得提升。“信易茶”实现了全流程追溯体系的信用元素植入，建立了从茶叶种植→采摘→加工→收购→包装→储存→销售全过程的分级分类信用监管机制，通过大数据云管理，网上商城与线下实体融合应用，如查询溯源、交易评价、维权处理、招商合作、供应销售、品牌形象展示等，搭建了交易互信的桥梁，增加了获客机会，让茶销售有了质与量的飞跃，实现了消费体验满意度大提升。

（作者：信阳市社会信用体系建设领导小组办公室）

农畜产品质量安全信用监管服务平台建设

农产品质量安全信用监管服务是社会信用体系建设的重要组成部分。依托农畜产品质量安全追溯管理平台，紧密贴合“扎实立信、动态管信、科学评信、有效用信、公开示信”的信用监管五大核心原则，建立健全农产品生产经营主体信用档案，开展农安信用采集及评价，是强化农畜产品质量安全监管的重要举措，也是保障人民群众身体健康、促进农畜产品质量安全监管“转方式、调结构、促发展”的迫切需要。该平台的建设，对落实农畜产品生产经营主体责任意识，强化农产品质量安全事前事中事后监管，提升监管效能和治理能力，有效破解基层存在的农畜产品质量安全监管难题，提高生产经营主体自我监管的诚信意识，做到对自己的行为和产品负责具有重要的社会意义和现实需要。

一、主要做法

（一）明确信用监管主体

以呼和浩特市和林县、赛罕区农牧局为示范，由各局属及各相关科室负责本级的农畜产品生产主体信用监管相关信息的归集、录入、审核、评价、分级等，依申请对食用农畜产品生产主体信用评价结果进行复核、对信用等级偏低的生产主体进行相关培训，鼓励及协助其提高企业信用分值、提升企业信用等级，增创A级诚信企业，对列入或移出严重失信名单的生产主体进行信息认定、材料审核。

（二）建立信用监管档案

由各局属及各相关科室按照“一户一档”的要求，及时收集生产主体的基础档案、巡查记录、检查记录等的相关信息，并设立追溯管理、标准化生产建设及创牌立信等方面的制度、文件、认证等标准。相关信息数据纳入自治区农畜产品质量安全追溯监管信息平台，与信用中国（呼和浩特）网站实现数据共享，将可公开面众的企业信用信息实现多平台信息公布，营造全民监管的良好市场氛围，信息归集需坚持“谁录入，谁负责”的原则，确保信息及时、准确、完整。

（三）开展信用评级

各级农业行政主管部门对信用监管对象进行定期考评，根据信用分级考评标准对参评主体进行考评分级，共分为A、B、C、D四个质量安全信用等级。总分值100分，分值>90，为A级企业；分值大于等于80分且小于90分，为B级企业；分值大于等于60分且小于80分，为C级企业；分值小于60分，为D级企业。详见表A-1。

（四）实施分级分类监管

着力增强监管的靶向性和科学性，提高监管效能。将扶优与治劣、日常监管与综合评价、监管执法与技术指导服务有机结合起来，实施动态的分类监管。

对于A级、B级企业，一是在监管上，酌情减少监督检查和抽检频次；二是在企业宣传上，在相关媒体、平台公布其优秀信用等级。三是在政策保障上，实施奖励措施，在项目扶持、示范企业（社、场）和龙头企业评选以及各类评优活动等方面优先推荐、优先保障；同时对B级企业加强鼓励和帮助，促使其增强质量安全信用意识，加强生产经营管理，争创A级企业。

表 A-1　农畜产品质量安全信用分级分类评价指标体系

一级指标（权重）	信用评分			数据更新周期	数据来源记录	信用评级	
	信用得分		减（扣）分			量化评分	相关说明
一、主体基本情况（15%）	1. 主体注册、基本信息完整	40 分	不注册不得分；变动不更新每项扣 2 分	年度	示范区管辖范围内企业自主注册	（得分和-扣分和）×权重（最高 5 分）	主体注册登记系统并纳入监管，监管部门检查
	2. 基地信息、生产经营信息、产品信息登记完整	每项 20 分，最高 60 分	不登记不得分；变动不更新每项扣 2 分	年度	示范区管辖范围内企业自主注册		主体如实登记基地、产品信息，监管部门检查
二、过程管控情况（40%）	3. 投入品采购记录	每次/项 2 分	没有的扣 2 分；购买药物不记录的每次（项）扣 1 分	年度	生产经营主体自行填报	（得分和-扣分和）×权重（最高 6 分）	严格农业投入品管理，监管部门检查
	4. 投入出库情况登记	每次/项 2 分	没有的扣 2 分；使用药物不记录的每次（项）扣 1 分	年度	生产经营主体自行填报		
	5. 投入品使用情况登记	每次/项 2 分	没有的扣 2 分；不遵守药物使用间隔期或休药期的每次扣 1 分	年度	生产经营主体自行填报		严格遵守安全间隔期、休药期，监管部门检查

续 表

一级指标（权重）	信用评分			数据更新周期	数据来源记录	信用评级	
	信用得分		减（扣）分			量化评分	相关说明
三、日常经营管控情况（40%）	6. 合格证开具、市场投入使用	每批次5分	不按规范开具的每次扣2分；不开具的每次扣2分；虚假开具的每次扣5分	年度	生产经营主体通过农安信服务平台开具标准合格证	（得分-扣分）×权重	年度开证10批次以上，监管部门检查
	7. 日常填报	每次/条2分	没有的不得分	年度	农安信服务平台管理后台	得分和×权重	年度快检10批次或定量检5批次，或综合达到若干批次。监管部门检查
四、行业协同监管信息（15%）	8. 接受监管部门巡查检查	默认50分	每发现一项不合格扣3分；拒绝监管检查或发现禁用药物使用问题的每次扣5分	年度	农安信服务平台监管端数据管理后台	得分和×权重-扣分和	年度内无扣分的默认得100分；有扣分的则按“得分和×权重-扣分和”计算。当扣分高于得分时，本项得负分
	9. 接受监管部门风险监测	默认30分	每发现一检测项不合格扣3分；拒绝抽检或发现禁用药物使用问题的每次扣5分	年度	农安信服务平台监管端数据管理后台		

续 表

一级指标（权重）	信用评分			数据更新周期	数据来源记录	信用评级	
	信用得分		减（扣）分			量化评分	相关说明
四、行业协同监管信息（15%）	10. 接受监管部门监督抽查	默认 20 分	每发现一检测项不合格扣 3 分；拒绝监督抽查或发现禁用药物使用问题的每次扣 5 分。	年度	农安信服务平台监管端数据管理后台		
	11. 主流媒体曝光	扣分项	每次扣 1 分	年度	有关部门，国家或区信用平台		
	12. 其他媒体曝光并证实的负面舆情		每次扣 1 分	年度	有关部门，国家或区信用平台		
	13. 评价机构认定的平台中涉及主体农产品质量安全负面信息的投诉		每次扣 1 分	年度	有关部门，国家或区信用平台		

对于C级、D级企业，一是严格监管，列入全市农产品质量安全重点监管对象，加大监管力度，加强日常检查，增加抽检频次，对检查中发现的问题及时纠正和查处；二是实行失信惩戒机制，在涉及评优推先、示范企业（社、场)、龙头企业评选及项目扶持等方面实行“一票否决”；三是加强风险预警，进行安全培训教育和风险警示，必要时可依法向社会公告其违法、违规行为。

（五）推进农安信用信息应用

1. 公开农安信用信息查询

农安信用信息的公开范围、公开方式、期限等按照政府信息公开的有关规定执行。在农安信用服务平台提供生产主体企业信用等级、信用分值、守信记录等信息查询功能，生产主体信用信息将在信用中国（呼和浩特）网站、企业信用信息公示系统及相关部门门户网站向社会进行常态化信息公开。对于属于国家秘密、商业秘密和个人隐私以及依法不得公开的其他内容，不予公开或披露。

2. 推动农安信用联合使用

各级农业行政主管部门在日常监管、行政许可、政府采购、招标投标、政策扶持等工作中，主动查询并参考相关主体信用信息。在行政审批、项目申报、产品认证、公共服务、政府采购、财政奖补、评优评先、产销对接、金融信贷等领域建立跨部门、跨地区、跨领域的信用奖惩机制。支持供销合作社参与农安信用信息归集、评价、共享、联合奖惩、追溯系统对接等工作。鼓励各类组织、团体和个人在农畜产品交易活动中主动查询并应用主体信用信息。

（六）服务平台设计原则

农安信服务平台系统设计秉承“科学划分、人岗相宜、信用引导、全面覆盖、过程留痕”的设计原则，借助移动互联网、人工智能等技术，构建网格划分、现场检查、隐患排查、履责可溯的日常巡查监管创新机制，为监管工作赋能，让农畜产品质量安全监管工作更加智慧，更加高效，更加精准。

网格化设置：构建“县管理、乡主导、村协助”的三级农产品质量安全监管网格，以生产经营主体信用评价结果为依据，进行分级分类，设置差异化的监管频次，提升监管效能。

现场检查：建立网格化监管体系，乡镇监管员根据网格责任的划分，利用系统应用，定期对农畜产品生产经营主体开展现场检查。

精准识别监管对象：动态掌握监管网格内的生产经营主体名录、信用等级和历史巡查记录。

规范记录检查过程：统一监管尺度，通过拍照、录视频留存检查过程记录，提升监管规范水平。

智能识别问题隐患：利用农药“一瓶一码”可追溯管理的有利条件，扫码比对农药登记信息、禁限农药名录，识别违规用药等问题隐患，提升监管智能化水平。

可视化展示监管成效：上级领导可动态掌握基层监管人员的工作量和工作成效，提升可视化监管水平。

二、实施成效

截至 2022 年 5 月 10 日，通过农安信服务平台数据整合，已在呼和浩特市赛罕区、和林格尔县示范区内完成 312 家生产经营主体信息归集工作，其中生产主体规模包含：龙头企业、家庭农牧场、专业合作社、个体工商户，覆盖种植业、畜牧业两大生产领域。

企业自我监管数据上报达 985 条，完成标准化集中巡检 16 次，80 家生产经营主体已获得巡检抽查报告，已针对其中 35 家生产经营主体开展信用等级评定，其中 12 家企业获得“A 级诚信企业”授牌、8 家企业获得“B 级诚信企业”称号、11 家企业被认定为 C 级诚信企业、4 家企业评定结果为 D 级诚信企业。针对 C 级、D 级企业已开展 4 场企业信用提升培训活动，所涉企业已开始积极开展企业信用分值增分工作，预计 2022 年度对已入档立信企业完成 80%的信用等级评定工作，通过评定标准化的手段，开展公平、公正的诚信企业评审活动，努力打造诚信优良的农畜产品质量安全市场氛围。

（作者：呼和浩特市农牧局农产品质量安全监管科）

党建引领信用村建设

习近平总书记强调，“要深化农村改革，加快推进农村重点领域和关键环节改革，激发农村资源要素活力，完善农业支持保护制度，尊重基层和群众创造，推动改革不断取得新突破”。为破解要素制约，解决金融缺信用、产业缺资金、组织缺抓手等问题，安徽用好改革这个法宝，以农村信用体系建设为抓手，2019 年 7 月，在全省 16 个市的 16 个县中，选择 32 个乡镇、335 个村探索开展党建引领信用村建设工作，目前该项工作步入纵深推进的新阶段，初步呈现农民增收、普惠金融发展、基层组织加强、乡村治理提升同向发力的新局面，助力“信用安徽”高质量发展。

一、以党建引领凝聚强大合力

一是部门统筹。省委、省政府高度重视，推动建立省市县三级党建引领信用村建设工作联席会议，明确由组织部门牵头，地方金融监管局、人民银行、银保监局、数据资源局、发展改革委等 16 个相关部门参与，与金融机构签订信用公约，形成工作合力。

二是干部下沉。推动党员干部包村走村入户，宣传群众、组织群众、服务群众、凝聚群众，播理念、传知识、促自治、送服务，提高党建引领信用村建设工作群众知晓率、组织化程度、获得感幸福感。把党建引领信用村建设成效作为县乡村三级书记抓基层党建述职评议考核的重要内容，作为优秀村党组织书记选树的重要参考依据。

三是堡垒靠前。农村基层党组织发挥组织优势，广泛宣传，动员群众参与到党建引领信用村建设中来，通过开展信用信息采集、乡风文明评议、提供优质惠农服务、发展集体经济等团结凝聚群众，激发农民内生动力。

二、以信用数据赋能普惠金融

一是聚合数据“蓄水”。推进涉农党务政务数据归集和更新，开发移动信息采集 App 工具，线下补充采集信用信息，构建农户及农村各类经济主体专题库，打牢农村信用信息数字化运用基础。

二是建设平台“引水”。搭建以数据为基础、以评级为抓手、以应用为导向互联网架构的省市两级平台体系，发挥平台数字普惠金融发展、乡村治理数字化、智能化枢纽性转化器功能。建立信用评价模型，对建档农户、新型农业经营主体、村集体经济组织进行“精准画像”。截至 2022 年 4 月，选点地区共评定各类信用主体 122.66 万户、信用村 1814 个。

三是金融服务“用水”。13 家参建金融机构在合规稳健的前提下，创新金融产品和服务，业务模式从抓大放小逐个授信转变为整村推进、批量授信，提高资金在乡村的配置效率。同时鼓励选点地区通过设立风险补偿基金等方式，建立“政府+银行+担保”风险分担机制，筑牢风险防范堤坝。截至 2022 年 4 月，参建金融机构累计授信 64.29 万户（个），授信金额 522.79 亿元。其中，农户累计授信金额 463.7 亿元，新型农业经营主体累计授信金额 45.13 亿元，村集体经济组织累计授信金额 13.96 亿元。各金融机构还主动与选点县乡党委、村党组织对接，开展党建结对共建活动，在选点村设立“党建引领金融服务室”“惠农金融服务室”“金融服务岗”，选派“金融村官”“金融指导员”等，面向农村主体提供金融知识普及、金融政策和产品宣传、业务咨询受理等金融便民服务。

三、以配套支撑提升治理效能

一是政策抱团支持。通过发挥“几家抬”合力，打通关键环节，从财政、产业、金融、担保、保险等多方面推动惠农政策有效集成，放大政策支持功能，释放政策红利。

二是人才组团服务。统筹各级各领域涉农人才资源，组建乡村产业发展工作专班、专家库、服务团，开展“送产业指导、送政策信息、送支持项目、送技术培训、送配套服务”活动，通过向乡村注入现代生产要素，促进乡村产业、集体经济高质量发展。歙县雄村镇朱村村在选派干部、金融村官、专技人员组成的“产业发展服务队”共同努力下，推动农户签约及农房流转工作，下一步将通过信贷支持，引进社会资本打造民宿和“农家乐”产业集群，增加村集体经济及农户收入。

三是拓展应用场景。推动信用评级结果运用由金融领域向社会领域拓展，实现信用评级结果嵌入系统、业务流程，以实实在在的成果不断增进民生福祉。如信用主体可以在信用超市兑换商品，在公共交通、景区门票、医疗体检、图书借阅、数字电视等方面享受优惠政策，在先进典型选树、评比评选、入党参军等方面优先推荐。信用就像一个支点，通过一家一户的“小信用”，串起农村社会的“大信用”，建立健全“守信激励、失信受限”的道德约束机制，让越来越多的农户切实感受到信用的价值，趟出乡村治理新模式，撬动乡村振兴新动能。

（作者：安徽省发展改革委）

创新推广应用“码上诚信”，亮出“诚信龙江”新名片

为提高市场主体依法诚信经营意识，构建全社会共治共建共享格局，扎实推进“诚信龙江”建设，营造守信践诺的市场环境，自 2021 年 4 月起，黑龙江省创新公共信用报告展示方式，印发《关于鼓励市场主体应用“码上诚信”的指导意见》，以“依法依规、自愿参与、统一规范、积极稳妥”为原则，开展“码上诚信”推广应用工作，鼓励市场主体自愿应用“码上诚信”展示自身信用状况，积极履约践诺，接受消费者监督评价，取得了良好社会效果。

一、建设“码上诚信”推广应用系统

“码上诚信”，重点在“码”。该码是以统一社会信用代码为基础，采用国家公共信用报告标准模式，展示市场主体的公共信用信息和自愿申报信息的个性化信息码。“码上诚信”推广应用系统依托黑龙江省公共信用平台建设，实现了标识、内容、功能、管理“四统一”，并制定了信用信息归集、上报、接收、对标、赋码、更新、安全保障等管理程序，以微信

小程序等方式面向社会提供服务。

“码上诚信”推广应用系统主要有五个功能。一是归集功能，归集市场主体基础信息、行政许可信息、行政处罚等八类信息，并通过省公共信用信息平台实时更新。二是查询功能，通过手机扫码即可即时了解市场主体信用状况。三是评价功能，消费者可以从守信承诺、货真价实、服务质量等方面作出评价，监督承诺履行情况。四是预警功能，黑龙江省公共信用信息平台根据评价结果适时向市场主体推送手机短信进行预警，督促市场主体及时自查并整改，提升诚信水平。五是宣传功能，可以展示市场主体自主申报有关资质、荣誉、参与社会活动等信息，增强市场主体的荣誉感和自律意识。

二、建立推广应用工作机制，坚持试点先行先试

黑龙江通过建立“码上诚信”推广应用制度，以正向激励为导向，注重消费体验，引导信誉好的市场主体自愿申报、自愿注册、自愿展示，坚持依法依规、科学规范原则赋码，保障市场主体信用信息安全和合法权益，推动工作规范、高效开展。

在“码上诚信”应用推广中，黑龙江坚持以点带面发挥示范作用，在哈尔滨市和大庆市选取部分信誉良好的商户为试点，举办“码上诚信”赋码启动仪式，与商家签订《企业诚信经营承诺书》，向社会发出诚信倡议书，引导更多的市场主体积极申请赋码亮码，做诚信建设示范表率。各市（地）相继在城市商圈开展打造“码上诚信”一条街活动等。同时结合“一业一证一码”改革，探索将“码上诚信”标识码赋码于《行业综合许可证》，实现“多码合一”，积极引导企业将“码上诚信”在产品外包装上展示，印有“码上诚信”标识的产品销往全国100多个城市。截至2022年8月，全省累计赋码市场主体120.33万家，占全省市场主体总数的40.22%。消费者评价市场主体超过3.5万户，评价次数超过13.9万次。

下一步，黑龙江省将持续加大“码上诚信”推广应用力度，打造“诚信龙江”特色品牌。一是加大“码上诚信”的宣传力度。通过多种形式宣传，鼓励市场主体主动申请赋码、主动亮码，引导消费者积极参与评价，不断增强市场主体诚信守约意识，推动形成信用越好、效益越好的氛围，

并逐步提升“码上诚信”推广应用覆盖率，实现“一企一码”。二是持续丰富“码上诚信”功能。加快“码上诚信”小程序迭代升级，简化市场主体赋码程序，实现信用信息自动同步更新，完善消费者评价功能，让“码上诚信”成为市场主体展示信用状况的名片。三是拓展“码上诚信”应用范围。探索“码上诚信”在信用监管、审批服务、便民惠民等方面的应用，不断扩大“码上诚信”应用范围，提高“码上诚信”与市场主体和消费者黏合度，真正发挥“码上诚信”的效用，推动形成社会信用体系的全社会共建共治共享新格局。

（作者：黑龙江省营商环境建设监督局）

供给需求齐发力，信用让“老有所养”的民生期盼落到实处

为满足老年人多样化、多层次、高质量养老服务需求，积极应对人口老龄化，吉林省长春市从政府端、机构端、服务端、老人端四个维度入手，把握供给端统一标准规范市场、需求端服务提质升级的目标。一方面，全面推行养老行业信用分级分类监管制度，实现区域内养老服务业全范围、全链条信用管理；另一方面，强化“信用优享养老服务”，聚焦生活照料、老年活动、健康管理等“居家养老”“社区养老”需求，为信用等级高、对社会有突出贡献的老年人提供优享服务，同时依托智慧养老云服务平台，不断优化养老服务体验。

一、实施背景

国家第七次人口普查数据显示，长春市总人口906.6万，60周岁及以上老年人口189万，占全市总人口数的20.85%，老龄化呈现规模大、来势猛、占比高的趋势。

“老有所养”是民生所盼。2019年底，养老机构取消设立许可后，如何创新养老机构监管方式、强化监管效能、促进养老服务水平持续提升成为时代课题。面对如此庞大的养老需求，个性化、多样化、高质量的养老服务体系亟待健全，以推动养老事业和养老产业协同发展。

从供给端来看，养老服务行业从人才、资金到运营均面临诸多困难，如行业人才紧缺、服务标准和价格体系不健全、城市与郊区养老服务市场发展不均衡、设施布局与老年人口布局不匹配等。同时，社会力量参与养老服务仍存在准入审批难、融资难、经营难等难题。

从需求端来看，很多老年人“不愿消费”的原因是供给和需求的错配。多数老年人在老年期的多数时间所需的社会服务与其他年龄段人群并无太大差异，一般性的社会服务就能解决大部分老年人的需求，因此在标准化“机构养老”的同时，“社区养老”和“居家养老”尤其值得关注。

国务院办公厅发布的《关于推进养老服务发展的意见》明确提出“加快推进养老服务领域社会信用体系建设，建立健全失信联合惩戒机制”。长春洞察到“信用+养老服务”场景应用蕴藏的更大价值，从政府端、机构端、服务端、老人端四个维度规划设计“信用+养老服务”场景。在政府端，长春市二道区政府率先出台《养老机构信用等级评定管理办法》《养老服务机构信用等级评定管理办法》提供场景顶层制度支撑。在机构端和服务端，全量归集全区23家养老服务机构和12家为老服务社会组织的信用信息，通过大数据应用，形成了相应的诚信评价报告，实现对区内养老服务领域市场主体诚信评价的全覆盖、全监管。在老人端，6000名老人的健康信用信息均已录入智慧养老信息化平台，从生活照料、老年活动、健康管理等角度入手，多渠道整合资源，为全区信用等级高、对社会有突出贡献的老年人提供“信用特惠养老”服务。2020年，长春市二道区被民政部、工信部、卫健委评为全国第四批智慧健康养老示范基地。

二、创新举措

（一）将“信用”纳入养老服务发展政策

长春市委办公厅、市政府办公厅印发系列文件，明确建立健全信用承诺制度、建立市场主体信用记录、落实失信对象分类监管、依法实施守信联合激励的目标任务，确保“信用+养老服务”场景应用的开展有章可循、有法可依。同时鼓励养老服务业市场主体、社会组织和信用服务机构等社会力量广泛参与，共同推进养老服务领域信用建设。

（二）构建市场主体全生命周期全流程信用监管机制

近年来，长春市二道区出台《养老机构信用等级评定管理办法》等规章制度，并将养老服务机构的信用评价结果融入日常监管、政府采购、养老服务补贴等领域，建立起养老服务市场守信激励和失信惩戒机制。对于守信主体，可享受行政审批“绿色通道”，优先安排财政资金项目、享受公共服务便利。对于严重失信的主体，从严审核行政许可审批项目，严格限制财政资金项目申请，限制参与公共资源交易活动，限制基础设施和公用事业特许经营，取消评先评优资格，以此构建覆盖养老服务市场主体全生命周期全流程的信用监管机制。截至 2022 年 6 月，全市共评出星级养老机构 39 家，切实带动养老机构服务质量提升。

（三）整合信用资源，强化数据共享

依托长春市智慧养老信息化平台，构建信用大数据共享、信用数据类型转换机制，形成养老体系信用信息资源库，全量归集养老机构信用信息，全面归集养老机构从业人员信用信息，广泛归集老年人及家属基本情况、老年人健康档案等信息。多维信用数据的归集，有助于明确老年人的实际需求，为其提供更精准的服务。

养老机构主体接受准入前诚信教育，从业人员须签署《养老服务机构诚信经营承诺书》方能从事相关岗位工作，从业人员资格资历、教育培训经历、服务水平、所获荣誉等信息均在承诺范围内，承诺书通过智慧养老信息化平台面向社会公示，接受公众监督。

（四）聚焦老年人生活所需，升级智慧优享服务

在“信用+养老服务”应用场景探索实施过程中，努力落实为区域内

信用等级高、对社会有突出贡献的老年人提供“信用特惠养老”服务。具体而言，长春市聚焦和“社区养老”“居家养老”息息相关的生活照料、老年活动、健康管理等领域，多渠道整合资源，为信用等级高、对社会有突出贡献的老年人提供生活照料、老年活动、健康管理等方面的“信用优享服务”，例如依托为老服务驿站，为老年人提供餐食、家政、卫生、代办、维修等服务，开展居家空巢、失独、重残等老人巡访关爱行动；依托居家养老社会组织，为老年人提供文体、娱乐、公益、旅游、老年互助等服务，定期开展编织网格花、手指操、沙盘游戏等课程；与吉大一院、中日联谊医院等开展合作，为老年人提供体检就诊服务，并推广线上医院，为老人提供远程问诊、上门就医、健康管理、免费体检等服务。多渠道、多类型的“信用特惠养老”服务使信用价值得以进一步彰显，形成了独具长春特色的信用品牌。

（作者：长春市政务服务和数字化建设管理局）

信用建设助力防汛救灾和疫情防控，支持灾后重建和复工复产

为深入做好防汛救灾、新冠肺炎疫情防控工作，按照党中央国务院、省委省政府的工作部署，郑州市积极发挥信用建设在防汛救灾和防疫工作中的推动作用，及时制定出台相关信用政策，突出信用正向激励和关怀，推动全市上下形成合力，恢复生产生活秩序，助力企业复工复产，打赢防汛救灾、疫情防控和经济社会发展硬仗，全力夺取胜利。

一、及时制定出台政策，完善信用监管机制

郑州市为发挥信用建设在防汛救灾和防疫战线的推动作用，及时制定出台相关政策，积极构建以信用为基础的新型监管机制，筑牢“信用郑

州”根基。

（一）进一步完善以信用为基础的新型监管机制

在疫情防控期间，郑州市人民政府于2020年1月印发了《郑州市加快推进信用体系建设构建以信用为基础的新型监管机制实施方案》等政策文件，发挥信用在创新监管机制、提高监管能力和提升社会治理水平方面的基础性作用。

（二）将信用建设与防疫工作有效结合

疫情发生以后，郑州市社会信用建设工作领导小组于2020年2月迅速下发了《关于新冠肺炎疫情防控期间社会信用相关政策的通知》，充分发挥社会信用政策对防疫工作的支持作用，突出信用激励和关怀，特别明确企业因疫情造成失信记录的，经有关部门认定，暂不纳入市信用平台。

（三）发挥社会信用政策对防汛救灾的支持作用

郑州市信用办于2021年7月印发《关于郑州市防汛救灾期间社会信用有关政策的通知》，明确防汛救灾期间，个人良好信用信息作为郑州市个人信用积分“商鼎分”加分的重要依据，联合有关部门发布“郑州市防汛救灾工作社会信用红榜”，发挥社会信用政策对防汛救灾的支持作用，推动全市上下形成合力，尽快恢复生产生活秩序。

二、坚持正向激励为主，发挥信用监管作用

郑州市在防汛救灾和疫情防控期间以正向激励为主，用好信用正向激励措施，发挥信用正向导向作用；同时，依法依规做好信用惩戒，发挥信用在事中事后监管中的作用。

（一）发布郑州市防汛救灾和疫情防控期间企业“红名单”

一是，将在捐款捐物支援防汛救灾等方面有突出贡献的企业列入防汛救灾企业“红名单”。截至2022年3月，郑州市信用办联合有关部门发布

“郑州市防汛救灾工作社会信用红榜”信息3417条。二是对疫情防控有突出贡献的组织或企业，由各区县（市）、行业主管部门推荐列入疫情防控企业“红名单”。截至2022年3月，郑州市信用办共归集发布企业“红名单”信息2582条。红榜信息和“红名单”信息在郑州市发展改革委官网、信用郑州网站上发布，同时推送“信用中国”“信用河南”网站，并通过新闻媒体宣传，在政府政策扶持、评优评先等方面进行正向激励，发挥社会信用支持作用。

（二）收集汇总郑州市防汛救灾和疫情防控工作个人良好信用信息

一是防汛救灾个人良好信用信息由信用信息提供者申报，通过“郑好办”App“商鼎分”栏目上传，由系统后台进行审核认定。二是疫情防控工作个人良好信用信息，以自主自愿申报为原则，由各区县（市）、行业主管部门认定报送。截至2022年3月已上传、报送防汛救灾和疫情防控工作个人良好信用信息13万条，完成了信用加分和增值，信用优秀及以上（个人信用分“商鼎分”⩾120分）的市民可在图书借阅、养老、医疗、租赁、出行、信贷、旅游等方面体验相应的“信易+”惠民激励场景并享受优惠政策。

（三）运用信用监管手段防范打击哄抬物价等违法行为

针对防汛救灾和疫情防控期间哄抬物价的舆情事件，积极协调市场监管局进行核查处理，相关信息归集至“信用郑州”平台并推送至全国信用信息平台，依法依规开展信用惩戒。

三、积极开展“信易+”，助力企业复工复产

郑州市坚持以“信易+”作为信用建设的重要抓手，支持企业复工复产，让守信的无形价值变成有形价值，让守信有用、守信有感。

（一）加快“信易贷”平台建设

郑州市发展改革委与市金融局于2020年4月联合印发了《关于加强信

用信息应用支持中小微企业融资有关工作的通知》，搭建郑州“信易贷”平台——郑州中小微企业金融综合服务平台，加快推进信用信息归集共享。截至 2022 年 3 月，已归集涵盖公积金、燃气等 20 多个行业领域的信用信息 23.62 亿条，实现 16 家银行业务场景联通，上线 64 款金融产品，实现无抵押的线上信用融资，助力复工复产。

（二）做好防汛救灾信贷服务等金融支持

2021 年 7 月、8 月，郑州市发展改革委与市金融局先后联合印发《关于郑州市金融支持防汛救灾有关政策的通知》《关于强化“信易贷”支持防汛救灾和疫情防控金融服务的通知》，协调银行等金融机构，联合推出郑州市防汛救灾信贷服务等金融支持政策，并及时在市发展改革委官方门户网站、郑州中小微企业金融综合服务平台（郑州市“信易贷”平台）发布。截至 2022 年 3 月，已完成企业注册 1.8 万家，并将红榜信息推送给金融机构，各金融机构通过平台已为企业放款 5300 笔，放款总额 133.6 亿元。

（三）开展“信易保”助力企业复工复产

郑州市信用办于 2020 年 3 月印发《关于开展“信易保”工作助力企业复工复产的通知》，依托市信用平台归集的各级各类信用信息，联合五家保险机构开展信用+企业疫情防控综合保险业务。截至 2022 年 3 月，已有 270 家企业享受保费优惠，优惠额达 533 万元。

四、加强宣传引导、弘扬社会信用正能量

郑州市高度重视诚信宣传工作，在“信用郑州”平台上及时开通郑州防汛救灾和疫情防控工作专栏，开通防疫物资价格承诺专栏。2021 年 3 月举办的郑州市企业信用建设政策培训会累计观看量达到 76.6 万人次，登上微博同城（郑州）热搜榜。

通过发挥信用对防汛救灾、疫情防控和经济社会发展支持作用，以信用监管促进营商环境优化，营造助推灾后重建、复工复产的良好信用氛

围，助力郑州市经济社会高质量发展。

（作者：郑州市发展改革委）

信用引领，安全开放，“信易保”助力优化营商环境

中小企业是我国国民经济和社会发展的重要力量，促进中小企业发展对于稳定增长、促进就业、促进创新、改善民生等方面有着重要作用，是关系民生和社会稳定的重大战略任务。中山的企业99%以上为中小企业，企业通过参与公共资源交易以谋求发展，但为此缴纳的高额保证金造成的长时间现金流压力在一定程度上限制了中小企业的发展。中山市以信用为基础，率先提出“信易保”（信用+电子保函）模式，着力解决企业在公共资源交易领域遇到的逾期拖欠严重、垫资和资金占压严重、准入门槛高和手续烦琐耗时长等痛点难点问题。

一、实施背景

在公共资源交易领域，为避免投标人在投标有效期内随意撤回、撤销投标或中标后不按要求签署合同等行为而给招标人造成损失，规定各投标企业必须缴纳投标保证金，辅助应用银行或者担保公司的纸质保函，保证金在几万元至80万元不等，其中收退保证金的手续烦琐，资金占用时间较长，仅公共资源交易平台保证金平均沉淀时间就达数月之久，对投标企业造成了较大的资金压力。

中山市发展改革局作为中山市社会信用体系建设统筹协调小组的牵头单位，紧密结合“我为群众办实事”实践活动，以信用为抓手，创新性提出“信易保”模式，联合中山市公共资源交易中心，通过打造覆盖银行保函、公司保函、保证保险三大领域的电子保函服务平台，融入“信易+”的信用模式，为信用状况良好的企业提供电子保函开具服务，实现“秒

级”签发，仅需缴纳几百元保费便可替代几万元至几十万元不等的保证金，在降低市场交易成本、减轻企业成本方面取得明显成效，为新形势下通过信用赋能实现便民惠企找到了新思路，有效实现企业高质量发展。

二、主要做法及成效

2020年，中山市在公共资源交易领域试点应用电子保函，创新推出“信易保”电子保函服务平台，并促进电子保函在建设工程领域进一步推广，致力于为广大中小微企业降低交易成本、减轻负担。

一是项目服务“指尖办”。投标企业在公共资源交易系统获取招标文件参与项目投标时，通过电子保函服务平台在线申请电子保函开具，无须上传和录入信息，系统通过银企直联系统自动识别担保费用，缴费后实现“秒级”签发。

二是守信激励“享优惠”。将国家下发的“红黑名单”嵌入电子保函服务平台，参与投标的企业线上签署信用承诺书，系统自动筛查比对信用“红黑名单”，为信用状况良好的红名单企业降低担保费用、简化担保程序。

三是投标信息“保密严”。利用加密技术手段加强数据信息保密性，对投标企业申请保函的标段信息进行加密处理，确保保函数据交互的安全、稳定和深度规范融合。

四是风险监管“早预警”。电子保函服务平台直接对接多家金融机构系统，将企业信用信息自动推送至金融机构，金融机构及时掌握企业守信和失信信息，提前作出风险预判并针对失信企业制定制约举措，让失信企业无处遁形。

五是平台对接“覆盖广”。电子保函服务平台覆盖了银行金融机构直开式保函、专业担保公司保函、保险机构保证保险保单等三个领域，接入金融机构数量从试行阶段的5家增加至目前的12家，为参与项目交易的市场主体提供了更多选择，通过形成竞争促进服务不断升级。

截至2022年7月，电子保函服务平台已开具保函约7.3万笔，涉及缴纳保费0.47亿元，可担保的投标保证金总额181.57亿元，为投标企业节省保证金费用共计181.11亿元，有效降低企业交易成本，缓解投标企业融资压力。进入中山市公共资源交易中心交易的投标企业中，共有4562家进行了71987次“红黑名单”核查，共为“红名单”企业节省保证金38.32亿元，减免保单费用144.82万元。

（作者：中山市发展改革局）

“公共信用电子证照”为城市信用建设“提档加速”

2020年10月29日，上海市嘉定区正式开通试运行信用电子证照系统，发布上海市首批企业法人公共信用电子证照，配套出台《关于推进嘉定区企业公共信用电子证照应用的指导意见（试行）》。注册在嘉定的企业通过“一网通办”“随申办”可查领公共信用电子证照，凭借公共信用综合评价等级更加高效便捷地享受公共服务，充分发挥信用赋能“放管服”改革、优化营商环境的重要作用。

一、创新推出企业法人公共信用电子证照

企业法人公共信用电子证照，是将依法依规归集的企业法人信息主体的公共信用信息进行加工处理，通过信用综合评价生成公共信用等级，并以电子证照形式制发的数据电文，是对政务数据资源的有效利用和公共信用报告的电子证照化。

一是依法依规全面归集信息。按照上海市和嘉定区公共信用信息三清单目录，全面归集区内注册企业法人信息主体的基础信息、正面信息和负面信息等公共信用信息。二是进行信息加工处理。对获取的公共信用信息数据进行清洗、脱敏、结构化处理，由信用电子证照系统进行分类识别、标签化处理和失信程度厘定，特别是针对负面信用信息，由系统逐一判定各失信信息事项的严重程度。三是通过信用评价划分公共信用等级。基于经营稳定性、运行合规性、风险可控性、增信附加项等维度建立综合评价

模型，建立企业法人公共信用评价标准体系，并依托嘉定区信用电子证照系统，以 A+、A、A−、B、C 级五类信用等级形式呈现企业法人公共信用状况（见图 A-1）。

信用等级	等级标志	等级释义
公共信用示范类	A+	参评企业法人信息主体 5 年内无公共信用负面记录，列入国家认定的守信激励对象，或列入市级、区级重点扶持名单及获得表彰奖励的。
公共信用稳定类	A	参评企业法人信息主体成立 10 年及以上，且 5 年内无公共信用负面记录的。
公共信用可控类	A−	参评企业法人信息主体正常经营，且 5 年内无严重失信记录的。
公共信用警示类	B	参评企业法人信息主体经营异常，或 5 年内有较严重失信记录的。
公共信用高危类	C	参评企业法人信息主体列为公共信用高危类的三种情形： 1. 国家认定的失信惩戒对象； 2. 本市认定的严重失信主体； 3. 法律法规明确的其他严重失信主体或惩戒对象。

图 A-1　嘉定区企业法人公共信用电子证照及等级划分

二、持续挖掘企业法人公共信用电子证照应用实效

（一）全覆盖评价，赋能分级分类监管

2021 年，嘉定区完成两次全量公共信用综合评价及信用电子证照更新，累计覆盖 46 万户（次）企业法人。截至 2022 年 3 月，区内共有 A+级企业法人 24076 家，A 级企业法人 27106 家，A−级企业法人 168488 家，B 级企业法人 5198 家，C 级企业法人 2405 家。

企业法人公共信用电子证照和评价结果已在评优评先、政府性资金安排、日常监管等领域中得到应用。2021 年，34 个部门 45 个事项委托开展信用核查，覆盖信用商圈商户排摸、工商联新发展会员入会核查、工业企

业资源利用效率评价、企业专利费专项资助申报审查等工作，涉及6919家市场主体、646个自然人，对于60家（个）存在负面记录的市场主体或个人，采取不予（暂缓）推荐、不予资助、评价扣分等限制措施。

（二）优化审批服务，赋能“放管服”改革

2021年7月，嘉定区发展改革委会同区审改办、区行政服务中心牵头编制印发《2021年嘉定区审批服务领域企业法人公共信用电子证照第一批应用事项清单》，对入驻行政服务中心综窗的相关职能部门在履行行政审批（许可）、公共服务职责的过程中，根据企业法人公共信用电子证照所示公共信用状况，提供以信用为基础的守信激励措施。清单涉及入驻区行政服务中心综窗的13个职能部门，包含55项应用事项，涉及88个应用事项情形。对应清单的应用事项情形，守信激励措施共计88项，其中容缺受理措施69项，绿色通道（流程压缩、时限缩减）措施12项，其他守信激励措施7项。据统计，2021年，“一网通办”查询调用信用电子证照41.42万次，市民云App调用1920次，综窗审批服务事项调用624次。

（三）聚焦税务服务，赋能企业健康管理

2022年，嘉定区发展改革委与区税务局联手打造企业体检报告，加大公共信用信息与纳税信用信息共享，加强公共信用综合评价结果应用，通过融合企业法人公共信用电子证照等级和纳税信用等级，开展守信激励和失信惩戒。

企业在区行政服务中心“智慧税务社会共治点”智能导税屏上经过实名认证后，系统便会与金三数据库、金三接口、信用电子证照等级信息库等对接生成企业体检报告（样本见图A-2）。报告会显示企业纳税信用等级、企业法人公共信用电子证照等级、享受的激励措施、发票核定信息、减税降费相关政策提示、纳税情况、申报情况、行业指标分析等。企业体检报告将健康理念融入政务管理，着力推进政府部门间数据多维度联通，利用“守信激励、失信惩戒”的信用机制，营造“守信者路路畅通、失信者寸步难行”的社会氛围。

尊敬的纳税人：

您好，你在2022年度累计入库税款　　万元，感谢您为嘉定经济发展作出的贡献！数据查询时间：2022-××-××。

<table>
<tr><td>纳税人名称</td><td colspan="2"></td><td>社会信用代码（纳税人识别号）</td><td></td></tr>
<tr><td>主管信用机关</td><td colspan="2"></td><td>管理员</td><td></td></tr>
<tr><td>注册类型</td><td colspan="2"></td><td>登记类型</td><td></td></tr>
<tr><td rowspan="3">发票票种核定信息</td><td>序号</td><td>发票种类名称</td><td>单份发票最高开票限额（元）</td><td>持票最高数量</td></tr>
<tr><td>1</td><td></td><td></td><td></td></tr>
<tr><td>2</td><td></td><td></td><td></td></tr>
<tr><td rowspan="2">纳税情况</td><td>纳税情况</td><td colspan="3">全年缴纳（代扣代缴）增值税　　万元；企业所得税　　万元；个人所得况　　税万元；其他税收　　万元。</td></tr>
<tr><td>欠税情况</td><td colspan="3"></td></tr>
<tr><td>申报情况</td><td colspan="4">全年正常申报　　次（其中零申报　　次）；逾期申报　　次。</td></tr>
<tr><td>本区税务行政处罚情况</td><td colspan="4">当年度行政处罚　　次。</td></tr>
<tr><td>违法信息</td><td colspan="4"></td></tr>
<tr><td colspan="2">企业法人公共信用电子证照等级</td><td></td><td colspan="2">您可享受的激励措施有：
1.
2.
3.</td></tr>
<tr><td>减税降费相关政策提示</td><td colspan="4">经初步分析，您企业可能涉及以下优惠政策方面，建议可咨询办税服务厅或税源管理所相关人员：
1.
2.
3.</td></tr>
<tr><td rowspan="4">行业指标分析</td><td colspan="2">行业类型</td><td colspan="2"></td></tr>
<tr><td colspan="2">指标名称</td><td colspan="2"></td></tr>
<tr><td colspan="2">增值税税负率</td><td colspan="2">%</td></tr>
<tr><td colspan="2">应纳税所得率</td><td colspan="2">%</td></tr>
<tr><td>总体情况</td><td colspan="4">您的企业健康状况良好，请继续保持！</td></tr>
</table>

注：以上数据仅供参考，不作为任何涉税证明或文书使用，体检报告请妥善保管。

图A-2　企业体检报告（样本）

(四) 助力金融服务，赋能实体经济发展

推动健全信用融资服务体系，依法依规推动公共信用信息在普惠金融领域的试点应用。嘉定区发展改革委与上海农商行嘉定分行合作，启动大数据金融服务（信易贷）试点应用工作，依托嘉定区企业法人公共信用电子证照系统开展信用数据处理和“信用+金融服务”创新。

定制开发上海农商行嘉定支行专属版信用电子证照系统，经企业授权许可，银行工作人员可查询注册在本区农商行客户的公共信用信息，即时验证企业公共信用电子证照真伪，并进行信用风险跟踪和预警。经企业授权，已试点上海农商银行嘉定支行依托区企业法人公共信用电子证照系统，对1000家存量企业的公共信用信息和金融信用信息进行了融合，提前预警2次，全面的企业信用评价结果有力支撑了银行开展信易贷相关工作。

此外，上海农商行嘉定支行制定了信用A+级企业专属服务方案，A+级的企业可以享受专属团队服务、容缺审查机制、授信审批绿色通道等守信激励服务，积极探索将信用电子证照融入小企业融资服务，解决银行与中小企业之间信息不对称问题，服务实体经济发展。

（作者：上海市嘉定区发展改革委）

信用先行，打造共建共治共享的社区治理新格局

为确保社会信用体系建设有力有序有效推进，上海市嘉定区安亭镇在全区率先提出建设“诚信安亭”目标，探索“信用+社区治理”新路径，推出“四个度”的信用工作法，分别从制度、深度、广度、温度四方面积极号召居民参与、推动社会信用建设，实施更深层次的创新探索，成为上海市首批信用街道（镇）示范创建单位。

一、案例背景

嘉定区安亭镇是上海的西大门，西接江苏省，位于嘉定、昆山、青浦三地的交界处，是上海国际汽车城所在地。全镇现有35个社区147个居民小区，社区居民近21万人，随着城市化进程的不断推进，各种社区治理方面的老大难问题难以避免，同时全区社会治理网格化、网络化和精细化的变革也对安亭镇的社区治理工作提出了新要求。

近年来，安亭镇深入贯彻《社会信用体系建设规划纲要》和《上海市社会信用体系建设“十三五”规划》精神，在全区率先提出建设“诚信安亭”目标，提出将居民群众参与社区治理、维护公共利益的情况纳入社会信用体系，探索“信用+社区治理”新路径，推出“四个度”的信用工作法，通过信用推动、居民参与，实现社区共建共治共享。

二、主要做法

（一）以顶层设计让社区信用工作有制度

一是成立由镇党委副书记、镇长任组长的镇级社会信用体系建设工作领导小组，统筹推进全镇社会信用体系建设工作，进行制度设计，开展宣传培训。二是建立镇级信用体系建设联席会议制度和信用工作联络员制度，定期召开信用工作专题推进会，社区等基层单位由专人负责信用工作的协调、落实。三是设立“安亭镇社会信用建设专项资金”，每年安排40万元用于支持信用基础设施建设、重点领域信用建设等，为信用工作的开展提供资金保障。四是制定《安亭镇社会信用体系建设工作推进方案》，以信用建设推动社会治理及产业发展，力争形成较完善的安亭镇社会信用体系建设体系。

（二）以机制搭建让社区信用工作有深度

一是搭建社区信用工作“点-线-面”三级工作机制。点，即以全镇35个社区为基点，依托“一网”（即以社区服务中心为核心的基础社区工作网络）、“两榜”（即社区红黑榜）、“三机制”（即社区诚信档案机制、守信激励机制和失信约束机制），通过“志愿者/楼组长-片长-社区/支部”这一系统，建立社区诚信档案。严格落实居住区党员“双报到、双报告”制度，结合党员“表率行动”要求，形成党员信用信息数据库。线，即依托“诚信社商联盟”，不断扩大社区信用工作的外延，将社区周边商户纳入社区信用的体系和框架，鼓励商户诚信经营。面，即以安亭镇大数据信用管理平台为载体，依法依规归集日常管理中产生的辖区企业信用信息，作为实施联合奖惩的决策参考。二是依托“个人诚信积分”探索建立社区居民信用状况评价机制。推进安亭镇智慧社区信用惠民服务平台建设，制定社区居民信用信息评价标准，形成信用积分档案体系，为居民量化诚信积分统一评级，居民可进入诚信积分商城兑换或折享相应的服务，例如兑换生活日用品、享受免费周边游、免费体检等，正面引导和激励居民参与社区信用建设。

（三）以宣传推广让社区信用工作有广度

镇级层面，以诚信活动周、全国科普日等重点活动为契机，加强全镇层面信用宣传教育。连续几年多次举办诚信主题活动，表彰社区信用工作先进个人，居民代表、社区商户等现场签署了“社区信用十条”，并在全镇35个社区开展“一图读懂《上海市信用条例》”的巡展。社区层面，鼓励并支持各社区结合社区实际、重点工作开展信用宣传工作，利用旧墙改造打造“社会信用主题墙”，成立“社区诚信宣讲团”并开展诚信宣讲活动；结合垃圾分类建设“诚信驿站”，结合社区自治建设“信用共享花园”，居民们把自家的花草树木放至花园供大家共享共赏，营造“诚实守信 互利互惠”共享氛围，打造诚信宣传实践新阵地。发挥区位优势，牵头昆山花桥、青浦白鹤等多个社区连续两年开展信用知识大赛，普及信用知识，营造良好信用环境。

（四）以结果应用让社区信用工作有温度

推动居民信用状况在社区治理活动中的应用。一是强化正向引导激励，优先推荐守信居民参与社区评奖评优；社区守信居民享受年度免费旅游、免费体检、便民物资免押金使用等，提高社区居民对信用工作的满意度和获得感。二是实施负面惩戒限制，限制有失信记录的居民享受相关服务，如社区举办的免费公益培训或活动等；不予推荐参评“文明家庭”“学习型家庭”等社区评奖评优活动。

（作者：上海市嘉定区发展改革委）

附

安亭镇社区居民信用信息评价标准

为确保社会信用体系建设有力有序有效推进，安亭镇探索“信用+社区治理”新路径，通过对社区居民的诚信行为进行积分量化，激发社区居民对信用建设的积极度和荣誉感，不断提升信用社区的建设水平，特制定此评价标准。

1. 设置积分项目：居民获取诚信积分的项目主要分为5大类，分别为协助社区治理、履行居民应尽义务、参加社会公益活动、义务为民服务活动、为社区争荣誉。

2. 信用积分是以户为单位，每户初始分数为1000分，根据居民对社区的贡献情况进行分类，设定1~5分不等的信用分值。

3. 依据居民年度信用得分，居民信用设五星、四星、三星、二星、一星、零星六个等次。基础星为二星，五星为最高信用等次，零星为最低信用等次。五星信用为1060分以上；四星信用为1040~1060分（含）；三星信用为1020~1040分（含）；二星信用为990~1020分（含）；一星信用为800~990分（含）；零星信用为800分（含）以下。

4. 积分细则：

①在协助社区治理方面有卓越贡献的，如协助社区居委完成核酸检测、监督执行垃圾分类等，视情况给予1~3分信用积分；如出现阻碍社区治理现象的，视严重程度扣除1~5分信用积分。

②在履行居民应尽义务方面有优秀表现的，如配合社区居委完成当前节点工作任务的、所属楼道干净整洁具有特色的，视情况给予1~5分信用积分；如出现楼道乱堆物、车辆乱摆放、垃圾不分类、拖欠物业费等现象的，视严重程度扣除1~5分信用积分。

③在参加社会公益活动方面有突出表现的，如积极参与社区诚信宣讲团、无偿献血、“蓝天下的至爱”捐款活动、地方举办的各类公益活动的，视情况给予1~5分信用积分。

④在义务为民服务活动中有优异表现的，如积极参与敬老院敬老服务、邻里间互帮互助、照看社区独居老人等，视情况给予1~5分信用积分。

⑤在为社区争荣誉方面，如得镇级荣誉可增加10分、区级荣誉20分、市级荣誉30分、国家级50分信用积分。

5. 社区通过一户一档建立积分档案，由社区工作人员对积分情况进行评定和汇总，积分每月累计，定期将信息公示于社区公告栏，方便居民查询和监督。半年汇总数据，由镇科技办负责核实确认。

6. 居民信用积分每月累计计算，一年一清算。每户居民根据累计积分，可以获得相应积分的奖励兑换（使用初始分1000分以上的积分进行兑换）。

（1）积分3分：可免费租用雨伞和打气筒等公共物资。居民可自行登记，自助借用，24小时内归还不扣除积分。

（2）积分抵用信用奖励物品：垃圾袋（5分）、信用笔记本（10分）、洗衣液（15分）、图书画册（25分）等，年终评定为五星信用的居民，视积分高低排名前5名的授牌信用居民荣誉，并可以60分兑换免费基础体检、80分兑换免费周边游等服务。

信用综合赋能改革创新

《中国（浙江）自由贸易试验区总体方案》中围绕“切实转变政府职能”，提出建立统一开放的市场准入和高标准监管制度，完善社会信用体系，推动各部门间依法履职信息的联通和共享，健全守信激励和失信惩戒机制。浙江全面启动数字化改革，加快构建“1+5+2”工作体系（即1个一体化智能化公共数据平台，党政机关整体智治、数字政府、数字经济、数字社会、数字法治5个综合应用，理论体系和制度规范体系共2套体系），建设跨部门多场景协同应用，打造一体化智能化公共数据平台，强化公共信用信息系统支撑能力，推动流程再造、数据赋能、高效协同、整体智治。作为全国社会信用体系建设示范区，舟山市将发展重心从平台基础能力建设向综合赋能应用转变，强化信用在惠民便企服务中的作用，以信用画像助力政府精准服务，以信用无感监测助推新型智慧城市建设，以信用应用提升城市生活品质。

一、以信用数字化改革推动“放管服”，赋能数字政府

一是聚焦“信用舟山”智慧无感监测3.0平台。将国家城市信用监测、“双公示+营商环境+信用示范区”有关指标纳入监测范围，基于无感监测对相关指标实施红黄蓝预警、趋势分析和评估排名。二是聚焦“服”出效能要求。推进告知承诺制落地落实，实现承诺事项破百目标，形成了“一表（申请表）一书（承诺书）”最简办理模式。三是聚焦“管”出秩序要求。开展信用分级分类监管，依托智慧信用管理服务平台打造信用数据归集-信用风险建模-分类分级监管-失信联合惩戒-再生性信用信息归集利用的闭环式信用风险分类管理体系。

二、以信用数字化改革推动“社会治理”，赋能数字社会

一是助推煤电油气运保供。全面开展城市燃气、电力和油气企业信用

核查，将2022年以来在运保供重点供应链上下游签署的三大类140388件采购、供应类合同和履约信息全部纳入信用平台，做到应归尽归。二是打造优良诚信环境。进一步拓展屡禁不止、屡罚不改严重失信专项治理，在港航运输、旅游服务、油气、海洋渔业、家政等5个具有舟山特色的领域加大失信治理力度，建立“失信风险感知、推送部门落实、跟踪结果反馈”机制。三是积极创新信用产品。以全市20个重点行业企业为对象，从主体基础能力、经营能力、财富创造能力、欺诈风险、关联风险五个维度构建“信用综合总指数”分析模型。

三、以信用数字化改革推动“融资畅通”，赋能数字经济

一是建设“培育库”破解小微企业融资难题。在普陀区试点建立“信易贷培育库”。培育库集成信用评价、信贷扶持政策，打通政府、企业服务机构、企业三端数据，实现产业链数据与公共资源数据的互联互通，为列入培育库的企业提供金融扶持，形成筛选、培育、扶持、预警的闭环管理执行链。二是开展“合同履约监管”增强企业履约意识。依托市公共信用信息平台开展合同履约信用监管，合同履约信用监管系统与舟山信易贷平台（即“E周融”平台）协同，将合同履约信息作为企业尽职调查报告的重要参考指标。三是“找专家”扩大信用服务广度。创新开发并试运行上线移动端“找专家”小切口信用服务，面向全国招募数十位社会信用体系领域立法、规划、评级、管理等方面专家智库，按地域、行业、类别要素贴标划分，并引入信用咨询券，结合申请主体信用评价结果给予不同优惠幅度的咨询券。

（作者：舟山市发展改革委）

聚焦信用数字化改革，助力政府效能提升

2021年，温州市社会信用体系建设紧紧围绕数字化发展趋势，深入贯彻浙江省信用建设“531X”工程，聚焦信用数字化改革，以高质量建设全市一体化信用平台为抓手，创新公共信用多跨应用场景，着力构建以信用为基础的新型监管机制，助力营商环境优化和政府效能提升。

一、建设信用数字化平台总枢纽，高效率实现数据归集共享

温州市按照“市县共建、全面覆盖”的总体目标，以“信用+大数据”为基础，围绕“采信”“管信”“评信”“用信”四个环节构建温州市信用信息的综合管理与服务体系，高质量建成以市级平台为总枢纽，12个县（市、区）子平台为节点的全市一体化信用信息综合服务平台，建立起跨市县、跨部门、跨行业的信用信息归集机制，率先打破信用“信息孤岛”，实现市域范围内企业、政府机关、事业单位、社会团体和户籍人口5类主体信用档案全覆盖。同时制定严格的信用信息分类和查询管理办法，在保障信用信息安全的前提下，通过对接温州市大数据共享平台、开放标准数据接口、开通内网查询账号和提供互联网“一站式”查询服务等方式，为政府部门、金融机构、社会公众提供信用信息服务，有效破除县区间、行业间信用数据壁垒，实现全市范围内信用信息的共建共享共用。

截至2022年7月底，温州市信用信息综合服务平台已归集有效信用信息1.03亿条，为全市37.5万家企业法人，1.6万家政府机关、事业单位、社会团体等其他法人，85.2万家个体工商户，829.8万户籍人口建立了信用档案。

利用“信用温州”门户网站、微信公众号、“浙里办”、“瓯e办”便民服务终端等载体，累计提供“一站式”信用信息服务超4623万次，“信用温州”网累计访问量达到2.38亿次，为政府部门开展信用监管提供了有力的数据支撑，成为推进信用数字化改革的基础性枢纽平台。

二、强化信用应用业务协同，高质量打造信用监管应用场景

按照整体推进、市县统筹的原则，市县两级行政审批、公共资源交易、产业政策兑现、社保医保等部门自建业务系统完成公共信用平台接入，基本实现信用业务协同应用“市县全贯通”，高质量打造信用多跨[1]应用场景。

（一）开展“信用+行政审批”协同应用

市民中心权力运行平台通过实施信用模块嵌入式改造，实现6351项行政审批事项中主体信用报告在线实时核查，根据主体信用状况现场匹配信用奖惩措施并及时将实施情况反馈公共信用平台，打造形成“核查-奖惩-反馈”工作闭环的“信易批”场景。截至2022年7月底，已实施“信易批”核查231万余次，对信用良好以上主体采取优先办理、容缺受理等激励措施9.07万次，对严重失信名单等信用不良主体实施重点监管、从严办理等惩戒措施3600余次，有效提高了行政审批服务的针对性和准确性。

（二）打造“信用+风险防控”协同应用

创新开发“金融大脑”平台，汇聚56个政府部门公共信用信息，打通温州民间金融组织、信保基金的金融信用信息以及蚂蚁金服交易与舆情监测的市场信用信息，通过互联网、大数据等技术，定期对接数据库，开启数据分析与评测，实现实时的全局风险监测。以企业资产、经营、涉诉违规等风险指标维度为基础，建立企业信用画像，对其经营发展情况进行全面体检和穿透识别。对全国登记注册的互联网金融企业进行流量监测，形成全面立体信用风险监测评估能力。截至2022年8月，“金融大脑”信用评价系统在金融风险防控方面得到广泛应用，监测本地疑似涉众型风险预警企业410家，并通过线上线下相结合方式进行了妥善排查处置。对全市38万余家企业进行风险扫描，发现超4000家疑似金融风险企业。通过

[1] 多跨，指跨行业、跨领域、跨部门、跨单一需求等多个跨越。

与温州银保监分局的不良关注名单和市人民银行金融稳定的交叉验证，分批分类对150余户重点疑似风险企业进行及时的帮扶，实现金融风险早发现、早识别、早处置。

（三）探索“信用+行业监管”协同应用

聚焦家政服务、医疗保障等重点行业领域，开展行业信用评价，采取分级分类监管措施，提升监管精确度和有效性。以“信用+医保监管”为例，温州市医疗保障局通过建设温州医保信用智慧监管平台，打通与公共信用平台数据通道，融合主体公共信用数据，以“信用相关、正负兼有、客观公正、动态评价”为导向，建立定点医疗机构、定点零售药店、医药生产企业、医药经营企业、医保医师、医保护士、医保药师、参保单位、参保个人等9类医保主体信用评价指标体系，根据主体信用评价等级，在日常监管、资金结算、品牌树立等方面采取分类监管措施。医保信用监管实施以来，定点医疗机构医保基金支出审核剔除率同比下降66%，定点零售药店医保基金结算费用同比下降60%，查实医保违规行为14项，处理医保护士51人，追回违规基金48万元，行业监管效能、自律水平和控费能力得到大幅提升。

（四）构建“信用+行政执法”协同应用

全市执法部门在“双随机、一公开”执法的基础上，以公共信用综合评价结果、行业信用评价结果等为依据，对监管对象实施差异化的分级分类监管措施，全面构建“信用+”执法监管模式，将随机抽查的比例频次、被抽查概率与抽查对象的公共信用评价等级、风险程度挂钩，其中高、中风险企业双随机抽查比例不低于50%，对守信主体无事不扰，对失信主体利剑高悬，2021年全市执法检查“双随机、一公开”覆盖率68.12%，信用规则应用率达到90.16%，执法检出率明显提高，执法监管效能得到有效增强。

三、创新信用信息数字化应用，高水平推动信用惠民便企

温州市以“信易贷”工作为重要载体，实现信用建设服务实体经济，优化营商环境。

一是畅通数据共享渠道。为有效发挥政府公共信用信息作用，解决企业融资过程中的信息不对称、抵押不充分等问题，依托市信用平台将与企业融资相关的信用信息进行分析加工，根据金融机构业务需求，提供公开查询、授权查询、建模查询等多种形式的查询渠道，全面推广政府公共信用信息和人行征信信息“双查询机制”，截至 2022 年 7 月底，市信用平台已累计提供金融信用信息服务超 1348.11 万次，有效满足金融机构信用信息共享需求。

二是丰富信用贷款产品。深挖信用信息价值，积极引导、鼓励金融机构，特别是地方法人金融机构结合政府公共信用信息，对企业进行综合信用评价，简化信贷审批流程和办理手续，创新推出银税互动、小微快贷、云电贷、小微资产受托代管等各类普惠金融与特定对象相结合的“信易贷”产品，全面提升企业信用贷款的可获得性、便利性和时效性。

三是建设金综服务平台。开发上线温州金融综合服务平台——温融通，实现融资对接、信用评价、风险预警、数据分析等功能，全面接入全国“信易贷”平台，企业足不出户便可实现金融产品“贷比三家”、线上直融。平台上线以来，入驻金融机构 54 家，发布金融产品超 500 款，累计为 24000 家企业提供授信，授信额 765 亿元，成功放贷 615 亿元，加权平均利率仅为 5.3%，做到“1 日接单、3 日审批、5 日授信”，有效解决企业融资难、融资贵、融资慢问题。

（作者：温州市发展改革委）

创新信用监管 守护医保基金

2019 年 6 月国家医保局启动了医保基金监管“两试点一示范”（基金监管方式创新、信用体系建设试点，智能监控示范）工作，安庆市成为安徽省唯一、全国 17 个城市之一的医保基金监管信用体系建设试点城市，以高起点谋划、高标准实施，扎实推进医保基金监管信用体系建设试点工作，制定出台信用管理制度文件 20 余项。试点以来，实现“三降一升”即同比医保费用总支出、均次住院费用、查出违规金额下降，群众诚实守信意识提升的明显成效。经过不断的探索和实践，安庆市医保基金监管体系已经具规模、见成效，成为安徽省首个在全市统一设立专职监管机构、市县均成立医保基金管理中心的城市，机构改革的“安庆模式”在全省进行推广。在国家医保局的总结评估中，安庆市荣获优秀等次，排名位列全国前三。

一、创新举措

一是科学制定工作方案。市医保局研究制定了《安庆市医保基金监管信用体系建设试点工作方案》和《安庆市医疗保障信用管理暂行办法》等框架文件，制定出台包括信用评价、信用信息管理、信用承诺、信用教育、信用修复、联合监管等在内的各项信用管理制度文件 20 余项。

二是搭建信用管理平台。在全国率先上线医保医师信用平台，引入第三方力量，合作开发了安庆市医保基金监管信用体系管理平台。医保基金监管信用平台纳入“信用安庆”管理平台，通过“信用医保”专栏与“信用安庆”互联互通，实现纵到底、横到边，市县一体、部门互联。

三是分类制定评价办法。针对定点医疗机构、医保医师、定点长护机构、定点零售药店等不同信用主体，制定不同的评价办法；规范数据来源，科学设置指标和权重，生成不同信用主体的信用报告。平台已覆盖全市二级以上 22 家综合医院、4331 名医保医师、16 家长期护理保险服务机构、386家零售药店，动态生成信用报告。

四是闭环管理评价流程。落实事前承诺、重视事中教育、保障事后修复，强化全流程信用信息管理，实现全闭环运行；签订诚信自律服务承诺书12957份；33家民营医疗机构签署诚信自律倡议书；开展线上信用文化教育，网上答题共回收17792份有效答卷；信用主体主动进行信用修复18件。通过诚信教育，参保人主动退回违规取得的医保待遇82.7万元。在2021年12月中国改革报社、国家公共信用信息中心联合主办的第二届全国信用承诺书示范性案例征集评选活动中，安徽省安庆市（证明事项型）《意外伤害人员医疗费用报销诚信承诺书》荣获“全国信用承诺书示范性案例特色样本”称号。

五是运用结果联合奖惩。制定了“互联网+信用+医保”行业信用体系建设和“信易医保”工作方案，将医保信用惩戒事项纳入《安庆市市级守信激励和失信联合惩戒措施清单》。定点医疗机构实行信用等级与年度预算预付下浮、增加检查频次相挂钩；医保医师信用等级和纳入医保专家库、约谈提醒挂钩；定点长护机构实行信用等级和官方宣传推介挂钩。丰富信用场景应用，开展“信易医保”活动，参保人可对应社会信用评分情况在指定药店享受购药优惠；联合银行开展“惠民就医”，推行“医疗付费一件事”，实现付费免排队、先看病后付款的就医体验；联合银行开展“医易贷”，为信用好的定点医药机构提供融资贷款便利。

二、建设成效

一是信用监管赢得人民群众的口碑。将满意度调查作为优先方向纳入信用评价。通过信用体系建设不断增强信用主体的诚信意识，促进了群众满意度的提高。

二是信用监管促进了基金指标好转。通过发挥医保信用监管基础性作用，基金运行指标明显好转，全市医保基金使用效率明显提高。例如，2020年全市职工医保医疗费用总支出较上年同期下降9.56%，城乡居民医疗费用总支出较上年同期下降10.36%，职工医保均次住院费用增幅由14.4%下降到1.1%，快速增长的势头得到有效遏制。又如，市本级职工医保“三费”明显下降，对比 2021 年度与 2020 年度均次药品、均次材料、均次检查费用同比分别下降 3%、5%、2%。

三是提升了定点医疗机构行业自律水平。通过信用评价报告反馈，各定点医疗机构提升了行业自律，普遍建立健全了医保基金使用内部考核机制，将考核结果与职称晋升、评先评优和绩效奖惩等挂钩；有条件的医院还自我加压，主动投入资金，引进信息技术公司开展智慧医院建设，加强事前事中管理。

四是提高了参保群众诚实守信意识。通过诚信教育，参保群众能够主动退回不当获取的医保基金。例如，安庆某大学学生刘某在安庆市参加了城乡居民医保，同时也在老家阜阳市参保，因患白血病在江苏省人民医院治疗。经过医保部门的信用教育，刘某认识到自己重复报销 2 次住院医疗费用的错误，积极主动提供前期报销的材料，将重复报销的 20.31 万元退回医保基金。

（作者：安庆市社会信用体系建设联席会议办公室）

附录 2　境外信用体系建设进展

2021—2022 年境外企业征信建设进展

随着数字经济的发展，信息安全面临较大挑战。一些征信机构发生重大信息泄露事件，使得征信系统的安全性受到质疑。未来，随着网络安全形势愈加严峻，征信机构必须建立完备的信息安全管理措施，确保征信数据安全，赢得社会各界对征信业的信心。

对政策制定者和监管机构来说，替代性数据的使用监管方面，缺乏适当的法律和监管框架。替代性数据收集和使用方式缺乏透明度，引发了人们对隐私保护的担忧。如何监管替代性数据在征信业中的应用是监管部门面临的一项挑战。

企业征信是社会信用体系建设的重要组成部分，这里我们关注一些境外企业征信事件。

一、艾克飞发送错误信用评分

2022 年春天，征信巨头艾克飞向贷方发送了数百万消费者的错误信用评分，这是一起对现实世界产生重大影响的技术混乱事件。据美国银行高管和其他知情人士透露，艾克飞在今年早些时候的三周时间里将申请汽车贷款、房贷和信用卡的金融消费者的错误信用评分发给了银行和非银行贷款机构，包括摩根大通公司、富国银行和 Ally Financial Inc.（ALLY）。知情人士表示，艾克飞发送的信用评分可能有高达 20 分或更大的误差，足以改变向消费者提供贷款的利率，或导致他们的申请被拒绝。这些不准确的信用评分是从 3 月中旬至 4 月初发送的。该公司从 5 月开始向贷款机构承认这些错误。

事件公开后，艾克飞股价立即下跌约2%，并在8月3日开盘后不久下跌近5%。这不是艾克飞发生的第一个数据问题。2017年，该公司透露，近1.5亿人的个人信息遭到入侵。该公司最终签署了一项协议，向州和联邦监管机构支付高达7亿美元，以解决与该事件相关的调查费用，这是有史以来为数据泄露支付的最大和解协议费用。此次故障是艾克飞继2017年后的又一次挫折。

二、消费者金融保护局处罚现代汽车

2022年7月，消费者金融保护局（CFPB）处罚了汽车制造商现代汽车公司，因为该公司多次向全国信用报告公司提供不准确信息，并且在2016—2020年期间被发现时就未采取适当措施解决不准确信息问题。不久之后，艾克飞编码问题的消息传来，CFPB很可能会介入，以执行《公平信用报告法》。

三、匈牙利金融服务公司Salarify新服务技术

匈牙利金融服务公司Salarify提供了利用个人工资收入信息进行收入验证的服务。信贷申请主体可通过该公司的Verify程序进行本人收入或就业情况验证，Verify通过连接合作企业的资源计划系统（ERP系统，包含企业人力资源、财务管理信息）数据对其员工的身份、工资单进行验证，并抓取相关信息生成一份收入与就业验证报告提供给被授权放贷机构。放贷机构可通过API接口等方式实时获得报告，并纳入信贷审批流程，最后数据主体可通过Verify程序查看信贷审批结果。所有数据记录都经过加密处理，并按雇员及信贷机构分开存储，数据通讯协议也已加密，保证数据通过安全渠道传输，企业严格的数据安全内控政策提供进一步保障。Salarify公司通过提供可持续的、实时的就业和收入情况的验证服务，帮助个人提升信贷可得性，降低因过度负债导致的信贷风险。

四、波兰征信机构BIK研发技术沙盒

波兰征信机构BiuroInformacji Kredytowej（BIK）研发了技术沙盒——

BIK HUB 计划，构建开放式 API 平台。该平台是一个集成多数据源的安全创新空间，通过采用基于地理位置获取去标识个人信息的方法，使用户得以访问房地产、金融、保险、消费者研究、数字营销、数据科学等领域实体所收集的数据。在 BIK 开放式 API 平台中收集的数据，既可用于提高数据分析效率或创建评分卡，也可用于估算某个地理位置的商业营销潜力。其优势在于：一是实时访问数据可提高持续行动的有效性，减少操作错误；二是实时访问多元化数据可持续分析多维度趋势，提高决策质量；三是通过数据预测消费者未来的需求和行为特征，提高预测有效性；四是通过预测消费者行为，可准确地为特定区域、地点和客户群体创建应用场景和路径。

五、国际通信公司 Hume Brophy 介绍提案对征信的影响

国际通信公司 Hume Brophy 介绍了欧盟《关于制定人工智能统一规则》的提案可能对征信业务，特别是信用评分产生的影响。该提案以保障公众和企业的隐私安全和基本权利为出发点，要求人工智能技术在不断更新和发展的同时，应符合社会基本价值观，以加强公众的信任。提案将人工智能应用的潜在风险划分为不可接受的风险、高风险、有限的风险、极小风险四个等级。

六、ESG 因素成为信用评级的重要组成

环境、社会和治理（ESG）因素会影响借款人的现金流以及他们拖欠债务的可能性。因此，ESG 因素是评估借款人信誉的重要因素。对于企业而言，与气候变化相关的搁浅资产、劳资关系挑战或会计实践缺乏透明度等问题可能会导致意外损失、支出、效率低下、诉讼、监管压力和声誉影响。到目前为止，ESG 因素对评级的影响大多是间接的。

随着环境、社会和治理主题在当今世界变得越来越重要，新冠肺炎疫情提升了对这些问题的关注度。因此，三大评级机构标准普尔、穆迪和惠誉评级均以各自方式将 ESG 因素纳入其信用评级方法。许多企业征信公司（例如科孚、邓白氏和益博睿）都开始布局 ESG 评级，面向中小企业提供

相关服务。

七、美国《公平信用报告法（FCRA）》修订

美国联邦贸易委员会（FTC）于2021年9月8日发布《公平信用报告法（FCRA）》的修订，主要针对机动车销售商，内容包括五个方面：地址差异规则、关联营销规则、供应商规则、预筛选退出通知规则和基于风险的定价规则。

地址差异规则：介绍了消费者报告的用户在收到来自全国消费者报告机构（CRA）的地址差异通知时的义务。

关联营销规则：使消费者能够限制个人使用从关联公司推送的信息。

供应商规则：要求供应商就提供给全国消费者报告机构（CRA）的消费者信息的准确性和完整性制定并执行合理的书面政策和程序。

预筛选退出通知规则：为消费者报告的用户制定向消费者提供未经请求的信贷或保险优惠的要求。该规则还包括一个网址，消费者可以通过该网址选择退出对机动车辆经销商使用的模型通知的信用优惠。

基于风险的定价规则：要求消费者报告的用户在提供不太优惠的条件时，向消费者提供有关此类数据使用的通知。对基于风险的定价规则进行了修订，添加了示例，详细说明了其对机动车辆经销商对其的有限使用范围。

八、环联花费近31亿美元收购Neustar

2021年9月13日报道，环联（TransUnion）以近31亿美元收购信息服务公司Neustar Inc.，此举可能有助于这家消费者征信巨头在其核心业务之外实现多元化，并将数据用于新用途。位于弗吉尼亚州雷斯顿的Neustar，强项在于其One ID，顶尖的身份管理平台可以提供市场营销、反欺诈和通信领域的不同解决方案。Neustar使用分析和建模来帮助企业识别潜在客户并确定为他们提供相匹配的广告类型和内容，以及网络安全服务。

总部位于芝加哥的环联（TransUnion）市值约为240亿美元，与益博

睿（Experian）和艾奎法克斯（Equifax）并列为全球主要的个人征信公司。Neustar 的交易将是环联自 2015 年首次公开募股（IPO）以来最大的一笔交易。环联最近的大规模收购是在 2018 年以超过 10 亿美元的价格收购了消费征信和身份验证公司阔尔（Call credit Information Group Ltd. 英国三大个人征信机构之一）。这次收购 Neustar 将强化环联在身份解决方案领域的行业领先地位。

（作者：张子方，源点信用总编、高级研究员；王新宇，源点信用苏研院）

【参考文献】

丁治同，李冠华，刘音露，2022. 欧洲征信业新发展与新趋势——欧洲征信协会圆桌会议侧记［EB/OL］. 中国人民银行征信中心微信公众号，https：//mp. weixin. qq. com/s? _ biz=MzA4Mjg4MzM2OQ==&mid=2651966444&idx=1&sn=557b8653cb6dc473f9f3dcd3dab619b0&chksm=841b8daab36c04bc10a39c839113798d9481146d90545e442be292a2dd1eab505971874f0463&scene=27.

刘光博，2022. 美国一征信机构发送错误信用评分［N/OL］. 央视网.［2022-08-3］. https：//news. sina. com. cn/w/2022-08-03/doc-imizirav6508801. shtml.

柳路，2021. 环联接近 31 亿美元收购 Neustar［N/OL］. 国际征信观察［2021-9-14］. https：//www. pccm-credit. com/? p=1511.

张葛，王晓晗，2022. 浅谈 ESG 对信用评级的影响［Z/OL］. 联合资信.［2022-01-21］. https：//mp. weixin. qq. com/s/PhhMY729QOLWqH7Hpacc2w.

界面新闻，2022. 现代汽车因信用报告错误被美国监管机构勒令支付 1900 万美元［N/OL］.［2022-07-27］. https：//www. sohu. com/a/571963173_ 313745.

2021—2022 年境外个人征信建设进展

疫情给全球的经济带来了很大的影响，各国都面临着严峻的经济下滑趋势。然而，即便是在如此恶劣的环境下，各大征信机构、尤其是全球顶级的征信机构仍在此次疫情期间表现不俗，不仅业务没有收缩，反而找到了巨大的发展机会。这些境外大型征信机构的发展具体表现在：一是在技术层面，有了很多进展，并逐步渗透到其他领域，包括区块链、ESG 等热门领域；二是不少大型征信机构通过并购的方式，不断壮大自己的规模和业务领域；三是在新的业务模式创新领域，韩国的 MyData 独领风骚。

与此同时，迅猛的发展也成了一把双刃剑，各大征信机构正面临各种挑战，主要包括信息安全和监管层面的问题。即便是那些全球顶级的征信机构，也未能避免巨额罚款。

一、境外个人征信机构并购动向

1. 环联的并购和售出

2021 年 10 月，美国大型个人征信机构环联公司（TransUnion）宣布了一项协议，以 6.38 亿美元的价格收购 Sontiq，Inc.。Sontiq 是总部位于马里兰州诺丁汉的企业和消费者身份盗窃保护服务供应商，同时还提供其他相关的身份和网络保护服务。环联希望通过 Sontiq 对身份安全的关注，弥补其数字身份资产和解决方案的不足，增强其面向消费者互动服务的业务。

此次收购是在环联公司最近宣布以近 31 亿美元收购 Neustar 之后进行的。环联公司似乎增加了其服务组合，以确保消费者和企业拥有一套全面的工具来保护其建立的财务状况。

与此同时，环联公司宣布了一项协议，以 17.35 亿美元的价格将其医疗保健业务出售给由 Clearlake Capital Group，L. P. 支持的 nThrive，Inc.，

（一家患者到付款医疗保健解决方案供应商）。环联公司打算将此次出售的净收益用于预付债务和高级担保信贷安排允许的用途。

2. **穆迪收购 Bogard，扩大 KYC 业务**

穆迪公司具有百余年的悠久历史，旗下有两个主要的业务部门，Moody's Investors Service（穆迪投资者服务）与 Moody's Analytics（穆迪分析）。这两个业务部门在各自的领域内处于行业领先地位。穆迪分析迄今为止为全球 155 多个国家和地区的 10500 多家监管当局、金融机构、各类商业公司提供了一系列围绕风险计量及评估的相关专业服务，是市场上为数不多的具有执行从数据收集、分析建模、业务咨询、专业培训、到 IT 平台全面整合方案的服务商。

穆迪公司 2021 年 11 月 4 日宣布，已收购北欧地区政治公众人物（PEP）数据和信息的领先供应商 Bogard AB。此次收购提高了穆迪公司帮助用户进行"了解你的客户（KYC）"筛选和研究以应对金融犯罪的能力。

Bogard 利用各种来源收集、提炼和更新其数据，包括税务机关、商业和地产登记处以及北欧地区的其他数据来源。

穆迪公司 KYC 事业部总经理 Keith Berry 表示："获取关于政治公众人物准确的最新信息对于银行、企业和其他市场参与者防止洗钱及其他形式的腐败至关重要。Bogard 的尖端技术和本地专业知识将进一步增强穆迪公司的综合风险评估能力，以帮助客户应对金融犯罪，并扩大我们在该地区的业务版图。"穆迪公司将使 Bogard 融入自己的业务，并将 Bogard 的数据与现有的 PEP、制裁和负面媒体数据相融合。该交易建立在穆迪公司此前对 KYC 和反洗钱（AML）能力的投资基础之上，并扩充其 Orbis 企业数据库（BVD 的数据库服务），以及包含负面消息、制裁和 PEP 信息的 Grid 数据库。

Bogard 董事长 Eric Almbladh 表示："将 Bogard 现有的产品交付渠道与穆迪分析的产品进行整合，可创造出为市场提供独特 KYC 解决方案的机会。穆迪风险信息产品的质量使双方的整合变得顺理成章，并确保我们的客户未来能够从中受益。”此次收购预计不会对穆迪公司 2021 年财务业绩产生重大影响。

3. 益博睿收购保险科技公司和金融科技公司

2021 年 11 月，益博睿披露了其半年度财务业绩，并宣告分别以 3.2 亿美元收购了美国保险聚合商 Gabi，以 3300 万美元收购了巴西数字支付金融科技公司 PagueVeloz。收购保险技术类公司的背后理由是，益博睿希望扩大其在保险市场的影响力。“这家全资数字保险机构使我们能够扩大我们在汽车保险垂直领域的影响力。”

Gabi 公司称，科技让您可以在几分钟内轻松找到合适的汽车、房屋、酒店、航班或其他几乎任何东西。那么为什么要找到合适的保险就这么难呢？我们知道有更好的方法。Gabi 的技术能够在几分钟内完成您自己需要数小时才能完成的工作。使用您当前保险账户的账户凭证（或您的保单声明的 PDF 文件），Gabi 会提取所有必要的信息，以匹配您现有的保险范围，以进行逐个比较。可获得 40 多家顶级保险公司的报价，以帮助您找到最适合您的保险需求的费率。

Gabi 成立于 2016 年，已从顶级投资者那里筹集了超过 3900 万美元的风险投资资金。

4. 艾奎法克斯（Equifax）收购一家国外个人征信机构

Equifax（EFX）宣布收购多米尼加共和国个人征信机构 Data Crédito。Data Crédito 成立于 1998 年，提供个人征信服务、决策分析和评分。Data Crédito 现在是 Equifax 国际业务部门的一部分，并将继续由公司副总裁 Alberto Adam 领导。预计此次收购不会对 Equifax 的 2022 年财务业绩产生重大影响。

5. 采用基于开放银行的征信创新模式的英国信用评分公司 Credit Kudos 被苹果公司收购

2022 年 3 月 24 日，全球科技巨头苹果公司收购了英国信用评分初创公司 Credit Kudos，旨在提升苹果在支付技术领域的业务水平。该收购信息引起业界普遍关注。从专业角度来说，Credit Kudos 公司的商业模式可视为基于开放银行（Open Banking）的征信创新模式，对全球未来信用科技的发展具有借鉴意义。Credit Kudos 开发的软件使用消费者的银行数据，对贷款申请进行更明智的信用风险检查。该公司在被称为“开放银行”的金融科技领域的新兴领域开展业务。

被收购的 Credit Kudos 是 Credit Reference Agency（CRA）、账户信息服务供应商（AISP）和 Apple, Inc. 的子公司，提供帮助消费者信贷公司、身份验证公司、银行和金融机构的服务（“机构”）进行收入验证、身份验证和信用检查的服务。Credit Kudos 有限公司由金融行为监管局授权和监管，在英格兰和威尔士注册成立。

根据 Crunchbase 公布的消息，Crunchbase 上一次获得风险投资资金是在 2020 年初，Credit Kudos 迄今已筹集了 780 万英镑。

Credit Kudos 创建于 2015 年，总部位于伦敦，是一家对信用进行验证的机构，它拥有独特的信用评估模型，可以全面地分析公司或消费者的财务状况和信用风险。

Credit Kudos 上一次融资是在 2020 年 4 月新冠肺炎疫情最严重的时候，在 Albion VC 牵头的一轮融资中筹集了 500 万英镑（约合 650 万美元）。Triple Point Capital、Plug and Play Ventures、Ascension Ventures 的 Fair by Design 基金、Entrepreneur First 和一些天使投资人也进行了投资。根据 Companies House 提交的文件，该公司在 2020 财年亏损 450 万英镑（约合 590 万美元），亏损额是 2019 年（220 万英镑）的两倍。Credit Kudos 没有英国银行执照，但利用了该国的开放银行（Open Banking）标准，该标准旨在让消费者更轻松、更安全地与数百家小型服务供应商共享银行账户和信用卡中的选定财务信息。

二、信用评分动向

穆迪公司于 2021 年 7 月宣布，正式向市场推出一款“同类首创”的 ESG[1] 预测评分工具 ESG Score Predictor，可实时生成全球数百万上市或

[1] ESG（environmental，social and governance）：ESG 投资理念指的是投资者在分析企业的盈利能力及财务状况等相关指标的基础上，也从环境（environment）、社会（social）及公司治理（governance）的非财务角度考察公司价值与社会价值。

非上市中小企业的环境、社会和治理（ESG）预测评分。ESG Score Predictor 由穆迪成熟的大型企业 ESG 评分方法论模型演化而来，可以为金融机构客户在投资组合和风险管理场景下提供基本的定量数据，或帮助企业客户监控其全球供应链中的 ESG 风险。

从市场实践来说，可比较的、标准化的指标对评估企业的 ESG 风险敞口至关重要。披露信息的欠缺一直以来都影响着数据质量和覆盖面，尤其是在中小企业领域。ESG Score Predictor 利用先进的模型及算法，可以基于地理位置、行业、企业规模等几个指标输入项，为任何指定公司输出 56 个 ESG 分数和子分数。

三、境外个人征信领域的模式创新动向

韩国金融委员会于 2021 年 7 月 21 日，通过了 NICE 评价、KYOBO 人寿等 5 家公司的 MyData 许可。NICE 集团也成为了韩国首家拿到 MyData（本人数据管理）许可的征信机构。金融委员会计划陆续对申请 MyData 许可的企业，依次迅速进行审查，并每月继续接受新企业的 MyData 许可的申请。

2021 年 3 月份，韩国最大的征信集团——NICE 公布了自己 2020 年一整年的年报。财务报表也显示了 NICE 集团的发展，以最大子公司（NICE 评价）为例，其营业利润率从 2017 年的 11.8%，增长至 2020 年的 14.1%。

NICE 是全球唯一的业务领域涵盖个人征信、企业征信、支付、信用评级，风险管理、商账追收等领域的多元化金融集团。NICE 共有 6000 多名员工，40 多个子公司，在竞争激烈的韩国市场上击败 FICO、益博睿、标普和穆迪等跨国信用巨头，成为拥有垄断优势的金融基础设施集团。最近几年，NICE 也与时俱进，开始布局大数据子公司（Gini Data），P2P 平台公司 NICE abc，信用教育等新型领域。

从年报可以看出，面对最近几年的疫情、MyData 的兴起等复杂环境，韩国的 NICE 集团却在动荡的环境中得到了充分的发展，应验了征信业“越是危机、机会越多”的说法。

疫情给韩国经济带来重创，导致更多的企业和个人需要靠贷款渡过难

关，而政府也积极推出了各种低息贷款，这些都给 NICE 带来更多业务。随着韩国“数据三法”的通过，以及 MyData 行业的兴起，使在征信领域处于垄断地位的 NICE 集团成为了最大受益者，也成为了最大的赢家。NICE 在正式拿到韩国的 MyData 许可后，不仅可以直接通过 MyData 行业盈利，而且还可以通过给 MyData 运营商提供数据获取收益。

四、个人信息安全及监管动向

1. 征信巨头泄露 5400 万条客户信息

2022 年 3 月，美国个人征信机构环联（TransUnion）就数据泄露一事发表声明，称有黑客团队利用授权客户的凭证非法访问了该公司位于南非的服务器并窃取大批量客户信息。目前，环联公司已组织网络安全专家展开调查，拒绝了黑客的勒索要求，并承诺为受影响的客户免费提供其他身份保护产品的年度订阅服务。

公开资料显示，环联、益博睿（Experian）和艾克飞（Equifax）一起被称为美国个人征信机构“三巨头”。环联公司的客户还包括近七万家企业，收集并汇总了来自 30 多个国家超过 10 亿个体消费者的相关信息，2019 年其总资产高达 71 亿美元。一个来自巴西的黑客组织 N4aughtysecTU 声称其破坏了安全性较差的环联 SFTP 服务器，成功窃取 5400 万条消费者的个人信息，总量高达 4TB（一种电子储存单位，1TB = 1000GB），其中大部分客户来自南非。被窃取的客户信息包括电话号码、邮箱地址、身份证号、家庭住址以及消费者信用评分等。

当地时间 2022 年 3 月 11 日，黑客组织向环联公司发出警告，以泄露个人信息和攻击客户为由威胁其在七天内支付约 2.23 亿南非兰特（南非货币）或价值约 1500 万美元的比特币。

环联公司遭遇数据泄露并被勒索一事很快得到了证实。3 月 19 日，环联公司发表声明称，黑客团队利用授权客户的凭证非法访问了南非分部的服务器并窃取客户信息，环联在攻击发生后第一时间暂停了访问功能，联系监管部门，并成立网络安全专家小组展开调查。

面对黑客团队的勒索要求，环联公司表示拒绝接受。公开声明显示，环联公司认为该事件只影响了持有有限南非业务数据的孤立服务器，非洲以外的客户未受到波及。作为补偿，环联公司承诺将为受影响的客户免费提供身份保护产品 TrueIdentity 的年度订阅服务，在调查期间设立专门网站通报事件进展。

据悉，环联公司的强硬态度也促使黑客团队转变了策略——该团伙计划为被窃取个人信息的客户提供购买“保险”的机会，如果小型企业愿意支付 10 万美元，大型企业愿意支付 100 万美元，黑客团队承诺将不会泄露特定客户的个人信息。

值得注意的是，黑客组织 N4aughtysecTU 曾向媒体透露，环联系统的安全防线十分薄弱，使用的密码为极易破解的“Password”，这给黑客的暴力破解提供了机会。NordVPN 公司曾在 2021 年的一份报告中将“Password”列为当年第五大常见的密码，仅需不到一秒的时间便可破解。

事实上，这已经不是美国信贷机构“三巨头”在南非遭遇的第一次重大数据泄露事件。2020 年 8 月，就曾有不法分子冒充客户对 Experian 南非分部实施诈骗，导致多达 2400 万条南非用户的个人信息被泄露，相关嫌疑人在一年后被逮捕。[1]

“保证我们持有的信息得到安全保护是环联公司的首要任务。”环联南非分部首席执行官 Lee Naik 在声明中强调，尽管他们知道目前的环境令人不安，环联南非分部依然致力于帮助任何个人信息可能受到影响的人。

2. 美国个人背景报告公司 MyLife 因采用欺骗手段被处以 2100 万美元罚款

美国联邦贸易委员会（FTC），司法部（DOJ）指控 MyLife 用误导的“问题（teaser）背景调查报告”以及其计费和营销做法欺骗消费者。

MyLife. com 公司及其首席执行官杰弗里·廷斯利（Jeffrey Tinsley）被禁止从事欺骗性的消极选择权（negative option）营销，并将支付 2100 万美元罚款。此前，它们被指控用“挑衅性背景报告”欺骗消费者，并将它

[1] 南非益博睿公司数据泄漏事件的相关深入分析请参考 www. pccm-credit. com。

们困在难以取消的订阅节目中。美国司法部在 2020 年 7 月代表联邦贸易委员会提交的一份报告称，MyLife. com 和杰弗里·廷斯利声称，该公司对特定个人的背景报告可能包含逮捕、犯罪、性侵犯记录，试图诱使消费者注册自动更新的付费订阅。

MyLife（或 MyLife. com）是一家美国信息经纪公司（数据服务商），由杰弗里·廷斯利于 2002 年创立，当时名为 Reunion. com。除了这个名称之外，该公司之前还以 Wink. com 的名称开展业务。

MyLife 通过公共记录和其他来源收集个人信息，为每个人自动生成一个“MyLife PublicPage”。MyLife 公共页面可以列出各种各样的个人信息，包括个人的年龄、过去和现在的家庭住址、电话号码、电子邮件地址、雇主、教育、照片、亲属、政治背景、迷你传记和个人评论部分，这可鼓励其他 MyLife 成员互相评价。

MyLife 声称提供超过 3. 25 亿个身份的公共背景数据。公共页面可以通过电子邮件/电话请求编辑或删除，无须付费。该网站还允许用户在美国搜索任何人，阅读用户自动生成的公共页面并对其进行审查。

该公司并没有被列入 CFPB 于 2021 年发布的“List of Consumer Reporting Company”名单，意味着其年收入并未达到 700 万美元，尚不在 CFPB 的征信机构监管范围之内。但该公司的业务由于涉及个人数据，官司不断。

3. 美国消费者金融保护局发布公告以防止非法医疗债务催收和征信问题

2022 年 1 月 13 日，华盛顿特区的消费者金融保护局（CFPB）发布了一份公告，提醒商账追收和征信机构根据《无意外法案（No Surprises Act）》的法律义务，保护消费者免受某些意外医疗费用的影响。试图收取《无意外法案》禁止的医疗费用的公司，或向征信机构提供有关此类无效债务信息的公司，可能会受到《公平债务催收实践法（FDCPA）》和《公平信用报告法（FCRA）》的规范，面临重大法律责任。

五、个人征信前沿技术动向

Spring Lab 区块链技术服务公司通过数字技术将环联公司拥有的个人身份信息和信用数据上链，首次将信用数据引入公共区块链网络，支持保护隐私的公共区块链互联网应用程序获得应用。此项技术允许用户提供或补充自己的个人信息，让信息更全面。环联公司与 Spring Labs 合作，在 2021 年 5 月领投了价值 3000 万美元的 B 轮融资。Spring Labs 于 2017 年创立于美国加州，被收购时拥有约有 50 名员工，此前从 TransUnion、GreatPoint Ventures、August Capital、Galaxy Digital、Multicoin Capital 等投资者那里筹集了超过 6300 万美元的资金。该公司创建并监督匿名、去中心化的数据网络，极大地增加了市场参与者可用信息的数量、质量和安全性。Spring Labs 利用复杂的加密工具和区块链技术来提供数据和元数据完整性保证、防篡改工作流和保护隐私的标记化，允许在不交换基础数据的基础上确认信息。这些联锁技术有助于减少欺诈，提高验证能力，并安全地提供对以前不可用的链下和链上数据的访问。

Spring Labs 和环联公司的共同目标是增加对 Spring Labs 数据交换网络和产品的访问，同时使环联公司能够扩大对敏感消费者数据的保护，并在其业务中推广变革性技术。

环联公司的数据和分析与 Spring Labs 的隐私保护技术相结合，将把传统的信用评分带入区块链。这是弥合链上/链下差距的关键组成部分。到 2022 年底，加密贷方将通过 Spring Labs 和环联公司之间的合作伙伴关系，检查客户征信报告内容的信息准确性和一致性。

面对巨变的世界经济环境（疫情、房地产危机、俄乌冲突、中美贸易战等），个人征信机构正在发挥着自己应有的作用，尤其是在疫情冲击下，各国个人征信机构帮助其政府、企业和个人，提供各种信用相关的产品、服务和解决方案。

尽管全球的经济环境处于下滑趋势，个人征信机构却表现出亮眼的成绩，不仅个人征信公司的价值有大幅提升，同时也推进着全球经济的发展，帮助全球经济尽快走出困境。

境外个人征信机构的这些案例，给我国提供了非常值得借鉴的经验，对处于发展中的我国征信领域而言，是很有意义的。

（作者：刘新海，全联并购公会信用管理委员会常务副主任、研究员；安光勇，全联并购公会信用管理委员会研究员）

【参考文献】

experian 益博睿公司. Half-yearly financial report, Strong performance demonstrating the power of data for consumers and our clients［EB/OL］. https：//www. experianplc. com/media/4359/experian-half-year-fy22-results. pdf.

樊文扬. 用 Password 做密码？信贷巨头泄露 5400 万客户信息［EB/OL］. https：//mp. weixin. qq. com/s/H3sTIpd2tR1AV_ nC8DbPSA.

2021—2022 年境外评级行业建设进展

2021 年以来，为适应复杂多变的国际经济和金融环境，不同国家和地区的评级行业在各自的发展道路上持续探索，在不同领域里取得了不同程度的进展。从监管层面来讲，一些国家或地区持续健全评级监管体系，为行业发展提供了健康、良好的外部条件；从机构层面来讲，评级机构普遍重视评级技术的提升和完善，以适应市场发展的需要，比如，一个重要的趋势是评级机构重视将环境、社会和治理（Environment, Social and Governance，简称 ESG）因素纳入信用分析，更全面地评估受评主体的信用状况。笔者着重分析美国、欧盟、新加坡、马来西亚和中国香港等地自 2021 年以来评级行业的建设与发展情况。

一、美国的评级行业建设进展

美国评级行业的主要监管机构为美国证券交易委员会（U. S. Securities

and Exchange Commission，以下简称“美国 SEC”）。2021 年以来，美国 SEC 的评级监管行动主要涉及三个方面：一是针对评级机构涉嫌违反联邦证券法律的行为提起诉讼，维护评级市场的公平与秩序；二是对国家认可统计评级机构（Nationally Recognized Statistical Rating Organization，简称 NRSRO）的市场竞争、评级透明度、利益冲突等情况以及 NRSRO 年度检查结果予以公开，便于市场参与者掌握行业状况；三是提案修订 Regulation M 中有关信用评级引用的内容，以落实《多德-弗兰克华尔街改革和消费者保护法（Dodd-Frank Wall Street Reform and Consumer Protection Act）》Section 939A 的要求。另外，美国 SEC 下设的固定收益市场结构顾问委员会 2020 年 6 月份提出的关于 NRSRO 改革的一揽子建议也于 2021 年 7 月接受美国众议院金融服务委员会的审议。详见表 A-2。

表 A-2　2021 年至 2022 年第一季度末美国评级监管相关行动

行动	内容
提案修订 Regulation M，以删除 Regulation M 中对信用评级的引用	2022 年 3 月，美国证券交易委员会投票通过一项提案，删除 Regulation M 中 Rule 101 和 Rule 102 中对信用评级的引用，以禁止可能人为影响市场的活动。
公布美国 NRSRO 年度检查结果和评级市场简况	2022 年 1 月，美国证券交易委员会公布了 NRSRO 年度报告，重点介绍了 NRSRO 的年度检查结果以及有关评级市场竞争、透明度和利益冲突的情况。
一揽子 NRSRO 改革建议经美国众议院金融服务委员会审议	2021 年 7 月，美国众议院金融服务委员会举行听证会，审议美国证券交易委员会固定收益市场结构顾问委员会于 2020 年 6 月提出的一揽子 NRSRO 改革建议，以减少信用评级中潜在的利益冲突。
就披露和内部控制问题指控前信用评级机构 Morningstar	2021 年 2 月，美国证券交易委员会提起民事诉讼，指控前信用评级机构 Morningstar 在对商业抵押贷款支持证券进行评级时，违反了有关披露和内部控制的规定。

数据来源：美国 SEC，美国众议院。

截至 2022 年 3 月 31 日，美国 SEC 批准注册的 NRSRO 共 9 家，其中，三大评级机构处于绝对主导地位，2011 财年至 2020 财年，三大评级机构的收入合计占比始终保持在 93%以上。2021 年以来，NRSRO 持续强化自身评级方法体系，尤其重视环境、社会和治理因素对受评主体信用状况的影响，以满足市场对于ESG因素的普遍关注和ESG投资的现实需求。标普全球评级（S&P Global Rating，以下简称“标普”）于2021年10月发布了《通用标准：信用评级中的环境、社会和治理原则》（以下简称《通用标准》，2022年3月9日修订），旨在描述标普如何将ESG信用因素纳入信用评级分析，以便市场投资者更好地理解ESG因素对信用状况的影响。穆迪投资者服务公司（Moody’s Investors Service，Inc.，以下简称“穆迪”）也于2021年10月发布了《环境、社会和治理风险评估方法的通用原则》（以下简称《通用原则》），解释穆迪分析当前和发展中的ESG风险如何影响各行业受评主体信用质量的通用原则。惠誉评级公司（Fitch Rating，Inc.，以下简称“惠誉”）于2021年7月发布了《信用中的ESG2021白皮书》，就非金融企业、金融机构、结构融资、公共融资、项目融资、主权评级和超国家组织中的ESG风险评估进行了分析。

此外，为了维持市场竞争力，三大评级机构的母公司不断合并和收购相关领域公司来提升风险评估和服务能力。2021年5月，惠誉评级公司的母公司惠誉集团（Fitch Group）完成了对CreditSights，Inc.（以下简称“CreditSights”）的收购。CreditSights是一家服务于全球金融市场的独立信贷研究公司，此次收购有助于增强惠誉集团在固定收益和信贷资产等领域的服务能力。2021年9月，穆迪投资者服务公司的母公司穆迪公司（Moody’s Corporation）完成了对RMS的收购。RMS是一家服务全球保险行业的风险分析公司，此次收购有助于穆迪公司向保险公司客户提供更具综合性的服务。2022年2月，标普全球评级的母公司标普全球公司（S&P Global Inc.，以下简称“标普全球”）完成了与IHS Markit Ltd.（以下简称“IHS Markit”）的合并。IHS Markit作为一家全球重要的信息服务商，主要涵盖金融市场、能源以及交通等领域，合并之后，将进一步增强标普全球在相关领域的优势。

二、欧盟的评级行业建设进展

欧盟评级行业的主要监管机构为欧洲证券和市场管理局（European Securities and Markets Authority，ESMA）。ESMA 采取的是基于风险的监管方式，根据识别到的风险和期望达到的结果来确定评级监管事项的优先顺序。为了化解识别到的风险，ESMA 运用多种不同的监管工具，比如深入评级机构展开调查或要求评级机构执行补救行动计划等。2021 年以来，ESMA 在监管行动上依旧保持较为积极的表现，对评级机构内部控制、信息披露等加强了规范和指引，针对评级机构向 ESMA 提供信息及缴费等问题做出改进，另外对于评级监管中发现的违规行为进行了处罚。详见表 A-3。

表 A-3　2021 年至 2022 年第一季度末欧盟评级监管相关行动

行动	内容
调查 ESG 因素披露相关指引的实际执行情况	2022 年 2 月，ESMA 发布文章，公开评级机构新闻稿中 ESG 披露的有关情况。ESMA 的调查发现，自指引执行以来，评级机构新闻稿中 ESG 披露总体水平有提升，但是仍存在改进的空间：不同评级机构、不同 ESG 因素的披露水平存在差异。
发布《初步审查和初始评级的披露要求指引》	2021 年 1 月，ESMA 发布《初步审查和初始评级的披露要求指引》的正式稿，从披露内容、披露时间、披露的可访问性等角度提供指引，同时还提供了标准化的披露模板。
就修订《关于 CRA Regulation 适用范围的指引和建议》发起咨询	2021 年 1 月，ESMA 就修订《关于 CRA Regulation 适用范围的指引和建议》发起咨询，重点围绕非公开信用评级的界定问题，提供额外的指引，以解决执行过程中的不明确事项。
发布 ESMA 监管的评级机构市场份额计算结果	2021 年 12 月，ESMA 公布了欧盟注册评级机构的名单、发布的信用评级类型以及市场份额情况（基于 2020 年数据计算），以鼓励发行主体或相关第三方使用小型信用评级机构，增加信用评级市场竞争。
就改善欧盟地区信用评级的访问和使用发表意见	2021 年 9 月，ESMA 就改善欧盟地区信用评级的访问和使用发布意见，以克服现有障碍，提供的建议包括对 CRA Regulation 有关条款做出修订或者采用替代措施来达到同样的效果。
发布《ESMA 向信用评级机构收费的技术建议》	2021 年 6 月，ESMA 发布《ESMA 向信用评级机构收费的技术建议》，对 ESMA 的一般预算方法和收费流程、注册费、年度监管费、营业收入计算、认证费等内容进行了修订。

续 表

行动	内容
就《初步审查和初始评级的披露要求指引》发起咨询	2021 年 5 月，ESMA 就《初步审查和初始评级的披露要求指引》发起咨询，目的在于减少评级采购的风险。
发布《信用评级机构向 ESMA 提交定期信息的指引（第二版）》	2021 年 4 月，EMSA 发布《信用评级机构向 ESMA 提交定期信息的指引（第二版）》，内容包括：报告任务、报告期间和提交截止时间、定期提交中包含的信息、报告日历和报告模板等。
对评级机构违规行为做出处罚	2021 年 3 月，ESMA 对穆迪集团内的五家实体做出处罚，理由是违反了 CRA Regulation 中有关独立性和利益冲突的规定。
发布《适用于信用评级的披露要求指引》	2021 年 3 月，ESMA 发布《适用于信用评级的披露要求指引》，以改善有关信息的一致性。
发布《信用评级机构内部控制指引》	2021 年 3 月，ESMA 发布《信用评级机构内部控制指引》，重点从内部控制框架和内部控制功能两个方面为评级机构提供指引。
就 ESMA 向评级机构收费议题发起咨询	2021 年 1 月，ESMA 针对向评级机构收费议题发起咨询，主要修订内容在于简化注册费、年度监管费和认证费的计算和管理。

数据来源：ESMA。

截至 2022 年 3 月 31 日，根据欧盟 CRA Regulation 注册的信用评级机构共 29 家（同属于一家评级集团下的评级公司单独计算）。从市场格局来看，依然维持了三大评级机构的主导地位，2012 年至 2020 年三大评级机构（含其分支机构）市场占有率维持在 90%左右。2021 年 1 月，欧盟注册评级机构 Scope Ratings GmbH（简称“Scope Ratings”）的母公司收购了另外一家注册评级机构 Euler Hermes Rating GmbH（简称“Euler Hermes Rating”）。Euler Hermes Rating 的业务重点集中在中小企业和基础设施项目融资领域，与 Scope Ratings 的评级业务形成互补，有助于强化其母公司在欧盟评级市场的优势地位，同时更好地服务于细分市场客户。被收购后，Euler Hermes Rating 正式更名为 Scope Hamburg GmbH。

关于 2022 年欧盟评级监管重点的问题，ESMA 主席 Verena Ross 在 2022 年 3 月欧洲企业司库协会的演讲中曾做出一些说明。ESMA 主席认为，决定 2022 年评级机构监管优先事项的因素是 ESMA 对受监管信用评级机构的风险评估，例如，ESMA 已将评级机构内部控制的某些方面作为重点关注领域，包括：合规职能、审核职能以及独立非执行董事扮演的角色。同时，宏观环境对 ESMA 评级监管影响越来越大。比如，新冠肺炎疫情带来的危机（包括高收益债市场的发展）是 2022 年关注的重点之一；又如，俄乌冲突带来的不确定性也是 ESMA 关注的领域，ESMA 与其他评级监管机构合作来持续监控评级制裁带来的影响。此外，IT 和信息安全控制也在 ESMA 的监管视野内，ESMA 曾在 2020 年发布了一些指引来帮助受监管对象识别、解决和监管云外包安排带来的风险，2022 年 ESMA 将对信用评级机构执行指引的情况进行评估。

三、新加坡的评级行业建设进展

新加坡评级行业的主要监管机构为新加坡金融管理局（Monetary Authority of Singapore）。截至 2022 年 3 月 31 日，经新加坡金融管理局许可的从事资本市场服务（提供信用评级服务）的评级机构共 4 家，除三大评级机构之外，还包括 A. M. BEST ASIA-PACIFIC（SINGAPORE）PTE. LTD.（简称“A. M. Best Singapore”）。2021 年，A. M. Best 加强了对内部控制功能和框架的完善，将原来的风险管理咨询委员会（Risk Management Advisory Committee）更名为审计和风险委员会（Audit and Risk Committee，ARC)，并授予 ARC 更多的责任，它不再仅仅是一个咨询委员会。作为内部监督机构，ARC 协助董事会监督 A. M. Best 内部控制框架，负责内部审计和风险管理项目，确保这些项目合理有效地识别风险并管理风险，监督内部控制活动。但与此同时，包括 A. M. Best Singapore 在内的子公司董事会保留对内部控制独立审查的权利。

四、马来西亚的评级行业建设进展

马来西亚评级行业的主要监管机构为马来西亚证券委员会（Securities

Commission）。马来西亚证券委员会发布的信息显示，截至 2022 年 3 月 31 日，已注册的信用评级机构仅为两家，分别为 RAM Rating Services Berhad（简称“RAM”）和 Malaysian Rating Corporation Berhad（简称“MARC”）。2021 年来，两家评级机构在内部技术完善和外部协同合作方面取得了一定的进展。

在评级技术方面，RAM 于 2021 年 3 月发布了项目融资中的递延股权的评价标准，分析了 RAM 对递延股权评估的侧重点以及可帮助发起人保障项目资金确定性的各种形式的或有财务支持，此外还提出了 RAM 认为可接受的最低要求条款和一般原则。MARC 于 2021 年 12 月发布了商业地产支持证券评级方法和公路投资信托评级方法的最终稿，进一步丰富了评级技术体系。

在外部合作方面，RAM 于 2021 年 1 月与马来西亚大学签署了一份谅解备忘录，以促进双方的产学合作，谅解备忘录的内容包括联合开发培训和实习项目，共同开发和参与经济、产业和金融市场相关的项目、研究和研讨活动。另外，2021 年 1 月，RAM 还与纳闽国际商业与金融中心的市场开发机构 Labuan IBFC Incorporated Sdn Bhd（简称“Labuan IBFC Inc”）签署谅解备忘录，就 Labuan Entity Corporate Assessment（简称“LECA”）服务展开合作。LECA 是 RAM 为位于 Labuan International Business and Financial Centre（简称“Labuan IBFC”）的公司提供的定制化评级服务，服务对象包括银行、保险或再保险机构以及各类服务提供商。

五、中国香港的评级行业建设进展

中国香港评级行业的主要监管机构为香港证券及期货事务监察委员会（Securities & Futures Commission of Hong Kong，以下简称“香港证监会”）。截至 2022 年 3 月 31 日，获得香港证监会第 10 类（提供信贷评级服务）牌照的评级机构共 8 家。其中，中资评级机构凭借自身特有的优势，积极传播关于中国境内发行主体的信用观点，加深国际投资者与境内发行主体之间的相互了解，在香港市场上担当着独特且有价值的重要角色。例如，鹏元资信评估（香港）有限公司（以下简称“鹏元国际”）

发表的关于中国市场主体的信用观点多次被权威媒体报道，2022 年 3 月在国际权威财经媒体刊物《财资》举办的“AAA2021 年度信用评级机构”评选中，鹏元国际荣获“2021 年度中国区公共财政类最佳信用评级机构奖。”

（作者：李慧杰，中证鹏元研发资深董事；李萱，中证鹏元研发高级董事；鲜涛，深圳市信用促进会秘书长）